ANALISI ECONOMICA *del* PROCESSO CIVILE

IVO T. GICO JR.

Ph.D. in Economia (UnB), Dottore in Giurisprudenza (USP)
Maestro con il Massimo Onore (*James Kent Scholar – Columbia University*)
Specialista in Diritto Processuale Civile (IBEP/IBDP)
Professore e Avvocato

EDITORA FOCO

2021 © Ivo Teixeira Gico Junior
Autore: Ivo Teixeira Gico Junior
Revisore: Alessandra Cavuoto
Progetto grafico e infografiche: Tiago Taborda
Creazione di copertine: Leonardo Hermano
Diagrammi: Ladislau Lima

Dati di catalogazione internazionale delle pubblicazioni (CIP) secondo ISBD

Gico Junior, Ivo T.

Analisi economica del processo civile/ Ivo T. Gico Junior; -- 1. ed. – Indaiatuba, SP: Editora Foco, 2021.

296 p.; 17cm x 24cm.

Bibliografia.

ISBN: 978-65-00-25741-0 (copertina rigida)

ISBN: 978-65-00- 25742-7 (copertina morbida)

ISBN: 978-65-00-25743-4 (eBook)

1. Diritto. 2. Economia. 3. Processo civile. 4. Teoria economica I. Titolo.

21-70784 CDU–347:33

A cura di Aline Graziele Benitez – Bibliotecaria – CRB-1/3129

Indici per catalogo sistematico:

1. Diritto ed economia: Diritto civile 347:33 2. Processo civile 347.9

Alla mia famiglia, per avermi mostrato l'allocazione più efficiente del mio affetto.

In the dark, see past our eyes
Pursuit of truth no matter where it lies.
Metallica, Through the Never, Metallica, 1991.

Chi vuole mantenere l'ordine?
Chi vuole creare disordine?
Non so se ci sia più giustizia
Nemmeno quando è dalle tue stesse mani
[...]
È vostro dovere mantenere l'ordine?
È vostro dovere di cittadino?
Ma cos'è crear disordine,
Chi dice che cos'è o no?
Titãs, Desordem, Jesus não Tem Dentes
no País dos Banguelas, 1987.

Elenco delle abbreviazioni

ABC	Analisi costi-benefici
AEC	Analisi economica comportamentale del diritto
AED	Analisi economica del diritto
ANEEL	Autorità nazionale per l'energia elettrica
Art.	Articolo
c.c.b.	Codice civile brasiliano
c.c.i.	Codice civile italiano
c.p.b.	Codice penale brasiliano
c.p.c.b.	Codice di procedura civile brasiliano del 2015
c.p.c.b./39	Codice di procedura civile brasiliano del 1939
c.p.c.b./73	Codice di procedura civile brasiliano del 1973
c.p.c.i	Codice di procedura civile italiano
c.p.i.	Codice penale italiano
CADE	Consiglio amministrativo per la difesa economica
CC	Corte costituzionale
CE	Commissione europea
CFB	Costituzione Federale Brasiliana
CNF	Consiglio nazionale forense
CNG	Consiglio nazionale di giustizia
CNR	Consiglio nazionale delle ricerche
cod. deont. for.	Codice deontologico forense
CRI	Costituzione della Repubblica Italiana
CSC	Corte suprema di cassazione
CSM	Consiglio superiore della magistratura
INSS	Istituto nazionale di sicurezza sociale
l.	Legge
l. cost.	Legge costituzionale
LAA	Legge sull'abuso di autorità (l. 5 settembre 2019, n. 13.869)
LINDB	Legge di introduzione alle norme del diritto brasiliano
p.e.v.	Prima dell'era volgare
RA	Rendimento atteso
Rel.	Relatore
RS	Ricorso straordinario
RSp	Ricorso speciale
S.A.	Società anonima
STF	Supremo tribunale federale
TGDFT	Tribunale di giustizia del distretto federale e dei territori

TGP	Teoria generale del processo
TPP	Teoria positiva del processo
TSG	Tribunale superiore di giustizia
TSR	Teoria della scelta razionale
VAN	Valore atteso negativo
VAP	Valore atteso positivo

Indices

Indice delle equazioni e delle inequazioni

Indice delle figure

Indice

Introduzione

Il diritto è un elemento essenziale nell'ordinamento di ogni società moderna. In un modo o nell'altro permea, struttura e limita l'azione dei membri di una data comunità e, nel fare ciò, garantisce loro prevedibilità e un certo livello di sicurezza sul futuro. Tuttavia, la semplice presenza del diritto non è sufficiente per svolgere il suo ruolo di coordinamento. Ogni sistema giuridico deve essere preparato ad affrontare eventuali violazioni delle regole poste, con la comparsa di dubbi di fronte a situazioni concrete e con casi non ancora regolamentati, poiché nessun sistema giuridico è perfetto. In tali situazioni, oltre alle regole di condotta, è necessario che l'ordinamento giuridico sia accompagnato da un meccanismo di imposizione delle regole (coercizione), in grado di attribuire il bene in disputa a chi ne ha diritto. Questo meccanismo di risoluzione delle controversie è, di norma, il sistema aggiudicatorio[1].

Nonostante le dovute differenze legate al contesto storico-geografico, il sistema aggiudicatorio tradizionale è quello giudiziario. Il sistema giudiziario è composto da giudici, che sono agenti assunti dallo Stato per risolvere eventuali controversie facendo rispettare il diritto. Ma come tutto il resto, anche questa attività pubblica ha bisogno di essere regolamentata: questo è ciò che viene convenzionalmente chiamato diritto processuale. In tal senso, il diritto processuale può essere inteso come l'insieme delle regole create per organizzare e limitare le prestazioni degli agenti che fanno parte del sistema aggiudicatorio e dei soggetti che vi partecipano durante il rapporto processuale. Il diritto processuale è, quindi, una regolamentazione della prestazione del servizio giurisdizionale nelle sue varie branche: diritto civile, diritto penale, diritto amministrativo ecc.

Questo libro tratta del diritto processuale applicato al suo ambito civile, quindi al cosiddetto processo civile, ed è rivolto agli operatori del diritto processuale in generale e a coloro che sono interessati a studiare il fenomeno sociale chiamato processo. L'obiettivo è quello di presentare questo fenomeno così noto e importante da una nuova prospettiva sia al lettore principiante, che sta imparando a conoscere il processo, sia all'interlocutore più esperto, che potrà ampliare la conoscenza di quella che viene convenzionalmente chiamata Teoria generale del processo (TGP), comprendendone l'importanza e le dinamiche in qualsiasi sistema aggiudicatorio. Pertanto, come vedremo più in dettaglio nel Capitolo 1, questo volume può essere considerato come la presentazione dei fondamenti di una Teoria positiva del processo (TPP), a complemento della TGP.

Una teoria positiva si concentra sulla comprensione e la spiegazione del mondo così com'è (fatti) e non sulla determinazione di ciò che dovrebbe essere (valori). Per il

1. Il termine "aggiudicatorio" è utilizzato in questo volume nel suo significato **assegnativo**, ad esempio, nelle espressioni sistema aggiudicatorio, servizio pubblico aggiudicatorio ed errore aggiudicatorio. Parlando di sistema aggiudicatorio, dunque, vuole intendersi il meccanismo utilizzato all'interno di un determinato sistema sociale per allocare, assegnare o, per l'appunto, aggiudicare (*ad iudicare*) le risorse, i diritti. Il sistema giudiziario è il meccanismo aggiudicatorio per eccellenza, ma non l'unico. Nei tempi moderni è ampiamente utilizzato ad esempio l'arbitrato, ma in passato, e in alcuni luoghi ancora oggi, sono stati utilizzati anche altri sistemi, come il consiglio degli anziani, lo sciamano, il parroco ecc.

 giurista tradizionale questa distinzione può essere difficile, ma lo scienziato sociale in generale riconoscerà che è necessaria per una vera comprensione del mondo fenomenologico e per l'acquisizione delle conoscenze e degli strumenti necessari per cambiarlo. E solo allora il mondo si avvicinerà più di quanto desideriamo, al nostro mondo ideale.

Proprio perché l'obiettivo di questo volume è quello di presentare una teoria positiva su come si comportano gli agenti, e non su come dovrebbero comportarsi (teoria normativa), la metodologia tradizionale del diritto, l'ermeneutica e la dogmatica non sono sufficienti. C'è bisogno di uno strumento che consenta di indagare il comportamento di coloro che sono coinvolti nel gioco processuale. Questo strumento è l'analisi economica del diritto (AED). Molti ritengono che l'AED sia qualcosa di differente dal diritto tradizionale, al di fuori di esso, e che si debba scegliere un approccio o l'altro. Si tratta di un'impressione che non corrisponde alla realtà e il proposito di questo volume è proprio quello di dimostrare come l'analisi economica del diritto possa essere utilizzata nel contesto della dogmatica tradizionale del processo civile non solo per spiegarla, ma anche per ampliarla.

La convinzione che l'AED non possa applicarsi alle tradizionali discussioni giuridiche deriva in parte dalla difficoltà di comprendere molti dei lavori giuseconomici, in particolar modo quelli svolti dagli economisti. Sebbene la letteratura AED sul processo civile sia estremamente voluminosa e interessante, una parte sostanziale è troppo pesante dal punto di vista matematico per il lettore giuridico medio e quindi inaccessibile. Come se non bastasse, accanto a una deliberata tendenza a incorporare sempre più tecniche matematiche complesse, sembra essere minimo lo sforzo volto a integrare le conoscenze giuseconomiche accumulate con le tradizionali conoscenze giuridiche. Se a questo si aggiunge il fatto che la maggior parte della letteratura giuseconomica è incentrata sul *common law* nordamericano, molto diverso dalla tradizione romano-germanica, avremo ragioni sufficienti per comprendere la scarsa integrazione tra i due approcci.

Una delle proposte di questo libro è quella di mitigare un po' questo distacco analizzando questioni tradizionalmente affrontate nei testi giuridici sul processo, come i principi e l'ermeneutica, ma di cui la letteratura giuseconomica tradizionale dice poco. In questo senso, se da un lato il libro utilizzerà l'approccio ancora innovativo dell'analisi economica del diritto al processo civile, dall'altro lo farà in modo inusuale nella stessa letteratura AED. Il risultato, si spera, è un testo la cui struttura assomiglia a un corso tradizionale di diritto processuale civile, sufficiente a dimostrare l'ampiezza del metodo e a far sentire il lettore a proprio agio, ma con discussioni e contenuti abbastanza nuovi da stimolarlo.

Inoltre, nonostante il deliberato intento di dare a questo libro un alto rigore teorico, esso è eminentemente un testo pratico di procedura civile. Pratico non nel senso che è usuale per i volumi sul processo, ovvero come raccolta di giurisprudenza, ma per la sua applicabilità immediata alla vita pratica di chi vive e gestisce il processo nella sua quotidianità, sia come giudice, avvocato o parte in causa. Le idee presentate qui, alcune nuove, altre vecchie, sono state perfezionate in più di due decenni di attività di patrocinio e insegnamento per avvocati di ogni tipo. Alcune saranno considerate ovvie, altre controverse e forse uno o due anche eretiche, ma tutte sono state presentate per portare a un'ulteriore riflessione sulla procedura civile.

A questo punto, può essere opportuno spiegare brevemente perché un professore brasiliano abbia deciso di scrivere un libro sull'analisi economica del diritto processuale in italiano. In primo luogo, la dottrina processuale civile italiana ha avuto un impatto così sostanziale sul diritto brasiliano che mi è sembrato naturale riprendere questo dialogo continuo e produttivo. In secondo luogo, mi sembra che in Italia, come in Brasile, il dialogo tra diritto ed economia sia scarso se non del tutto assente, e quindi forse questo libro può essere utile qui come là. Infine, devo confessare la mia passione più profonda per l'Italia e la cultura italiana. Al di fuori del mio paese, non c'è altro posto al mondo in cui io mi senta così a mio agio e felice. Pertanto, quale scusa migliore per immergersi nella cultura giuridica italiana che scrivere un libro in italiano? Confesso che il processo è stato sia divertente che illuminante. Vediamo cosa ne pensa il lettore.

Detto ciò, il libro è organizzato come segue. Considerando che gran parte dei lettori potrebbe non avere familiarità con l'analisi economica del diritto, il Capitolo 1 presenta ciò che è l'AED, i suoi metodi e i suoi presupposti, e spiega il rapporto complementare tra la Teoria generale del processo e l'analisi economica del diritto. Il Capitolo 2 inizia con un'analisi del rapporto tra diritto, Stato e giurisdizione e su come il processo si inserisce in tale contesto. Oltre alla presentazione del processo come naturale conseguenza dell'emergere del diritto e dello Stato, viene esplorato il problema fondamentale del processo: la gestione del rapporto agente-principale tra giudice e Stato. Il capitolo si conclude con la presentazione del problema della funzione e del costo sociale del processo, le due questioni centrali che permeano l'intera discussione processuale.

Dopo questa parte più generale e teorica, il Capitolo 3 affronta i principi tradizionalmente associati al processo e come l'AED può aiutare a costruire razionalmente il contenuto di ciascuno di essi. Il rapporto tra il principio di efficienza e il principio di legalità è particolarmente interessante e potrebbe sorprendere molti lettori. Il capitolo si chiude con una provocatoria discussione sul rapporto tra legalità, efficienza e giustizia, in relazione a quanto discusso nel Capitolo 2. Terminata la discussione sui principi, il Capitolo 4 presenta la Teoria positiva del processo nella sua versione base e i suoi fondamenti, quella cioè che viene chiamata analisi economica del processo civile. Viene presentato e discusso nel dettaglio il modello giuseconomico del litigio, con molti esempi pratici. Inoltre, si studierà la logica dell'autocomposizione, della giudiziarizzazione della lite e della decisione di contestare o proporre una transazione. In altre parole, esploreremo come si formano le pretese, quando si oppone resistenza ad esse; quali, tra le pretese resistite, vengono giudiziarizzate e, tra queste, quali saranno contestate.

Nel Capitolo 5, utilizziamo i concetti e i modelli discussi nei precedenti capitoli per esplorare argomenti più avanzati dell'AED processuale, come: l'insufficienza dello spazio di accordo per l'autocomposizione; la doppia funzione del doppio grado di giurisdizione; la decisione di impugnare una decisione giudiziale; l'applicazione del modello agente-principale al rapporto tra cliente (parte) e avvocato e le sue implicazioni su alcune delle principali decisioni processuali. Infine, c'è una breve rassegna di quella che viene convenzionalmente chiamata analisi economica comportamentale e del suo impatto sul processo.

Il Capitolo 6 chiude il volume, con uno studio approfondito di una delle questioni più interessanti e probabilmente più importanti dal punto di vista processuale: la natura economica del diritto e dei tribunali e il suo intimo rapporto con la congestione dei tribunali nelle giurisdizioni di tutto il mondo. Sono presentati la Tragedia del giudiziario e il problema della selezione avversa delle parti in causa nel sistema giudiziario e si spiega come tali fenomeni siano legati alle politiche di libero accesso al sistema giudiziario.

Una volta padroneggiate le teorie e i modelli discussi, il lettore dovrebbe essere in grado di analizzare qualsiasi regola giuridica processuale e discutere le potenziali implicazioni sulla struttura di incentivi delle parti in causa e, quindi, le probabili conseguenze sociali dell'una o delle altre regole o delle interpretazioni che i tribunali potrebbero adottare. Le possibilità di applicazione sono quasi illimitate. In questo senso, ci si aspetta che questo libro sia un piccolo contributo all'integrazione dell'approccio giuseconomico al diritto tradizionale, specialmente nel campo del processo civile e, chissà, un passo verso la giurisprudenza basata sull'evidenza, cioè la creazione, l'interpretazione e l'articolazione di regole giuridiche basate su giudizi politici – cioè sui valori – ma sostenute da fatti e scienza. La via verso un diritto più reattivo ed efficace passa per la sua comprensione obiettiva e, per quanto possibile, scientifica. Che questo libro sia un passo in questa direzione.

Sarebbe impossibile ringraziare tutte le persone che mi hanno aiutato in un modo o nell'altro nell'elaborazione di questo volume, con le quali ho avuto l'opportunità di discutere le idee qui presentate o che mi hanno influenzato. Vorrei quindi ringraziare i miei amici dell'Associazione Brasiliana di Diritto & Economia – ABDE, per i loro anni di convivialità e per le opportunità di discutere nei congressi annuali e nelle vivaci conversazioni private. Gli studenti del master e del dottorato di UniCeuB, così come i giudici e gli altri giuristi che hanno partecipato a numerosi corsi di formazione o di perfezionamento; senza saperlo, mi hanno aiutato a sviluppare e perfezionare le idee che sarebbero poi diventate questo libro. I compagni di viaggio giuseconomico Luciana "Luk-Tai" Yeung, Henrique Arake e Bruno Bodart per le loro continue conversazioni processuali, a Vanessa A. Villanueva Collado per i commenti sulla versione italiana, e il mio caro amico Fabrício Lunardi, che, oltre a dissentire nel modo più gentile possibile, torna sempre per un altro dibattito. Se possibile, accompagnato da una buona bistecca.

Infine, ho un debito speciale verso la mia amata moglie, Danielle Cristina Lanius, che ha letto l'intero manoscritto e ha fatto commenti e suggerimenti di ogni tipo, anche per eliminare le poche espressioni di *animus iocandi* sopravvissute nel testo finale. Grazie!

Brasília, maggio 2021.

Ivo T. Gico Jr.

1

Teoria generale del processo e analisi economica del diritto

1.1 La TGP: alla ricerca di una teoria del comportamento

Il termine *scienza* deriva dalla parola latina *scire*, che significa conoscere o capire. La scienza è una forma di conoscenza, ma diversa da altre forme di conoscenza come l'intuizione, l'autorità o l'esperienza personale. Quando si chiede a qualcuno qualcosa, di solito risponde *quello che* sa. Quando si chiede alle persone *come* sanno quello che sanno, cioè perché credono a quello che dicono, la loro risposta di solito indica il metodo di conoscenza utilizzato per acquisire o sostanziare tale informazione o convinzione.

La parola *teoria* deriva del greco *theoria*, che significa contemplare, riflettere su qualcosa. Non è raro che qualcuno supponga che la teoria sia scollegata dalla pratica o che si riferisca a qualcosa che non esiste. Tuttavia, questo tipo di posizione è dovuto all'ignoranza di cosa sia una teoria, poiché tutti noi usiamo le teorie nella nostra vita quotidiana. Una teoria non è altro che la comprensione da parte di qualcuno del funzionamento di qualcosa. Quando tali teorie provengono dalla pratica sociale o dalla cultura e hanno una connotazione positiva, sono di solito indicate come conoscenze comuni[2], buonsenso[3], aforismi[4] o massime[5]. Quando vengono screditate, vengono chiamate leggende, folklore o superstizioni, come nel caso delle azioni che porterebbero sfortuna come mettere un cappello sul letto, rompere uno specchio o passare sotto una scala.

L'obiettivo della scienza è quello di elaborare teorie e di metterle alla prova, e la differenza principale tra la scienza e le altre fonti di conoscenza è che (i) per essere scientifica, un'affermazione deve essere confutabile, almeno nella tesi[6]; e (ii) la scienza si interroga costantemente su se stessa. In questo senso, un approccio scientifico a qualsiasi argomento richiede che si espongano espressamente le teorie utilizzate, nel modo più preciso possibile, in modo che sia molto chiaro che

2. La **conoscenza comune** consiste in una conoscenza che è generalmente comune a tutti i membri di un determinato gruppo, senza la necessità di una formazione specializzata.

3. Il **buonsenso** è il modo di pensare della maggior parte delle persone di un certo gruppo. Sono nozioni comunemente ammesse dagli individui di quel gruppo come vere, senza la necessità di un metodo o di un'indagine più approfondita. Il buon senso descrive le credenze e le proposizioni adottate come "normali" in un determinato gruppo. È la conoscenza che l'uomo acquisisce dalle esperienze, dal vivere e dall'osservazione del mondo.

4. L'**aforisma** è una massima o un'affermazione che, in poche parole, rende esplicita una regola o un principio, di solito di natura pratica o di portata morale.

5. La **massima** è una frase che traduce l'espressione di una verità o di un principio generale, soprattutto un detto dal tono morale o aforistico.

6. Per fare un esempio, più di cento anni fa, la Teoria generale della relatività di Einstein (1918) prevedeva un fenomeno molto strano chiamato onda gravitazionale, che sarebbe stato un disturbo dello spaziotempo causato dall'accelerazione di corpi di enorme massa, che si propagava in forma d'onda. Il fenomeno eccentrico è stato finalmente dimostrato nel 2016 dagli esperimenti sugli interferometri Virgo e LIGO, quando si è verificata la collisione di due buchi neri miliardi di anni fa. Si veda Castelvecchi e Witze (2016).

cosa si sta affermando e *perché* si sta affermando. La chiarezza dell'affermazione e il motivo dell'affermazione sono essenziali per poter identificare, testare, confermare o infirmare, modificare e, alla fine, scartare o mantenere l'affermazione. La scienza è l'attività continuativa che consiste nel raccogliere nuove idee e metterle alla prova per vedere se si sostengono da sole. È questo ciclo infinito di prove e revisioni ininterrotte che separa le teorie scientifiche da altre forme di conoscenza.

Al di là della nostra innata curiosità umana, vogliamo capire come funziona il mondo in tutti i suoi aspetti per poter pianificare e costruire ragionevoli aspettative sul futuro, cioè su come il mondo o qualcosa di specifico al suo interno si comporterà, alla fine, per avere un po' di controllo sul nostro destino. Come ha detto Auguste Comte[7], dobbiamo vedere per prevedere, prevedere per provvedere. Se è vero che molte scienze si preoccupano di spiegare i fenomeni del passato senza alcuna intenzione di sapere se lo stesso fenomeno esiste nel presente o se è probabile che esisterà in futuro, gran parte dello sforzo scientifico va nella direzione di capire cosa sta accadendo ora e cosa probabilmente accadrà in futuro. In questo senso, l'obiettivo delle teorie scientifiche è quello di descrivere, spiegare e prevedere i fenomeni del mondo.

Il legame tra scienza e diritto è innegabile. Come vedremo più dettagliatamente nel Capitolo 2, il diritto è il meccanismo formale[8] con cui l'umanità struttura le interazioni sociali per rendere praticabile la vita in società complesse. Così facendo, crea regole –leggi– che ci permettono di capire perché certe cose accadono nel presente e di costruire aspettative razionali su come lo Stato e le persone in generale si comporteranno in futuro (sicurezza giuridica), permettendo proprio la comprensione, il controllo e la previsione dei nostri destini nel campo sociale. Se da un lato, nel mondo naturale, le leggi non possono essere violate[9], dall'altro, nel mondo giuridico, possono. Pertanto, se un agente –sia esso una persona, una società o lo Stato stesso– non si comporta secondo le leggi, creiamo il meccanismo aggiudicatorio per far rispettare le leggi (il giudiziario), per costringere il mondo sociale a ritornare o ad aderire all'ordine giuridico prestabilito. Nel diritto, a differenza del mondo naturale, se il comportamento viola la legge, è il comportamento che deve essere cambiato, non la legge[10]. E questo cambiamento è indotto dall'esercizio della forza da parte

7. Adattamento di Comte (n/d, p. 16).

8. Oltre alla legge, abbiamo anche la cultura e la religione come strumenti informali di strutturazione e controllo sociale. In questo senso, si veda North (1990).

9. Se un comportamento "viola" una legge della natura, non è il comportamento che è sbagliato, ma probabilmente la legge o la nostra comprensione del fenomeno. In un approccio scientifico, la discrepanza tra legge e realtà richiederà ulteriori ricerche e, dopo un'ulteriore osservazione del fenomeno, se i risultati continueranno ad infirmare la legge, essa verrà modificata o abbandonata. In un modo o nell'altro, sapremo un po' di più sul mondo e le conoscenze scientifiche progrediranno.

10. Ovviamente, questa conclusione è anche una regola giuridica, che si chiama Principio di (o Diritto Fondamentale alla) Legalità. Per scoprire il motivo per cui chiamo il principio una regola, si veda la Sezione 3.2.

dello Stato. Il diritto processuale è la parte del diritto che studia come si sviluppa questa attività aggiudicatoria.

Il diritto processuale cerca di descrivere e spiegare l'attività giudicante, essendo la Teoria generale del processo (TGP) la sua parte volta a descrivere e spiegare gli elementi o le caratteristiche comuni a tutti i rami del diritto processuale (cioè, civile, lavoristico, elettorale, penale ecc.). In questo senso, Calamandrei ha capito che il processo giudiziale poteva essere sistematizzato a partire da tre nozioni fondamentali[11]: giurisdizione, azione e processo, e Theodoro Jr.[12] spiega che: "[...] la giurisdizione si caratterizza come il potere dello Stato, tra le sue attività sovrane, di formulare e far rispettare concretamente la regola giuridica concreta che, in virtù della legge vigente, disciplina una certa situazione giuridica conflittuale. Il processo è il metodo, cioè, il sistema di composizione della controversia in tribunale attraverso un rapporto giuridico vincolante di diritto pubblico. Infine, l'azione è l'astratto diritto pubblico soggettivo, esercitabile dalla parte per esigere dallo Stato l'obbligo di fornire servizi giurisdizionali".

Nello stesso senso, Didier Jr.[13] riconosce l'esistenza di "concetti giuridici processuali fondamentali (logico-giuridici)" con pretesa universale, ed ecco, essi si diffondono agli altri rami processuali che possono essere compresi da una teoria generale: "La Teoria generale del processo [...] è una disciplina giuridica dedicata all'elaborazione, all'organizzazione e all'articolazione dei concetti giuridici processuali fondamentali (logico-giuridici). [...] La Teoria generale del processo può essere intesa come una teoria generale, poiché i concetti giuridici processuali fondamentali (logico-giuridici), che ne costituiscono il contenuto, hanno una pretesa universale. È opportuno chiamarla 'generale' proprio per distinguerla dalle singole teorie sul processo, che vogliono servire a comprendere realtà normative determinate, come il diritto brasiliano o italiano".

Come si può vedere, il fulcro della TGP tradizionale è l'identificazione e la definizione dei concetti fondamentali che permettono la comprensione di qualsiasi sistema processuale, un tentativo di spiegare e descrivere gli elementi del processo che sarebbero comuni a tutti i rami. Tuttavia, l'attuale TGP non ha una teoria sul comportamento umano né alcun meccanismo per informare su quale sarà la probabile conseguenza di una certa regola giuridica processuale o di una possibile alterazione. Si discute molto sui concetti fondamentali (descrizione), su ciò che ogni regola o principio dice (ermeneutica) e su ciò che dovrebbe essere detto o su come ogni regola o principio dovrebbe essere applicato (teoria normativa), ma

11. Cf. Calamandrei (1999 [1940], p. 93). Al mio caro lettore italiano: le fonti sono la traduzione in portoghese di libri italiani, non la versione originale. Spero mi perdonerà questo peccato.

12. Cf. Theodoro Jr. (2018, p. 102).

13. Cf. Didier Jr. (2017, pp. 40-41).

poco o nulla si dice sulla struttura di incentivi creata dalle regole processuali e sulle probabili conseguenze sociali di questa o quella regola giuridica nel mondo reale (previsione). Riassumendo, finora, i processualisti si sono concentrati molto sulla diagnosi e poco sulla prognosi.

In altre parole, la TGP, come è tradizionalmente costruita, spiega e descrive molto bene, ad esempio, che una lite sorge quando è opposta resistenza a una pretesa su un bene della vita, ma non spiega perché tale pretesa sia stata resistita, né perché la parte lesa abbia scelto di promuovere una domanda giudiziale invece di rinunciare alla pretesa. Analogamente, la TGP concettualizza le ipotesi in cui il doppio grado di giurisdizione è consentito[14], ma non spiega per quali ragioni una parte deciderà se ricorrere contro una sentenza sfavorevole o semplicemente lasciarla passare in giudicato, né spiega l'impatto del doppio grado di giurisdizione sulla prevedibilità del sistema. Tali questioni sono importanti non solo per la comprensione degli effetti del diritto sul mondo dei fatti, ma anche per l'interpretazione e la stesura della legislazione.

Ad esempio, il §1° dell'art. 542, c.p.c.b./73[15] prevedeva espressamente che, prima di dar seguito a un ricorso straordinario o speciale[16], il presidente o il vicepresidente del tribunale cui il ricorso era stato presentato (giudice *a quo*) doveva pronunciarsi sulla sua ammissibilità –cioè, analizzare se fossero presenti o meno i presupposti processuali intrinseci ed estrinseci– prima di dare seguito al ricorso[17]. Se ritenuto ammissibile, il ricorso seguirebbe il suo corso regolare presso la corte superiore (giudice *ad quem*), che dovrebbe emettere un nuovo giudizio di ammissibilità. Solo dopo questo doppio giudizio controllo si poteva passare all'esame sul merito del ricorso. Nel caso in cui invece il ricorso non fosse stato ritenuto ammis-

14. Sulla duplice funzione del duplice grado di giurisdizione, si veda la Sezione 5.2.

15. Art. 541. Il ricorso straordinario e il ricorso speciale, nei casi previsti dalla Costituzione federale, sono depositati presso il presidente o il vicepresidente della corte d'appello, in domande separate, che devono contenere: [...].

Art. 542. Una volta che la cancelleria del tribunale ha ricevuto la domanda, l'altra parte sarà chiamata a presentare le controdeduzioni.

§1° Trascorso tale termine, i fascicoli saranno rinviati al giudice per l'ammissione o meno del ricorso, entro 15 (quindici) giorni, con decisione motivata. [...]

16. Nel diritto brasiliano, il **ricorso straordinario** è il meccanismo procedurale che consente di impugnare le sentenze pronunciate in grado d'appello o in unico grado ma solo per il controllo di legittimità costituzionale davanti al Supremo tribunale federale (STF). Si tratta, cioè, della funzione di verifica della conformità delle leggi alla Costituzione (controllo di costituzionalità diffuso). Il **ricorso speciale**, invece, come il ricorso per Cassazione italiano, è uno strumento che consente di impugnare le sentenze pronunciate in grado d'appello o in unico grado ma solo per errori di diritto, non essendo possibile dinanzi al Tribunale superiore di giustizia (TSG) valutare nuovamente il merito dalla controversia come accade nel giudizio di appello (controllo della legalità e di uniformità della giurisprudenza). Pertanto, la Corte costituzionale italiana corrisponde al STF e la Corte di Cassazione italiana al TSG.

17. Vedi come il sistema del diritto processuale brasiliano è un po' diverso da quello italiano ex art. 360-bis c.p.c.i.

sibile dal giudice *a quo*, l'art. 544, c.p.c.b./73[18] prevedeva la possibilità di presentare un ricorso interlocutorio (*agravo de instrumento*) alla Corte superiore (giudice *ad quem*) richiedendo un nuovo controllo di ammissibilità sul ricorso straordinario o speciale. Solo l'accoglimento dell'*agravo de instrumento* da parte del giudice *ad quem* avrebbe consentito di procedere con il giudizio sul merito del ricorso originario (straordinario o speciale).

Non c'erano dubbi sul significato del comando normativo degli artt. 542 e 544, c.p.c.b./73 e la teoria processuale era abbastanza chiara da descrivere e spiegare il significato dei concetti usati in ciascuna delle regole. Quindi, non c'era alcuna questione ermeneutica da risolvere. Tuttavia, il legislatore ha capito che questo sistema di ricorso non era razionale e generava una rilavorazione non necessaria, considerato che il giudizio di ammissibilità veniva eseguito due volte e che anche nel caso di un giudizio di ammissibilità *a quo* negativo, il ricorso originario faceva ugualmente il suo corso attraverso il ricorso interlocutorio, rendendo ancora più inutile il doppio giudizio di ammissibilità. Come conseguenza di tale considerazione, nel 2015, il nuovo c.p.c.b. ha eliminato il giudizio di ammissibilità *a quo* (art. 1.030[19] originale), affermando nel paragrafo unico che: "L'invio [del ricorso] ha luogo indipendentemente dal giudizio di ammissibilità". Curiosamente, ancor prima dell'entrata in vigore del nuovo c.p.c.b., la legge n. 13.256 del 4 febbraio 2016, ha modificato l'art. 1.030[20] per reintrodurre il doppio giudizio di ammissibilità.

Prendendo la formulazione originale del c.p.c.b., gli autori del Codice hanno compreso che l'eliminazione del doppio giudizio di ammissibilità avrebbe reso più efficiente il processo civile. Tuttavia, il TSG aveva capito che i tribunali superiori sarebbero stati sovraccaricati e avrebbero subito premuto per il ritorno al sistema del c.p.c.b./73. Chi ha ragione? Cosa accadrebbe nella pratica se venisse adottata l'una o l'altra regola giuridica? Come potrebbe la tradizionale Teoria generale del processo o anche il diritto processuale rispondere a queste domande? La risposta è semplice: non potrebbero, perché i quesiti non riguardano concetti o interpretazioni di disposizioni di legge (ermeneutica), ma le probabili conseguenze di fatto derivanti dall'una o dall'altra regola giuridica e la struttura di incentivi che ne deriva. In altre parole, per rispondere a queste rilevanti domande sul processo civile, per

18. Art. 544. Se il ricorso straordinario o il ricorso speciale non è ammesso, può essere protocollato nel fascicolo d'ufficio un ricorso interlocutorio, entro 10 (dieci) giorni.

19. Art. 1.030. Al ricevimento dell'istanza di ricorso da parte della cancelleria del tribunale, il convenuto sarà chiamato a presentare controdeduzioni entro 15 (quindici) giorni, dopo di che *gli atti del processo saranno trasmessi al rispettivo tribunale superiore*.
Paragrafo unico. L'invio di cui al caput ha luogo indipendentemente dal giudizio di ammissibilità.

20. Art. 1.030. Al ricevimento dell'istanza di ricorso da parte della cancelleria del tribunale, il convenuto sarà chiamato a presentare controdeduzioni entro 15 (quindici) giorni, dopo di che *gli atti del processo sono rinviati al presidente o al vicepresidente del tribunale cui si è fatto ricorso*, che dovrà: [...].

sapere chi ha ragione, occorre una teoria che spieghi come si comportano le parti in una controversia, abbiamo cioè bisogno di una teoria sul comportamento umano.

Ovviamente, chiunque può avere opinioni sull'argomento, ma senza una teoria del comportamento umano o prove che le sostengano, tali opinioni sono in realtà mere ipotesi. E qui vale la pena di chiarire la differenza tra legge, teoria e ipotesi nella ricerca scientifica.

Il criterio distintivo tra legge, teoria e ipotesi si basa sulla natura e sulla quantità di evidenze a sostegno di ogni tipo di affermazione, ovvero sul suo grado di affidabilità. Gli scienziati non fanno quasi mai riferimento ad una dichiarazione come **legge**, poiché tale classificazione implica che sono state fatte molte osservazioni sullo stesso fenomeno, con risultati uniformi, vale a dire che la dichiarazione si è rivelata ripetutamente valida[21]. Poiché la scienza si mette sempre in discussione e anche le leggi fondamentali della scienza sono messe in discussione di tanto in tanto, si dovrebbe essere molto cauti prima di chiamare qualcosa legge scientifica. A differenza della legge, una **teoria scientifica** è un'affermazione associata a una notevole quantità di evidenze a suo sostegno, ma non necessariamente all'uniformità delle stesse. Ecco perché la stragrande maggioranza delle conoscenze scientifiche è classificata come teoria e non come legge. Infine, un'**ipotesi** è semplicemente un'affermazione senza evidenze a sostenerla[22]. In questo senso, un'ipotesi (quando confutabile) è un'affermazione scientifica che deve essere testata, quindi priva di evidenze.

In realtà, nel dibattito sul doppio giudizio di ammissibilità, entrambe le parti offrono poco più del semplice buonsenso, cioè ipotesi per corroborare le loro posizioni. Per quanto ne so, non è stato fatto alcun esperimento empirico, né è stata proposta alcuna teoria che ci aiuti a capire come funziona il giudizio di ammissibilità nel mondo (*de facto*, non *de jure*) per permetterci di individuare quale regola adottare. Con il ritorno del sistema del c.p.c.b./73, senza l'applicazione del sistema originariamente proposto dal nuovo c.p.c.b., si è persa un'enorme opportunità di testare empiricamente tali affermazioni e quindi di scoprire un po' di più su come funziona il mondo del processo.

In ogni caso, è possibile analizzare le regole giuridiche (diagnosi) e le previsioni (prognosi) su quelli che saranno i probabili effetti di una certa regola nel mondo reale, cioè quale sarà il probabile comportamento degli agenti come risultato di questa o quella regola giuridica. Per farlo, è sufficiente avere una teoria abbastanza solida

21. Un esempio di legge scientifica è l'affermazione che nulla può viaggiare più veloce della luce nel vuoto o la legge della domanda e dell'offerta in economia.

22. Non è raro leggere nei dizionari o in altre fonti che l'ipotesi è una teoria non ancora provata. Tale definizione non è corretta, poiché nella scienza nulla è mai provato, ma solo non ancora confutato.

sul comportamento umano. E l'analisi economica del diritto (AED) è la candidata più adatta a svolgere questo ruolo.

1.2 L'AED: una teoria sul comportamento

Come ho già avuto modo di dire[23]: "Il diritto è, da una prospettiva più oggettiva, l'arte di regolare il comportamento umano. L'economia, a sua volta, è la scienza che studia il modo in cui gli esseri umani prendono decisioni e si comportano in un mondo di scarse risorse e le loro conseguenze. L'analisi economica del diritto, quindi, è il campo del sapere umano che si propone di utilizzare i vari strumenti economici teorici ed empirici e le scienze correlate per ampliare la comprensione e la portata del diritto e migliorare lo sviluppo, l'applicazione e la valutazione delle regole giuridiche, soprattutto per quanto riguarda le loro conseguenze".

Come visto sopra, il diritto, in generale, e la TGP, in particolare, non hanno una teoria sul comportamento umano. È proprio in questo senso che l'AED è più utile ai giuristi, in quanto offre uno strumento teorico maturo per aiutare a comprendere i fatti sociali e per indagare su come gli agenti sociali risponderanno ai potenziali cambiamenti nelle loro strutture degli incentivi. In questo senso, così come la scienza supera il buonsenso, questa comprensione superiore all'intuizione permette un esercizio consapevole della diagnosi e della prognosi che, a sua volta, è fondamentale per qualsiasi esercizio valutativo che tenga conto delle conseguenze individuali e collettive di una data decisione o regola giuridica.

Normalmente, quando parliamo di economia, la nostra precomprensione ci porta automaticamente a pensare al denaro, ai mercati, all'occupazione, all'inflazione, agli interessi ecc. Quindi, per esempio, pensiamo a domande legate a questioni economiche come: qual è l'effetto del tasso d'interesse sul livello di occupazione? Perché le imprese nazionali predicano la creazione di barriere tariffarie per i loro prodotti? Queste barriere sono buone per i consumatori? Quanto costa costruire un ponte che colleghi Brasile e Argentina sul fiume Uruguay?

Non sono invece tradizionalmente considerati economici quesiti come: perché gli stupratori di solito attaccano all'alba o di notte? Perché i cortili dei locali commerciali sono generalmente sporchi, mentre le facciate sono pulite? Perché è sempre più difficile convincere i tribunali superiori che una determinata questione è stata effettivamente sollevata? Perché gli avvocati hanno iniziato a mettere insieme una copia completa dei processi per istruire un ricorso interlocutorio, quando la legge richiedeva solo alcuni pezzi specifici (art. 1.017 c.p.c.b.)? Perché il governo di solito rilascia misure fiscali impopolari durante le ferie e le festività, come il Nata-

23. Cf. Gico Jr. (2019, p. 8).

le? Perché il numero dei divorzi è aumentato notevolmente negli ultimi decenni? Perché ci sono più lingue?

Con sorpresa di alcuni, queste domande sono economiche come le prime e molte di esse sono state studiate dagli economisti. Se ci fermiamo a pensare, in un modo o nell'altro, ognuna delle domande di cui sopra riguarda le decisioni degli agenti coinvolti. Se comportano delle scelte, allora sono condotte che possono essere analizzate con il metodo economico, poiché l'oggetto della moderna scienza economica comprende ogni forma di comportamento umano che richiede un processo decisionale.

La ragione principale di questa ampiezza è che, prima di tutto, l'economia è caratterizzata da un metodo di indagine e non da un oggetto specifico in sé. Per i nostri scopi[24], la definizione che meglio traduce questa idea è quella di Lionel Robbins[25], secondo cui l'economia è "la scienza che studia il comportamento umano come rapporto tra fini e mezzi scarsi che hanno usi alternativi" o, come diceva Alfred Marshall[26], "l'economia è uno studio dell'umanità nel corso della vita ordinaria". L'approccio economico serve quindi a comprendere tutte le decisioni individuali o collettive su risorse scarse, siano esse prese all'interno di un mercato o meno. Tutte le attività umane rilevanti, in questa concezione, sono suscettibili di analisi economica.

L'approccio economico a cui mi riferisco e che utilizzo in questo libro è, prima di tutto, un metodo di ricerca sul comportamento umano, un insieme di strumenti analitici. Questo punto è talmente importante che prendo in prestito le parole di John Maynard Keynes per affermare che "[l]a teoria economica non fornisce una serie di conclusioni immediatamente applicabili alla politica. È un metodo più che una dottrina, un apparato della mente, una tecnica di ragionamento, che aiuta il suo possessore a giungere a conclusioni corrette"[27].

In questo senso, la scienza economica, prima associata solo a quella parte dell'attività umana che normalmente chiamiamo economia o mercato, oggi indaga un ampio spettro di attività umane, molte delle quali sono studiate anche da altre scienze sociali come la scienza politica, la sociologia, l'antropologia, la psicologia

24. Ci sono altre prospettive economiche generalmente definite eterodosse, tra cui l'istituzionalismo, l'economia post-keynesiana, femminista, marxiana e austriaca. Queste correnti, anche quando studiano il diritto, non sono solitamente chiamate analisi economiche del diritto. I più recenti programmi di ricerca, influenzati da altre scienze (ad es., neuroeconomia, economia evolutiva, economia comportamentale, economia sperimentale), sono oggi ampiamente integrati nel paradigma ortodosso e, quindi, nell'AED, che comprende queste nuove aree in specifiche sotto-aree come l'analisi economica comportamentale del diritto o AEC (psicologia). Sull'eterodossia in generale, si veda Lawson (2006).

25. Cf. Robbins (1984, p. 16).

26. Cf. Marshall (2013 [1920], p. 1).

27. Cf. Keynes (1922, p. V). Un'idea simile è presente in Robinson (1933, p. 1).

e, naturalmente, il diritto. È questa interazione tra diritto ed economia che è stata chiamata analisi economica del diritto o AED.

1.2.1 Cos'è l'analisi economica del diritto?

L'analisi economica del diritto non è altro che l'applicazione degli strumenti analitici ed empirici dell'economia, in particolare della microeconomia e dell'economia del benessere sociale, per cercare di comprendere, spiegare e prevedere le implicazioni di fatto dell'ordinamento giuridico, nonché la logica (razionalità) dell'ordinamento giuridico stesso. In altre parole, "l'AED è l'uso dell'approccio economico per cercare di capire il diritto nel mondo e il mondo nel diritto"[28]. Si noti che l'uso del metodo economico per analizzare il diritto non presuppone che siano gli economisti a praticare l'AED. Al contrario, nella maggior parte dei casi, i ricercatori che praticano la giuseconomia sono giuristi o hanno una doppia formazione. In ogni caso, sono **giuseconomisti.**

La caratteristica della AED è l'applicazione della metodologia economica a tutti i settori del diritto, dai contratti al diritto costituzionale, dal diritto della regolazione al processo civile, dal diritto ambientale al diritto di famiglia, ed è proprio questa ampiezza di applicazione che distingue un approccio AED rispetto alla semplice applicazione della conoscenza economica in settori tradizionalmente associati all'economia.

È relativamente ovvio che quando un giudice deve stimare i profitti persi e i danni derivanti dalla distruzione dell'auto di un tassista da parte di un guidatore ubriaco, dovrà ricorrere alla teoria economica per eseguire tali calcoli. Qui l'economista sarà chiamato come esperto, come un medico in caso di errore medico, un contabile in caso di compensazione irregolare delle tasse, o un ingegnere in caso di responsabilità per la dipendenza da costruzioni. È anche ovvio che non è possibile discutere o applicare il diritto della concorrenza e della regolazione senza una ragionevole conoscenza degli strumenti economici. Così, ad esempio, la discussione su ciò che costituisce una violazione della normativa antitrust è una discussione eminentemente economica[29]; allo stesso modo, la decisione se attuare o meno un regime di sovvenzioni incrociate o l'adeguatezza di un determinato regime di controllo dei prezzi per un settore regolato è eminentemente economica. Tuttavia, l'AED va oltre queste interrelazioni più dirette tra diritto ed economia.

Quando uso il termine analisi economica del diritto, quindi, mi riferisco all'applicazione di strumenti economici proprio a circostanze non normalmente

28. Cf. Gico Jr. (2019, p. 17).

29. Per un chiaro esempio dell'essenzialità della teoria economica per la discussione dei temi della concorrenza, si veda Gico Jr. (2007).

associate a questioni economiche. Per esempio, la giuseconomia può aiutare a ridurre il verificarsi di stupri, può aiutare a ridurre il numero di ricorsi per ritardare processi, può aiutare a capire perché alcune leggi "prendono" e altre no, perché il legislatore decide di adottare una determinata legge pur sapendo che sarà certamente bloccata dal veto presidenziale, o perché è così difficile affittare una proprietà in Brasile. La giuseconomia può anche aiutare nella realizzazione dei diritti fondamentali, poiché richiedono decisioni su risorse scarse.

In generale, i giuseconomisti si preoccupano di cercare di rispondere a due domande fondamentali: (i) quali sono le conseguenze di un dato quadro giuridico, cioè di una data regola; e (ii) quale regola giuridica dovrebbe essere adottata. La maggior parte di noi sarebbe d'accordo sul fatto che la risposta alla prima domanda è indipendente dalla risposta alla seconda, ma che non è vero il contrario, cioè, per sapere quale sarebbe la regola ideale, dobbiamo sapere quali sarebbero le sue conseguenze. La prima parte dell'indagine si riferisce all'AED positiva (ciò che è) mentre la seconda all'AED normativa (ciò che dovrebbe essere). Poiché questa distinzione ha importanti implicazioni epistemologiche/metodologiche e talvolta è fonte di incomprensione, investiremo un po' di tempo nel chiarirla, prima di passare alla metodologia dell'AED.

1.2.2 AED positiva e normativa

Come ogni altra scienza, l'AED riconosce come valida e utile, da un punto di vista epistemologico e pragmatico, la distinzione tra ciò che *è* (positivo) e ciò che *dovrebbe essere* (normativo)[30]. La prima proposta è legata a un criterio di verità e la seconda a un criterio di valore. L'idea è che c'è una differenza tra il mondo dei fatti, che può essere indagato e verificato con metodi scientifici, i cui risultati sono suscettibili di confutazione –ciò che chiamiamo analisi positiva– e il mondo dei valori, che non è suscettibile di indagine empirica o di prova o confutazione e quindi non è scientifico –ciò che chiamiamo analisi normativa–. In questo senso, quando qualcuno indaga se A ha ucciso B, sta facendo un'analisi positiva (indagando su un fatto). D'altra parte, quando il legislatore si chiede se in tali circostanze la condotta debba essere punita o meno, effettua un'analisi normativa (indaga su un valore), anche se i fatti sono rilevanti ai fini della decisione.

Questa posizione è fortemente legata alla proposizione divenuta famosa come la legge di Hume[31], secondo la quale non è possibile dedurre il dovere essere

30. Sulla discussione e le implicazioni di questa distinzione per la scienza economica, si veda Keynes (1999 [1917], pp. 7-20) e Friedman (1953, pp. 3-43).

31. Conosciuta anche come la Ghigliottina di Hume o il problema dell'essere e del dover essere, e che è stata discussa da David Hume nel Libro III, Parte I, Sezione I d'*A Treatise of Human Nature* (1888 [1736], p. 469).

solo dall'essere, cioè che le proposizioni puramente fattuali possono solo portare o implicare altre proposizioni puramente fattuali e non danno mai valore ai giudizi. In altre parole, i fatti non portano a proposte etiche e viceversa. Questa posizione implica una chiara distinzione tra il mondo dei fatti e quello dei valori, che può essere riassunta come segue:

LA LEGGE DI HUME

Figura 1-1

Positivo	Normativo
È	Dover essere
Fatti	Valori
Obiettivo	Soggettivo
Descrizione	Prescrizioni
Scienza	Arte
Vero/falso	Bene/male

Ovviamente, quando questa distinzione viene estesa al diritto, cominciano a sorgere problemi culturali. Ho osservato che i giuristi sono spesso così abituati a pensare in termini normativi e a discutere in termini valutativi che i loro argomenti nei dibattiti pubblici o privati su questioni relativamente semplici fluttuano con estrema facilità tra un campo e l'altro, al punto che –spesso– un argomento normativo viene preso come positivo e viceversa. In questo senso, l'accettazione e la piena comprensione della distinzione tra analisi positiva e normativa rappresenta una piccola sfida per il giurista senza una formazione rigorosa.

D'altra parte, è importante sottolineare che la distinzione tra essere e dover essere non è così pacifica come ci fa credere la legge di Hume. Il contesto culturale, l'ideologia, la visione politica e la storia del ricercatore possono influenzare in vari modi l'oggetto di studio e la metodologia applicata, tanto da alterare i risultati della ricerca stessa. Inoltre, mentre è relativamente semplice percepire la differenza tra le proposizioni dell'essere contro il dover essere, l'esercizio cognitivo dell'accettazione di una certa proposizione come *essere* presuppone un consenso sociale precedente sui criteri in grado di stabilire cosa *sia*.

A prescindere dalla classica domanda sulla possibilità che la scienza sia o meno neutrale, mi sembra relativamente semplice notare che, rispetto al grado di mescolanza tra fatto e valore che si verifica nella comunità giuridica, l'applicazione della legge di Hume, anche se in termini meramente pragmatici, se non epistemologici, rappresenta un grande guadagno in chiarezza di comunicazione e di definizione dei punti di vista (anche se divergenti). È molto utile poter ridurre eventuali disaccordi a punti normativi o positivi e quindi, anche se con argomentazioni puramente pragmatiche, la distinzione mi sembra utile e importante per la scienza e quindi per l'AED.

In questo senso, quando un operatore dell'AED utilizza i suoi strumenti per eseguire un'analisi positiva (ad es., un esercizio di prognosi), diciamo che sta praticando la scienza economica applicata al diritto. Qui il giuseconomista *qua* giuseconomista non è in grado di offrire alcun suggerimento di politica pubblica o per il processo decisionale. Il massimo che può fare è individuare possibili alternative normative (se testuali, applicando tecniche ermeneutiche[32]) e indagare le probabili conseguenze di ciascuna di esse (applicando l'AED), oltre a confrontare l'efficienza di ogni possibile soluzione, aiutando con un'analisi costo-beneficio.

Quando il giuseconomista utilizza i suoi strumenti per effettuare un'analisi normativa (ad es., affermare che una politica pubblica *X* dovrebbe essere adottata a scapito della politica *Y*, o che un caso A dovrebbe essere risolto nella forma *W*), è in grado di farlo come giuseconomista se, e solo se, il criterio normativo che serve come base per la ponderazione di tali alternative è precedentemente stabilito (ad es., da una precedente scelta politica incarnata in una legge). Ad esempio, se l'obiettivo è ridurre il numero di rapimenti lampo, l'AED normativa può aiutarci a individuare la migliore politica di punizione, la migliore struttura processuale per questo tipo di reato ecc. In questo senso, qualsiasi obiettivo può servire da guida per l'AED normativa, da una maggiore attenzione alla distribuzione della ricchezza al modo più efficiente di favorire la riconciliazione tra le coppie in crisi.

Tuttavia, se ciò che si cerca è un consiglio non solo su come raggiungere un certo risultato (conseguenza), ma anche su quale obiettivo perseguire, allora l'analisi giuseconomica non porterà necessariamente guadagni sostanziali in relazione all'analisi offerta da altre aree del sapere o delle scienze, e dovrebbe essere considerata insieme alle altre, entro i suoi limiti. In sintesi, l'AED positiva ci aiuterà a capire qual è la regola giuridica, qual è la sua razionalità e le diverse probabili conseguenze derivanti dall'adozione di questa o quella regola, cioè l'approccio è eminentemente descrittivo/esplicativo con risultati predittivi. D'altra parte, l'AED normativa ci aiuterà a scegliere tra le possibili alternative la più efficiente, cioè a scegliere il miglior assetto istituzionale dato un valore precedentemente definito (vettore normativo). Come vedremo nel Capitolo 3, nel caso del diritto processuale, i vettori normativi sono già stabiliti nella legge e nella Costituzione e, tra questi, abbiamo la ricerca dell'efficienza guidata dalla legalità.

1.3 Presupposti dell'AED: preferenze, scarsità e razionalità

I giuristi tradizionali iniziano la loro analisi partendo dal presupposto che il diritto è composto da norme e il loro obiettivo prioritario di ricerca è quello di

32. Vedi la discussione sul Diagramma ermeneutico e l'ermeneutica delle scelte nella Sezione 3.1.4.

identificare il contenuto e la portata di queste norme. Si assume la normatività delle regole giuridiche e lo strumento di ricerca predominante è l'ermeneutica. Così, un giurista tradizionale interessato alla conservazione del patrimonio storico-culturale potrebbe discutere se la *cultura* integra l'insieme dei significati associati al significante *ambiente* e, in caso affermativo, se gli edifici storici godono della stessa protezione e delle stesse limitazioni imposte dalle leggi ambientali per le aree verdi, ad esempio.

D'altra parte, i giuseconomisti hanno come caratteristica principale quella di considerare il diritto come un insieme di regole che stabiliscono costi e benefici per gli agenti che guidano razionalmente il loro comportamento in funzione di tali incentivi. Così, l'approccio giuseconomico indaga le cause e le conseguenze delle regole giuridiche e delle loro organizzazioni, nel tentativo di prevedere come gli agenti privati e pubblici si comporteranno nei confronti di una determinata regola e come cambieranno il loro comportamento se quella regola verrà cambiata. In questo senso, la normatività del diritto non solo non è presupposta, ma è spesso negata, cioè, si ammette che le regole giuridiche come incentivi –in alcuni casi specifici– possono essere semplicemente ignorate dagli agenti coinvolti.

Nell'esempio precedente, un giuseconomista si chiederebbe (i) come gli agenti si sono effettivamente comportati di fronte alla regola attuale (diagnosi), che non si concentra sul patrimonio storico-culturale, e (ii) come un cambiamento della regola giuridica altererebbe questa struttura di incentivi –sia con una modifica legislativa sia cambiando la giurisprudenza dei tribunali– nel tentativo di prevedere come si comporterebbero (prognosi). Molto probabilmente, solo se fosse in grado di rispondere minimamente a queste due domande, un giuseconomista si avventurerebbe nelle domande normative (valutative). Questa è la distinzione fondamentale tra l'approccio giuseconomico e gli approcci tradizionali al diritto.

Ovviamente, per capire come si comporta l'agente e cercare di prevedere le sue reazioni ai cambiamenti della sua struttura di incentivi, è necessario avere a disposizione una teoria sul comportamento umano. I giuseconomisti prendono in prestito questa teoria dell'economia, il cui scopo è proprio quello di indagare come gli esseri umani agiscono di fronte alle scelte, motivo per cui ha senso esaminare un po' le caratteristiche di questa teoria.

Così come la Teoria generale del processo si basa sui concetti di giurisdizione, azione e processo, il metodo economico si basa su tre presupposti fondamentali: **preferenze, scarsità e razionalità**[33]. In primo luogo, l'analisi economica del diritto presuppone che gli agenti abbiano delle preferenze, cioè che le persone in generale

33. Se il lettore desidera approfondire i presupposti del metodo economico, suggerisco di iniziare con una lettura introduttiva, come Mankiw (2013), che insegna ciò che basta per comprendere gran parte della letteratura sui AED e offre sicuramente più del necessario per questo libro. Se il lettore ha una padronanza

siano in grado di ordinare le alternative che gli vengono offerte o che sono disponibili in base all'utilità[34] che ogni alternativa genera per loro. In altre parole, dire che gli agenti hanno delle **preferenze** significa solo che, di fronte alle opzioni, le persone sono in grado di ordinare quali alternative generano più interesse, valore o piacere (utilità) o sono indifferenti alle altre. Quindi, quando ci si trova di fronte ad una scelta tra A e B, A sarà preferibile a B (A > B) se la persona sceglie A piuttosto che B; ma B sarà preferibile ad A (A < B) se la persona sceglie B invece di A; e A sarà indifferente a B (A ~ B) se per la persona non fa differenze tra la scelta di A o B.

E qui vale la pena di illustrare come il concetto di utilità si riferisce alle preferenze e non va confuso con i valori monetari o il denaro. Pensate a una coppia divorziata che ha solo due beni da condividere: un cucciolo di razza e un divano. Entrambi gli ex coniugi concordano sul fatto che, se offerti sul mercato, sia il cane che il divano potrebbero essere venduti a 1.000 € ciascuno. Pertanto, il valore di mercato di ciascuno di questi beni è di 1.000 €. Se l'analisi economica si limitasse alle questioni monetarie, potremmo affermare che, in questo esempio, la divisione dei beni non avrebbe importanza, perché qualunque distribuzione venisse fatta, ogni ex coniuge riceverebbe un bene del valore di 1.000 € e, quindi, dal punto di vista monetario, ognuno avrebbe ricevuto esattamente lo stesso importo. Tuttavia, dal punto di vista economico, questa affermazione non è necessariamente vera.

Supponiamo che il marito abbia ricordi affettivi del divano, che era di sua nonna, e che preferisca il divano al cane (divano > cane), mentre la moglie preferisce il cane al divano (divano < cane). In tal caso, una ripartizione che attribuisse il cane al marito e il divano alla moglie avrebbe distribuito equamente i beni della vita (ognuno ha ricevuto 1.000 €), ma non sarebbe stata la distribuzione preferita dalle parti e, quindi, non sarebbe stata la ripartizione che genera più utilità. Date le preferenze della coppia, la situazione ideale, ovvero quella che genererebbe più utilità, sarebbe prodotta dalla combinazione marito/divano e moglie/cane, e non da quella marito/cane e moglie/divano, anche se finanziariamente determinerebbero lo stesso risultato. In questo senso, per sapere cosa aumenta l'utilità per una persona e quindi il suo benessere, non basta conoscere il prezzo di mercato di un bene, bisogna sapere quali sono le sue preferenze e quindi la sua funzione di utilità.

---

della matematica a livello universitario, suggerisco Jehle e Reny (2011). Se il lettore è interessato a questioni filosofiche sul metodo, suggerisco Blaug (1992).

34. L'utilità è un modo semplificato per gli economisti di riferirsi ai benefici che un individuo trae dal consumo di un bene o servizio, o anche da un dato stato sociale. Si noti che utilità qui è un termine tecnico: significa qualsiasi soddisfazione che l'individuo trae da una data scelta, non essendo limitato a questioni materiali, tanto meno monetarie. Un individuo può trarre utilità dal consumo di una pizza, dal godersi un ritratto Portinari, dal lavoro volontario o dal suonare in una band amatoriale.

Le preferenze variano da persona a persona: sono soggettive e idiosincratiche. Poiché le preferenze di qualcuno sono il risultato delle sue opinioni e dei suoi gusti personali, non possono essere giuste o sbagliate. Semplicemente, sono tali. Pertanto, non si esprime un giudizio di valore sulle preferenze (*de gustibus non est disputandum*) né si cerca di capire perché a ciascuno piaccia una cosa o l'altra[35]. In questo senso, come ho già detto, "la teoria economica è una teoria sui mezzi impiegati dalle persone per raggiungere i loro fini (comportamenti) e non sui fini che perseguono (motivazione)"[36]. L'esistenza delle preferenze è un dato di fatto e le cause individuali di queste preferenze non sono di solito rilevanti per la teoria economica tradizionale.

Inoltre, le preferenze sono considerate complete, transitive e stabili. Avere preferenze **complete** significa che non importa quali scelte siano disponibili per le persone, esse saranno in grado di decidere; cioè, tra l'opzione A e l'opzione B, l'agente potrà scegliere A, B, o essere indifferente ad una qualsiasi di esse. All'estremo, questo significa che l'agente deve essere in grado di decidere anche tra opzioni in tempi diversi (ad es., ricevere il denaro da un *precatório*[37] oggi, con uno sconto del 20%, o ricevere il 100% in due anni) e tra risultati certi e incerti (ad es., fare una transazione oggi, secondo i termini proposti, o procedere con il processo fino a una sentenza). Il fatto che le preferenze sono **transitive** è una questione di coerenza: significa che se l'agente preferisce A a B e B a C, allora deve preferire A a C, altrimenti non sarebbe mai in grado di fare una scelta, cambierebbe idea all'infinito.

Infine, le preferenze sono considerate **stabili** a breve termine, in modo che la teoria non diventi una tautologia. La stabilità delle preferenze impone che se le persone hanno cambiato il loro comportamento, è perché qualcosa intorno a loro è cambiato e non le loro preferenze. Se le preferenze non fossero stabili, tutti i comportamenti osservati sarebbero spiegabili cambiando le preferenze e la teoria perderebbe il suo potere esplicativo. Spiegherebbe tutto e quindi non spiegherebbe nulla.

Va notato che la comparazione intersoggettiva delle utilità non è fattibile, cioè non è possibile comparare le utilità tra due individui. Se c'è una controversia per una mela tra il soggetto A e il soggetto B, non è possibile affermare *ex ante* che la mela è più utile per A che per B e viceversa. L'unico modo per valutarlo sarebbe quello di allocare la mela a uno degli agenti e lasciarli negoziare liberamente (*ex*

35. La ricerca sulla formazione delle preferenze individuali e sociali è di solito oggetto di studio in psicologia, sociologia e neuroscienze e più recentemente dell'analisi economica comportamentale del diritto.

36. Cf. Gico Jr. (2019, p. 25).

37. Nel diritto brasiliano, il *precatório* è un riconoscimento di credito rilasciato dal giudice alla parte vittoriosa in una causa giudiziale contro lo Stato, che consente di ricevere una somma dal Tesoro pubblico. A differenza di un assegno bancario o di un titolo esecutivo ordinario, il pagamento di un *precatório* dipende dalla legge di bilancio e, quindi, dall'autorizzazione del debitore stesso. Sì, non ha senso, lo sappiamo.

post). Se A ha ricevuto la mela, per esempio, e accetta di scambiarla con qualcos'altro offerto da B (per esempio una sedia, una pera, denaro), allora è perché B valuta la mela più di A. Altrimenti, o A valuta la mela più di B e quindi si rifiuta di scambiarla, oppure la valuta tanto quanto B, o ancora, B non è in grado di offrire qualcosa di interessante ad A per motivarlo a fare lo scambio spontaneamente (cioè non può esprimere le sue preferenze per il sistema dei prezzi, data la sua restrizione di budget). In questo senso, l'utilità sarà sempre una misura ordinale soggettiva e non una misura cardinale oggettiva.

Il secondo presupposto dell'analisi economica è che le risorse sono scarse. Il presupposto della **scarsità** può essere diviso in due idee base: la gente vuole molte cose e c'è un limite a ciò che può essere fornito con le risorse disponibili. Se la gente volesse meno di quanto le risorse disponibili potrebbero generare, non ci sarebbe scarsità, ma abbondanza. Se le risorse non fossero scarse, non ci sarebbe anche un problema economico, perché ognuno potrebbe soddisfare pienamente le proprie esigenze, qualunque esse siano. Per semplificare questa idea, diciamo solo che i bisogni umani sono infiniti e le risorse sono scarse, cioè non è possibile soddisfare tutti i desideri dell'umanità.

Curiosamente, la stessa idea di scarsità, in una veste diversa, motiva il diritto: se le risorse non fossero scarse, non ci sarebbe conflitto; senza conflitto, non ci sarebbe bisogno del diritto o del sistema giudiziario. La scarsità di risorse impone agli agenti e alla società di scegliere tra alternative possibili ed esclusive (altrimenti non sarebbe una scelta). L'idea di scarsità può anche essere identificata come implicita nel diritto processuale in uno dei suoi concetti fondamentali: la lite. Come vedremo nel Capitolo 4, la lite non è altro che una pretesa resistita, quindi qualcuno vuole qualcosa (pretesa) e qualcuno non vuole cedere o fare qualcosa (resistenza). Per i processualisti, l'idea di scarsità è relativamente semplice e quasi un'ovvietà: è proprio il fatto che non si può attribuire lo stesso bene della vita a due persone contemporaneamente che genera il conflitto che, a sua volta, rende necessario un meccanismo aggiudicatorio e, quindi, il processo. Se non ci fosse scarsità, non ci sarebbe resistenza, senza resistenza non ci sarebbe lite, senza lite non ci sarebbe giudiziario, senza giudiziario non ci sarebbe bisogno di un processo. *Ergo*, la scarsità è anche un presupposto del diritto processuale.

Se c'è scarsità, allora la soddisfazione di un bisogno umano porterà alla non soddisfazione di un altro bisogno umano, cioè la scarsità porta inesorabilmente a una scelta. Come vedremo più in dettaglio nella Sezione 3.1.2 sul concetto di efficienza, ogni scelta presuppone un costo, un ***trade-off***, che è la seconda più interessante allocazione possibile della risorsa, ma che è stata scartata. Questo costo prende il nome di **costo opportunità**. Così, per esempio, se decidessimo di acquistare dei combattenti per rafforzare la nostra Aeronautica, rinunceremmo a un'altra allocazione che tali risorse potrebbero avere (ad es., la costruzione di scuole). Scegliendo di leggere questo libro, smetterete di fare altre attività come vedere i vostri amici, passeggiare con la persona amata o guardare un buon film[38]. La mancata realizzazione dell'utilità di cui si godrebbe con una di queste attività (*trade-off*) è il costo opportunità della scelta, cioè il prezzo implicito o esplicito che si paga per aver preferito la prima alternativa[39].

Il terzo presupposto è che le persone sono **razionali**, ciò che è stato convenzionalmente chiamato nelle scienze sociali, compresa la sociologia, la psicologia e le scienze politiche, la Teoria della scelta razionale (TSR) o semplicemente la teoria della scelta. Secondo la TSR, le persone sono motivate dai loro desideri e obiettivi personali (preferenze). Tuttavia, poiché non è possibile soddisfare ogni desiderio (scarsità[40]), gli individui devono scegliere quali obiettivi perseguire e quali mezzi utilizzare per raggiungerli. Proprio per questo motivo, gli individui cercano di stimare, in base alle informazioni si cui dispongono, i probabili risultati di ogni azione disponibile (rendimento atteso) e adottano i comportamenti che, a loro avviso, li avvicineranno ai loro obiettivi, cioè che daranno loro maggiore soddisfazione (utilità). Poiché le scelte devono essere fatte, le persone si comportano come se soppesassero i costi e i benefici di ogni alternativa, adottando il comportamento che, date le loro condizioni e circostanze, sembra loro portare il massimo benessere. Diciamo, quindi, che la condotta media degli agenti è razionale massimizzante.

È importante sottolineare che il presupposto è che gli individui si comportino come se fossero razionali e non che siano effettivamente razionali. Supporre che le persone siano razionali non presuppone che l'agente faccia consapevolmente i calcoli per tutto il tempo e pesi i costi e i benefici di ogni suo atto, ma solo che -in media- si comporti come se lo facesse. Ricordando sempre che, poiché non è possibile sapere esattamente cosa succede nella testa di ogni persona, almeno per ora, abbiamo bisogno di una teoria che offra una buona approssimazione del comportamento generale delle persone. Questa teoria è la TSR. Per questo motivo ci si basa sul comportamento dell'individuo (variabile osservabile) e non sul suo stato mentale (variabile non osservabile).

Per buona parte dei problemi, questi presupposti sono non solo appropriati, ma anche estremamente utili. La razionalità nella vita quotidiana è ovunque. Tuttavia,

38. Non preoccupatevi, l'Autore garantisce che la lettura di questo libro è efficiente e aumenta sostanzialmente il vostro benessere. Potete continuare fino alla fine.

39. Ricordando sempre che, da un punto di vista economico, il prezzo non è necessariamente il valore monetario di qualcosa, ma il suo costo opportunità.

40. Oltre alla scarsità, altri fattori che limitano le scelte degli agenti sono le istituzioni sociali come la cultura, la religione, il diritto e la morale.

in alcune situazioni, soprattutto in quelle che comportano rischi[41] e incertezze[42], a volte gli agenti non si comportano esattamente nel modo previsto della TSR, e quindi questa può non essere un buon approccio. Come vedremo più dettagliatamente nella Sezione 5.4, questa linea di ricerca è iniziata con Herbert Simon –vincitore del Premio Nobel nel 1978, che stava indagando su quella che lui chiamava razionalità limitata[43]– ed è stata estesa alle deviazioni comportamentali da Daniel Kahneman e Amos Tversky con la loro Teoria del prospetto[44], che è valsa a Kahneman il Premio Nobel nel 2002 (Tversky era già deceduto). Più recentemente, nel 2017, anche Richard H. Thaler ha vinto il premio Nobel per le sue ricerche relative ad alcune deviazioni comportamentali e per la sua proposta di una teoria del comportamento più precisa che incorporasse tali deviazioni[45]. La cattiva notizia è che l'economia comportamentale ha dimostrato che il comportamento umano può differire sostanzialmente da quello previsto dalla TSR in alcune circostanze. La buona notizia è che si tratta di una divergenza sistematica, cioè non è aleatoria. Poiché questa divergenza ha un *pattern*, il comportamento umano è ancora prevedibile: è sufficiente adattare i modelli per incorporare le limitazioni cognitive, quando appropriato.

Inoltre, è importante sottolineare alcuni punti. In primo luogo, per affermare l'ovvio, l'economia comportamentale continua a far parte dell'economia perché, come ho già detto, l'approccio economico utilizza anche conoscenze provenienti da aree correlate. In secondo luogo, l'economia comportamentale non propone né giustifica l'abbandono dell'analisi economica, tanto meno della TSR, indica solo che –in alcune circostanze empiricamente determinate– è necessario allentare il presupposto della razionalità[46]. Questo significa che: (i) la TSR rimane valida come teoria applicabile alla maggior parte dei casi; (ii) non è possibile presumere che la TSR non si applichi ad un caso specifico senza prove empiriche; e (iii) l'economia comportamentale non è una teoria del comportamento a se stante rispetto alla TSR,

41. Si parla di rischio quando si può ritenere possibile il verificarsi di un evento, con una probabilità di accadimento inferiore al 100% (ovvero alla certezza matematica). Di solito la parola rischio viene usata quando gli effetti dell'evento sono negativi (ad es., rischio di urtare l'auto), mentre per gli effetti positivi si parla di opportunità (ad es., opportunità di vincere la lotteria), ma in entrambi i casi ci sono solo probabilità che l'evento si verifichi.

42. **Incertezza** è un termine normalmente usato quando non si conosce la probabilità di un evento. Mentre il rischio riguarda eventi possibili conosciuti, l'incertezza si riferisce ad eventi sconosciuti (non si sa se possono accadere) o di cui non è possibile stabilire la probabilità di accadimento. Tuttavia, a volte il termine **scelta in condizioni di incertezza** viene utilizzato in riferimento alla scelta di alternative associate alle probabilità.

43. Cf. Simon (1997 [1945]; 1955; 1979).

44. Cf. Kahneman e Tversky (1979).

45. Ad esempio, si veda Tallero (1980).

46. Cf. Jolls, Sunstein e Thaler (1998). Si noti che mitigare un presupposto può equivalere ad indebolirlo, non necessariamente ad abbandonarlo.

ma un suo complemento per situazioni specifiche. In futuro, con l'avanzare delle conoscenze scientifiche, potremmo avere un'unica teoria che comprende sistematicamente entrambi i fenomeni[47]: il comportamento regolare, adeguatamente descritto dalla TSR, e le eventuali anomalie comportamentali, rilevate dall'economia comportamentale. Per ora, lavoriamo con le conoscenze più avanzate disponibili e quindi usiamo la TSR come regola generale, mitigando i suoi presupposti per incorporare *insights* comportamentali quando ci sono prove empiriche che indicano la convenienza o la necessità di farlo.

La rilevanza dei risultati dell'economia comportamentale sull'esistenza di anomalie comportamentali è innegabile. Tuttavia, la sua utilità per la comprensione di un determinato caso richiede prove empiriche che giustifichino l'adattamento o anche la mitigazione della presunzione di razionalità. Questo esatto avvertimento ci è stato fatto dal Ministro Luiz Fux, che ha dichiarato[48]: "[...] Noto che questo dibattito ispira anche cautela per evitare generalizzazioni inadeguate. La base delle scienze comportamentali è il carattere empirico delle loro argomentazioni. L'esistenza di studi empirici che sostengono che gli esseri umani sviluppano bias nei loro processi decisionali non consente la diffusa presunzione che qualsiasi giudice penale nel paese abbia tendenze comportamentali tipiche a favorire l'accusa. Ancor meno che la strategia istituzionale più efficiente per ridurre al minimo i possibili bias cognitivi dei giudici penali sia quella di ripartire le funzioni tra il giudice di garanzia e il giudice istruttore. I sostenitori di questa argomentazione non considerano nemmeno i possibili effetti collaterali che questa proposta può produrre, anche a scapito della difesa". Come ho già detto, uno degli obiettivi dell'AED è proprio quello di contribuire a individuare queste conseguenze indesiderate.

In ogni caso, l'indagine delle circostanze in cui il comportamento dell'individuo si differenzia dal comportamento razionale è una delle aree più interessanti della frontiera della conoscenza economica, un misto di economia, psicologia e neurologia chiamato neuroeconomia. Quando includiamo il diritto in questa grande insalata di conoscenza, abbiamo l'analisi economica comportamentale del diritto (AEC), la cui bibliografia incorpora gli *insight* forniti da queste scoperte man mano che aumentano di giorno in giorno. Di certo, questo è uno dei settori che più promette di contribuire allo sviluppo del diritto[49], soprattutto nei casi in cui sono necessarie decisioni a lungo termine.

47. In fisica, la tanto sognata teoria capace di unire la meccanica quantistica con la teoria della relatività generale e, quindi, di spiegare tutti i fenomeni fisici, si chiama Teoria del tutto, che ancora non esiste.

48. Misura Cautelare nell'ADI n. 6.298-DF, Relatore: Min. Luiz Fux, Reqte.: Associazione dei magistrati brasiliani - AMB ed altri, Int.: Presidenza della Repubblica e Congresso Nazionale, p. 28.

49. A titolo di esempio, si vedano Sunstein (2000), Thaler e Sunstein (2009) e Zamir e Teichman (2014; 2018).

La grande implicazione del presupposto di razionalità per la giuseconomia che non è influenzata dall'economia comportamentale è che se gli agenti considerano –per quanto possibile– i costi e i benefici al momento di decidere, allora un cambiamento nella loro struttura di incentivi può portarli ad adottare un altro comportamento, a fare un'altra scelta. In breve, **le persone rispondono agli incentivi.** Questa è un'idea centrale anche nel diritto. Ogni diritto è costruito sulla premessa implicita che le persone risponderanno agli incentivi e così che le leggi saranno in grado –in una certa misura– di plasmare le relazioni sociali. I criminali commetteranno più o meno crimini se le pene sono più o meno clementi, se le possibilità di condanna sono più o meno elevate, se ci sono più o meno opportunità in altre attività più interessanti. Le persone si preoccuperanno più o meno per i danni che causano agli altri se sono o non sono responsabili di tali danni. I giudici saranno più o meno cauti nei loro giudizi se devono motivare più o meno le loro decisioni. I funzionari pubblici lavoreranno in modo più o meno corrotto se le loro azioni sono o non sono pubbliche. I fornitori stipuleranno contratti più o meno adeguati se le clausole abusive saranno annullate o meno dal giudiziario. La razionalità è sempre presente anche nel diritto[50].

D'altra parte, se le persone non rispondessero agli incentivi, il diritto sarebbe di scarsa o nulla utilità. Tutti continuerebbero a comportarsi allo stesso modo e la creazione di regole sarebbe una perdita di tempo. Tuttavia, l'esperienza ci dimostra che questo non accade normalmente. Se le persone rispondono agli incentivi, allora, dal punto di vista di un'etica consequenzialista, le regole della nostra società devono tenere conto della struttura di incentivi degli agenti interessati e della possibilità che essi modifichino i loro comportamenti in caso di cambiamento di tali regole (comportamento strategico). In particolare, si deve tener conto del fatto che questo cambiamento di comportamento può generare effetti indesiderati o imprevisti. Una delle funzioni della giuseconomia è quella di aiutare a identificare questi possibili effetti.

Per spiegare il comportamento degli agenti e quindi essere in grado di formulare giudizi prognostici, la giuseconomia adotta come unità di analisi base la scelta individuale di ogni agente o di piccoli gruppi coinvolti nel problema. Questo approccio viene convenzionalmente chiamato nelle scienze sociali **individualismo metodologico.** Secondo questa metodologia, per spiegare e comprendere i com-

50. Pensate al concetto di capacità d'agire nel diritto civile e di imputabilità nel diritto penale. Sebbene tutte le persone nascano con capacità giuridica (art. 1 c.c.i.), la capacità d'agire si acquisisce solo dopo il compimento della maggiore età (art. 2 c.c.i.), quando la legge presuppone che le persone siano razionali e possano –da sole– compiere atti di vita civile ed essere ritenute penalmente responsabili, che è la capacità d'intendere e di volere (art. 85 c.p.i.). Se sono considerate irrazionali, saranno dichiarate incapaci e saranno applicate loro regole speciali. Ad esempio, gli atti da loro compiuti potranno essere annullati (art. 427 e 428 c.c.i.). Sulla giuseconomia del comportamento irrazionale, si veda Parisi e Smith (2005).

portamenti collettivi, bisogna prima comprendere i comportamenti individuali degli agenti che compongono la collettività studiata (siano essi il giudiziario, la società o lo Stato) e che, in ultima analisi, saranno responsabili dei macrorisultati che si vuole comprendere. Va notato che l'analisi del comportamento individuale dovrebbe considerare le dinamiche di interazione tra gli agenti e non solo la condotta isolata di un agente[51].

Quindi, se vogliamo capire perché il giudiziario funziona in questo modo, dobbiamo essere in grado di spiegare e comprendere la struttura di incentivi di ogni magistrato, le dinamiche tra giudici di primo grado e i giudici di secondo grado e tra questi e i ministri delle corti straordinarie, e così via. Se vogliamo capire come funziona il Congresso, dobbiamo essere in grado di spiegare la struttura di incentivi di deputati, senatori, consiglieri e consulenti. Comprendere la struttura di incentivi di questi agenti significa indagare su come agiscono effettivamente e non dare per scontato che agiranno nell'interesse pubblico solo e semplicemente perché dovrebbero. Allo stesso modo, se vogliamo sapere come si comporteranno i consumatori e i fornitori di fronte al cambiamento legislativo, dobbiamo capire la struttura di incentivi di ogni gruppo.

Vale la pena ricordare che l'individualismo metodologico è solo uno strumento analitico, senza implicazioni etiche: non si tratta di un approccio secondo cui gli interessi individuali dovrebbero essere massimizzati o gli agenti dovrebbero comportarsi in questo o quel modo. L'AED è una teoria sul comportamento, non un parametro per valutare la condotta. È un grosso errore pensare che un metodo di analisi individualistica debba necessariamente comportare una qualche forma di sistema di valori individualistici.

Inoltre, il precetto dell'individualismo metodologico non va confuso con l'individualismo politico. Seppure dovesse emergere nel mondo un regime comunista, dovrebbe essere compreso anche sociologicamente sulla base dei principi dell'individualismo metodologico: per comprenderlo e spiegarlo sarebbe necessaria la comprensione della struttura di incentivi dei suoi componenti. Tuttavia, la confusione dell'individualismo metodologico con l'individualismo politico (cioè il liberismo *laissez-faire*) è molto comune tra gli economisti e i giuseconomisti così come tra i critici del metodo giuseconomico.

Né l'adozione dell'individualismo metodologico significa che l'AED presuppone necessariamente che gli individui non siano altruisti nel prendere decisioni senza

51. Cf. Weber (2014 [1922], Cap. 1). Ovviamente, questa posizione è in diretto contrasto con alcune posizioni comuni alla dottrina giuridica tradizionale, come il riferimento incondizionato allo Stato come entità autonoma, senza menzionare gli agenti che lo compongono, o il riferimento all'interesse pubblico, senza menzionare quale meccanismo di aggregazione delle preferenze sarebbe stato adottato per rivelare tale interesse. Queste nozioni sono spesso usate come veri e propri *dei ex machina* per mascherare le preferenze personali dell'interlocutore.

tener conto del benessere degli altri. Sebbene questo presupposto semplificativo sia adottato nella maggior parte delle analisi, nulla impedisce che venga modificato senza che ciò comporti una perdita di validità dell'analisi. Nello studio sulla giuseconomia della famiglia, per esempio, si assume generalmente che i genitori siano altruisti nei confronti dei figli; o nella pubblica amministrazione, quando si parla di nepotismo, si assume la stessa condotta, con diverse implicazioni etiche e legali. Allo stesso modo, l'individualismo metodologico non implica necessariamente che gli individui prendano decisioni isolate dai loro pari. L'idea che gli individui prendano decisioni all'interno del loro contesto sociale, tenendo conto della potenziale reazione di altri agenti (decisioni interdipendenti), ad esempio, è spesso resa esplicita nei modelli che utilizzano la Teoria dei giochi[52].

Infine, l'approccio giuseconomico non richiede che si presuma che gli individui siano egoisti, avidi o motivati solo dal guadagno materiale[53]. Si presuppone solo che gli agenti siano razionali e massimizzino la loro utilità, qualunque cosa questo significhi per loro. In quest'ottica, ad esempio, le situazioni in cui il comportamento umano ha come motivazione centrale elementi immateriali o psicologici, come il prestigio (ad es., il mondo accademico), il potere (ad es., la politica) o anche l'altruismo (ad es., la famiglia), sono pienamente suscettibili di analisi economica. Lo stesso vale per l'individuo che agisce e dal quale iniziamo la nostra ricerca per comprendere il collettivo e, quindi, il sociale.

1.4 Sull'uso di modelli e riduzionismo

Un altro punto rilevante è la questione dell'uso di modelli per spiegare il comportamento umano. La scienza cerca di capire e spiegare il mondo. I modelli scientifici sono lo strumento con cui lo scienziato riduce la complessa realtà per studiarla. Un modello scientifico è come una mappa. Può essere più o meno realistica, a seconda delle esigenze dell'utente. Ovviamente, più una mappa è realistica, più è grande e difficile da gestire. Così, una mappa perfetta della città di Roma avrà le stesse dimensioni della città stessa, il che la renderà praticamente inutile. Allo stesso modo, più il modello scientifico è vicino alla realtà, più diventa complesso, al punto che cessa di essere un modello e diventa la realtà stessa, diventando inutile come meccanismo per facilitare la comprensione. Per questo si dice che per capire il mondo è necessario ridurlo.

52. La teoria dei giochi è lo studio di modelli di interazione strategica tra agenti razionali, con applicazioni non solo nelle scienze sociali in generale, ma anche, ad esempio, in biologia, logica ed informatica.

53. D'altra parte, in certi contesti, l'adozione di tali presupposti può semplificare sostanzialmente l'analisi e quindi essere utile, così come può essere utile ignorare gli attriti in certi contesti della fisica.

I giuseconomisti riconoscono l'immensa complessità del mondo reale e la grande difficoltà –o impossibilità– di affrontare tutte le variabili simultaneamente. Pertanto, come gli economisti, i professionisti dell'AED elaborano modelli teorici dei problemi che desiderano indagare, nei quali vengono considerate solo le variabili rilevanti. Questa procedura viene effettuata nel tentativo di semplificare il problema e di ottenere prospettive che altrimenti rimarrebbero nascoste allo studioso. A tal fine si adottano presupposti semplificatori, in modo che sia possibile concentrarsi solo sul cuore del problema. La difficoltà dell'arte della modellazione sta proprio nello scegliere quali variabili considerare e quali scartare. La teoria economica aiuta in questa scelta per rendere il problema comprensibile e trattabile, senza rendere il modello irrilevante.

E qui è opportuno fare alcune digressioni su cosa intendiamo per **modelli** e sul loro rapporto con la teoria. Come detto all'inizio di questo capitolo, una teoria è la comprensione da parte di qualcuno di come funziona qualcosa, mentre una teoria scientifica è una teoria che, per di più, può essere confutata. Il modello, invece, è una rappresentazione semplificata di qualcosa. Il modello può essere concreto o astratto, nel senso che può essere una rappresentazione fisica dell'oggetto o del processo analizzato (ad es., un modello di un edificio o la miniatura di un treno) o una rappresentazione concettuale dello stesso oggetto o processo (ad es., un progetto architettonico, una mappa o il disegno del processo di conoscenza).

Per ritornare all'esempio discusso nella Sezione 1.1, il doppio giudizio di ammissibilità sul ricorso straordinario e sul ricorso speciale può essere rappresentato nel seguente modello:

Doppio giudizio di ammissibilità
Figura 1-2

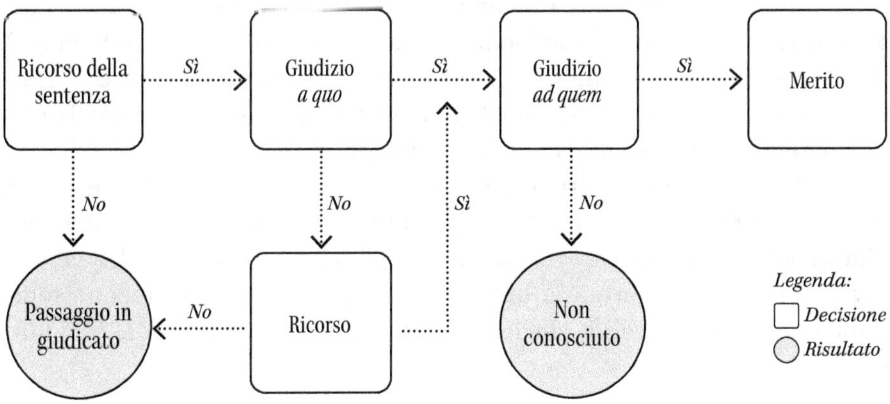

Fonte: Gico Jr. (2016, p. 13).

Si noti che il modello di cui sopra è la rappresentazione del procedimento di giudizio di ammissibilità, e molti dei suoi aspetti –come i requisiti intrinseci o estrinseci del ricorso stesso, o chi sono le parti o i magistrati coinvolti– sono ignorati proprio perché, per la comprensione di questo procedimento in astratto, tali informazioni, pur essendo presenti nel mondo reale, non sono rilevanti. Infatti, è la rimozione di tutti questi elementi dal modello che lo rende utile, permettendo di focalizzare l'attenzione sugli aspetti che contano per la discussione. Il modello di cui sopra, di per sé, non costituisce una teoria, ma descrive solo il processo previsto dal c.p.c.b. Tuttavia, basandoci su di esso, cioè su una descrizione astratta della realtà, possiamo cominciare a costruire una teoria sul doppio giudizio di ammissibilità.

I modelli rappresentano quindi solo una parte della realtà, sia essa un oggetto o un processo, al fine di informare o evidenziare le parti o gli aspetti considerati essenziali e la relazione tra di essi. È questa semplificazione, questa riduzione, e la chiara definizione del rapporto tra le parti o gli aspetti considerati che ci permettono di comprendere l'oggetto o il processo ridotto in modello. Per definizione, un modello non è e non può essere una replica perfetta della realtà, ma evidenzia solo gli aspetti più rilevanti per la comprensione dell'oggetto o del processo studiato. Questa semplificazione ci permette di concentrarci sugli elementi e sulle connessioni che ci interessano, ignorando altre parti e altre connessioni. Ed è proprio questo che rende l'uso di modelli così preziosi per la costruzione di teorie.

Una teoria scientifica è un insieme di generalizzazioni sistematicamente correlate che suggeriscono nuove osservazioni che, a loro volta, possono essere testate empiricamente. In quanto tale, la funzione della teoria è quella di spiegare o prevedere. Un modello, invece, tradizionalmente non spiega e non prevede nulla[54]. Il modello si limita a descrivere. Sebbene i modelli non siano teorie, possono essere utilizzati per rappresentare teorie e quindi facilitarne la comunicazione. I modelli possono descrivere e simulare processi fisici, logici e concettuali che altrimenti potrebbero non essere osservabili o presentabili[55]. Come affermano Shoemaker, Tankard Jr. e Lasorsa, i modelli permettono ai teorici di illustrare, delineare e descrivere caratteristiche e parti strutturali (ovvero, come è) e funzionali (ovvero, come funziona o a che scopo) delle loro teorie, con vari livelli di astrazione e di dettaglio. Tuttavia, non importa quanto sia dettagliato un modello, sarà sempre e solo una descrizione di un oggetto o di un processo. Se vogliamo capire come funziona l'oggetto o il processo ritratto nel modello, avremo bisogno di qualcosa di più: avremo bisogno di una teoria. In questo senso, una vasta parte della cosiddetta dottrina giuridica non è altro che la presentazione verbale di modelli sul funzio-

54. Si noti che i modelli computazionali sono dinamici e possono generare previsioni, come nel caso dei modelli basati sull'agente (ABM). In questo caso, di norma, la teoria sarà codificata nel modello.

55. Cf. Shoemaker, Tankard Jr. e Lasorsa (2004, p. 112).

namento di una certa legislazione, cioè la sua semplice descrizione –non sempre accompagnata da una vera teoria–.

D'altra parte, la costruzione di un modello richiede il giudizio di quali elementi entreranno e quali saranno ignorati, il che richiede l'esistenza di una teoria che informi, almeno inizialmente, quali elementi sono rilevanti o meno. Quindi, teoria e modello sono complementari e l'uno alimenta l'altro. Le teorie ci aiutano a costruire modelli, e la costruzione di modelli porta implicazioni o espone le condizioni necessarie che possono informare aspetti della teoria precedentemente ignorati.

È importante ricordare che mentre l'AED è strutturata su alcuni presupposti base, nulla impedisce che questi vengano liberamente modificati se il ricercatore si rende conto che un determinato problema lo richiede. Nell'approccio neoistituzionalista, ad esempio, i costi di transazione e le istituzioni diventano fondamentali nei modelli utilizzati. Nell'AEC, la teoria della razionalità è integrata da una serie di deviazioni comportamentali identificate negli studi neuroeconomici (bias e limitazioni cognitive), come l'euristica della rappresentatività, della disponibilità, l'ancoraggio, l'eccesso di fiducia, il bias di conferma ecc. Finché l'applicatore è consapevole dell'utilità e dei limiti dei presupposti e del metodo, l'uso del modello nella comprensione, spiegazione e descrizione del comportamento umano promette di essere di grande utilità.

Una volta presentati i presupposti base dell'AED e, almeno dal punto di vista epistemologico, il suo ruolo complementare alla Teoria generale del processo, possiamo procedere, nel prossimo capitolo, verso le fondamenta del processo e della TGP stessa, ma ora da una prospettiva giuseconomica.

2

Diritto, giurisdizione e Stato

2.1 Il Diritto come requisito per la vita nella società

La società brasiliana è estremamente complessa. Con una popolazione che supera i 200 milioni di abitanti, i suoi grandi centri urbani aggregano migliaia e a volte milioni di persone e sono organizzati per fornire ogni tipo di beni e servizi per soddisfare le esigenze dei residenti e di chiunque si trovi al di fuori del Paese. I suoi membri possono viaggiare in aereo, guardare la televisione satellitare, accedere a Internet, condire le loro insalate con olio d'oliva spagnolo, mangiare tartufi italiani e comprare giocattoli cinesi per i loro bambini. Per chi è nato, cresciuto e vive in questo contesto è relativamente facile ritenere che questa forma di organizzazione socio-politica sia onnipresente e persino naturale. Tuttavia, la nostra attuale forma di organizzazione sociale e politica è il risultato di migliaia di anni di evoluzione e di molti esperimenti sociali, non tutti riusciti o che hanno portato agli stessi risultati[56]. Per questo motivo, tutt'oggi ci sono popolazioni che vivono in quelle che chiameremmo condizioni preistoriche, come i *fayu* dell'Indonesia.

Negli anni Ottanta, i *fayu* erano circa quattrocento cacciatori-raccoglitori divisi in quattro clan in Nuova Guinea, che vagavano per qualche centinaio di chilometri in cerca di cibo e di un riparo. Secondo i loro stessi registri[57], la loro popolazione aveva raggiunto i duemila abitanti, ma si sarebbe drasticamente ridotta ai quattrocento membri sopra citati a causa degli omicidi avvenuti tra loro. I *fayu* non avevano un meccanismo di risoluzione pacifica dei conflitti, che la maggior parte degli abitanti degli Stati moderni dà per scontato. Nella stessa situazione dei *fayu* ci sono altre popolazioni, come i *pirarrãs* in Amazzonia, i boscimani *khoisan*[58] nel deserto del Kalahari in Sudafrica, e i sentinellesi dell'isola della Sentinella settentrionale nel Golfo del Bengala.

I *fayu*, i *pirarrãs*, i *khoisan* e i sentinellesi da un lato, e gli abitanti degli Stati moderni dall'altro, sono gli estremi di un *continuum* che rappresenta il grado di sofisticazione e organizzazione che le società umane hanno già raggiunto. Da un estremo all'altro, secondo l'evoluzione umana, si sono aggiunte istituzioni e tecnologie sociali che hanno cambiato profondamente la forma di organizzazione e, in definitiva, la qualità della vita dei suoi membri. Gli antropologi culturali utilizzano molte classificazioni per cercare di organizzare le varie fasi e forme di organizzazione socio-politica, essendo la classificazione più semplice e appropriata per i nostri

56. Per una presentazione di diversi sistemi giuridici molto diversi dai nostri, suggerisco di leggere Friedman, Leeson e Skarbek (2019).

57. Cf. Diamond (1999, p. 254).

58. Ci sono evidenze genetiche che i *khoisan* sono una delle più antiche comunità umane, si vedano Schlebusch *et alii* (2012).

scopi quella che organizza le società umane in quattro fasi[59]: (i) la banda, (ii) la tribù, (iii) il dominio e (iv) lo Stato. La differenza tra bande, tribù, dominii e Stati è, in gran parte, arbitraria e, poiché una fase è costruita sull'altra, è inevitabile che i confini tra l'una e l'altra si confondano. Tuttavia, la separazione delle società in questi archetipi di diversi livelli di organizzazione e di sofisticazione ci aiuta a comprendere il ruolo del diritto e, ai fini di questo volume, il ruolo del diritto processuale.

Le **bande** sono composte da piccoli gruppi di persone (da 25 a 50), basati sulle parentele, che si organizzano in modo nomade (cacciatori-raccoglitori). Non hanno né burocrazia né gerarchia, non hanno il monopolio dell'uso della forza e, soprattutto, non esiste un meccanismo formale per la risoluzione dei conflitti. Ci possono essere capi di caccia o di raccolta temporanei e persino capi religiosi come gli sciamani, ma non sono esperti e svolgono le stesse funzioni di caccia e di raccolta. Le **tribù** sono composte da un numero maggiore di persone (da 100 a 1.000), organizzate in lignaggi o clan per identità di parentela, stabilite in villaggi permanenti o semipermanenti[60]. Non esiste una burocrazia, una gerarchia o un meccanismo formale per risolvere le controversie. Sia nelle bande che nelle tribù, la forma di decisione sociale è generalmente decentralizzata. Tuttavia, mentre nelle bande non c'è produzione alimentare, in alcuni casi nelle tribù c'è un graduale spostamento dei cacciatori-raccoglitori verso la produzione alimentare attraverso l'agricoltura e l'allevamento. È proprio questa trasformazione che permetterà la produzione di una quantità eccedente di cibo, in grado di sostenere la specializzazione del lavoro e quindi la creazione di gerarchie e burocrazie specializzate, caratteristiche fondamentali dei dominii.

I **dominii**, comandi o *chefferie*[61] sono composti da migliaia di persone, organizzate in uno o più villaggi, strutturate non solo in base alle parentele, ma anche alle classi, con uno o due livelli di gerarchia. Generalmente, un gruppo di persone occupa posizioni politiche o religiose su base permanente, essendo libero dal lavoro di sussistenza, accentuando la stratificazione sociale. È nei dirigenti che, per la prima volta, si stabilisce il monopolio dell'uso della forza e si centralizza la risoluzione dei conflitti per rendere possibile la coesistenza di tante persone che non si conoscono più intimamente, non sono più parenti e, anche così, hanno bisogno di vivere intensamente nella società. La necessità di creare istituzioni formali, di centralizzare il sistema di risoluzione delle controversie e di imporre il monopolio

59. Cf. Service (1962). Per il lettore che già conosce l'antropologia, è sempre importante ricordare che il libro del Service è "solo un inizio crudo, poco più che argomenti a favore di ipotesi, perché c'è molto lavoro da fare". Service (1962, p. 182).

60. La tribù deve migrare ogni volta che la terra e i suoi dintorni sono esausti o non sono più in grado di sostenere la popolazione del gruppo.

61. I dominii sono emersi circa 7.500 anni fa, cioè circa 2.500 anni dopo la scoperta dell'agricoltura. Cf. Diamond (1999, p. 262).

dell'uso della forza sono elementi essenziali per la vita della società su larga scala e, naturalmente, sono attività che vengono ora svolte dalla burocrazia permanente, ormai libera dal lavoro di sussistenza. Per sostenere questa struttura, la direzione stabilisce invariabilmente tributi o quote di lavoro che devono essere pagate o eseguite dai membri. D'altra parte, la specializzazione della forza lavoro e il grande agglomerato umano permettono l'inizio della realizzazione di opere pubbliche.

In breve, ciò che rende impossibile la vita nelle società di migliaia di persone senza un meccanismo formale di risoluzione delle controversie e senza il monopolio dell'uso della forza è il limite cognitivo del numero di persone con cui qualcuno è in grado di mantenere relazioni sociali stabili, cioè relazioni in cui ogni individuo sa chi è l'altro e come si relaziona con gli altri membri del gruppo. Questa limitazione cognitiva è di circa 150 persone ed è stata originariamente proposta dall'antropologo Robin Dunbar, motivo per cui è diventato noto come il **numero di Dunbar**[62]. Questa limitazione cognitiva teorica è il risultato diretto del rapporto tra le dimensioni della neocorteccia e il resto del cervello umano. Nei primati, in generale, con l'aumentare delle dimensioni del cervello, cresce anche la dimensione sostenibile del gruppo. Senza tecnologie culturali e istituzioni formali, cioè senza la creazione di gerarchie, di sistemi di risoluzione delle controversie e il monopolio dell'uso della forza, il numero stimato di gruppi umani praticabili è, appunto, di circa 150 persone, qualcosa di vicino alla dimensione media delle tribù che si trovano nei registri dei paleontologi. Oltre questa soglia, le esplosioni di violenza diventano frequenti e possono rendere la vita in società impraticabile, come è successo con i *fayu* dell'esempio precedente. In questo senso, il passaggio dalle società tribali ai dominii sembra essere una diretta conseguenza della difficoltà di risolvere i conflitti interni tra gli estranei che compongono la stessa società, man mano che la dimensione del cluster cresce.

Una volta che i domini sono al loro posto, la loro evoluzione verso i cosiddetti **Stati** sembra essere solo una questione di tempo o addirittura di sopravvivenza, dato che gli Stati sono più forti e tendono ad assorbire, scacciare o estinguere i più deboli insediamenti umani vicini[63]. Gli Stati sono costituiti da insediamenti umani di oltre 50.000 persone, organizzate in molte città fisse (spesso comprendenti più di un gruppo etnico e una lingua), strutturate non solo sulla base di parentele, ma anche sulla base di classi, con vari livelli di gerarchia. Chiaramente, una delle città è la capitale. C'è una produzione alimentare intensiva per sostenere un gruppo di persone che occupano posizioni politiche o religiose su base permanente, con una forte specializzazione e divisione del lavoro. La costruzione di grandi opere

62. Questa spiegazione è anche conosciuta come l'ipotesi del Cervello Sociale. Cf. Dunbar (1992). In realtà, il numero di Dunbar oscilla tra 100 e 250, ma l'approssimazione adoperata solitamente è 150.

63. Cf. North e Thomas (2009 [1973]), Acemoglu e Robinson (2006) e North, Wallis e Weingast (2009).

pubbliche diventa fattibile e, cosa più rilevante ai fini di questo libro, gli Stati si caratterizzano per l'esistenza del diritto, spesso scritto[64], e dei giudici come meccanismo di risoluzione delle controversie. Questa è la ragione per cui lo Stato è oggi la forma dominante di organizzazione sociale in tutto il mondo. Secondo la famosa definizione di Weber, "lo Stato è quella comunità umana che, all'interno di un determinato territorio –questo, il 'territorio', fa parte delle sue caratteristiche– rivendica (con successo) il monopolio della legittima coercizione fisica"[65].

Il prologo del Codice di Ur-Nammu di Sumera (circa 2.100 p.e.v.), la più antica testimonianza di una legge scritta[66], racconta le conquiste politiche ed economiche del re Ur-Nammu, in particolare l'instaurazione della pace necessaria per lo svolgimento del commercio (marittimo, fluviale e terrestre) e la standardizzazione dei pesi e delle misure, vitale per il commercio e lo scambio in generale, e si conclude con l'affermazione del re che dice: "Non ho imposto ordini. Ho eliminato l'inimicizia, la violenza e le grida per giustizia. Ho stabilito la giustizia sulla terra"[67]. Sulla stessa linea, il Codice di Hammurabi, scritto trecento anni dopo a Babilonia (circa 1750 p.e.v.), fa un collegamento diretto tra Hammurabi e le sue regole giuridiche e il dio del sole Shamash, dio della giustizia[68], affermando che "gli dei Anu e Enlil, per l'aumento del benessere del loro popolo, mi nominano con il mio nome: Hamurabi, il pio principe, che adora gli dei, per far prevalere la giustizia sulla terra, per abolire il pervertito e il male, per impedire ai forti di opprimere i deboli, per innalzarsi come il dio del sole Shamash sull'umanità, per illuminare la terra. Quando il dio Marduk mi ha comandato di fornire percorsi giusti al popolo della terra (per ottenere un

64. Lo sviluppo della scrittura, una delle più grandi conquiste dell'umanità, sembra essere correlato all'emergere degli Stati, perché, di norma, è in essi che avviene. Quando la scrittura nasce nei dominii, questi sono di solito in fase di evoluzione nella forma dello Stato.

65. Nell'originale: "*Staat ist diejenige menschliche Gemeinschaft, welche innerhalb eines bestimmten Gebietes –dies: das 'Gebiet' gehört zum Merkmal– das Monopol legitimer physischer Gewaltsamkeit für sich* (*mit Erfolg*) *beansprucht*". Cf. Weber (1921).

66. Anche i codici anteriori al Codice di Ur-Nammu, di cui abbiamo solo frammenti, come il Codice di Urukagina, già registravano la necessità di instaurare la giustizia sulla terra, e in questo Codice il re stesso si presenta come giudice giusto quando dichiara: "Ho stabilito la giustizia a Nippur, ho fatto apparire il corretto. [...] Ho fatto di una persona con un reclamo un'eccezione. Sono un giudice che ama il corretto. Ho abolito il male e la violenza. Ho riabilitato l'uomo giusto." Cf. Foster (1995, p. 172). Per un'ampia discussione sulla giustizia e l'ordine sociale nelle antiche civiltà, si vedano Irani e Silver (1995) e Harle (1998).

67. Cf. Roth (1997, pp. 15-17).

68. Se il lettore ha la possibilità di visionare la versione del Codice di Hammurabi al Museo del Louvre di Parigi, in Francia, o di consultarne l'immagine su Internet, noterà che la scena iniziale occupa quasi un terzo del monolite ed è ambigua, poiché non è possibile dire se il dio della giustizia detta le regole ad Hammurabi o se il re le offre al dio. In ogni caso, poiché il monolite era esposto in una piazza pubblica, il messaggio era molto chiaro, anche per la popolazione analfabeta: le regole giuridiche esposte erano le regole divine della giustizia.

comportamento appropriato), ho stabilito la verità e la giustizia come dichiarazioni della terra, ho aumentato il benessere del popolo"[69].

È interessante notare che, oltre ai costanti riferimenti alla fine della violenza, al trattamento equo e al conseguente aumento del benessere della società, il prologo del Codice di Hammurabi evidenzia anche le opere pubbliche realizzate dal re, come la ristrutturazione del tempio di Ebabbar, la rivitalizzazione della città di Ur, l'aumento della superficie coltivata nella città di Dilbat e il piano urbanistico per la città di Kesh[70]. Tutte queste sono caratteristiche che distinguono lo Stato dal dominio e sono chiaramente incluse nel Codice per legittimare l'esistenza dello Stato prima della popolazione[71].

Come si vede, è inequivocabile che, fin dall'antichità, l'esistenza di un meccanismo per la composizione pacifica delle controversie e il monopolio dell'uso legittimo della forza sono stati elementi essenziali nella strutturazione della vita nella società su larga scala, e che il diritto è un elemento essenziale di tale strutturazione. Certamente il diritto è un prerequisito per quella che chiamiamo società moderna. Questa conclusione non è un giudizio di valore, un dover essere, ma una constatazione storica di come tutti i popoli che sono riusciti a superare la fase del mero tribalismo e ad organizzarsi come Stato hanno instaurato un monopolio sull'uso della forza e lo hanno strutturato per mezzo di leggi debitamente applicate da burocrati specializzati –i giudici–. In tutti i casi, la conclusione è sempre la stessa: senza la creazione del diritto e l'instaurazione di un meccanismo pacifico per risolvere le controversie, non è possibile mantenere la stabilità della vita in società[72].

2.2 La funzione sociale del processo: il problema principale-agente Stato-giudice

Nel contesto dell'evoluzione delle forme di organizzazione socio-politica dell'umanità, è relativamente semplice comprendere che ciò che chiamiamo

69. Cf. Roth (1997, pp. 76-77 e 80-81).

70. Per informazione, per gli appassionati del processo, il diritto babilonese è così sofisticato che esiste persino un libro interamente dedicato al processo civile babilonese. Cf. Holtz (2009).

71. Si noti quanto il prologo della Costituzione brasiliana è simile al prologo del Codice di Hammurabi, inclusa l'invocazione di un dio per benedire le regole adottate: "Noi, rappresentanti del popolo brasiliano, ci siamo riuniti nell'Assemblea nazionale costituente per istituire uno Stato democratico, progettato per garantire l'esercizio dei diritti sociali e individuali, la libertà, la sicurezza, il benessere, lo sviluppo, l'uguaglianza e la giustizia come valori supremi di una società fraterna, pluralista e senza pregiudizi, fondata sull'armonia sociale e impegnata, nell'ordine interno e internazionale, nella risoluzione pacifica delle controversie, promulghiamo, sotto la protezione di Dio, la seguente Costituzione della Repubblica Federativa del Brasile."

72. Tuttavia, per una discussione sulla fattibilità delle società anarchiche, si vedano, ad esempio, Buchanan (2000[1975]), Friedmann (1979), Cowen (1992) e Benson (2011 [1990]). E, per un resoconto dei contesti sociali di conflitto in cui il diritto può essere irrilevante, si veda Ellickson (1991).

regolarmente diritto non è altro che l'insieme delle regole applicate dallo Stato[73] attraverso l'uso della forza (coercizione). Su questa linea, per Carnelutti[74], il diritto è "l'insieme dei precetti giuridici (precetti sanzionatori) che sono costituiti per garantire, all'interno di un gruppo sociale (Stato), la pace minacciata da conflitti di interesse tra i suoi membri". Come si può vedere, questa definizione classica sottolinea chiaramente che il diritto è legato al monopolio dell'uso della forza (sanzione) da parte dello Stato per mantenere la struttura sociale di fronte ai conflitti interni.

Si può quindi affermare che il diritto è una tecnologia sociale sviluppata per rendere praticabile la vita in società complesse, dove la parentela e altri mezzi di controllo non sono sufficienti a garantire la coesione sociale. Ciò non significa che non siano state sviluppate e utilizzate altre istituzioni[75], anche in modo simultaneo e complementare, come la cultura e la religione, ma piuttosto che il diritto svolge chiaramente una funzione di scalabilità del controllo sociale. Pertanto, è ragionevole affermare che le regole giuridiche "sono sviluppate dall'umanità per fornire una struttura minima per l'interazione umana in un mondo segnato dall'incertezza. Le istituzioni riducono l'incertezza e il rischio rendendo le azioni degli altri agenti più prevedibili"[76].

Stabilendo le regole del gioco, il diritto fornisce un ambiente sociale all'interno del quale gli agenti possono guidare i loro rapporti e le loro interazioni secondo ciò che è loro giuridicamente consentito (dover essere), conoscendo (o dovendo conoscere) le conseguenze giuridiche associate alle azioni in violazione delle regole (sanzioni). In breve, il diritto regola e norma i rapporti umani, attenuando l'incertezza sull'esito delle loro azioni, chiarendo ciò che è permesso e le conseguenze della pratica di ciò che è proibito (atto illecito). Così, nella sua concezione più semplice, "il diritto non è altro che un'informazione su come è probabile che i sistemi aggiudicatori si comportino di fronte a una controversia (coercizione – *enforcement*), e su come è probabile che le persone si comportino in generale (conformità – *compliance*)."[77]

Tuttavia, dire che la funzione sociale del diritto è quella di strutturare e limitare i rapporti umani in modo da attribuire loro prevedibilità è dire che se un membro della comunità –per qualsiasi motivo– non agisce secondo le regole giuridiche, deve

73. D'ora in poi farò riferimento solo allo Stato, perché questa è la forma dominante di organizzazione sociopolitica, ma ciò non significa che non sia possibile o che non ci sia stata la creazione di diritto all'interno dei domini.

74. Cf. Carnelutti (2000 [1953], p. 71).

75. Per un'interessante discussione sui mezzi di controllo sociale senza l'uso del diritto, ad es., da parte della mafia, si veda Dixit (2007).

76. Cf. Gico Jr. (2017, p. 115).

77. Cf. Gico Jr. (2019, pp. 20-21) e per una discussione sulle implicazioni dell'argomento, si veda Gico Jr. (2020).

esistere un meccanismo esterno in grado di imporre la condotta prevista (dover essere), ovvero la coercizione. Inevitabilmente, quando si parla di diritto, questo meccanismo è il giudice[78]. Il giudice è uno dei burocrati specializzati che esercita parte del potere dello Stato e fa rispettare (*enforces*), di fronte a un conflitto, la regola giuridica elaborata dallo Stato[79]. Il giudice è quindi un agente dello Stato incaricato di applicare il diritto in un caso specifico, cioè di *ius dicere*.

Partendo dal presupposto che, all'inizio del processo, solo le parti in causa hanno accesso ai fatti oggetto del conflitto, vi è un'**asimmetria informativa**[80] tra le parti in causa (attore e convenuto) e il giudice, il processo può essere interpretato come un insieme di procedimenti che strutturano il meccanismo di scoperta dei fatti da parte del magistrato, in modo che egli possa applicare le regole giuridiche e risolvere il conflitto. Così, nel corso del processo, una volta che il giudice sarà sufficientemente convinto dei fatti rilevanti, potrà aggiudicare, cioè dire chi ha diritto secondo le regole prestabilite[81]. Il processo è quindi un canale di comunicazione tra le parti e lo Stato-giudice per ridurre l'asimmetria informativa e, in ultima analisi, per aggiudicare il diritto. Senza l'istituzione di tale canale, lo Stato-giudice non avrebbe modo di conoscere i fatti rilevanti, *ergo*, non potrebbe risolvere la controversia tra le parti secondo le regole giuridiche.

Data l'importanza del ruolo di un magistrato all'interno di una comunità, è lecito attendersi che, nelle società meno complesse, il giudice sia il legislatore stesso, cioè la persona o l'ente che stabilisce le regole giuridiche[82] o un alto funzionario. Così, man mano che le comunità si sono evolute da tribù (decisioni collettive decentrate) a dominii o Stati (decisioni collettive centralizzate), è ragionevole supporre che –almeno inizialmente– la stessa entità che elaborava le regole avrebbe deciso

78. In altre forme di composizione dei conflitti possiamo fare riferimento a diverse figure, come il mediatore, ma quando si parla di diritto, chi lo aggiudica agisce come giudice. Per il lettore interessato ad altri meccanismi di risoluzione delle controversie, si vedano Gulliver (1963), Nader (1969), Fallers (1969) e Nader e Todd Jr. (1978).

79. Considerando che l'oggetto di questo libro è il processo civile, non esplorerò il ruolo della polizia come principale mezzo di esercizio interno della coercizione statale, o delle Forze Armate come principale mezzo di esercizio esterno della coercizione.

80. Vi è un'asimmetria informativa in una relazione tra due o più agenti quando uno degli agenti ha informazioni in quantità o qualità maggiori rispetto all'altro, cioè quando uno degli agenti ha informazioni private.

81. Come si vedrà nelle Sezioni 3.1.4 e 3.2, il principio del libero convincimento del giudice si limita solo ed esclusivamente al convincimento su quali fatti sono stati provati e quali no, dopo l'istruzione procedurale. Non potrebbe mai essere permesso al giudice di scegliere se applicare o meno il diritto applicabile. Se il giudice e la sua decisione (sentenza) non fossero vincolati da regole giuridiche, dalla legge, non avrebbe più senso parlare di democrazia o di Stato di Diritto. Il giudice avrebbe il potere arbitrario e discrezionale di legiferare su ogni caso. I cittadini sarebbero soggetti alla persona del giudice e non allo Stato. Sarebbe la morte del diritto. Ecco perché l'articolo 101 della Costituzione italiana afferma chiaramente che: "*I giudici sono soggetti soltanto alla legge*."

82. *Giuridico* significa qui accompagnato dalla minaccia dell'uso della forza (sanzione) in un contesto di monopolio dell'uso legittimo della forza.

sui conflitti che ne sarebbero scaturiti. Tuttavia, nulla esclude situazioni differenti, poiché ogni civiltà ha la sua storia[83]. A dimostrazione di ciò, possiamo ancora una volta invocare, a titolo esemplificativo, la civiltà babilonese che, così sofisticata, aveva carriere pubbliche non solo per i giudici, ma anche per i notai e gli scribi, e vi sono testimonianze che chi esercitava direttamente la funzione giudicante non era il re[84]. D'altra parte, in Portogallo, nel secolo XVII, il re ha chiaramente svolto il ruolo di revisore dell'ultima istanza delle decisioni giudiziarie[85], anche in caso di dubbio ermeneutico. In ogni caso, ai nostri fini, non importa chi esercita la funzione giurisdizionale, ciò che conta è che chi la esercita sarà il giudice che giudicherà, cioè che eserciterà la **giurisdizione**[86].

In questo senso, poiché il diritto è il risultato del monopolio dello Stato sull'uso legittimo della forza, l'ente preposto alla funzione giudiziaria –qualunque esso sia– agirà in qualità di giudice e, così facendo, fornirà il **servizio pubblico aggiudicatorio.** La prestazione del servizio giurisdizionale è talmente importante che il diritto spesso stabilisce non solo norme di diritto materiale per regolare i rapporti tra i membri della comunità, ma anche norme di diritto processuale per regolare i rapporti tra le parti in causa e il giudice nell'esercizio della sua funzione.

Il diritto processuale deve quindi essere visto non solo come l'ordinamento delle fasi che i litiganti devono seguire nel corso del processo per ridurre l'asimmetria informativa e ricevere l'aggiudicazione, ma anche come l'insieme delle regole giuridiche che informano, limitano e strutturano l'esercizio del potere aggiudicatorio da parte del giudice. Così come il giudice è obbligato ad applicare il diritto materiale nella risoluzione della controversia, e non può adottare decisioni *contra legem*, deve anche comportarsi secondo il diritto processuale nel corso del processo. Il diritto processuale è, quindi, allo stesso tempo organizzazione e limite dell'attività aggiudicatoria. Se comprendiamo che il rapporto processuale è un rapporto tripartito che coinvolge le parti e il giudice[87], allora possiamo semplicemente dire che il diritto processuale è l'insieme delle regole giuridiche che strutturano l'interazione delle parti, tutte, nel corso di un processo.

La prospettiva del diritto processuale non solo come organizzazione del procedimento, ma anche come strumento di controllo dello Stato (principale) sul

83. A questo proposito, si veda Friedman, Leeson e Skarbek (2019).

84. Cf. Johns (1904, pp. 80 e ss.) e Holtz (2008).

85. Cf. Telles (1865), Almeida (1870) e Gico Jr. (2018).

86. In questo senso, anche quando le parti portano il loro conflitto in arbitrato, l'attività svolta dagli arbitri è di giurisdizione, in quanto sono assunti per dire il diritto (*iurisdictio*). Anche se gli arbitri non possono costringere le parti, cioè far rispettare le loro decisioni, il lodo arbitrale è protetto dallo Stato e sarà eseguito con la coercizione dello Stato, quindi è giuridico.

87. Cf. Bülow (1964, pp. 1-2).

magistrato (agente) è importante per due motivi. In primo luogo, il magistrato può, per qualsiasi motivo, deviare il suo comportamento e non seguire le regole giuridiche. In secondo luogo, anche se il magistrato cerca di seguire le regole giuridiche, può sbagliare nell'esercizio della sua funzione. Nel primo caso ci troviamo di fronte a un errore volontario (dolo) e quindi a un problema del principale-agente, e nel secondo a un errore involontario (colpa). In un modo o nell'altro, dal punto di vista dello Stato, entrambe le decisioni sono semplicemente sbagliate.

Un **problema principale-agente** o un dilemma di agenzia (problema di agentività) sorge quando qualcuno (il principale o mandante) assume un terzo (l'agente o mandatario) per svolgere un'attività per suo conto e ovviamente nel suo interesse, ma a seconda dell'esistenza di un'asimmetria informativa (azzardo morale[88] e selezione avversa[89]), l'agente può agire in modo diverso da quello desiderato dal principale (conflitto di interessi). In questo contesto, il diritto processuale può essere interpretato come una conseguenza del fatto che il giudice è un agente dello Stato ed è stato assunto per far rispettare le regole giuridiche e non la sua opinione, i suoi valori o le sue ideologie[90]. In un certo senso, la scelta politica dei membri delle corti superiori e la possibilità di ricorrere a questi tribunali speciali per rivedere le decisioni dei tribunali inferiori possono essere interpretate come caratteristiche del sistema giudiziario volto a tenere sotto controllo i giudici stessi, anche se il loro grado di successo è discutibile[91]. D'altra parte, anche quando il giudice cerca di funzionare come membro di una

88. Tradizionalmente, un **azzardo morale** sorge quando una persona aumenta la sua esposizione al rischio essendo assicurata, ma può sorgere anche quando qualcuno si assume dei rischi perché un'altra persona si farà carico delle conseguenze, dei costi, dei rischi assunti se si manifestano. Il problema dell'azzardo morale nell'attività aggiudicatoria è estremamente importante, perché il giudice costringe le parti ad accettare la sua decisione e quindi ha il potere di imporre le sue preferenze a terzi, senza mai sostenere i costi di tale decisione in prima persona. In questo senso, il giudice irresponsabile è un azzardo morale.

89. Un problema di **selezione avversa** si verifica quando qualcuno (il principale) seleziona un terzo (l'agente) per svolgere una funzione sulla base delle informazioni disponibili, ma l'agente dispone di informazioni private che, se disponibili per il principale, modificherebbero la sua decisione di contrattare o mantenere la relazione di agenzia. In questo senso, lo Stato può assumere un giudice per far rispettare il diritto e il giudice, una volta assunto, può smettere di applicare le regole giuridiche e imporre regole più appropriate alle proprie preferenze (comportamento divergente), vanificando l'obiettivo iniziale del principale (Stato), che era quello di far rispettare le regole giuridiche.

90. Non è mai troppo ricordare che, mentre i politici vengono eletti di tanto in tanto per legiferare e, quindi, per realizzare la volontà degli elettori attraverso la legislazione, i giudici sono funzionari pubblici assunti a tempo indeterminato per svolgere una funzione, quella di giudicare, cioè per far rispettare le norme giuridiche create dai politici, in nome del popolo. Tuttavia, molti ritengono oggi che la magistratura debba legiferare liberamente (attivismo giudiziario) e che, in alcuni casi, sarebbe loro compito violare la legge, anche se democraticamente stabilita dalla maggioranza (ruolo contromaggioritario). A titolo di esempio, si veda Barroso (2016; 2018).

91. Per una discussione sulla struttura della magistratura nel contesto di un problema agenti-principale, quando gli interessi dei giudici di diversi gradi non coincidono, si veda Gico Jr. (2015).

squadra[92] e di applicare correttamente la legge[93], può commettere un errore sia nel processo stesso (*errore in iudicando*) sia nello svolgimento del processo (*errore in procedendo*). Pertanto, è imperativo che il processo giudiziale garantisca la sicurezza delle parti in modo che non siano sorprese da qualsiasi arbitrarietà e favoritismo da parte del giudice, abbiano pari opportunità di presentare il loro punto di vista sul caso e abbiano un modo per protestare contro eventuali errori.

Il processo giudiziale, quindi, deve limitare l'azione delle parti in causa, che devono produrre le loro prove e presentare le proprie richieste in conformità con la legge, nonché limitare l'azione del giudice, che dovrà giudicare il caso nei limiti della legge. Tale garanzia è data dall'osservanza, nel corso del processo, del diritto processuale e di un insieme di principi, come il diritto al contraddittorio e all'ampia difesa (art. 5°, LV, CFB[94] e l'art. 111 CRI), il non utilizzo di prove illecite (art. 5°, LVI, CFB[95]), la pubblicità e la motivazione delle decisioni giudiziarie (art. 111, CRI), oltre ad altri principi che, interpretati congiuntamente, compongono quello che viene definito il giusto processo civile (si veda Sezione 3.3). Infine, come stabilisce la CRI nell'art. 24, comma 4: "*La legge determina le condizioni e i modi per la riparazione degli errori giudiziari.*"

Pertanto, come ci ricorda Chiovenda, il processo giudiziale è la "successione di atti vincolati dal comune obiettivo di attuare la volontà della legge e di procedere in modo ordinato per raggiungere tale obiettivo [...]"[96] e permette non solo al giudice del caso di conoscere i fatti rilevanti e di riconoscere il diritto a chi ha ragione (risolvere la controversia), ma anche alle parti di avere la certezza che il loro caso sia stato giudicato legalmente e libero dall'arbitrarietà del giudice[97]. Si noti che la posizione di Chiovenda è pienamente compatibile con quanto qui esposto, cioè che i procedimenti sono atti vincolati, non discrezionali, e che la funzione del processo

92. Qui l'espressione **squadra** è usata solo per rafforzare il concetto che tutti i giudici, anche di gradi diversi, avrebbero lo stesso obiettivo (funzione di utilità), proprio come i membri di una squadra. Se l'obiettivo è quello di seguire la legge, tutti vogliono seguire la legge, se si tratta di fare giustizia, tutti vogliono fare giustizia.

93. Per una discussione sulla struttura della magistratura in un contesto di squadra, quando gli interessi dei giudici di diversi gradi coincidono, si veda Gico Jr. (2013).

94. Art. 5°. [...] LV - alle parti in causa, in procedimenti giudiziari o amministrativi, e agli imputati in generale è assicurato il contraddittorio e l'ampia difesa, con i mezzi e le risorse ad essa inerenti; [...].

95. Art. 5°. [...] LVI - le prove ottenute con mezzi illeciti sono inammissibili nel procedimento; [...].

96. Cf. Chiovenda (2009 [1933], pp. 91 e 92).

97. Ovviamente, l'unico modo per proteggere i membri di una società dall'arbitrarietà della legge è garantire che le regole non siano arbitrarie. Anche se imperfetto, il modo migliore per farlo, finora, è la democrazia. Tuttavia, se la legge è arbitraria, non esiste un meccanismo giuridico che protegga da tale arbitrarietà. La falsa idea che un giudice possa proteggere un cittadino dall'arbitrarietà della legge, sottopone solo il cittadino all'arbitrarietà soggettiva del giudice stesso, mentre distrugge il potere predittivo della legge –una situazione molto peggiore–. Sui rischi dell'insicurezza giuridica, si veda Gico Jr. (2013).

è quella di far rispettare la volontà della legge nel caso specifico e non la volontà del magistrato. Sulla stessa linea, da un punto di vista istituzionale, Couture comprende che il processo giudiziale è "un'istituzione sottoposta al regime della legge, che [regola] la condizione delle persone, la situazione delle cose, e l'ordinamento degli atti che tendono ad ottenere gli scopi della giurisdizione"[98]. In un modo o nell'altro, il processo giudiziale non è altro che una tecnologia del diritto per consentire la risoluzione sicura di una controversia[99] tra le parti in causa attraverso la pronuncia di una decisione giudiziale.

Quindi, il processo ha due funzioni primarie: (i) organizzare la prestazione del servizio pubblico aggiudicatorio svolta direttamente da parte del giudice, per conto dello Stato (amministrazione); e (ii) proteggere le parti in causa dagli errori del giudice stesso (protezione), compresi gli errori volontari e involontari. La domanda è, quindi, come raggiungere e ottimizzare questi due obiettivi contemporaneamente, dato che a volte sono in conflitto? La funzione sociale del processo è quella di bilanciare gli obiettivi di amministrazione e di protezione. Abbiamo bisogno che il servizio pubblico aggiudicatorio sia il più possibile privo di errori, ma più garanzie e procedure vengono inserite nel sistema per evitare tali errori, più complessa e costosa sarà la loro amministrazione. In altre parole, c'è un chiaro *trade-off* tra protezione e amministrazione e, in questo senso, le regole processuali, e quindi il processo giudiziale stesso, sono il risultato della decisione politica sull'assetto istituzionale desiderabile per quel particolare contesto, che privilegerà la protezione o l'amministrazione. In questo senso, è importante avvertire che, in ogni caso, il processo genererà sempre costi per la società. Costi che, aggregati, formano il costo sociale del processo.

2.3 Il costo sociale del processo

Come visto in precedenza, il diritto processuale è un meccanismo di applicazione del diritto materiale che, a sua volta, è stato stabilito dallo Stato. Ad ogni regola di diritto materiale x possiamo associare un probabile stato di natura x', derivante dall'applicazione della suddetta regola (regola → conseguenza). Ovviamente, lo Stato sceglierà *ex ante* la regola giuridica che, secondo le informazioni

98. Cf. Couture (2008 [1942], p. 74).

99. È importante ricordare la definizione più ampia di Chiovenda (2009 [1933], p. 77), che prescinde dall'esistenza della lite per la caratterizzazione del processo: "Il processo civile è l'insieme degli atti coordinati all'obiettivo dell'attuazione della volontà della legge (rispetto a un bene che si intende da essa garantito), dagli organi di ordinaria giurisdizione". Questa definizione non solo conferma le conclusioni adottate in questo capitolo, ma sottolinea anche che la funzione della magistratura è quella di far rispettare la legge e che le attività extragiudiziali (ad esempio, l'omologazione di accordi extragiudiziali, i divorzi consensuali) sono attività meramente amministrative delegate e non sono rilevanti ai fini dell'esame del processo in questo contesto.

disponibili, meglio si adatta alle sue preferenze. In una **democrazia competitiva**[100], ci si aspetta che le decisioni dello Stato siano il più possibile vicine alle preferenze sociali e quindi che la legge rappresenti la volontà della maggioranza[101]. In questo senso, ogni decisione giudiziale che fa rispettare il diritto aumenta il **benessere sociale**[102], e ogni decisione che si discosta dal diritto diminuisce il benessere sociale, imponendo così un costo alla società[103].

In generale, gli errori di aggiudicazione distorcono gli incentivi degli agenti e creano situazioni socialmente indesiderabili. Supponiamo, ad esempio, che un'impresa automobilistica possa ridurre il numero di incidenti mortali del 10% solo investendo in un progetto di impianto frenante più costoso. Tuttavia, l'utilizzo di questo progetto più costoso è impercettibile per il consumatore e, pertanto, la sua adozione non attirerà necessariamente più acquirenti, ma genererà solo maggiori costi per l'impresa. In uno scenario come questo, si prevede che l'impresa non adotterà questo progetto. Tuttavia, le regole giuridiche di responsabilità civile rendono l'impresa responsabile di eventuali danni derivanti dalla sua condotta dannosa e, quindi, fanno sì che l'impresa internalizzi i costi della sua decisione, incoraggiandola ad adottare il sistema di frenata più efficace, anche se più costoso[104]. Se il giudice non applica le regole della responsabilità civile e non richiede alla impresa di pagare il risarcimento adeguato, cioè se a causa di un errore aggiudicatorio l'impresa non è ritenuta responsabile quando avrebbe dovuto esserlo, allora probabilmente non investirà nel livello di precauzione socialmente desiderato e si verificheranno più incidenti, il che rappresenta un costo sociale. Questo tipo di costi, derivanti da errori aggiudicatori, prendono il nome di **costi di errore** o $c(e)$.

100. Una democrazia competitiva è una democrazia in cui non solo si svolge il gioco democratico, ma ogni gruppo ha una reale possibilità di cercare di affermare il proprio punto di vista e di competere efficacemente per le cariche pubbliche. In altre parole, è una democrazia in cui esiste un'effettiva competizione politica. In questo senso, la Teoria della scelta pubblica (*Public Choice*) può essere interpretata come una teoria sui fallimenti del governo e, quindi, dello Stato.

101. Più lo Stato è perfetto, più il diritto sarà vicino alle preferenze sociali e meno democratico è lo Stato, più il diritto sarà lontano da quelle preferenze. L'indagine sull'effettiva adeguatezza del diritto alle preferenze sociali è un oggetto di studio più adatto alla Teoria della scelta pubblica, alle scienze politiche, alla sociologia o alla Teoria generale dello Stato. In ogni caso, dal punto di vista del diritto processuale, il processo serve a far rispettare il diritto materiale in caso di conflitto, e l'adeguatezza del diritto materiale stesso non è una questione a cui si possa dare una risposta processuale.

102. Benessere viene qui utilizzato nella stessa concezione della CFB per includere sia la qualità della vita di cui godono le persone sia il tenore di vita risultante dal consumo di beni e servizi, che sono prodotti dal mercato e dallo Stato attraverso l'uso delle risorse disponibili. In altre parole, l'utilità aggregata. Cf. Preambolo, art. 186, inc. IV, art. 193, art. 219, art. 230 e §1° dell'art. 231, CFB.

103. Maggiori informazioni sull'argomento nelle Sezioni 3.1.4 e 3.2.

104. Per quanto riguarda l'analisi economica della responsabilità civile extracontrattuale, si vedano Calabresi (1970), Landes ed Posner (1987), Shavell (1987), Acciarri (2009) ed Gico Jr. (2019).

Per cercare di evitare errori del genere, la nostra società investe nel processo. Nelle controversie relative a casi come quello descritto, le parti avranno diritto ad un processo giudiziale completo, con ampia presentazione delle prove, svolgimento di udienze e perizie, presenza di avvocati per entrambe le parti e probabilmente di un pubblico ministero in qualità di garante della legalità (*custos legis*)[105] ecc. Tutte queste garanzie e procedure sono create e rese disponibili per cercare di minimizzare la possibilità di un errore aggiudicatorio da parte del giudice.

In realtà, assumendo il fatto che esiste un'asimmetria informativa tra le parti e il giudice, gli investimenti nel processo e nelle procedure investigative sono un meccanismo per scoprire la realtà in modo che il giudice, riducendo questa asimmetria informativa, possa risolvere adeguatamente il conflitto secondo il diritto. Più informazioni ha il giudice, più perfetta sarà la sua decisione, dato che la perfezione qui si riferisce al grado di aderenza della decisione giudiziale alle regole giuridiche in vigore (accuratezza). Ignorando il problema principale-agente, un giudice con informazioni perfette è un giudice che può decidere perfettamente. Tuttavia, come detto, per garantire che il giudice acquisisca tali informazioni è necessario che le parti passino del tempo a preparare le loro difese, tenendo udienze, perizie, occorre la presenza di avvocati, server, computer, la remunerazione dei giudici ecc. E tutto questo rappresenta un costo.

D'altra parte, anche se il giudice acquisisce una perfetta informazione e quindi ha piena padronanza dei fatti e del diritto, può darsi che, a causa delle sue preferenze soggettive, non sia d'accordo con il risultato x' e rifiuta di applicare al caso in questione la regola giuridica x. In questa ipotesi, il giudice, pur essendo un agente dello Stato, adotterà un **comportamento opportunistico**[106] e si discosterà dal diritto per imporre alle parti e, di conseguenza, alla società, la sua visione del mondo a scapito del diritto, dell'opzione dello Stato. Il giudice agirà *contra legem*.

Pertanto, per mitigare il rischio di errore aggiudicatorio sia per informazioni incomplete, che per comportamenti opportunistici del giudice, invece di assumere un solo giudice di primo grado e di accontentarsi della sua sentenza, spesso assumiamo anche altri giudici di secondo grado (chiamati giudici d'appello) per

105. Data la presenza di un giudice e di avvocati per entrambe le parti e assumendo la capacità civile di tutti, l'ulteriore presenza del pubblico ministero come *custos legis*, può generare un costo molto più alto per la società che un beneficio, cioè, è probabilmente un eccesso di precauzione, una misura inefficiente. Tuttavia, per quanto ne so, non vi è alcun tentativo di misurare gli eventuali benefici derivanti dalle prestazioni come *custos legis* o intenzione di valutazione. Senza la misurazione, la questione dell'efficienza dell'intervento del PM rimane aperta.

106. Il comportamento di un agente si dice opportunistico quando, approfittando della sua situazione di vantaggio, adotta una posizione o pratica un atto incompatibile con gli interessi del principale per massimizzare la propria utilità. Tale comportamento opportunistico non è eliminabile, ma può essere limitato. In questo caso, essendo il giudice un agente dello Stato, un comportamento opportunistico sarebbe quello in cui approfitta della sua posizione per smettere di applicare il diritto.

rivedere la suddetta sentenza, se la parte soccombente esprime questo desiderio[107]. La parziale giustificazione dell'esistenza di una corte d'appello, cioè di una classe di giudici che esaminano l'operato di un giudice unico, è la preoccupazione sociale per l'errore nella prestazione del servizio pubblico aggiudicatorio[108]. Tuttavia, sia questa garanzia aggiuntiva che tutte le altre garanzie e procedure di tutela generano una struttura giudiziaria complessa, che non è priva di oneri. La gestione di questo complesso sistema giudiziario genera costi, i cosiddetti **costi di amministrazione** o c_A. Più sono le garanzie, le procedure e i processi di revisione, meno è probabile che si verifichi un errore aggiudicatorio. D'altra parte, più sono le garanzie e le procedure, cioè più il sistema giudiziario è complesso per la tutela delle parti in causa, maggiori sono i costi di amministrazione del sistema stesso.

In questo senso, abbiamo due variabili con comportamenti opposti che si compensano a vicenda: i costi di errore e i costi di amministrazione. Maggiori sono gli investimenti nel processo, minori sono i costi per l'errore aggiudicatorio ($\downarrow c(e)$)[109]. Tuttavia, più si investe nel processo, più il sistema sarà complesso e dispendioso in termini di tempo e quindi più alto sarà il costo di amministrazione ($\uparrow c_A$), e viceversa. In breve, gli investimenti in processo riducono il costo di errore e aumentano il costo di amministrazione, mentre la diminuzione del costo di amministrazione aumenta il costo di errore. Se comprendiamo che la funzione del diritto processuale è quella di proteggere le parti da errori aggiudicatori (protezione) e di organizzare l'attività giudiziale (amministrazione), allora possiamo considerare il diritto processuale come un tentativo di minimizzare il **costo sociale del processo**, dato da *CS*:

Equazione 2.3-1

$$CS = c_A + c(e)$$

Nel campo dell'analisi del diritto economico, il primo ad individuare che una funzione del processo è stata quella di minimizzare il costo sociale derivante dagli errori e dall'amministrazione del sistema è stato Richard Posner, secondo il quale,

107. Nel caso di privati, la revisione di una sentenza viene effettuata se la parte soccombente lo desidera e si può ricorrere in appello (art. 339/c.p.c.i. e comb. disp. artt. 724 e 994/c.p.c.b.). In Brasile, nel caso in cui la parte soccombente sia lo Stato stesso, la sentenza viene automaticamente riesaminata, anche in assenza di appello, come caso di riesame obbligatorio (art. 496/c.p.c.b.).

108. Si veda la Sezione 5.2.2. L'altra spiegazione è il ruolo di uniformazione dell'interpretazione delle regole giuridiche da parte del tribunale (*funzione nomofilattica*). Sul ruolo dei giudici e dei tribunali, si veda Gico Jr. (2017).

109. Qui si assume l'assenza di diseconomie di scala o di rendimenti marginali decrescenti, cioè prescindendo dalla possibilità che l'eccesso di procedure e garanzie, in un dato momento, non riduca più gli errori aggiudicatori e cominci, esso stesso, a generare errori.

per l'AED[110], "l'obiettivo del processo giuridico è concepito come la minimizzazione della somma di due tipi di costi: i 'costi di errore' (i costi sociali generati quando un sistema giudiziario cessa di svolgere le funzioni allocative o altre funzioni sociali ad esso attribuite) e i 'costi diretti' (come il tempo di avvocati, giudici e parti in causa) del funzionamento del meccanismo di risoluzione delle controversie legali. In questo quadro, le regole e le altre caratteristiche del sistema processuale possono essere analizzate come sforzi per massimizzare l'efficienza".

L'idea che il processo sia un costo sociale è semplice e rivelatrice. Essa riunisce in un'unica espressione l'idea che, sebbene la protezione delle parti in causa contro gli errori aggiudicatori sia qualcosa di socialmente desiderabile, tale protezione non è gratuita. Se l'errore aggiudicatorio genera un costo, i meccanismi di protezione contro di esso (processo) generano anch'essi costi, i costi di amministrazione. Pertanto, nella strutturazione del sistema giudiziario e nella scelta delle regole processuali che governeranno il sistema, è necessario considerare entrambe le cose al fine di minimizzare il costo sociale del processo. E questo è ciò che tutte le società fanno –consapevolmente o meno– quando scelgono le loro regole processuali.

Per questa ragione, in casi più semplici e di minor valore, come quelli dei giudici di pace italiani (o dei tribunali speciali per piccole cause in Brasile), la nostra società, come molte altre, accetta di investire meno nel processo per ottenere libero accesso e celerità processuale, nella speranza che i possibili costi di errore in tribunale siano inferiori ai benefici ottenuti dalla semplificazione. In altre parole, la creazione dei giudici di pace può essere interpretata come il risultato di un'analisi costi-benefici in cui il legislatore ha compreso che, in questo contesto, era più efficiente ridurre i costi di amministrazione del sistema, perché i benefici che ne derivano dovrebbero superare il danno causato da eventuali errori aggiudicatori. Analogamente, nei casi di esecuzione di un titolo esecutivo, le garanzie processuali sono sostanzialmente ridotte rispetto alle procedure ordinarie, poiché si applica la stessa analisi: in presenza di un titolo esecutivo, la probabilità di errore è scarsa e non compensa i maggiori costi d'amministrazione che deriverebbero da una maggiore protezione. In entrambi i casi si cerca di minimizzare il costo sociale del processo.

In questo senso, minimizzare i costi sociali del processo è solo un altro modo per dire che le regole di procedura civile devono essere efficienti (regole) e che il processo deve essere condotto dal magistrato in modo efficiente (gestione), cioè la prestazione del servizio pubblico aggiudicatorio deve essere efficiente. La ricerca dell'efficienza nella procedura civile non è solo desiderabile, ma davvero essenziale, poiché il pieno utilizzo e il godimento di qualsiasi diritto dipendono strettamente dall'accesso ai mezzi per rivendicarli, nel caso in cui qualcuno li violi o minacci di

110. Cf. Posner (1973, pp. 399-400).

 violarli. Ma se si vuole che tutti abbiano accesso in modo tempestivo e adeguato al servizio pubblico aggiudicatorio, che è una risorsa comune[111] e quindi soggetta a congestione, si deve raggiungere il giusto equilibrio tra costi d'amministrazione e costi di errore. In altre parole, si deve ridurre al minimo il costo sociale del processo. A mio parere, la ricerca dell'efficienza nel processo civile è dovuta in tutte le giurisdizioni e, senza ombra di dubbio, è un pilastro della pubblica amministrazione italiana, con il principio costituzionale di buon andamento, e del Codice di procedura civile brasiliano. Comprendere questo fatto ci permetterà di guardare ai principi generali del processo con occhi nuovi. Questo è ciò che faremo nel prossimo capitolo quando discuteremo alcuni dei principi informatori del processo civile.

111. Una **risorsa comune** è un bene o un servizio non esclusivo (accesso gratuito) e rivale (l'uso da parte di una persona impedisce o riduce sostanzialmente l'utilità della risorsa per un'altra). Discuteremo la natura economica del diritto e dei tribunali nel Capitolo 6.

3

I principi generali del processo civile

3.1 Il principio di efficienza (o principio di buon andamento)

L'efficienza è un valore giuridico da perseguire. Così comanda la Costituzione federale brasiliana, quando stabilisce che la pubblica amministrazione, a tutti i suoi livelli, compreso quello statale e municipale, obbedirà al principio di efficienza: "Art. 37. L'amministrazione pubblica diretta e indiretta di uno qualsiasi dei Poteri dell'Unione, degli Stati, del Distretto Federale e dei Municipi obbedirà ai principi di legalità, impersonalità, moralità, pubblicità ed **efficienza** [...]". Il comando costituzionale di cercare l'efficienza appare anche altre volte nel testo costituzionale brasiliano, ad esempio, quando stabilisce l'efficienza come scopo da perseguire da parte degli organi interni di controllo dei Poteri[112]; come criterio per la presenza personale del giudice nei contenziosi in materia agraria[113]; come criterio per l'organizzazione e il funzionamento degli organi di pubblica sicurezza[114]; e come criterio per l'esercizio della sicurezza stradale[115].

D'altro canto, il termine efficienza o efficiente non compare espressamente nella Costituzione italiana. Nonostante ciò, l'obbligo giuridico di cercare di agire in modo efficiente è non solo logico e auspicabile, ma anche desumibile dal cosiddetto **principio di buon andamento.** Il principio di buon andamento orienta l'attività della pubblica amministrazione, volta alla realizzazione dell'interesse pubblico, e si conforma ai criteri dell'efficienza. Il comando normativo di perseguire l'efficienza viene dedotto del secondo comma dall'art. 97 della CRI, che stabilisce: "I pubblici uffici sono organizzati secondo disposizioni di legge, in modo che siano assicurati **il buon andamento** e l'imparzialità dell'amministrazione".

Secondo la giurisprudenza della Corte suprema di cassazione italiana, il principio di buon andamento è già stato definito come principio di efficienza[116], articolato come obiettivo di tempestività e efficienza[117], come una esigenza ge-

112. Art. 74. I Poteri Legislativo, Esecutivo e Giudiziario mantengono, in modo integrato, un sistema di controllo interno finalizzato a: [...]
II - dimostrare la legalità e valutare i risultati, in termini di efficacia ed efficienza, della gestione del bilancio, delle finanze e del patrimonio negli organi e negli enti dell'amministrazione federale, nonché l'applicazione delle risorse pubbliche da parte di enti di diritto privato.

113. Art. 126. [...] Paragrafo unico. Ogni qualvolta sia necessario per un efficiente svolgimento della prestazione giurisdizionale, il giudice sarà presente sul luogo della controversia.

114. Art. 144. [...] §7. La legge disciplinerà l'organizzazione e il funzionamento degli enti preposti alla pubblica sicurezza, in modo da garantire l'efficienza della loro attività.

115. Art. 144. [...] §10. La sicurezza stradale, esercitata per il mantenimento dell'ordine pubblico e la sicurezza delle persone e dei loro beni sulle strade pubbliche:
I - comprende l'istruzione, la progettazione e l'ispezione del traffico, oltre alle altre attività previste dalla legge, che garantiscono il diritto del cittadino a una mobilità urbana efficiente; [...].

116. CC, Sentenza n. 104 del 2007.

117. CC, Sentenza n. 404 del 1997.

nerale di efficienza dell'azione amministrativa[118], come l'obbligo di organizzare l'amministrazione per garantire una funzionalità ottimale[119] o anche come dovere di economia nella gestione e contenimento dei costi dei servizi pubblici[120]. Come potete vedere, anche se l'espressione efficienza non è inclusa espressamente nel testo costituzionale italiano, sembra ragionevole affermare che si tratti di un valore giuridico da perseguire anche in tale ordinamento giuridico. Sebbene si possa affermare che il principio di buon andamento può avere altresì altre dimensioni o significati già attribuiti dalla CSC[121], ai fini di questo libro e per semplificare, d'ora in poi, farò riferimento solo al principio di efficienza[122].

All'inizio si potrebbe supporre che la ricerca dell'efficienza nella pubblica amministrazione sia qualcosa di moderno, recente, ma non è vero. Dopo un'ampia indagine sull'origine storica della ricerca dell'efficienza nell'ordinamento giuridico brasiliano, Danielle Lanius[123] ha concluso che, sebbene i primi riferimenti espliciti al termine "efficienza" siano apparsi nell'ordinamento giuridico nazionale solo nel secolo XIX[124], la domanda di efficienza nella pubblica amministrazione è stata presente in tutta la storia amministrativa brasiliana. In questo senso, sono numerose le iniziative amministrative e legislative orientate all'uso razionale delle risorse disponibili e alla ricerca del miglioramento dei processi produttivi con l'obiettivo di ottenere maggiore stabilità, produttività e performance fin dai tempi della Colonia brasiliana nella sua origine[125], in seguito sotto il governo del marchese di Pombal e poi anche con l'arrivo della Famiglia Reale in Brasile.

118. CC, Sentenza n. 40 del 1998.

119. CC, Sentenza n. 234 del 1985.

120. CC, Sentenze n. 60 del 1991 e n. 356 del 1992.

121. La giurisprudenza costituzionale italiana utilizza regolarmente il principio di buon andamento per imporre limiti alla discrezionalità amministrativa, ad esempio. Vi suggerisco di analizzare questa giurisprudenza alla luce della discussione sull'efficienza allocativa e sul principio di legalità nelle Sezioni 3.1.4 e 3.2.

122. È interessante notare che diverse Costituzioni fanno riferimento alla ricerca di efficienza o termini equivalenti, soprattutto quando si tratta della Pubblica Amministrazione, come, ad esempio, la Costituzione tedesca (art. 29, comma 1, art. 104c, art. 114, comma 2), l'argentina (42), la cinese (art. 27, comma 1), la colombiana (art. 48), la spagnola (art. 31, comma 2, art. 103, comma 1, art. 129, coma 2) e la peruviana (art. 77).

123. Cf. Lanius (2018, pp. 60-68).

124. Secondo Lanius (2018, p. 22), il termine "efficienza" è apparso per la prima volta nel diritto brasiliano nel Decreto del 27 novembre 1812, emanato per istituire una più efficiente riscossione delle imposte sulle successioni e sui lasciti, in quanto la rendeva indipendente dalla volontà del contribuente. Contemporaneamente, il Principe Reggente commissionò uno studio per la riorganizzazione politico-amministrativa del Regno Unito, che conteneva elementi di miglioramento dell'efficienza della pubblica amministrazione per evitare la radicalizzazione di movimenti contrari alla monarchia assoluta. Si veda anche Souza (2009).

125. Cf. Prado Jr. (2004 [1945]), Salgado (1985), Wehling e Wehling (1994), Abreu (1998), Costa (2008) e Queiroz (2008).

Su questa linea, c'era già una preoccupazione della Corona portoghese con una efficiente amministrazione delle attività estrattive in Brasile, come le regole per combattere il contrabbando e il disboscamento indiscriminato[126], per combattere l'abuso dei benefici fiscali concessi dalla Corona portoghese agli zuccherifici[127], per controllare la qualità dello zucchero, tra gli altri. Con l'ascesa del marchese di Pombal, si è avuta una più sistematica preoccupazione per la pianificazione amministrativa[128], volta a rendere più efficiente lo sfruttamento coloniale[129], che si è accentuata dopo il declino dell'estrazione dei metalli[130].

Lanius[131] richiama l'attenzione sull'edizione dell'Ordine (*Alvará*) del 30 gennaio 1802, per l'esplicita attenzione data all'efficienza amministrativa nella gestione delle miniere, soprattutto in relazione alla logistica dell'estrazione dei metalli. Nel preambolo di questo Ordine, il Principe Reggente esprime la sua preoccupazione per lo stato di abbandono delle miniere e riconosce che esso è stato causato dalla mancata istituzione di un'amministrazione efficiente. Per rispondere a questi problemi, l'Ordine creò una serie di posizioni amministrative incentrate sul controllo delle attività estrattive, sulla conservazione delle miniere e delle fonderie, sui rilievi del terreno e della vegetazione, nonché su una rigorosa contabilità. Inoltre, vi era un'esplicita preoccupazione per la competenza tecnica dei dipendenti assunti per queste mansioni, così come sanzioni in caso di mancato adempimento delle mansioni o di contrabbando dei beni estratti. Della lettura dell'Ordine del 1802 è inevitabile tracciare un parallelo diretto tra il comando regio ed il comando costituzionale della ricerca dell'efficienza nella pubblica amministrazione nell'articolo 37 della Costituzione brasiliana o nell'articolo 97 della Costituzione italiana, circa duecento anni dopo.

Poiché il comando di ricerca dell'efficienza si estende ai tre Poteri, non c'è dubbio che entrambe le Costituzioni impongano al giudiziario di essere efficiente e di cercare l'efficienza nello svolgimento della sua attività, cioè le Costituzioni comandano letteralmente al giudiziario di far guidare le sue azioni dall'efficienza[132]. Considerando che il giudiziario fa parte della pubblica amministrazione e che

126. Cf. Souza (1978, p. 81).

127. Cf. Azevedo (N/D, p. 145).

128. Cf. Wehling e Wehling (1994, p. 304).

129. Cf. Andrade (1999, p. 53).

130. Cf. Salgado (1985, p. 61).

131. Cf. Lanius (2018, pp. 17-19).

132. Anche se la ricerca dell'efficienza genera chiaramente benessere sociale, c'è chi, per motivi ideologici, si ribella al comando costituzionale, come Pereira Junior (1999, p. 44), Gabard (2002, p. 17), Coutinho (2003, p. 54), Marcellino Jr. (2009), che propone effettivamente una resistenza al testo costituzionale (2009, pp. 36, 182 e 202), Staffen e Bodnar (2010, p. 15), Rosa (2011, p. 134), che arriva a chiamare il comando costituzionale di "'canaglia' efficienza" [sic] (2011, p. 135), Camargo (2014, p. 166) e Ferreira (2015, p. 91). Tuttavia, nessuno di

la sua funzione sociale è quella di "risolvere le controversie applicando le regole giuridiche"[133], allora dobbiamo concludere che esso deve essere strutturato, organizzato e amministrato in modo tale che le risorse disponibili (giudici, ausiliari, budget, struttura fisica, competenze ecc.) siano dirette alla massimizzazione della risoluzione dei conflitti per l'aggiudicazione dei diritti.

In effetti, questa sembra essere stata la linea adottata dal legislatore nella redazione della legge costituzionale n. 45/04 (modifica della riforma giudiziaria), che ha promosso importanti cambiamenti nella struttura del giudiziario brasiliano nel suo complesso, oltre ad includere il diritto ad un processo celere e di durata ragionevole nell'elenco dei diritti fondamentali previsti nell'art. 5º della CFB, *in verbis*: "LXXVIII – a tutti, in ambito giudiziale e ammnistrativo, sono assicurati la ragionevole durata del processo e i mezzi che garantiscano la celerità del suo svolgimento". La dichiarazione esplicativa della legge costituzionale n. 45/04[134] chiarisce che il suo obiettivo è proprio quello di realizzare un'ampia riforma del giudiziario, in modo che "l'amministrazione della Giustizia" diventi più efficiente perché è un problema che "interessa tutti", concludendo che "le proposte suggerite servono, quindi, se non altro, come oggetto di un fruttuoso dibattito su una nuova organizzazione della giustizia in Brasile". La stessa disposizione si trova nella parte finale del secondo comma dell'art. 111, CRI, quando dichiara che: "Ogni processo si svolge nel contraddittorio tra le parti, in condizioni di parità, davanti a giudice terzo e imparziale. La legge ne assicura la ragionevole durata."

Trattandosi di un libro di diritto processuale civile e poiché il principio di efficienza si applica pienamente al giudiziario, possiamo organizzarne le implicazioni in due categorie: **endoprocessuale** ed **extraprocessuale**[135]. Quando parliamo dell'organizzazione e dell'amministrazione della magistratura come pubblica amministrazione, ci occupiamo della sua stessa organizzazione, della sua struttura e della sua gestione (macrogestione). Così, ad esempio, le discussioni sulla creazione di uno o due sezioni giudiziarie sullo stesso tema, sulla creazione di sezioni o uffici specializzati, sul numero di giudici ausiliari che ogni giudice togato dovrebbe disporre, sul fatto che le sezioni debbano essere unificate o separate, sono tutte questioni di organizzazione giudiziaria che influenzano sostanzialmente il rendimento del giudiziario nella fornitura del servizio pubblico aggiudicatorio e, quindi, la sua efficienza o il suo buon andamento. La valutazione e l'adeguatezza

loro spiega perché sarebbe socialmente auspicabile avere una pubblica amministrazione o una magistratura inefficiente, cioè che si muova secondo un principio di "mal andamento".

133. Cf. Gico Jr. (2019, p. 14).

134. Cf. Camera dei deputati (2004, p. n/d).

135. La dottrina, come in Didier Jr. (2013, p. 434), aveva già riconosciuto che il principio di efficienza avrebbe rispecchiato queste due dimensioni: (a) amministrazione giudiziaria e (b) gestione di un certo processo.

della struttura amministrativa/organizzativa del giudiziario e il suo impatto sulla produttività dei giudici sono preoccupazioni rilevanti per il processo giudiziale, poiché una struttura adeguata (efficiente) permetterà che più casi siano giudicati e quindi che più conflitti siano risolti.

Tuttavia, queste preoccupazioni organizzative e strutturali sono esogene al processo giudiziale, sono cioè preoccupazioni organizzative che non si prestano ad affrontare i problemi inerenti al singolo processo giudiziale. Non riguardano la gestione individuale del caso da parte del magistrato (microgestione). Lo svolgimento della singola causa da parte del giudice fa parte della struttura del giudiziario ed è da questa è influenzato, ma le regole che lo organizzano e strutturano sono le regole di diritto processuale, che devono anche essere interpretate e applicate in modo efficiente. Quando ci occupiamo dell'interpretazione e dell'applicazione efficiente delle regole di diritto processuale nella conduzione di un processo, ci occupiamo di questioni endoprocessuali.

Così, ad esempio, il numero di impiegati dell'ufficio giudiziario o l'unione o meno delle cancellerie hanno chiaramente un impatto sull'efficienza giudiziaria, ma sono decisi e organizzati in Italia dal Consiglio Superiore della Magistratura – CSM (macrogestione)[136]. Già la decisione di: (i) limitare o meno il numero di soggetti che saranno inclusi nel litisconsorzio facoltativo (art. 103, c.p.c.i.[137] e art. 113, §1°, c.p.c.b.[138]); (ii) invertire o meno l'onere della prova (art. 373, §§1° e 2°, c.p.c.b.[139]); (iii) designare o meno un'udienza di istruzione e giudizio dopo la decisione di organizzazione (art. 357, inc. V, c.p.c.b.[140]); o, ancora, (iv) rimettere o meno la causa al collegio se si ritiene che la causa sia matura per la decisione di merito (art. 187,

136. Cf. CSM, Codice dell'Organizzazione degli uffici Giudiziari, Vol. I, 25 Luglio 2018.

137. Art. 103. [...] Il giudice può disporre, nel corso della istruzione o nella decisione, la separazione delle cause, se vi è istanza di tutte le parti, ovvero quando la continuazione della loro riunione ritarderebbe o renderebbe più gravoso il processo, e può rimettere al giudice inferiore cause di sua competenza.

138. Art. 113. [...] §1°. Il giudice può limitare il litisconsorzio facoltativo per quanto riguarda il numero di litiganti in fase di cognizione, nella liquidazione della sentenza o nell'esecuzione, quando ciò comprometta la rapida soluzione della controversia o rende difficile la difesa o il rispetto della pena.

139. Art. 373. [...] §1°. Nei casi previsti dalla legge o in considerazione delle peculiarità del caso legate all'impossibilità o all'eccessiva difficoltà di adempiere all'incarico previsto dal caput ovvero alla maggiore facilità di ottenere la prova del fatto contrario, il giudice può attribuire diversamente l'onere della prova, a condizione che lo faccia con decisione motivata, nel qual caso deve dare alla parte la possibilità di scaricare l'onere che le è stato assegnato.

§2°. La decisione prevista al §1° di questo articolo non può generare una situazione in cui lo scarico dell'onere da parte della parte sia impossibile o eccessivamente difficile.

Si noti come il sistema brasiliano di allocazione dinamica dell'onere della prova sia un po'diverso dalla tradizionale regola italiana prevista dall'art. 2697, c.c.i.: "Chi vuol far valere un diritto in giudizio deve provare i fatti che ne costituiscono il fondamento" (*onus probandi incumbit ei qui dicit*).

140. Art. 357. Se non si verifica nessuna delle ipotesi del presente capitolo, il giudice, in una decisione di riorganizzazione e igienizzazione del processo, decide: [...]

V - designare, se necessario, un'udienza di istruzione e giudizio.

primo comma, c.p.c.i.[141]), sono questioni di gestione interna del processo, disciplinate dalle regole di diritto processuale, di competenza del giudice competente e, quindi, sono questioni endoprocessuali. Considerando che questo libro si occupa del diritto processuale, il nostro obiettivo prioritario, d'ora in poi, sarà la discussione di questioni endoprocessuali, anche se non esclusivamente.

3.1.1 Il principio di efficienza processuale

La ricerca dell'efficienza in ambito processuale[142] è talmente importante che lo stesso c.p.c.b. del 2015 è stato concepito per rendere più efficiente la prestazione del servizio pubblico aggiudicatorio e risolvere così più conflitti sociali attraverso l'aggiudicazione di diritti. Secondo la motivazione del c.p.c.b., i cambiamenti e le innovazioni promossi dal c.p.c.b. avevano l'obiettivo esplicito di rendere più efficiente il processo[143]: "Fermo restando il mantenimento e il miglioramento degli istituti introdotti nel sistema dalle riforme avvenute negli anni dal 1992 ad oggi, è stato creato un nuovo Codice, che non significa però una rottura con il passato, ma un passo avanti. Così, oltre a mantenere gli istituti i cui risultati sono stati positivi, hanno inserito nel sistema una serie di altri istituti che mirano a renderlo altamente efficiente. [...] Il nuovo codice di procedura civile ha il potenziale di generare un processo più rapido e più giusto, perché è più rispondente alle esigenze sociali e molto meno complesso. La semplificazione del sistema, oltre a fornire una maggiore coesione visibile, permette al giudice di focalizzare maggiormente l'attenzione sul merito della causa".

Si noti che, come discusso nella Sezione 2.3 e si può dedurre dalla dichiarazione esplicativa del c.p.c.b., l'aspettativa del legislatore è che una riduzione dei costi di amministrazione del sistema giudiziale con una semplificazione processuale permetta al giudice di concentrare la sua attenzione sulla sua attività ultima, che è la risoluzione dei conflitti attraverso l'applicazione delle regole giuridiche (aggiudicazione). Come si può vedere, ciò che il legislatore riteneva efficiente nel c.p.c.b./73 è stato mantenuto, e ciò che riteneva potesse essere migliorato è stato modificato dal nuovo c.p.c.b. In questo senso, si può dire che la ragion d'essere del nuovo codice brasiliano, ciò che lo ha ispirato, è stata la necessità di rendere più efficiente il processo civile. La *mens legislatoris* è inequivocabile, quindi, nel senso che l'efficienza è uno dei vettori logici e interpretativi dell'intero sistema processuale.

141. Art. 187. Il giudice istruttore, se ritiene che la causa sia matura per la decisione di merito senza bisogno di assunzione di mezzi di prova, rimette le parti davanti al collegio.

142. Il principio dell'efficienza processuale non è un principio diverso da quello dell'efficienza o buon andamento, ma solo la sua applicazione al contesto specifico del diritto processuale.

143. Senato federale (2010, pp. 22-23).

Tuttavia, il legislatore non si è accontentato solo della semplificazione del diritto processuale (riduzione dei costi di amministrazione) e della probabile produttività che ne deriverebbe. È andato oltre, creando uno specifico dovere giuridico per il magistrato di essere efficiente nell'esercizio della funzione giurisdizionale. Il legislatore brasiliano ha, cioè, espressamente creato l'obbligo per il giudice di essere efficiente, sia nell'interpretazione del diritto processuale che nell'applicazione del diritto materiale e nello svolgimento del processo stesso: "Art. 8°. *Nell'applicare l'ordinamento giuridico, il giudice tiene conto delle finalità sociali* e delle esigenze del bene comune, salvaguardando e promuovendo la dignità della persona umana e *osservando* la proporzionalità, la ragionevolezza, la legalità, la pubblicità e *l'efficienza*".

In questo senso, il c.p.c.b. ha stabilito che il magistrato deve essere efficiente non solo nella gestione del caso in sé, ma anche nel risultato dell'applicazione delle regole giuridiche nella risoluzione dei conflitti. L'affermazione del dovere di efficienza da parte del magistrato nel c.p.c.b. può essere interpretata come una specificazione del dovere generale di efficienza dell'articolo 37 della Costituzione brasiliana per chiarire che la ricerca dell'efficienza in ambito giudiziale è un dovere non solo extraprocessuale e, quindi, del giudiziario nel suo insieme (come organizzazione), ma anche un dovere giuridico del singolo giudice stesso nella prestazione del servizio pubblico aggiudicatorio, cioè nell'esercizio dell'attività giudicatoria. Così, l'art. 8° del c.p.c.b. ha espresso un dovere giuridico per il magistrato[144], agente dello Stato, che deve informare tutti gli atti da lui compiuti, comprese le interpretazioni adottate. Secondo il c.p.c.b., il giudice ha un dovere giuridico di essere efficiente nell'esercizio delle funzioni giudiziarie e, più di questo, di garantire l'efficienza del risultato della sua attività giudicante.

In Italia la situazione non è molto diversa. Sebbene non esista una disposizione simile nel c.p.c. italiano, sembra ragionevole affermare che la stessa obbligazione di ricercare l'efficienza nella condotta processuale è imposta al giudice italiano ai sensi dell'art. 97 della Costituzione italiana, cioè del principio di buon andamento. La Camera dei deputati ha riconosciuto espressamente l'obiettivo di raggiungere l'efficienza nella procedura civile, poiché[145] "Il tema dell'efficienza della giustizia civile è strettamente collegato al tema della competitività del Paese. Per questo, in una fase di grave crisi economica, quale quella che ha segnato la XVII legislatura, il tentativo di rilancio dell'economia è passato anche attraverso una politica di accelerazione dei giudizi civili." In questo senso, sono state fatte diverse riforme

144. Nel senso qui esposto, in un certo modo, l'art. 4° del c.p.c.b. ribadisce l'obbligazione di efficienza quando afferma che "Le parti hanno il diritto di ottenere in tempi ragionevoli la soluzione completa nel merito, inclusa l'attività satisfattoria". Si veda la Sezione 3.4.

145. Cf. Camera dei deputati (2018).

 con l'obiettivo di prevenire e accelerare il contenzioso civile, con interventi di natura processuale –come l'ampliamento della competenza del giudice di pace, il filtro in Cassazione, la semplificazione del procedimento sommario di cognizione, l'introduzione del tribunale delle imprese (microgestione)– e organizzativa –come il processo telematico, l'aumento degli organici e l'ufficio del processo (macrogestione).

Si può quindi affermare che sia nell'ordinamento giuridico italiano che in quello brasiliano il giudice ha il dovere di agire in modo efficiente, ma cosa significa essere efficiente?

3.1.2 Il concetto di efficienza: efficienza produttiva e allocativa

C'è una vasta letteratura che discute la definizione di efficienza[146] e le sue implicazioni morali ed etiche. Tuttavia, come ho detto prima[147]: "Una delle ragioni per cui la dottrina giuridica ha incontrato difficoltà nell'affrontare il concetto di efficienza è che è plurisignificante, cioè non esiste un solo tipo o un solo concetto di efficienza, ma diversi. Ogni concetto ha la sua utilità, il suo contesto e i suoi limiti e tali concetti sono utilizzati nei più diversi settori della conoscenza umana". Poiché la discussione sull'efficienza delle regole di diritto processuale permeerà il resto del libro, vi presento qui di seguito i principali concetti di efficienza e i loro criteri di misurazione.

In generale, l'efficienza si raggiunge quando il benessere sociale o il benessere dell'agente o del gruppo di agenti in esame è massimizzato, cioè aumentare l'efficienza significa aumentare il benessere del gruppo in esame. In una democrazia competitiva, ci si aspetta che, in media, le politiche pubbliche e le regole giuridiche mirino proprio ad aumentare il benessere sociale e, quindi, le politiche e il diritto sono inseparabili dal concetto di efficienza, come previsto tanto dalla Costituzione italiana quanto da quella brasiliana. In questo senso, l'efficienza può essere discussa sotto due aspetti: l'efficienza produttiva e l'efficienza allocativa[148]. Cominciamo con la prima.

Da un punto di vista concettuale, l'**efficienza produttiva** è la più facile da definire: infatti, perché un processo o un'entità possano considerarsi produttivamente efficienti, è sufficiente che il bene o il servizio siano prodotti al minor costo possibile. Se non è possibile mantenere il livello di produzione diminuendo il costo o aumen-

146. Per una revisione critica della letteratura sul principio di efficienza in ambito amministrativo in Brasile, si veda Lanius (2018) e, in particolare per quanto riguarda la procedura civile, si veda Campos (2018) e Arake (2019).

147. Cf. Gico Jr. (2020, pp. 4 e ss.).

148. C'è anche una terza prospettiva che è l'efficienza dinamica, che non è altro che l'efficienza produttiva e allocativa nel tempo, ma che non è utile per le nostre discussioni procedurali.

tare la produzione mantenendo il costo, allora saremo ad un livello di produzione efficiente. Come in altre scienze, l'efficienza produttiva può essere considerata una misura di quanto gli ingressi (*input*) vengono convertiti nel prodotto (*output*), misurati entrambi in base al loro prezzo. L'efficienza produttiva è precisamente il tasso di conversione dell'*input* in *output*[149].

Se l'efficienza produttiva è intesa in questo modo, è possibile metterla in relazione con due concetti comunemente usati in giurisprudenza e nella dottrina giuridica, ma senza specificarne il contenuto, che sono produttività ed economicità. La **produttività** può essere intesa come la produzione di più con la stessa quantità di risorse, l'**economicità** come la produzione della stessa quantità con meno risorse. Questi sarebbero i due elementi inseparabili dell'efficienza produttiva. Così, quando si discute la produttività di una data unità di analisi (ad es., un magistrato), si assume di solito che la quantità di risorse disponibili rimarrà costante, e anche così, si cerca di aumentare la quantità finale prodotta (*output*). D'altra parte, quando si discute dei modi per ridurre i costi di una data entità produttiva, ma si assume il mantenimento del livello di produzione precedente, c'è una preoccupazione sulla sua economicità (*input*). Ad esempio, se l'unificazione del registro di tre cancellerie di esecuzione aumenta il numero di atti processuali eseguiti senza influire su altre variabili (*ceteris paribus*), si può dire che questa unificazione è produttivamente efficiente (produttività). Allo stesso modo, se la suddetta unificazione delle cancellerie consente una riduzione del 30% del personale impiegato, pur mantenendo il numero di atti processuali compiuti (*ceteris paribus*), tale cambiamento sarà anche produttivamente efficiente (economicità).

È importante notare che, sebbene sia comune trovare nella dottrina varie idee associate all'efficienza, come la celerità, la perfezione, l'universalizzazione, la deburocratizzazione e la qualità, tra le altre, nessuna di esse può essere considerata un elemento di efficienza in sé e per sé. Agire con maggiore qualità, celerità o perfezione può essere efficiente o meno, a seconda della situazione[150]. Come visto, ci sono solo due elementi essenziali all'idea di efficienza produttiva che saranno sempre presenti: la produttività e l'economicità. Il processo o l'entità produttiva saranno efficienti quando producono di più spendendo lo stesso (produttività) o quando producono lo stesso spendendo meno (economicità). Va notato che non basta produrre di più spendendo di più o risparmiare senza produrre il livello desiderato di beni e servizi. Questi due elementi devono essere combinati per formare l'essenza dell'efficienza produttiva.

149. In economia, un processo o un'entità sono considerati efficienti dal punto di vista produttivo se producono al livello in cui il loro costo marginale (il costo di produzione di un'unità addizionale) è uguale al loro costo medio (ossia al livello più basso della loro curva dei costi medi a breve termine).

150. Si veda la discussione sulla ragionevole durata del processo nella Sezione 3.4.

È facile capire che il concetto di efficienza produttiva è utile quando l'obiettivo da raggiungere è abbastanza chiaro e predefinito (l'obiettivo o il prodotto è già stato scelto). La questione da risolvere diventa allora come organizzare la produzione in modo efficiente, essendo che l'efficienza, in questo caso, significa produrre più del bene o servizio desiderato con le stesse risorse o produrre lo stesso con meno risorse. In questo senso, ad esempio, si può parlare di efficienza sia nell'organizzazione del giudiziario che nella conduzione di un processo, come richiesto dal c.p.c.b. e dalla CRI. Poiché l'obiettivo del servizio pubblico aggiudicatorio è quello di risolvere i conflitti applicando le regole giuridiche, ogni volta che il magistrato effettuerà un cambiamento nella gestione del processo che permetta, *ceteris paribus*, di risolvere più conflitti secondo il diritto (aggiudicazione), sarà produttivamente più efficiente.

L'**efficienza allocativa** si riferisce alla preoccupazione per il rendimento o l'utilità ricavati dal paniere di beni e servizi prodotti[151], ovvero esamina l'utilità ricavata dal prodotto risultante dal processo di produzione e, quindi, il grado di preferenza della società o degli agenti considerati per ogni paniere di beni o servizi. Così, mentre nell'efficienza produttiva l'attenzione si concentra sul processo produttivo e sul conseguente tasso di *output/input* (come produrre), supponendo che la scelta del prodotto sia già stata fatta, nell'efficienza allocativa si analizza il benessere estratto da ogni paniere e, quindi, l'adeguatezza della scelta effettuata (cosa produrre). Ci sarà efficienza allocativa quando vi sarà una distribuzione ottimale di beni e servizi che tenga conto delle preferenze della società, cioè quando il risultato del processo produttivo, il prodotto, è quello che genera la maggiore utilità o benessere sociale possibile. Se c'è un'altra allocazione di risorse che genera un maggior benessere, allora questo stato sociale è allocativamente inefficiente.

Facciamo un esempio. Supponiamo che un tribunale abbia budget extra per la creazione di un nuovo ufficio giudiziario, ma solo uno. Di fronte alle risorse limitate, che tipo di ufficio dovrebbe creare il tribunale: un ufficio criminale, fallimentare, agrario, delle imprese o di lavoro? Dal punto di vista produttivo, non importa quale ufficio venga creato: può essere creato, organizzato e condotto nel modo più efficiente (efficienza produttiva), ma questo non risponde alla prima domanda su quale tipo d'ufficio debba essere creato (cosa produrre). La risposta a questa domanda richiede l'uso del concetto di efficienza allocativa, poiché, in realtà, la domanda può essere così riformulata dal punto di vista giuseconomico: quale tipo d'ufficio genererà il maggior benessere sociale, cioè, quale tipo d'ufficio sarà più utile alla società in quel momento? Solo rispondendo a questa domanda saremo in grado di allocare in modo efficiente le risorse sociali disponibili.

151. In economia, c'è efficienza allocativa quando il prezzo (beneficio marginale) di un bene è uguale al suo costo marginale, cioè finché qualcuno accetta ancora di pagare (disponibilità a pagare) il costo di produzione dell'unità addizionale, quell'unità addizionale sarà prodotta.

In questo senso, l'idea di efficienza allocativa ci porta direttamente al fatto che le risorse sociali sono scarse e spesso per ottenere qualcosa dobbiamo rinunciare a qualcos'altro, cioè c'è un *trade-off*. Nell'esempio precedente, per avere un nuovo ufficio criminale, il *trade-off* sarà un ufficio in ambito agrario, di lavoro o delle imprese. Quindi, il costo opportunità della creazione di un ufficio è, come minimo, quello di non creare un altro tipo di ufficio, indipendentemente dal costo monetario della sua creazione[152]. Come detto, ciò che sta alla base di questo tipo di ragionamento è che le risorse della società sono scarse e possono essere impiegate per vari scopi (usi concorrenti), ma esclusivi, che non genereranno necessariamente lo stesso livello di benessere sociale. L'efficienza allocativa riguarda quindi la scelta che genera il massimo livello possibile di benessere. Una scelta sarà allocativamente efficiente se non c'è un'altra possibile allocazione che generi un livello superiore di benessere per la società.

In generale, quando un giuseconomista si riferisce all'efficienza, si riferisce a uno di questi tipi di efficienza: produttiva o allocativa[153], e questo è spesso implicito nel tipo di discussione. In ogni caso, una qualche forma di misurazione di questi tipi di efficienza è necessaria, anche se teorica, per affermare se uno stato sociale è superiore o meno ad un altro. Le due principali tecniche di misurazione dell'efficienza sono i criteri di Pareto e Kaldor-Hicks, esplorati di seguito.

3.1.3 Misurazione dell'efficienza: i criteri di Pareto e Kaldor-Hicks

Per discutere il benessere sociale in una società con diversi tipi di persone ed entità, abbiamo bisogno di un criterio per stabilire se un determinato stato sociale è superiore o inferiore ad un altro. Nel perseguire questo obiettivo, l'ingegnere italiano Vilfredo Pareto, divenuto poi economista e sociologo, ha proposto il criterio che probabilmente diventerà il più famoso nelle scienze sociali[154]: uno stato sociale

152. Anche in questo caso è dimostrato che l'analisi economica non si confonde con l'analisi monetaria o finanziaria. Si veda la Sezione 1.3.

153. Oltre all'efficienza dinamica, dal punto di vista interno dell'organizzazione, sarebbe ancora possibile discutere l'inefficienza-X, che è la naturale tendenza delle organizzazioni a non cercare l'efficienza produttiva. A questo proposito, si veda Leibenstein (1978). Questo tipo di discussione è particolarmente ricorrente nei settori regolati dove viene adottato il *price cap* con sconto di un fattore X. Ad esempio, l'inc. IX, art. 2°, Delibera Normativa n. 234, del 31/10/06, dell'Agenzia Nazionale per l'Energia Elettrica (Aneel), stabilisce che il Fattore X è la "percentuale da sottrarre all'Indicatore di Variazione dell'Inflazione – IVI, quando gli adeguamenti tariffari annuali vengono effettuati tra le revisioni periodiche, al fine di condividere con i consumatori i guadagni di produttività stimati per il periodo", e il Fattore X "è lo strumento normativo per stimolare l'efficienza e la modicità tariffaria." Ancora una volta, un esempio di efficienza come elemento centrale del diritto.

154. Originariamente presentato da Pareto nel suo *Cours d'Economie Politique* (1896, p. 256, §385) e (1897, p. 91, §721), come evoluzione di un precedente articolo, la versione definitiva di quello che sarebbe diventato il criterio di Pareto è stata presentata nel suo *Manuale di Economia Politica* (1919) e un secolo dopo, è ancora usato.

sarà considerato un **ottimo di Pareto** se non è possibile migliorare la situazione di almeno una persona senza danneggiare la situazione di un'altra, cioè un'allocazione di risorse in una società è considerata un ottimo paretiano se qualsiasi altra allocazione ridurrà il benessere di almeno una persona.

È importante ricordare che Pareto cercava di risolvere il problema dell'utilitarismo classico di Bentham[155], che assumeva la possibilità di aggregazione e di comparabilità intersoggettiva dell'utilità. Il criterio di Pareto è, quindi, una strategia di comparazione degli stati sociali che non incorpora la comparabilità intersoggettiva dell'utilità. In questo contesto, un cambiamento dello *status quo* sarà considerato **Pareto superiore** se migliora la situazione di almeno una persona senza danneggiare la situazione di qualcun altro, mentre una situazione che peggiora la situazione di una persona senza migliorare la situazione di qualcun altro sarà considerata **Pareto inferiore.** Una situazione sarà un ottimo paretiano se non c'è un miglioramento paretiano possibile. Ottimi paretiani sono a volte chiamati anche stati Pareto efficienti. Così, quando si discute se una politica pubblica è Pareto efficiente, a seconda del contesto, è possibile che si stia affermando che la situazione di nessun altro può essere migliorata senza peggiorare la situazione di qualcun altro (ottimo paretiano) o che il cambiamento causato dalla politica pubblica migliora la situazione di qualcuno senza danneggiare la situazione di qualcun altro (Pareto superiore).

In questo senso, si noti che esiste un forte parallelismo tra il criterio dell'efficienza produttiva discusso sopra e il criterio di Pareto, poiché uno stato che non è dominato da nessun altro, cioè in cui non è possibile aumentare la produzione senza aumentare i costi o non è possibile diminuire i costi senza incidere sulla produzione, sarà produttivamente efficiente. In entrambi i casi, nelle circostanze in cui non vi è una chiara posizione dominante, il criterio sarà indefinito.

Il criterio di Pareto ci permette di giudicare i cambiamenti nello stato sociale in modo oggettivo, fintanto che siano Pareto efficienti o inefficienti. Poiché l'idea è quella di evitare la comparazione intersoggettiva di utilità, il criterio di Pareto è normalmente utilizzato in contesti di scambi volontari[156], perché se gli agenti razionali hanno deciso spontaneamente di impegnarsi in uno scambio, è perché, nella loro percezione[157], lo scambio effettuato aumenta il loro benessere. In questo senso, è facile capire perché i giuseconomisti dicono che le transazioni effettuate dal mercato aumentano il benessere sociale e perché le persone dovrebbero es-

155. Proprio come Pareto aveva doppia formazione, Jeremy Bentham era giurista e economista, essendo il primo sostenitore dell'utilitarismo. Cf. Bentham (1907 [1823]).

156. Più avanti, nella Sezione 4.1.2, discuteremo più in dettaglio come questo *insight* ci aiuta a comprendere gli scambi volontari e, in ultima analisi, gli accordi giudiziali.

157. Ovviamente, sono esclusi i casi di coercizione, dolo, errore e tutti i casi tradizionali di vizi della volontà.

sere il più possibile libere di acquistare e/o offrire ciò che vogliono sui mercati. In breve, la libertà come mancanza di coercizione, in generale, aumenta il benessere sociale. Da un punto di vista processuale, questa affermazione equivale a dire che un accordo giudiziale è di solito Pareto efficiente (libertà), mentre una decisione giudiziale (coercizione) non lo è.

Si noti che lo stesso criterio di Pareto è indifferente agli effetti distributivi derivanti da un cambiamento di status sociale. Parte dallo stato sociale attuale (la realtà), in contrapposizione ad una certa idealizzazione della realtà, e ci aiuta a valutare i possibili cambiamenti del mondo così com'è (*status quo*). Se i cambiamenti successivi aumenteranno il benessere sociale basato sulla realtà, saranno Pareto efficienti. Affermare che il criterio di Pareto è indifferente alla distribuzione finale delle risorse non equivale ad affermare che la questione distributiva è o non è importante dal punto di vista morale, ma solo a riconoscere che il concetto di Pareto non si occupa di questo tipo di discussione, che richiederebbe un giudizio di valore soggettivo del valutatore.

Inoltre, pur essendo estremamente utile, il criterio di Pareto è molto difficile da applicare in diversi scenari analitici, soprattutto quando non si tratta di operazioni volontarie in contesti di mercato. In questo senso, il criterio di Pareto porta implicitamente l'idea dell'unanimità, perché senza che tutti gli interessati acconsentano al cambiamento, non abbiamo modo di confermare che il suo risultato aumenterà il benessere sociale[158]. Non è che un cambiamento senza l'unanimità riduca necessariamente il benessere sociale, solo che, senza l'unanimità, non possiamo garantire che un certo cambiamento aumenti il benessere sociale secondo il criterio di Pareto, perché non abbiamo modo di comparare le utilità. Di conseguenza, qualsiasi persona o gruppo danneggiato dalla misura deve essere compensato affinché il cambiamento sia Pareto efficiente. Su questa linea, il concetto –in generale– ha la sua utilità limitata a transazioni di mercato o simili, come ad esempio una transazione giudiziale, purché non generino esternalità negative[159].

158. Il criterio di Pareto è ancora più restrittivo del criterio proposto da John Rawls, nella sua *A Theory of Justice* (1997 [1971]) e a cui curiosamente molti giuristi aderiscono ignorando che si tratta di un classico esempio di analisi economica, anche discussa nella *American Economic Review* (1974). Secondo questo criterio, il calcolo del benessere sociale dovrebbe ignorare l'intera società e prendere in considerazione solo le condizioni del suo membro meno favorito (approccio *maxmin*). In questo caso, Rawls accetta che l'intera società sia pregiudicata a favore dei suoi membri meno favoriti, a condizione che la decisione sia presa dietro un ipotetico velo di ignoranza, mentre il criterio di Pareto impedirebbe un tale cambiamento.

159. Un'**esternalità negativa** si verifica quando due o più persone interagiscono spontaneamente e questa interazione genera un costo per un terzo che non ha partecipato all'interazione, quindi l'esternalità. In questo senso, quando il vostro vicino di casa assume un gruppo di *pagode* per suonare alle 23:00 del venerdì, il vostro vicino e la band hanno ottenuto l'aumento del loro benessere con la transazione (volontario), ma i vicini che sono disturbati dal rumore (involontario), no. In questo esempio, il rumore generato dalla banda è un'esternalità negativa.

Un'altra conseguenza di questa limitazione è che quando ci troviamo in un contesto gerarchico, come nella maggior parte delle decisioni politiche e giudiziali, non abbiamo *prima facie* come misurare l'utilità degli agenti interessati in modo da permettere una valutazione obiettiva del risultato finale del cambiamento sul benessere sociale. Inoltre, da un punto di vista politico, l'efficienza di Pareto richiederebbe decisioni unanimi e ciò consentirebbe agli individui di comportarsi in modo opportunistico e rifiutare di accettare un cambiamento fino a quando non ne ricaveranno tutto il guadagno possibile, in un vero problema di coordinamento (problema dell'*hold-up*).

I limiti del criterio di Pareto e la chiusura nei confronti della comparazione intersoggettiva dell'utilità hanno generato negli anni Trenta un grande dibattito accademico che ha incoraggiato due professori, Nicholas Kaldor e John Richard Hicks, a offrire due alternative che insieme sarebbero diventate uno dei criteri più usati oggi per discutere di politica pubblica: il **criterio Kaldor-Hicks**.

L'obiettivo di Kaldor era quello di sviluppare un criterio di benessere che fosse più ampio del paretiano e che evitasse comunque la comparazione intersoggettiva dell'utilità. Era preoccupato se "l'economia, come scienza, potesse dire qualcosa sotto forma di prescrizione"[160] (affermazione normativa). Per lui la risposta sarebbe positiva, poiché non sarebbe necessario effettuare alcuna comparazione intersoggettiva dell'utilità in tali esercizi. Sarebbe sufficiente dimostrare che i beneficiari di un cambiamento dello *status quo* potrebbero compensare coloro che sono stati danneggiati ottenendo ancora un qualche beneficio netto, affinché il cambio sia efficiente. Si noti che il fatto che gli svantaggiati ricevano o meno tale compensazione è "una questione politica sulla quale l'economista, *qua* economista, difficilmente poteva esprimere un'opinione"[161]. L'idea è quella di differenziare la discussione sulla generazione del benessere (analisi positiva) dalla questione distributiva (analisi normativa).

Il criterio di Kaldor può essere riassunto come segue: uno stato sociale B è preferibile allo stato sociale A (B > A) se, dopo il cambiamento allo stato sociale B, i beneficiari del cambiamento sono in grado di compensare finanziariamente coloro che hanno sofferto e, nonostante ciò, continuano a beneficiare del cambiamento. In altre parole, un cambiamento è **Kaldor efficiente** se, dopo il cambiamento di *status quo*, è ipoteticamente possibile una ridistribuzione delle risorse in grado di creare uno stato Pareto superiore allo stato originale. Si noti che il criterio richiede solo la possibilità di compensazione e non la compensazione in sé, motivo per cui è diventato anche noto come **principio di compensazione** o **Pareto-potenziale**.

160. Cf. Kaldor (1939, p. 549).

161. Cf. Kaldor (1939, pp. 550-551).

Ad esempio, supponiamo che il governo del Distretto Federale decida di costruire un quarto ponte sul lago Paranoá. La costruzione di questo ponte richiede l'esproprio di venti case, che si trovano nel punto in cui il ponte raggiungerebbe la riva opposta del lago e passerebbe la futura strada. Per il criterio di Pareto, questa politica pubblica sarebbe efficiente solo se i venti proprietari terrieri acconsentissero spontaneamente a trasferire le loro proprietà al governo, anche se attraverso una compravendita (mercato). Se tutti accettassero di trasferire le case al governo, ma un solo residente si rifiutasse, allora non potremmo più dire che la politica pubblica sarebbe Pareto efficiente. Si noti che è relativamente semplice rendersi conto che un tale cambiamento andrebbe a beneficio di migliaia di persone che attraverserebbero il ponte ogni anno, ma a causa del limite alla comparazione intersoggettiva dell'utilità, il cambiamento di status non sarebbe comunque Pareto efficiente. Per risolvere questo problema, Kaldor ha proposto di riconoscere che una tale politica pubblica sarebbe efficiente se, dopo il cambiamento di *status quo* (la costruzione del ponte), i beneficiari del cambiamento potessero compensare i danneggiati (l'individuo che non voleva vendere la casa) e raccogliere comunque qualche beneficio (beneficio netto positivo). Per il criterio di Kaldor non è la compensazione il requisito, ma solo la sua potenzialità (Pareto-potenziale).

L'efficienza di Kaldor è compatibile con la soluzione trovata dal diritto, che, ai sensi del terzo comma, art. 42, CRI, consente l'espropriazione per interesse generale, a condizione che venga pagato un indennizzo al danneggiato[162]. La stessa previsione è presente nell'art. 5º, inc. XXIV, CFB, che autorizza l'espropriazione per necessità, pubblica utilità o interesse sociale, a condizione che venga pagato un previo indennizzo[163]. A questo proposito vale la pena richiamare l'attenzione su due punti. In primo luogo, come nell'efficienza di Kaldor, la società esproprierà qualcosa a qualcuno solo se il beneficio che la società trarrà dal bene espropriato sarà maggiore dei costi di indennizzo; altrimenti, l'espropriazione non sarà razionale, salvo in caso di errore o frode. In secondo luogo, l'indennizzo pagato non sarà per il valore soggettivo che l'espropriato determina (utilità), ma per il valore di mercato della proprietà, cioè in linea con la proposta di Kaldor. L'analisi dovrebbe concentrarsi sul prezzo di mercato della proprietà e non sulla valutazione soggettiva del bene espropriato o del patrimonio pubblico, che richiederebbe una comparazione intersoggettiva dell'utilità. Quindi, in un approccio Pareto-potenziale, può essere che il prezzo di mercato sia sufficiente a compensare perfettamente l'espropriato,

162. Art. 42. [...] La proprietà privata può essere, nei casi preveduti dalla legge, e salvo indennizzo, espropriata per motivi d'interesse generale.

163. Art. 5º. [...] XXIV - la legge stabilisce la procedura di espropriazione per necessità o pubblica utilità, o per interesse sociale, mediante giusta e preventiva indennità in denaro, salvo i casi previsti dalla presente Costituzione; [...].

nel qual caso l'espropriazione sarà Pareto efficiente, ma può non esserlo; tuttavia, finché i beneficiari guadagnano più del soccombente, sarà Kaldor efficiente.

Sulla base del criterio di Kaldor, Hicks ha proposto un test simile, ma si è concentrato non sulla possibilità di una compensazione *ex post* per i beneficiari del cambiamento, ma sulla possibilità di una compensazione *ex ante* per i potenziali svantaggiati. Secondo Hicks, uno stato sociale B è preferibile allo stato sociale A (B > A) se, prima del cambio allo stato sociale B, cioè ancora nello stato sociale A, è impossibile ridistribuire il guadagno dei potenziali svantaggiati ai potenziali beneficiari del cambio, in modo che tutti si trovino nella stessa posizione che avrebbero se il cambio allo stato sociale B avesse luogo. In breve, affinché il cambiamento sia **Hicks efficiente**, i potenziali svantaggiati devono essere incapaci, ipoteticamente, di compensare i potenziali beneficiari per l'abbandono del cambiamento dello stato sociale[164].

Combinando i due criteri abbiamo che un cambiamento di stato sociale sarà Kaldor-Hicks efficiente e quindi aumenterà il benessere sociale se, e solo se, (a) *ex post*, i beneficiari delle politiche pubbliche sono in grado di compensare gli svantaggiati, rimanendo essi stessi con un beneficio netto positivo (efficienza di Kaldor), e (b) *ex ante*, i potenziali svantaggiati non sono in grado di compensare i potenziali beneficiari per la rinuncia ai guadagni del cambiamento di stato, senza che essi stessi si trovino in una situazione peggiore di quella in cui si troverebbero se il cambiamento avvenisse (efficienza di Hicks)[165]. In breve, un cambiamento sociale è un **miglioramento Kaldor-Hicks** se coloro che beneficiano del cambiamento sono in grado di compensare coloro che ne sono danneggiati o coloro che sono danneggiati non sono in grado di compensare i beneficiari per non cambiare, anche se non lo fanno (Pareto-potenziale). A differenza di Pareto, il criterio di Kaldor-Hicks accetta che alcune persone possono essere svantaggiate dal cambiamento di status sociale, eppure si riconosce che c'è stato un aumento del benessere sociale.

In questo senso, ogni cambiamento Pareto efficiente sarà anche Kaldor-Hicks efficiente, ma non il contrario. Un cambiamento Kaldor-Hicks non ha bisogno di essere né Pareto superiore né Pareto ottimo, e può non essere né l'uno né l'altro o entrambi. Questa è proprio la flessibilità che i suoi sostenitori cercavano, e ci dà la possibilità di dire qualcosa di minimamente oggettivo sul cambiamento degli stati sociali dove qualcuno è danneggiato e qualcun altro avvantaggiato, cioè, praticamente tutta l'attività di politica pubblica e certamente tutta l'attività giurisdizionale.

164. Cf. Hicks (1939, pp. 706 e ss.). Secondo Hicks (1939, p. 712), se le misure di efficienza devono avere una giusta possibilità, è estremamente auspicabile che siano liberate il più possibile dalle complicazioni distributive.

165. La necessità di combinare i due criteri è stata dimostrata dal bulgaro De Scitovzsky (1941), giurista di formazione che dopo è diventato un economista, come Bentham.

In un processo civile questa conclusione è ancora più ovvia. Dato che la funzione del giudiziario è quella di dirimere una controversia[166], è quasi certo che vi sia una pretesa resistita e che, quindi, la parte soccombente sarà pregiudicata dalla sentenza che chiude il processo. In questo senso, l'essenza della prestazione del servizio pubblico aggiudicatorio, dell'aggiudicazione, è quella di avvantaggiare qualcuno (il vincitore) e di danneggiare qualcun altro (il soccombente). La nostra unica garanzia che questa decisione, che non sarà Pareto efficiente, sia Kaldor-Hicks efficiente, cioè che aumenterà il benessere sociale, è che sia stata il risultato dell'applicazione delle regole giuridiche prestabilite, cioè del diritto, poiché rappresenta il più possibile le preferenze della società e, quindi, la società probabilmente è stata d'accordo con la allocazione risultante dell'applicazione della regola giuridica. In questo senso, qualsiasi decisione giudiziale *contra legem* non solo sarà Pareto inefficiente, ma anche Kaldor-Hicks inefficiente, *ergo*, diminuirà il benessere sociale. E questa idea rivela il profondo legame tra il principio di efficienza e il principio di legalità in una democrazia. Esploriamo questa idea.

3.1.4 Efficienza allocativa e legalità

Ora che abbiamo chiarito i concetti di efficienza, possiamo esplorare con maggiore sicurezza il suo rapporto logico e giuridico con il processo giudiziale. Se l'obiettivo del servizio pubblico aggiudicatorio è quello di risolvere il conflitto e di allocare il bene della vita disputato a chi di diritto, allora un certo processo sarà stato risolto in modo *allocativamente efficiente* se il bene della vita in causa è stato correttamente assegnato al titolare del diritto e sarà *produttivamente efficiente* se l'aggiudicazione è stata effettuata al minor costo possibile. Su questa linea, la ricerca dell'efficienza allocativa è la ricerca della massima aderenza possibile del risultato del processo al diritto (aggiudicazione) e la ricerca dell'efficienza produttiva è l'aggiudicazione al minor costo possibile (produttività ed economicità).

Dal punto di vista dell'efficienza produttiva, è relativamente semplice capire come il magistrato debba agire per raggiungerla. Il processo è il risultato di una serie ordinata di atti e in ogni momento processuale almeno una delle parti deve prendere una decisione o compiere un atto. A volte l'agente che decide sarà l'attore (ad es., agire o meno in giudizio), altre volte il convenuto (ad es., contestare o no) e spesso sarà il magistrato (ad es., giudicare la causa o continuare l'istruzione). In generale, ogni decisione necessita di una mediazione o anche di un'autorizzazione da parte del giudice per essere eseguita, essendo quest'ultimo il responsabile del processo (gestore processuale). In questo senso, un magistrato dovrebbe cercare

166. Ricordate che qui escludiamo dalla nostra analisi la giurisdizione volontaria, in cui non vi è alcuna controversia.

di essere produttivo, cioè dovrebbe condurre il processo in modo da risolvere il maggior numero possibile di controversie, con le risorse disponibili (produttività), e dovrebbe eseguire solo il minimo degli atti processuali necessari per garantire la risoluzione del conflitto secondo le regole di diritto (economicità). Se in un unico atto processuale può risolvere tre o quattro questioni, allora deve farlo. Se l'atto processuale non è necessario per l'aggiudicazione o è inutile, non deve essere praticato.

In questo senso, come esemplifica Lunardi[167], "il magistrato dovrebbe, quando possibile, prendere alcuni provvedimenti pratici, destinati a diminuire gli atti processuali, come: nei dispacci, quando possibile, il giudice dovrebbe prevedere e determinare la pratica degli atti processuali che certamente si verificheranno, evitando passaggi processuali non necessari (ad es.: 'Citato il convenuto. Presentata la contestazione, se c'è questione preliminare, difesa indiretta o sono allegati nuovi documenti, convoca l'attore in replica'); se l'udienza viene riprogrammata, il giudice deve già fissare una nuova data durante l'udienza stessa e convocare tutti i presenti, risparmiando i mandati di comparizione mediante pubblici ufficiali; il giudice deve respingere le prove inutili o non necessarie (ad es., quando il fatto che la parte intende provare è incontrovertibile); quando il giudice non pronuncia la sentenza in udienza, deve, ove possibile, indicare una data per la pubblicazione della sentenza, evitando atti burocratici ecc."

In tal senso, se non vi è stata l'estinzione del processo (art. 354 c.p.c.b.), né il giudizio anticipato della causa, quando il processo è maturo senza istruzione (art. 355 c.p.c.b.) o è parzialmente maturo (art. 356 c.p.c.b.), dopo la comparsa iniziale delle parti (fase introduttiva), il giudice deve preparare il processo per la trattazione, con l'accertamento regolarizzatore (c.d. *despacho saneador*) (art. 357 c.p.c.b.). Lo scopo dell'accertamento regolarizzatore brasiliano è lo stesso di quello della prima udienza italiana di comparazione e trattazione[168], ovvero regolarizzare il processo e fissare il *thema decidendum* ed il *thema probandum*[169].

In questo senso, regolarizzare il processo significa risolvere le questioni pregiudiziali o preliminari in sospeso (inc. I), mentre organizzare vuol dire: "delimitare le questioni di fatto su cui ricadrà l'attività probatoria, specificando i mezzi di prova ammessi" (inc. II), "definire la ripartizione dell'onere della prova" (inc. III), "delimita-

167. Cf. Lunardi (2019, p. 94).

168. Art. 183. All'udienza fissata per la prima comparizione delle parti e la trattazione il giudice istruttore verifica d'ufficio la regolarità del contraddittorio e, quando occorre, pronuncia i provvedimenti previsti dall'articolo 102, secondo comma, dall'articolo 164, secondo, terzo e quinto comma, dall'articolo 167, secondo e terzo comma, dall'articolo 182 e dall'articolo 291, primo comma.

169. Si noti, tuttavia, che, nel diritto brasiliano, il *thema decidendum* ed il *thema probandum* sono fissati dal giudice sulla base delle petizioni e dei documenti già presentati dalle parti nella fase introduttiva, e le parti non possono più modificare le domande o le loro argomentazioni, come è possibile nel diritto italiano (art. 183, quinto comma, c.p.c.i.).

re le questioni di diritto rilevanti per la decisione nel merito" (inc. IV) e "designare, se necessario, un'udienza istruttoria e processuale" (inc. V). Sia con la prima udienza italiana, sia con l'accertamento regolarizzatore, sono raccolte informazioni grazie alle quali il giudice avrà ridotto l'asimmetria informativa – che in questo caso era a scapito delle parti in causa[170] – su quali fatti devono ancora essere provati e quali regole giuridiche saranno applicate per risolvere la controversia. Con queste informazioni, le parti possono (i) aggiornare le loro convinzioni sulle loro probabilità di successo; (ii) valutare se una transazione è consigliabile o meno; e, in caso contrario, (iii) indicare quali ulteriori prove intendono produrre.

Tuttavia, così come è molto comune in Italia che il giudice arrivi alla prima udienza senza aver letto e studiato gli atti redatti dalle parti, è estremamente comune in Brasile che il magistrato, al momento dell'accertamento regolarizzatore, si limiti ad emettere l'accertamento tradizionale: "Specifichino le parti le prove che desiderano produrre", senza nessuna analisi o decisione. Tale accertamento non riduce l'asimmetria informativa e quindi non consente alle parti di aggiornare le proprie convinzioni. Pertanto, non consente una corretta rivalutazione delle probabilità di successo, diminuendo così la probabilità di accordo in questa fase processuale, e, infine, fa sì che le parti razionali, avverse al rischio, chiedano la produzione di prove che non sarebbero necessarie, perché semplicemente non sanno quali fatti il giudice considera debitamente provati o non controversi. Il risultato atteso sarà il proseguimento di un litigio che avrebbe potuto essere chiuso con un accordo e la pratica di atti processuali non necessari per raggiungere lo stesso risultato. In breve: l'uso scorretto della prima udienza e dell'accertamento regolarizzatore è produttivamente inefficiente, poiché sarebbe possibile ottenere lo stesso risultato con un minore dispendio di risorse.

Se il raggiungimento dell'efficienza produttiva nel processo è molto più legato all'efficienza nella gestione degli atti processuali da parte del magistrato, la questione dell'efficienza allocativa è un po' più complessa. Come spiegato nella sezione precedente, la massimizzazione del benessere sociale comandata dalle Costituzioni richiede, allo stesso tempo, che (a) si sia efficienti dal punto di vista produttivo e (b) si destinino risorse sociali agli scopi che la società più valorizza. Se il problema dell'efficienza produttiva è una questione di gestione, il problema dell'efficienza allocativa è una questione di (i) sapere cosa vuole la società (preferenze sociali) e (ii) aggiudicare il bene della vita secondo le preferenze sociali rivelate. Pertanto, poiché l'identificazione del giudizio più allocativamente efficiente dipende necessariamente dalle preferenze degli agenti considerati, è necessario disporre di un meccanismo di rivelazione e di aggregazione delle preferenze.

170. Per una discussione su questo tema e sull'efficienza dell'accertamento regolarizzatore nel diritto brasiliano, si veda Gico Jr. e Arake (2018).

Come già spiegato[171], la società ha fondamentalmente due meccanismi di rivelazione e di aggregazione delle preferenze sociali: il mercato, in cui ogni agente vota con il suo denaro, limitato dalla sua disponibilità a pagare, e lo Stato, in cui ogni agente ha normalmente diritto ad un voto e vota i rappresentanti (*proxies*) in modo che lo rappresentino per un certo periodo. In modo semplificato, le preferenze rivelate dal mercato si consustanziano in uno strumento giuridico chiamato contratto, quelle rivelate dallo Stato in uno strumento giuridico chiamato legge (*lato sensu*). Le prime sono il risultato di un affare tra agenti privati, le seconde il risultato di un affare tra gruppi politici. Non è una coincidenza che queste siano proprio le due fonti tradizionali delle obbligazioni giuridiche: la legge[172] e il contratto[173]. Su questa linea, un altro modo di vedere la funzione sociale del giudiziario è proprio quello di far rispettare la volontà consustanziata dalla legge o dal contratto:

LA FUNZIONE SOCIALE DEL GIUDIZIARIO

Figura 3-1

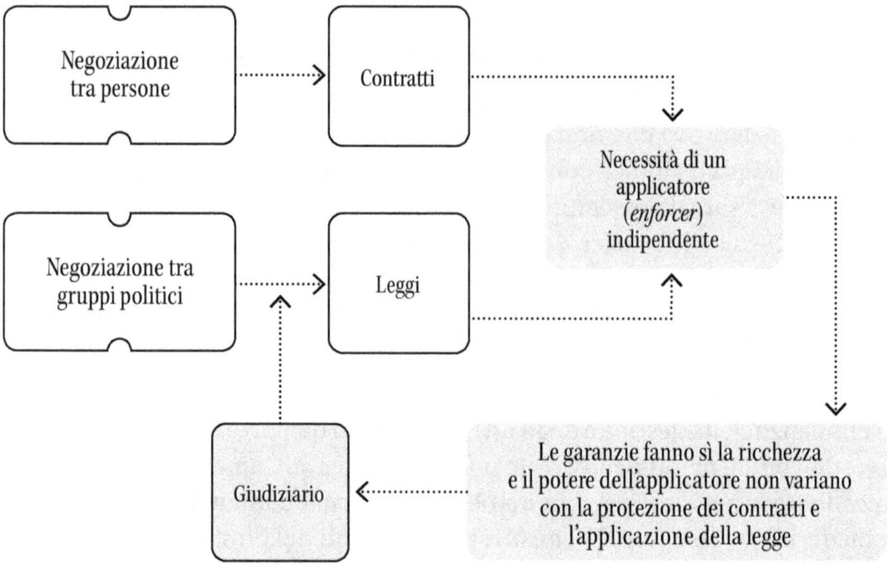

Fonte: Gico Jr. (2013, p. 443).

171. Cf. Gico Jr. (2018).

172. Qui, per semplicità, utilizzo il termine legge *lato sensu*, per includere la Costituzione, le leggi costituzionali, gli statuti speciali, i regolamenti ecc., senza preoccuparmi di discussioni sulla gerarchia delle fonti e problemi di antinomie.

173. Per i civilisti di turno, tecnicamente parlando, sarebbe più corretto parlare di volontà, per includere gli atti unilaterali della volontà (vedi gli artt. 1324 e 1334 c.c.i.), che non sono contratti, ma l'idea di contratto esprime meglio l'origine della negoziazione, della transazione.

Ogni meccanismo di aggregazione delle preferenze ha i suoi vantaggi e svantaggi, e nessuno dei due è perfetto. Entrambi sono mere approssimazioni delle preferenze sociali. Nel caso del mercato, i prezzi avranno il ruolo di meccanismo di allocazione, mentre nello Stato l'allocazione sarà effettuata da rappresentanti politici (agenti). Dal punto di vista dell'AED processuale, ciò che conta è il riconoscimento che, assumendo uno Stato produttivamente efficiente, la scelta dell'alternativa allocativamente più efficiente dipende strettamente dalle preferenze della società e, in larga misura, dal meccanismo di aggregazione delle preferenze scelto.

Si noti che, in un modo o nell'altro, il diritto riflette le preferenze dello Stato. Se abbiamo a che fare con una qualche forma di governo autocratico, lo Stato non funzionerà come meccanismo di aggregazione delle preferenze sociali, ma solo delle preferenze dei gruppi al potere. Se abbiamo a che fare con una democrazia, lo Stato funzionerà come un meccanismo di aggregazione delle preferenze del popolo. Su questa linea, più una democrazia è competitiva e funzionale, maggiore è la vicinanza tra scelte pubbliche e preferenze sociali, meno è competitiva, maggiore è la distanza tra di esse. In ogni caso, è lo Stato che può o non può essere soggetto a preferenze sociali e non il diritto, poiché quest'ultimo sarà sempre uno strumento dello Stato. Così, d'ora in poi supporremo che lo Stato sia una democrazia e, quindi, che funzioni come un meccanismo di aggregazione delle preferenze sociali, perché questo è ciò che dicono le Costituzioni italiana e brasiliana.

Secondo il preambolo della Costituzione brasiliana, i rappresentanti del popolo brasiliano si sono riuniti "in un'Assemblea Nazionale Costituente per istituire uno Stato Democratico, volto a garantire l'esercizio dei diritti sociali e individuali, la libertà, la sicurezza, il benessere, lo sviluppo, l'uguaglianza e la giustizia come valori supremi di una società fraterna, pluralista e senza pregiudizi, fondata sull'armonia sociale e impegnata, nell'ordine interno e internazionale, nella risoluzione pacifica delle controversie [...]". Come possiamo vedere, il preambolo della CFB non è lontano dal preambolo dei codici ancestrali, come il Codice di Ur-Nammu o quello di Hamurabi, e gli aneliti sono molto simili[174]. Ai fini della nostra discussione, ciò che ci interessa di più è l'obiettivo dichiarato di essere uno Stato democratico, quindi, comandato dalla volontà popolare, e di cercare la soluzione pacifica delle controversie come regola.

Proprio per questo, già nel suo primo articolo, la Costituzione brasiliana afferma che: "La Repubblica Federativa del Brasile, formata dall'unione indissolubile degli Stati, Municipi e dal Distretto Federale, è costituita come Stato Democratico di

174. È curioso notare che gli antichi invocavano i loro dei per benedire le loro leggi, e la Costituzione brasiliana, sebbene lo Stato moderno sia laico, fa lo stesso, senza però specificare quale dio invocherebbe, permettendo ad ogni cittadino di interpretarlo come il proprio dio.

Diritto [...]". Esattamente nello stesso senso, l'articolo 1 della Costituzione italiana anche afferma che: "L'Italia è una Repubblica democratica, fondata sul lavoro. La sovranità appartiene al popolo, che la esercita nelle forme e nei limiti della Costituzione." Ancora una volta abbiamo l'impegno tanto dello Stato italiano quanto di quello brasiliano di essere Stati democratici e, quindi, sottomessi alla volontà popolare, e di essere governati dal diritto.

La coniugazione di questi due elementi (Stato democratico e Stato di diritto) è essenziale, quindi, dato che il diritto è il risultato dell'azione dello Stato (monopolio dell'uso legittimo della forza), ed è la sottomissione dello Stato alla volontà popolare che lo rende democratico e garantisce che il diritto sia il risultato della volontà popolare, dato che questo –il diritto– è lo strumento di quello –lo Stato. In altre parole, in una democrazia, è l'uso del diritto come meccanismo di strutturazione, organizzazione e coercizione sociale che garantisce la realizzazione della volontà popolare.

In questo senso, è relativamente chiaro che, nei due paesi, il meccanismo politico per aggregare le preferenze della società è il potere legislativo[175]. Secondo le Costituzioni, la struttura socio-politica dello Stato è stata costruita per essere una democrazia, in cui ogni cittadino ha il diritto di scegliere i propri rappresentanti attraverso il voto ed essi (politici) funzioneranno come agenti del popolo nell'elaborazione delle leggi e nell'allocazione annuale delle risorse pubbliche all'interno del bilancio nazionale. Chi rappresenta il popolo e la sua volontà è il Parlamento e la sua volontà è il miglior approccio possibile alla volontà popolare.

Se i poteri legislativo ed esecutivo funzionano come *proxies* della società, cioè come suoi agenti, allora, almeno dal punto di vista logico e giuridico, le scelte legislative ed esecutive riflettono, seppur approssimativamente, i valori e le preferenze sociali. Così come il giudice è un agente dello Stato, i politici sono agenti del popolo. Esiste, quindi, un **doppio rapporto di agenzia**[176] in cui il popolo (principale) elegge i suoi rappresentanti (agenti) per elaborare le leggi e il bilancio pubblico (allocazione delle risorse pubbliche), e i politici (principale) stabiliscono i criteri di selezione dei giudici (agenti) per far rispettare le leggi che hanno creato.

175. A rigor di termini, anche l'esecutivo partecipa al processo legislativo, ma, per semplificare, faremo riferimento solo al legislativo.

176. Da non confondere con il contratto di agenzia disciplinato dal codice civile italiano, dagli artt. da 1742 a 1753.

DOPPIO RAPPORTO DI AGENZIA

Figura 3-2

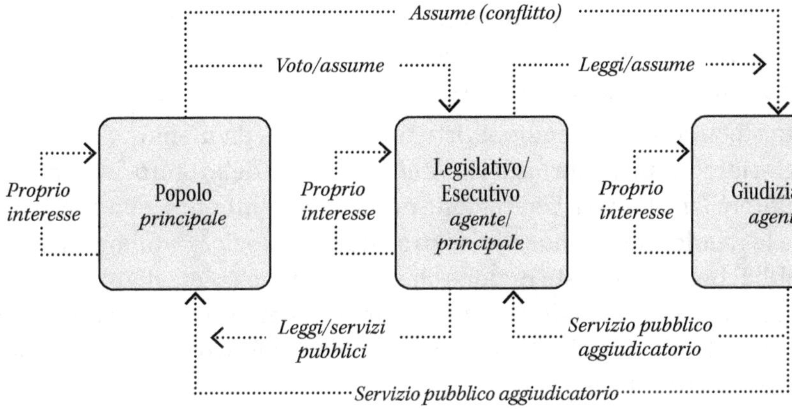

Su questa linea, se l'efficienza allocativa, dal punto di vista sociale, si verifica quando le risorse della società sono dirette (allocate) alla produzione dei beni e dei servizi più apprezzati dalla società –quelli che generano il maggior benessere sociale– e se le scelte del potere legislativo rappresentano ciò che la società apprezza di più, allora dobbiamo concludere che le leggi originate dal regolare processo legislativo rappresentano i valori e le scelte che la società farebbe per se stessa e saranno quindi allocativamente efficienti. Pertanto, il giudice sarà allocativamente efficiente quando aggiudicherà il bene della vita in conformità con il diritto, cioè con le regole giuridiche.

È importante notare che la comprensione e l'accettazione che il potere legislativo è il meccanismo di aggregazione delle preferenze sociali in una democrazia non richiede, né dipende, dal fatto che il processo legislativo sia perfetto o che la legislazione sia perfettamente allineata alle preferenze sociali, tanto meno dall'assenza di problemi di azione collettiva[177]. Assumere che le leggi riflettano le preferenze sociali e siano quindi allocativamente efficienti non implica che il legislatore non sbagli o che le preferenze sociali non possano cambiare nel tempo. Tuttavia, l'unico meccanismo sicuro per sapere se c'è stato effettivamente un errore o se le preferenze sociali sono cambiate è il processo legislativo stesso, che può cambiare le leggi. Questo è uno dei motivi per cui i politici cambiano di tanto

177. Riconosco che il processo legislativo può essere catturato da gruppi di interesse che possono indirizzarlo verso interessi particolari a scapito di quello pubblico. Si veda, ad esempio, la difficoltà di riformare le pensioni dei funzionari pubblici o la difficoltà di contenere la spesa in tempi di crisi economica. In generale, sul problema dell'azione collettiva e la Teoria della scelta pubblica, si vedano Buchanam e Tullock (1999 [1962]), Arrow (1963) e Olson (1971 [1965]).

in tanto mentre i giudici sono quasi sempre per tutta la vita[178]. I primi servono a catturare le preferenze sociali e a legiferare, i secondi a far rispettare le leggi in caso di conflitto (aggiudicare). È proprio per questo motivo che c'è bisogno di una costante rivalutazione dei politici, che però possono essere rieletti, mentre i giudici non sono valutati in modo popolare e devono essere stabili.

Se questo argomento sociopolitico non bastasse, da un punto di vista strettamente giuridico, è anche un fatto che, nel paradigma dello Stato democratico di diritto, il potere legislativo è l'istituzione costituzionalmente scelta e legittimata a decidere le regole che ordinano la nostra vita nella società e l'allocazione delle risorse pubbliche. È per questa ragione che, subito dopo l'uguaglianza tra uomini e donne (art. 5, inc. I), il secondo diritto fondamentale garantito dalla Costituzione brasiliana (art. 5, inc. II) è che "nessuno è obbligato a fare o ad astenersi dal fare nulla se non in virtù della **legge**"[179].

Nello stesso senso, l'art. 13 della Costituzione italiana afferma che: "La libertà personale è inviolabile. Non è ammessa forma alcuna di detenzione, di ispezione o perquisizione personale, né qualsiasi altra restrizione della libertà personale, se non per atto motivato dell'autorità giudiziaria e nei soli casi e modi previsti dalla **legge**", e l'art. 23 che: "Nessuna prestazione personale o patrimoniale può essere imposta se non in base alla **legge**." Quando queste previsioni costituzionali vengono combinate con il disposto degli artt. 1, 2 e 12, primo comma, delle disposizioni sulla legge in generale del Codice civile (c.d. Preleggi), posso solo concludere che lo stesso obbligo di legalità esiste nell'ordinamento giuridico italiano.

Come si può vedere, sia dal punto di vista logico, sia da quello giuridico ed economico, si comprende che le preferenze sociali sono o devono essere materializzate dalla legge perché diventino diritto. In breve, solo il risultato debitamente strutturato dal processo politico e incarnato sotto forma di legge può essere ragionevolmente considerato come il vero riflesso delle preferenze sociali.

Così, poiché il diritto definito *ex ante* dal legislatore è il più possibile vicino alle preferenze sociali, allora, dal punto di vista del processo civile, è sufficiente che il giudice aggiudichi il bene contestato al titolare del diritto perché la sua decisione sia allocativamente efficiente. In altre parole, il principio di efficienza processuale nel suo aspetto allocativo è soddisfatto quando il giudice applica la legge, "perché rappresenta già il giudizio di valore della società sullo stato di natura che preferisce"[180].

---

178. Cf. Gico Jr. (2018, p. 11).

179. Curiosamente, coloro che difendono i diritti fondamentali o i principi come base per la violazione della legge (o la sua "mitigazione") di solito dimenticano di menzionare il diritto fondamentale di non essere obbligati a nulla se non dalla legge. E la legge può essere approvata solo dal Parlamento.

180. Cf. Gico Jr. (2018, p. 17). Nel caso del controllo di costituzionalità, il ragionamento resta valido fintanto che è a tutela delle regole costituzionali e, quindi, delle preferenze sociali di primo ordine. Tuttavia, il controllo

Pertanto, possiamo ribadire che un certo processo sarà stato risolto in modo allocativamente efficiente se il bene della vita in disputa va correttamente aggiudicato allo titolare del diritto e sarà produttivamente efficiente se la aggiudicazione è effettuata al minor costo possibile. Tuttavia, come può un giudice essere allocativamente efficiente quando manca una precisa disposizione di legge che regoli una determinata materia (lacuna giuridica) o se la legge è ambigua (più di una possibile interpretazione)? Quali sono i modi per affrontare le lacune o l'ambiguità e restare efficiente? Anche in questi casi, il diritto fornisce una soluzione giuridica simile a un algoritmo che, ancora una volta, passa attraverso il diritto processuale.

3.1.5 Il principio di efficienza e l'ermeneutica delle scelte

Nel periodo del processo *formulare* del diritto romano, il cosiddetto *non liquet* (*i.e.*, non è chiaro) era la pronuncia con cui il giudice, invece di decidere, per lacuna o ambiguità nel diritto o nella ricostruzione dei fatti, non giudicava la controversia e la rinviava ad altro giudice. Nella maggior parte dei sistemi giuridici attuali, al giudice è vietato rifiutarsi di risolvere il caso che ha conosciuto: è vietato il *non liquet*. Ad esempio, l'art. 1.7 del Codice civile spagnolo prescrive che: "I giudici e i tribunali hanno il dovere inderogabile di risolvere in ogni caso le questioni di cui sono a conoscenza, rispettando il sistema di fonti stabilito". Già l'art. 15 del Codice civile argentino afferma che: "I giudici non possono smettere di giudicare con il pretesto del silenzio, dell'oscurità o dell'inadeguatezza delle leggi". Il divieto del *déni de justice* (diniego di giustizia) si trova anche nel Codice civile francese, al suo art. 4, che stabilisce: "Il giudice che rifiuta di giudicare, con il pretesto del silenzio, dell'oscurità o dell'inadeguatezza della legge, può essere perseguito come colpevole di diniego di giustizia".

Come potete vedere, molti sistemi romano-germanici moderni hanno un dispositivo di questo tipo e la logica di tutti è molto simile, poiché il problema è lo stesso: come risolvere il dilemma delle lacune giuridiche e dell'ambiguità delle regole? È interessante confrontare i sistemi italiano e brasiliano più per individuare l'identità logica che le differenze secondarie. Quando tratta dei poteri, dei doveri e delle responsabilità del giudice, il c.p.c.b. stabilisce espressamente che il magistrato non può omettere di assegnare il bene della vita, cioè rifiutarsi di prestare il servizio pubblico aggiudicatorio, anche quando non esista una regola giuridica per

di costituzionalità ha perso gran parte della sua forza logica e giuridica, ora che molti magistrati sono convinti di poter accantonare le leggi per applicare i principi e quindi non hanno bisogno di sottomettersi alle regole del controllo costituzionale, in particolare l'art. 97 della CFB che stabilisce: "Solo con il voto della maggioranza assoluta dei suoi membri o dei membri del rispettivo organo speciale i tribunali possono dichiarare l'incostituzionalità di una legge o di un atto normativo del potere pubblico". La CRI (art. 134, primo comma) investe la Corte costituzionale del compito di giudicare "sulle controversie relative alla legittimità costituzionale delle leggi e degli atti aventi forza di legge, dello Stato e delle Regioni".

risolvere il conflitto o quando la regola esistente sia dubbia: "Art. 140. Il giudice non si astiene dal decidere con l'affermazione di lacune o di oscurità dell'ordinamento giuridico". Sulla stessa linea e rafforzando quanto detto, il paragrafo unico dell'art. 140 ribadisce che il giudice deve decidere secondo la legge e che può usare il suo senso di giustizia, cioè, di equità, solo quando la legge stessa lo autorizza: "Il giudice deciderà per equità solo nei casi previsti dalla legge". Il dispositivo del c.p.c.i. più vicino è quello dell'art. 112, secondo il quale: "Il giudice deve pronunciare su tutta la domanda e non oltre i limiti di essa; e non può pronunciare d'ufficio su eccezioni, che possono essere proposte soltanto dalle parti." Ma per evitare dubbi, dobbiamo anche sottolineare che il divieto al *non liquet* è dedotto dall'art. 12, secondo comma, delle Preleggi, come discuterò più avanti. Comunque, il primo comma dell'art. 113, c.p.c.i. ribadisce lo stesso comando normativo del paragrafo unico dell'art. 140, c.p.c.b., *in verbis*: "Nel pronunciare sulla causa il giudice deve seguire le norme del diritto, salvo che la legge gli attribuisca il potere di decidere secondo equità."

Come si può vedere, in entrambi i sistemi, la regola generale è l'applicazione della legge e il giudice-agente è sempre tenuto a prestare il servizio pubblico aggiudicatario in conformità con la legge. Tuttavia, l'art. 1 delle Preleggi (1942) è entrato in vigore prima della CRI (1948), della istituzione della Comunità economica europea (1957), poi Unione europea, così come prima della previsione dell'autonomia legislativa delle Regioni (1970). Tuttavia, poiché qui si tratta solo di casi di lacuna giuridica e, quindi, di assenza di una regola giuridica, per semplicità userò l'espressione legge *lato sensu* per esprimere le varie forme normative resultante di fonti positive di diritto, come (i) la CRI e le leggi costituzionali, (ii) i Trattati dell'Unione europea e gli altri atti con efficacia normativa, (iii) gli altri atti aventi forza di legge, oltre le leggi ordinarie, (iv) le leggi regionali e (v) i regolamenti, senza espressa preoccupazione per la gerarchia tra di loro.

Considerando che il giudice è un agente dello Stato, è importante rendersi conto che, in caso di lacune giuridiche, lo stesso giudice non è libero di decidere la controversia liberamente come preferisce. Tanto in Italia quanto in Brasile ci sono regole giuridiche da seguire che strutturano questa procedura. In Italia, l'art. 12, secondo comma, delle Preleggi, stabilisce che: "Se una controversia non può essere decisa con una precisa disposizione, si ha riguardo alle disposizioni che regolano casi simili o materie analoghe; se il caso rimane ancora dubbio, si decide secondo i principi generali dell'ordinamento giuridico dello Stato." La stessa logica si applica in Brasile. Secondo la legge di introduzione alle norme del diritto brasiliano (LINDB), le Preleggi brasiliane: "Art. 4. Quando la legge viene omessa, il giudice deciderà il caso secondo l'analogia, gli usi e i principi generali del diritto." In Brasile, come nell'ordinamento giuridico italiano, sia l'uso, che l'analogia e il principio sono rilevanti solo per decidere un caso specifico se non esiste una legge per risolverlo.

Sebbene gli usi e costumi, cioè le consuetudini, siano fonte di diritto nel diritto italiano (art. 1, Preleggi), l'art. 8 delle Preleggi chiarisce che la consuetudine si applica solo ed esclusivamente se non esiste una legge o regolamento della materia o se la stessa legge o il regolamento invocano la consuetudine che, quindi, è fonte di diritto supplementare (divieto d'usi *contra legem*). Pertanto, possiamo concludere che, nel sistema italiano, le controversie devono essere risolte prima con l'applicazione semplice e diretta della legge (sussunzione). Tuttavia, se non esiste una regola giuridica applicabile al caso specifico (lacuna), si può applicare la consuetudine (art. 1). Se non esiste una legge o una regola consuetudinaria applicabile, il giudice deve applicare l'analogia[181] e, se non c'è né una legge, né un costume, né una regola analoga che risolva il conflitto, solo allora, si possono applicare i principi generali di diritto (art. 12, 2° co.).

Pertanto, quando si trova di fronte ad una lacuna, il giudice deve prima accertare se nel contesto sociale in cui si è verificato il conflitto, vi sia qualche pratica sociale ripetuta e prolungata generatrice della consapevolezza di prestare osservanza e, dunque, che possa essere interpretata come una regola di condotta e quindi risolvere il conflitto (aspettativa razionale). In caso affermativo, il giudice avrà individuato una consuetudine e dovrà applicarla per risolvere la controversia. Così facendo, si sarà di avvicinato alle preferenze sociali rivelate dal comportamento sociale e, nell'adempimento del comando normativo dell'art. 1 delle Preleggi, tenderà ad essere allocativamente efficiente.

Tuttavia, se non esiste una consuetudine applicabile al caso in questione che possa indicare al magistrato quali sarebbero le preferenze sociali, il giudice deve indagare se c'è una regola giuridica preesistente approvata dal Parlamento, quindi un riflesso delle preferenze sociali, applicabile ad un caso simile, anche se non identico. Se esiste una regola analoga, il giudice deve estendere la sua incidenza e applicarla, poiché è probabilmente ciò che il Parlamento deciderebbe per il caso in tribunale, *ergo*, è una ragionevole approssimazione di ciò che il legislatore probabilmente vorrebbe. Il caso sarà risolto, quindi, per analogia, che privilegia i rappresentanti eletti del popolo (meccanismo di aggregazione delle preferenze) e tende ad essere allocativamente efficiente, anche se si può dire che si tratta di una approssimazione più distante di quando sarebbe applicabile la consuetudine.

Infine, può darsi che non ci sia una consuetudine o una legge analoga che possa indicare al magistrato quali sarebbero le preferenze sociali per dettare il risultato

181. Nel diritto brasiliano è possibile sostenere che l'analogia dovrebbe essere applicata prima della consuetudine, per l'ordine di esposizione dell'art. 4 della LINDB, come in Gico Jr. (2018), ma dal punto di vista dell'approssimazione delle preferenze sociali, la consuetudine sembra essere più adeguata a venire prima dell'analogia. Tuttavia, se si intende che l'analogia viene prima della consuetudine, non cambia l'essenza dell'argomento, ma solo l'ordine delle fonti. In ogni caso, **il principio resta sempre l'ultima opzione.**

del conflitto *sub judice*, cioè che non ci siano parametri per l'aggiudicazione. In questa ipotesi –e solo in questa ipotesi– quando è semplicemente impossibile per il magistrato individuare chiaramente quali siano le preferenze sociali che dettano la soluzione del conflitto e, quindi, non c'è modo di sapere quale sia la più efficiente assegnazione del diritto, il giudice-agente è autorizzato dalla legge a giudicare secondo i principi generali del diritto. In questo caso, quindi, il giudice privilegerà il proprio senso di giustizia, poiché avrà a sua disposizione solo concetti molto generali e astratti e non regole di condotta. Tuttavia, in questa specifica ipotesi e solo in questa, il legislatore comprende che il costo sociale di un *non liquet* è maggiore del rischio allocativo derivante dalla decisione giudiziale per principi generali[182]. Questo meccanismo graduale di integrazione giuridica[183] può essere illustrato analiticamente come segue:

QUADRO ANALITICO DELL'INTEGRAZIONE

Figura 3-3

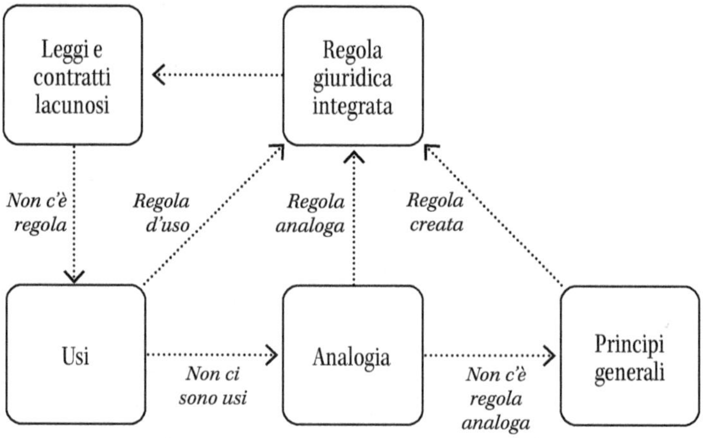

Fonte: Adattato da Gico (2018, p. 63).

Così, per quelle ipotesi in cui non esiste una regola giuridica applicabile al caso concreto (lacuna), il diritto ha creato questo sistema analitico di ravvicinamento graduale delle preferenze sociali. Tuttavia, non c'è nulla di simile nell'ordinamento giuridico per il caso di ambiguità nella legge. Se, cioè, per l'integrazione giuridica ci

182. Inoltre, se il legislatore comprende che il potere giudiziario sta sbagliando nella risoluzione del conflitto a causa dell'applicazione dei principi in caso di lacuna, potrebbe esso stesso promulgare una legge sulla materia eliminando la lacuna che consentiva alla magistratura di agire in modo creativo. Su questo tema e sul suo impatto sul ciclo della litigiosità, si veda Gico Jr. (2013) e la discussione nella Sezione 3.5.

183. Nel diritto brasiliano, l'uso della consuetudine è chiaramente un metodo di integrazione in caso di lacuna giuridica (art. 4, LINDB) mentre nel diritto italiano può utilizzarsi anche come se fosse un metodo di integrazione, poiché gli usi sono applicabili solo in assenza di leggi o regolamenti (art. 8, Preleggi). Il risultato pratico è lo stesso.

sono regole giuridiche, nella risoluzione dell'ambiguità delle disposizioni normative il magistrato è libero di scegliere, purché nell'ambito del campo semantico della legge, naturalmente. A scanso di equivoci, il primo comma dell'art. 12 delle Preleggi si esprime affermando che: "Nell'applicare la legge non si può ad essa attribuire altro senso che quello fatto palese dal significato proprio delle parole secondo la connessione di esse, e dalla intenzione del legislatore." Pertanto, è chiaro che l'interprete deve attenersi alla letteralità della legge e alla volontà del legislatore, ma e se le parole e la *mens legislatoris* sono ambigue, cosa fare?

In questo senso, come ho detto prima: "Oltre ai casi di lacuna giuridica, la legge sarà oscura quando il suo testo (significante) potrà essere interpretato in più di un modo (pluralità di significati). Ogni volta che un testo giuridico può essere letto in più di un modo, diremo che c'è un dubbio ermeneutico e quindi che il testo deve essere interpretato".[184] Tuttavia, in questo contesto giuridico, interpretare non è solo assegnare un significato. È anche e soprattutto la scelta di una regola giuridica da applicare e quindi, in sostanza, costituisce attività legislativa. Di fronte ad un testo giuridico (significante) passibile di più interpretazioni (significati), il giudice non può evitare di scegliere uno dei possibili significati e rifiutarsi di decidere (*non liquet*). Egli è obbligato per legge a scegliere uno dei significati e ad applicarlo al caso specifico (aggiudicazione). È proprio perché il magistrato è obbligato a scegliere tra le possibili regole giuridiche che chiamo questo esercizio interpretativo l'**ermeneutica delle scelte**.

In questo senso, contrariamente alla comprensione di alcuni, come Maximiliano[185], Beviláqua[186] e França[187], che sostengono che l'ermeneutica sarebbe una scienza, non c'è nulla di scientifico nell'ermeneutica, soprattutto nell'ermeneutica giuridica. A mio parere, questa affermazione è semplicemente retorica per nascondere agli altri interlocutori la verità inapprezzabile che chi pretende di praticare la scienza nell'interpretazione di un testo giuridico cerca in realtà di nascondersi dietro "l'ordinamento giuridico" per legittimare o nascondere una scelta soggettiva, che –per definizione– potrebbe essere diversa.

184. Cf. Gico Jr. (2018, p. 73). È ovvio che anche i testi chiari devono essere interpretati, nel senso di estrarre significato dal significante. Tuttavia, l'errore logico più comune è quello di dedurre dall'onnipresente necessità di interpretazione l'ambiguità o l'oscurità di qualsiasi testo. In altre parole, il dubbio ermeneutico non va confuso con la necessità dell'ermeneutica: il fatto che ogni testo debba essere interpretato non vuol dire che ogni testo sia ambiguo o oscuro o permetta più di una interpretazione. Questo è il tipo di fallacia più utilizzato da chi non vuole seguire la legge e, pertanto, il diritto. Se ogni testo fosse ambiguo, la comunicazione umana sarebbe impossibile o, per lo meno, stocastica. *Contra*, si veda Marinoni, Arenhart e Mitidiero (2015, pp. 50 e ss.).

185. Cf. Maximiliano (2011 [1924], p. 8).

186. Cf. Beviláqua (1929, pp. 48 e ss.).

187. Cf. França (1988, p. 21).

In caso di ambiguità della legge, l'interpretazione della legge è un esercizio politico che avrà un impatto sulla vita degli altri e non il risultato oggettivo di un esercizio tecnico o scientifico, come se il giudice non facesse, in realtà, una scelta. Per questo ho già avuto l'opportunità di dirlo: "Non si scopre il diritto. Ci sono solo tre possibilità: (i) il diritto preesiste al caso concreto e viene applicato dal giudice (sussunzione); (ii) non esiste e viene creato dal giudice (integrazione); oppure (iii) la regola giuridica è ambigua e il giudice sceglierà, soggettivamente, quale norma applicare, anche se entro certi limiti (interpretazione). Per questo motivo, non esiste una regola ermeneutica che stabilisca quale regola ermeneutica dovrebbe prevalere nel caso specifico, come affermato da Ferrara[188]. È una scelta del giudice (o dell'interprete) da determinare in base alle sue preferenze soggettive idiosincratiche"[189]. Questa conclusione non cambia con l'art. 12, 2° co., delle Preleggi. Su questa linea, tutta l'attività giudicante del giudice può essere strutturata all'interno del seguente schema:

DIAGRAMMA ERMENEUTICO
Figura 3-4

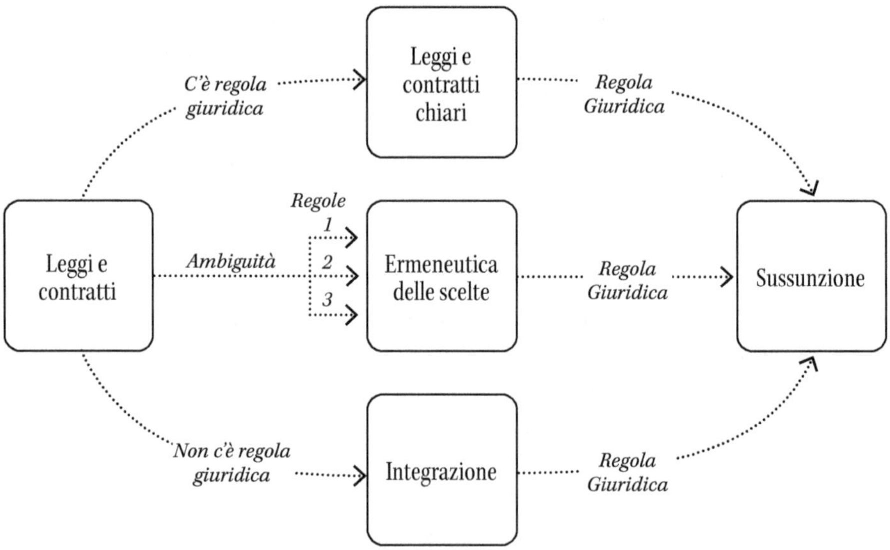

Fonte: Gico Jr. (2018, p. 80).

Si noti che le tre figure centrali rappresentano l'asse dell'attività giudiziaria in uno Stato democratico di diritto in cui il *non liquet* è vietato: identificare, scegliere o creare la regola giuridica, a seconda dei casi, e poi applicare la regola giuridica

188. Cf. Ferrara (2005 [1921], p. 42).

189. Cf. Gico Jr. (2018, p. 74).

risultante al caso specifico (sussunzione), risolvendo la controversia. Nella prima ipotesi, come già visto, quando le leggi e i contratti sono chiari, il magistrato protegge lo Stato democratico di diritto e si sottomette al principio di efficienza nel suo aspetto allocativo applicando la regola giuridica, indipendentemente dalla sua idiosincratica opinione sulla regola stessa. Il magistrato è un servitore della legge e non il suo signore (ipotesi generale).

Nella seconda ipotesi, di fronte ad un'ambiguità (indeterminazione della regola), dall'ermeneutica delle scelte, il magistrato ridurrà l'incertezza dell'ordinamento giuridico optando per una delle regole giuridiche possibili, adottando la regola scelta in questo e in altri casi simili in futuro (sicurezza giuridica). L'esercizio del potere discrezionale giudiziale in questo caso è limitato dalle possibili interpretazioni (significati) della legge e del contratto (significante); il magistrato non è completamente libero e, una volta scelta la regola giuridica, essa diventerà la regola applicabile (precedente, *jurisprudence constante*, o *ständige Rechtsprechung*). L'insicurezza giuridica sarà eliminata e la regola giuridica scelta entrerà a far parte dell'elenco di regole che saranno applicate a casi simili in futuro, integrando così l'ordinamento giuridico.

Infine, nella terza ipotesi, di fronte ad un caso in cui non sia stato possibile applicare una preesistente regola giuridica ("con una precisa disposizione"), il magistrato risolverà la lacuna normativa per integrazione, creando una regola giuridica per consuetudine, per analogia o secondo i principi generali del diritto. Qui la discrezionalità giudiziale è più ampia che nell'ermeneutica delle scelte, essendo limitata solo da altre regole dell'ordinamento giuridico. Ecco perché nel caso dell'ermeneutica delle scelte dico che il magistrato interpreta la legge o il contratto e poi sceglie una regola giuridica compatibile, mentre nell'ipotesi di una lacuna si limita a creare una regola giuridica, e, quindi, non si tratta di interpretazione, ma di integrazione. Così, nel caso dell'integrazione, il magistrato è più libero nella scelta della regola, perché la crea, ma una volta stabilito quale regola giuridica applicare (regola integrata), essa entrerà a far parte dell'arsenale di regole in vigore nella società (precedente, *jurisprudence constante*, o *ständige Rechtsprechung*) e la lacuna giuridica sarà eliminata. Qui, naturalmente, si presume che ci sarà una giurisprudenza consolidata in materia (assenza di anarchia giudiziale)[190].

In un modo o nell'altro, *ceteris paribus*, il sottoprodotto finale di ogni e qualsiasi attività giudiziale –sia nel caso di mera applicazione della legge o del contratto, sia nel caso di interpretazione o integrazione– è il rafforzamento o la determinazione di un'unica regola giuridica che, a sua volta, rimarrà nell'ordinamento giuridico o lo integrerà. In questo senso, se il giudiziario segue la legge e la propria giurispruden-

190. Sulla distinzione tra attivismo e anarchismo giudiziale, si veda la Sezione 4.2.3.

za, l'ordinamento giuridico tende a muoversi gradualmente e naturalmente verso la stabilità e la completezza delle regole e, quindi, verso una maggiore sicurezza giuridica. Il limite di questo ragionamento è solo il comportamento del giudiziario stesso e la sua capacità organizzativa di comunicare internamente e di standardizzare le sue decisioni[191].

Tornando alla discussione del principio di efficienza nel contesto del diagramma ermeneutico, avremo che, quando la regola giuridica è chiara, cioè le preferenze sociali sono chiare, l'unico mandato del magistrato sarà quello di effettuare la sussunzione e di assegnare il bene della vita secondo la suddetta regola giuridica al minor costo possibile (efficienza produttiva), perché l'allocazione efficiente risulterà automaticamente dal rispetto della legge. Seguire solo la regola giuridica porterà a un risultato allocativamente efficiente, o almeno il più vicino possibile ad esso.

A sua volta, nei casi in cui non vi sia una regola giuridica stabilita nell'ordinamento (lacuna) e, quindi, le preferenze della società non siano state aggregate e precedentemente rivelate dal potere legislativo, il magistrato deve integrare il sistema con tecniche di integrazione. Ogni fase del processo di integrazione è un'approssimazione, sempre più lontana, dalle preferenze sociali, ma che fornirà sempre una soluzione al conflitto portato in tribunale, anche se è una regola interamente inventata dal magistrato stesso. In questo caso, il giudice dovrebbe essere sia allocativamente efficiente (cioè, cercare di avvicinarsi il più possibile alle preferenze sociali) sia produttivamente efficiente (cioè, aggiudicare il bene della vita secondo la regola scelta al minor costo possibile).

Infine, in caso di ambiguità della regola giuridica, il magistrato deve scegliere quella che si avvicina il più possibile alle preferenze sociali (ermeneutica delle scelte) e, una volta scelta la regola giuridica applicabile, deve aggiudicare il bene della vita secondo questa regola al minor costo possibile.

È sempre bene ricordare che, quando il magistrato non svolge la sua attività giudicante semplicemente applicando la regola giuridica (sussunzione), e cioè quando svolge l'ermeneutica delle scelte o integra il diritto, la sua scelta deve sempre cercare la massimizzazione del benessere sociale e, quindi, deve necessariamente tenere conto delle conseguenze sociali. Questo è un altro comando della LINDB quando afferma nel suo art. 20 che: "In ambito amministrativo, di controllo e giudiziario, non si deciderà sulla base di valori giuridici astratti senza considerare le conseguenze pratiche della decisione". In altre parole, anche quando il magistrato ha più libertà, ha il dovere giuridico di essere efficiente e di tenere conto delle conseguenze della sua decisione (consequenzialismo). L'AED è lo strumento teorico che permette al magistrato di adempiere a questo ordine costituzionale e legale.

191. Su questa discussione, si veda Gico Jr. (2012, 2013, 2014 e 2015).

In questo senso, possiamo riassumere le preoccupazioni aggiudicatorie del magistrato secondo il principio di efficienza in soli due casi: (i) quando la regola giuridica applicabile è chiara, la sua unica preoccupazione è quella di aggiudicare al minor costo possibile (efficienza produttiva); e (ii) quando la regola giuridica applicabile è ambigua o inesistente, deve scegliere la regola che ritiene più vicina possibile alle preferenze sociali (efficienza allocativa), oppure deve aggiudicare il bene della vita al minor costo possibile (efficienza produttiva). Utilizzando ancora una volta il diagramma ermeneutico, abbiamo la seguente situazione:

DIAGRAMMA ERMENEUTICO ED EFFICIENZA
Figura 3-5

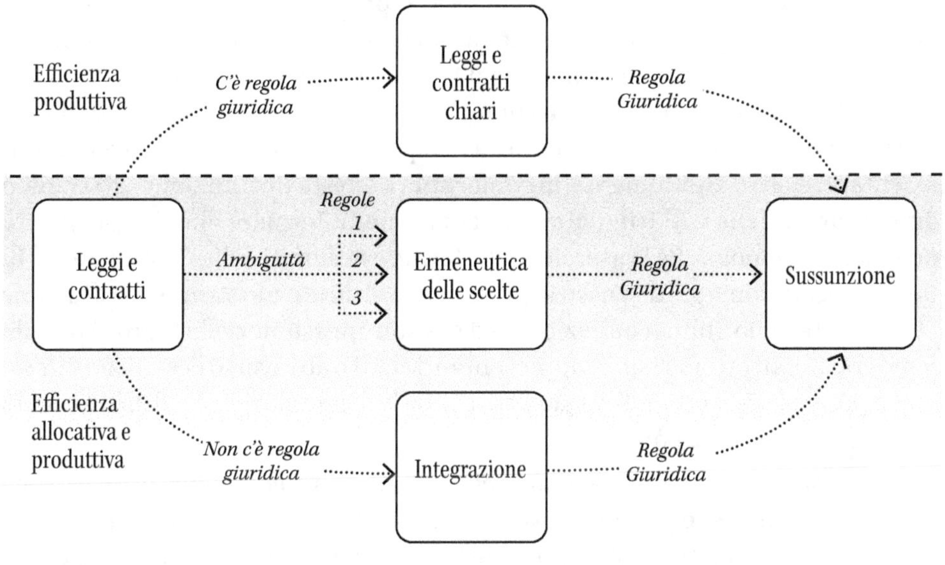

Fonte: adattato da Gico Jr. (2018, p. 80).

Come si può vedere, ogni attività aggiudicataria sarà sempre soggetta al principio di efficienza sia nei suoi aspetti produttivi che allocativi. Se la legge è chiara, l'efficienza allocativa risulterà dalla semplice applicazione della legge, limitando la sfida giudiziale alla prestazione del servizio pubblico aggiudicatorio, cioè all'aggiudicazione, al minor costo possibile. Quando la regola è ambigua o inesistente, la sfida del magistrato sarà più complessa, poiché oltre ad assegnare il bene della vita al minor costo possibile, egli dovrà scegliere o creare la regola giuridica allocativamente più efficiente possibile, cioè quella più vicina alle preferenze sociali. In questo modo, raggiungiamo l'obiettivo di far risolvere ogni controversia in modo allocativamente efficiente, con il bene della vita in disputa correttamente aggiudicato a chi di diritto, e produttivamente efficiente con l'aggiudicazione effettuata al minor costo possibile. Una volta stabilito chiaramente il contenuto del principio di efficienza, possiamo passare agli altri principi del processo civile per dimostrare come essi si integrano e si completano a vicenda in modo coerente e utile.

3.2 Il principio di legalità (o il diritto fondamentale alla legalità)

3.2.1 Il principio di legalità: aspetto materiale

Secondo l'art. 1 della Costituzione federale, il Brasile è organizzato nella forma politica di Stato democratico di diritto, cioè la Costituzione dello Stato brasiliano ha due fondamenti: la democrazia e l'adozione della legge come meccanismo per l'uso legittimo della forza. Nello stesso senso, l'art. 1, primo comma, della CRI afferma che l'Italia è una Repubblica democratica, cioè, sottomessa alla volontà popolare, sottolineando che il suo fondamento è il lavoro. Affinché non ci siano dubbi sul fatto che lo Stato si sottomette alla volontà popolare, il paragrafo unico dell'art. 1 della CFB afferma: "Ogni potere emana dal popolo, che lo esercita attraverso i rappresentanti eletti o direttamente, in conformità a questa Costituzione". Il secondo comma l'art. 1 della CRI è ugualmente chiaro nell'affermare che: "La sovranità appartiene al popolo, che la esercita nelle forme e nei limiti della Costituzione." In questo senso, e come già discusso in precedenza, il diritto è lo strumento di azione della volontà dello Stato (coercizione) ed è la sottomissione dello Stato al popolo (democrazia), attraverso i suoi rappresentanti eletti o attraverso l'esercizio diretto del suo potere (referendum), che garantisce che le regole giuridiche, il diritto, siano il riflesso della volontà popolare.

In questo senso, se comprendiamo che lo Stato è un meccanismo di rivelazione e di aggregazione delle preferenze sociali –esattamente quello che si propone di essere quando si struttura sotto forma di democrazia (volontà popolare)– e che la forma di espressione e di azione di questa volontà è il diritto, allora la conseguenza logica è che la sua applicazione materializza le preferenze sociali e, quindi, aumenta il benessere sociale. In altre parole, in uno Stato democratico, efficienza e legalità vanno di pari passo, perché l'applicazione della legge sarà allocativamente efficiente e la condotta allocativamente efficiente è quella risultante dalla legge (preferenze sociali), sebbene approssimativamente.

Per questa ragione, la sottomissione dello Stato alla legge (Stato di diritto) non è solo uno dei fondamenti dello Stato stesso, ma anche un diritto fondamentale del popolo, previsto dall'art. 5, inc. II della CFB, secondo il quale "nessuno è obbligato a fare o a non fare nulla se non in virtù della legge". Sebbene non vi si riferisca espressamente come un diritto fondamentale, anche la CRI si esprime nella stessa direzione nell'art. 23, quando stabilisce che "[n]essuna prestazione personale o patrimoniale può essere imposta se non in base a una legge", che significa che a nessuno può imporsi un'obbligazione giuridica che non abbia una legge come fondamento. Questa interpretazione è completata dall'art. 25, secondo comma, secondo il quale: "Nessuno può essere punito se non in forza di una legge che sia entrata in vigore prima del fatto commesso." Come si può vedere, secondo le Costituzioni, lo Stato si sottomette al popolo attraverso i suoi rappresentanti eletti (democrazia) e solo il risultato della sua attività democratica (la legge) può costringere una persona a fare o non fare qualcosa. Solo la volontà popolare incarnata dalla legge (diritto) può generare un obbligo in grado di legittimare l'uso della forza dello Stato (prestazione).

Sulla stessa linea, affinché non vi sia dubbio che il giudice sia individualmente vincolato dal principio di legalità, il primo comma dell'art. 12 della Preleggi riafferma che "[n]ell'applicare la legge non si può ad essa attribuire altro senso che quello fatto palese dal significato proprio delle parole secondo la connessione di esse, e dalla intenzione del legislatore." Nello stesso senso, quando il c.p.c.b. discute i doveri del giudice, afferma espressamente all'art. 8 che "[n]ell'applicare l'ordinamento giuridico, il giudice tiene conto delle finalità sociali e delle esigenze del bene comune, salvaguardando e promuovendo la dignità della persona umana e **osservando** la proporzionalità, la ragionevolezza, **la legalità**, la pubblicità e **l'efficienza**". Come si può vedere, gli ordinamenti giuridici, siano in ambito costituzionale che legale, stabiliscono e ribadiscono che il giudice è pienamente vincolato alla legge.

Partendo dal presupposto costituzionale che è la legge che sostanzia la volontà popolare e, quindi, le preferenze sociali, quando applichiamo tale concetto in ambito processuale la conseguenza è che il principio di legalità genera due effetti complementari: uno di diritto materiale (fine) e l'altro di diritto strettamente processuale (mezzi).

L'aspetto di diritto materiale del principio di legalità ci dice che il servizio pubblico aggiudicatorio è stato strutturato in modo tale che, alla fine del processo, il bene della vita deve essere assegnato alla persona determinata dal diritto. Questa è la fine del processo. Tornando alla nostra discussione del Capitolo 2, abbiamo che il diritto regola e norma i rapporti tra le persone, attenuando l'incertezza sull'esito delle loro azioni, chiarendo ciò che è permesso e le conseguenze della pratica di ciò che è proibito (atto illecito). Inoltre, assicurare che le relazioni sociali siano ordinate e strutturate in conformità al diritto garantisce l'aumento del benessere sociale derivante dall'attuazione della sovranità popolare (preferenze). Tuttavia, dire che la funzione sociale del diritto è quella di strutturare e limitare i rapporti umani in modo da attribuire loro prevedibilità è dire che, se un membro della comunità –per qualsiasi motivo– non agisce secondo le regole giuridiche, deve esistere un meccanismo esterno in grado di imporre la condotta prevista (dover essere), cioè la coercizione. Secondo il diritto processuale, tale meccanismo è il giudice. Come già detto, il giudice è uno dei burocrati specializzati che esercita parte del potere dello Stato e fa rispettare (*enforces*), di fronte a un conflitto, la regola giuridica elaborata dallo Stato. Il giudice è, quindi, un agente dello Stato incaricato di applicare il diritto in un caso specifico, cioè di aggiudicare.

Tuttavia, come discusso nella Sezione 2.2, in questo rapporto principale-agente tra lo Stato (principale) e il giudice (agente), può essere che il giudice-agente agisca in modo opportunistico e decida d'assegnare il bene della vita non secondo le preferenze sociali, cioè secondo il diritto, ma secondo le sue proprie preferenze personali. Così facendo, il magistrato viola la democrazia, viola lo Stato di diritto, viola il diritto fondamentale delle parti e vanifica la funzione sociale del processo.

È così importante per la società che i conflitti siano risolti pacificamente e che il bene della vita nelle controversie sia assegnato a chi ha ragione, che se una decisione giudiziale viola una legge o ne nega la validità, la CRI crea un meccanismo processuale di correzione: il ricorso alla Corte suprema di cassazione (CSC). Secondo il settimo comma dell'art. 111, della CRI: "Contro le sentenze e contro i provvedimenti sulla libertà personale, pronunciati dagli organi giurisdizionali ordinari o speciali, è sempre ammesso ricorso in Cassazione per violazione di legge." Il meccanismo a specchio in Brasile per risolvere lo stesso tipo di problema è il ricorso speciale al Tribunale superiore di giustizia (TSG). Secondo la lettera "a", dell'inciso III dell'art. 105, della CFB: "Spetta al Tribunale superiore di giustizia [...] pronunciarsi, in ricorso speciale, sui casi decisi, in singola o in ultima istanza, dai tribunali regionali federali o dai tribunali degli Stati, del Distretto Federale e dei Territori, quando la decisione in appello [...] contraddice un trattato o una legge federale, o ne nega la validità". Come si vede, le Costituzioni stabiliscono chiaramente che una decisione giudiziale non può contravvenire a una legge o negarne l'efficacia e, in caso contrario, è previsto un ricorso in Cassazione o un ricorso speciale per annullare l'illegalità commessa dal tribunale.

Il problema dei comportamenti opportunistici[192] dei magistrati che si rifiutano di applicare la legge è molto antico e risale anche al diritto romano, che distingueva tra aggiudicazione *secundum legem*, *praeter legem* (oltre la legge) e *contra legem*. Questo problema è talmente grave nell'attuale società brasiliana che il legislatore ha ritenuto opportuno criminalizzare tali comportamenti, nella speranza di far rispettare il diritto fondamentale previsto dalla Costituzione federale. In tal senso, la legge n. 13869, del 5 settembre 2019, c.d. Legge sull'Abuso di Autorità (LAA), ha istituito "i reati di abuso di autorità, commessi da un pubblico ufficiale, agente o no, che, nell'esercizio delle sue funzioni o con il pretesto di esercitarle, abusi del potere che gli è stato attribuito" (art. 1). Costituisce abuso

192. Ricordando sempre che il *comportamento opportunistico* è il termine tecnico dell'analisi economica del diritto per indicare quando un agente non si comporta nell'interesse del principale in uno scenario di problema principale-agente.

di autorità "richiedere informazioni o imporre un obbligo, incluso il dovere di fare o non fare, senza un esplicito supporto legale" (art. 33). Come si vede, l'art. 33 della LAA criminalizza la violazione del diritto fondamentale incarnato dal principio di legalità, cioè il comportamento opportunistico di un magistrato nell'esercizio dei suoi poteri.

La LAA è chiara nel senso che l'abuso di autorità si verifica con la semplice violazione della legge da parte del magistrato, indipendentemente dalle sue ragioni di violazione della legge, perché, secondo il §1 dell'art. 1: "Le condotte descritte nella presente legge costituiscono un reato di abuso di autorità quando sono commesse dall'agente con lo scopo specifico di danneggiare gli altri o di favorire se stesso o altri, o per mero capriccio o soddisfazione personale". Come si vede, il giudice che si rifiuta di far rispettare la legge, anche se è per far rispettare le sue personali preferenze di giustizia, incorre nel reato di abuso di autorità. E affinché non vi sia alcun dubbio che la LAA si applica ai magistrati nell'esercizio dei loro poteri, l'inc. IV dell'art. 2 dice: "È un soggetto attivo del reato di abuso di autorità ogni agente pubblico, servitore o no, dell'amministrazione diretta, indiretta o fondazionale di uno qualsiasi dei Poteri dell'Unione, degli Stati, del Distretto Federale, dei Municipi e dei Territori, incluso ma non limitato a: [...] i membri del giudiziario".

Si noti che in nessun punto la CFB, il c.p.c.b. o la LAA proibiscono, ostacolano o criminalizzano l'ermeneutica delle scelte o l'integrazione, che in realtà sono obblighi giuridici derivanti dal divieto di *non liquet*. Proprio per questo motivo, la stessa LAA stabilisce che l'interpretazione giuridica non costituisce un reato: "La divergenza nell'interpretazione della legge o nella valutazione dei fatti e delle prove non costituisce abuso di autorità" (art. 1, §2). Come si vede, non è l'attività giurisdizionale o il dubbio interpretativo in sé che è un illecito, ma piuttosto la pura e semplice violazione della legge da parte del magistrato nella prestazione del servizio pubblico aggiudicatorio, cioè il suo comportamento opportunistico *contra legem*.

Anche se è relativamente ovvio che un magistrato è sottomesso alla legge nell'esercizio del suo ufficio, vi è un gran numero d'indottrinatori e giudici che credono di poter rimuovere qualsiasi comando legale invocando qualche principio astratto –e, purtroppo, agiscono in conformità ad esso– e, quando non trovano un principio positivizzato per loro soddisfacente, ne inventano uno e dicono che sarebbe implicito nell'ordinamento, anche se non deriva logicamente da alcun comando legale o costituzionale. Non ci riferiamo qui al controllo di legittimità costituzionale, che, secondo l'art. 134, primo comma della CRI, investe la Corte costituzionale del compito di giudicare "sulle controversie relative alla legittimità costituzionale delle leggi e degli atti aventi forza di legge, dello Stato e delle Regioni" o all'art. 97 della CFB, che riserva tali poteri solo ai tribunali o ai loro organi speciali[193], ma all'uso abusivo di principi da parte di qualsiasi magistrato per ignorare la legge nel regolare esercizio della sua attività, senza dichiararla incostituzionale.

Sulla stessa linea, la letteratura tradizionale sul diritto processuale è estremamente proficua nel creare e discutere principi giuridici applicabili al processo, molti dei quali non compaiono nemmeno nelle Costituzioni o negli stessi Codici di procedura civile. Tuttavia, oggi è comune che le opere dottrinali di procedura civile semplicemente non includano il principio di legalità tra quelli che si applicano all'attività giurisdizionale[194], anche se è chiaramente uno dei più importanti diritti fondamentali ed è espressamente previsto sia nelle Costituzioni che nei c.p.c.[195].

Qualcuno potrebbe credere che questa tendenza a non rispettare la legge da parte dei magistrati e della dottrina sia un fenomeno moderno (anche positivo), derivante direttamente dai fatti avvenuti durante e dopo la seconda guerra mondiale e dalle naturali limitazioni del positivismo nel caso in cui lo Stato sia malvagio, ma non è così. Purtroppo, il giudiziario come meccanismo di coordinamento non è in grado di prevenire l'abuso della forza da parte dello Stato se si tratta di una politica generalizzata piuttosto che di un caso isolato. Al contrario, la storia ci mostra che il giudiziario e i giudici[196] diventano rapidamente un meccanismo di ingiustizie e atrocità, come il resto dell'apparato statale. In ogni caso, è importante sottolineare che il comportamento opportunistico dei giudici che si rifiutano di rispettare la legge è un problema ciclico, che si ripete di volta in volta, con lo Stato che deve rivolgere il suo arsenale coercitivo contro gli agenti stessi, nel tentativo di farli agire

193. Art. 97. Solo con il voto della maggioranza assoluta dei suoi membri o dei membri del rispettivo organo speciale il tribunale può dichiarare l'incostituzionalità di una legge o di un atto normativo del potere pubblico.

194. Si veda, ad esempio, Ovidio Battista (1996), Cintra, Grinover e Dinamarco (2013), Nery Jr. (2009) e Lunardi (2019), che discute 21 principi che si suppone siano applicabili alla procedura civile, ma non il principio di legalità. Già Marinoni, Arenhart e Mitidiero (2015, pp. 50 e ss.) negano persino espressamente la possibilità di legalità, affermando che la legge esiste solo dopo l'interpretazione e non prima, quindi, legale è ciò che l'interprete pensa che sia. Tuttavia, non si rendono conto che se la loro posizione fosse vera, lo Stato di diritto e il diritto stesso sarebbero impossibili logici.

195. È curioso notare che i sostenitori di questo tipo di posizione sono unanimi nell'affermare che sia la polizia che l'esercito, meccanismi statali per l'uso interno ed esterno della forza, devono essere controllati e monitorati, ma non la magistratura, che pure è un meccanismo per l'uso della forza statale. Tuttavia, come la storia e la logica ci mostrano, solo il potere controlla il potere, e non è credibile che questi agenti statali chiamati giudici si autocontrollino in ogni aspetto significativo, da qui la necessità di meccanismi legali come il ricorso in Cassazione, il ricorso speciale e la LAA.

196. Per confutare il mito della magistratura come baluardo della giustizia così acriticamente ripetuto nella dottrina, suggerisco lo studio del funzionamento della magistratura nazista, in particolare, richiamo l'attenzione non solo sulla sua incapacità di prevenire l'Olocausto, ma anche sulla sua espressa e attiva partecipazione alla violazione diretta dei diritti degli ebrei e di altre minoranze, come il tristemente noto c.d. *Tribunale del Popolo tedesco* (*Volksgerichtshof – VGH*). Si vedano Müller (1991), Miller (1995) ed Stolleis (1998). In Italia, l'istituzione specchio durante il periodo fascista era il Tribunale Speciale per la Difesa dello Stato. Si veda D'Alessandro (2020).

secondo le istruzioni del principale (legge) invece di imporre le proprie preferenze personali e soggettive alla società (decisioni *contra legem*).

A titolo di esempio, mi riferisco alla portoghese Legge della Buona Ragione dell'agosto 1769, che riaffermava la (ovvia) necessità che i magistrati seguissero la legge e modificava la strategia istituzionale per affrontare i casi di lacune giuridiche e di ambiguità, motivata dalla preoccupazione per "le interpretazioni abusive (d), che offendono la Maestà delle Leggi, deturpano la reputazione dei Magistrati, e perturbano la giustizia dei litiganti, cosicché nel diritto, e nel dominio dei beni dei Vassalli non può esserci tale certezza, che sola può mantenere tra loro la pace pubblica"[197]. Come si può vedere, la Legge della Buona Ragione è stata creata espressamente per migliorare le Ordinanze filippine, portando una maggiore sicurezza giuridica, stabilendo dei limiti per i giudici[198].

Nella ricerca della sicurezza giuridica e dell'applicazione uniforme del diritto nel regno, la Legge della Buona Ragione chiariva che le decisioni giudiziarie *contra legem* e contro il diritto espresso non erano accettabili (§1). Inoltre, assegnava alla Casa della Supplica la funzione di unificare le interpretazioni delle leggi (§2)[199] e assegnava espressamente forza di legge ai suoi Stabiliti (*Assentos*) (§§4 e 5), con l'obbligo per tutti i magistrati di seguire la legge e gli Stabiliti (§6). Infine, ed ecco uno dei suoi contributi più rivoluzionari, la Legge della Buona Ragione limitava le fonti del diritto alle leggi del regno (§9), agli Stabiliti e ai costumi (§14), escludendo il diritto romano (§10), il diritto canonico (§12) e gli insegnamenti dei glossatori (§13). La buona ragione verrebbe utilizzata solo in caso di lacune (§9). I paralleli tra la Legge della Buona Ragione con la CFB, la LINDB e il c.p.c.b. o anche con le Preleggi italiane e la CRI sono semplicemente innegabili, il che non sorprende, dato che il problema istituzionale del passato è lo stesso di oggi: garantire che il giudice-agente rispetti la legge[200].

Una semplice lettura delle Costituzioni, delle Preleggi o del c.p.c.b. è sufficiente per giungere all'inevitabile conclusione che nell'esercizio del potere giurisdizionale, cioè nella prestazione del servizio pubblico aggiudicatorio, il giudice è vincolato dalla legge, dalla volontà popolare. Questo è il prezzo di vivere in uno Stato demo-

197. Cf. Telles (1865, p. 5).

198. C'è anche una disposizione al punto 5.(e), per la punizione dell'avvocato "che con deliberato sofisma cerca di illudere alcuni, come altre leggi". Cf. Telles (1865, p. 8).

199. Si noti che le decisioni della Casa della Supplica sarebbero applicabili a tutti in generale (*erga omnes*), non solo ai litiganti del caso particolare, e avrebbero quindi la stessa logica del riassunto vincolante (*súmula vinculante*) moderno: "E ordino che a questa glosse, e Stabilito su di essa preso in questo caso, in cui non si giudica il diritto delle parti nel particolare di ogni dessi, ma piuttosto la intellighenzia generale e perpetua della Legge nell'interesse comune, non ci possa essere embargo, né altro ricorso, se non quello immediato alla Mia Persona Reale, di cui i Vassalli non si vedono mai privati." Portogallo, Legge dell'agosto 1769, §2.

200. Cf. Gico Jr. (2018).

cratico di diritto. Questa è la conseguenza del principio di legalità nel suo aspetto materiale. Tuttavia la stessa questione, quando si discute dal punto di vista del diritto processuale, diventa un po' più complessa.

3.2.2 Il principio di legalità: la strumentalità delle forme

Come discusso nella Sezione 2.2, il processo ha due funzioni principali: (i) organizzare la prestazione del servizio pubblico aggiudicatorio direttamente da parte del giudice, per conto dello Stato (amministrazione); e (ii) proteggere le parti in causa dagli errori del giudice stesso (protezione), compresi gli errori volontari e involontari. Se la funzione ultima del servizio pubblico aggiudicatorio è quella di assegnare il bene della vita in disputa secondo il diritto (principio di legalità materiale), la funzione del processo è quella di bilanciare gli obiettivi di amministrazione e di protezione. Abbiamo bisogno che il servizio pubblico aggiudicatorio sia il più possibile privo di errori, ma più garanzie e procedure vengono messe nel sistema per evitare tali errori, più la sua amministrazione sarà complessa e costosa. In altre parole, c'è un chiaro *trade-off* tra protezione e amministrazione; in questo senso, le regole processuali, e quindi il processo giudiziale stesso, sono il risultato della decisione politica sul desiderabile assetto istituzionale per quel particolare contesto, che privilegerà l'una o l'altra.

In questo senso, se dal punto di vista del diritto materiale non è possibile una relativizzazione del principio di legalità, cioè il risultato finale del processo deve essere l'allocazione del bene della vita in disputa secondo la legge (fine), lo stesso non si può dire dal punto di vista del diritto processuale, poiché le norme di diritto processuale sono solo un mezzo per raggiungere il fine (per far rispettare il diritto) e, quindi, sarà sempre un equilibrio tra i costi dell'amministrazione e i costi dell'errore, cioè un tentativo di minimizzare il costo sociale del processo. Nel diritto processuale questo si chiama **strumentalità delle forme**, cioè il diritto processuale si presta ad uno scopo e, a differenza del diritto materiale, non è fine a sé stesso.

Quindi, in un linguaggio giuseconomico, anche se l'aggiudicazione erronea dei diritti (*error in iudicando*) è inefficiente dal punto di vista allocativo (dato che la decisione giudiziale si discosta dalle preferenze sociali), lo stesso non si può necessariamente dire dell'*error in procedendo*. Poiché il processo è solo il mezzo con cui il giudice assegna il bene della vita in disputa a chi ha ragione, senza costituire un diritto materiale in sé, anche se nel caso specifico si verifica una qualche violazione del diritto processuale, tale violazione non avrà necessariamente rilevanza a pregiudizio di una delle parti se lo scopo previsto da quella norma violata (protezione) può essere raggiunto in altro modo. Ciò significa che, anche se nessuno è autorizzato a violare deliberatamente le regole di procedura civile, è possibile che un'eventuale inosservanza di una qualsiasi regola procedurale venga sanata nel corso del processo, se tale violazione non è pregiudizievole per una delle parti o, almeno, per la parte che non ha causato la nullità[201]. Questa conclusione non deriva dall'interpretazione di qualche principio astratto, ma dalla letteralità della legge e, quindi, della volontà popolare.

Come regola generale, la forma degli atti processuali in Italia è libera, come stabilisce l'art. 121 del c.p.c.i.[202] e anche se la legge richiede una determinata forma per un atto, l'art. 156, terzo comma, afferma chiaramente che "la nullità non può mai essere pronunciata, se l'atto ha raggiunto lo scopo a cui è destinato." La stessa regola è prevista dall'art. 277 del c.p.c.b. [203], che ordina al giudice di considerare valido un atto che, pur essendo esercitato in modo diverso da quello previsto dalla legge, raggiunga lo stesso scopo. Poiché le norme processuali non determinano, di per sé, l'attribuzione dei diritti, ma prescrivono regole per l'organizzazione degli atti processuali e per la tutela delle parti nel corso del processo, se lo scopo della regola processuale è stato raggiunto in altro modo, purché non vi sia pregiudizio per nessuna delle parti, non è necessario annullare l'atto problematico e farlo ripetere per ottenere lo stesso risultato. Sarebbe produttivamente inefficiente farlo e non ci sarebbe alcun guadagno in termini di efficienza allocativa, poiché il risultato dell'aggiudicazione rimarrebbe invariato.

Allo stesso modo, tanto l'art. 157, terzo comma, c.p.c.i.[204], quanto l'art. 282, §1, c.p.c.b.[205] vietano la ripetizione di un atto c.d. nullo se la sua assenza non arreca pregiudizio alla parte innocente. Infatti, se la pratica dell'atto nullo non ha danneggiato la parte innocente, non c'è motivo di ritardare la conclusione del processo con la ripetizione dell'atto citato. Nello stesso senso, l'art. 283, caput e paragrafo unico, c.p.c.b.[206] ordinano esplicitamente l'utilizzazione di atti processuali nulli, purché non arrechino pregiudizio alla difesa di una parte. Così, nonostante il processo sia una "successione di atti vincolati dall'obiettivo comune di attuare la volontà della

201. Nello stesso senso, a titolo di esempio, si veda Montenegro Filho (2016, p. 106), Camera (2018, p. 147), Theodoro Jr. (2019, p. 81) e Arake (2019, p. 78).

202. Art. 121. Gli atti del processo, per i quali la legge non richiede forme determinate, possono essere compiuti nella forma più idonea al raggiungimento del loro scopo.

203. Art. 277. Quando la legge prescrive una certa forma, il giudice considera valido l'atto se, compiuto in altro modo, raggiunge il suo scopo.

204. Art. 157. [...] La nullità non può essere opposta dalla parte che vi ha dato causa, né da quella che vi ha rinunciato anche tacitamente.

205. Art. 282. [...] §1. L'atto non deve essere ripetuto, né si deve porre rimedio alla sua assenza, quando non arreca pregiudizio alla parte.

206. Art. 283. L'errore nella forma del processo porta solo all'annullamento di quegli atti che non possono essere utilizzati, mentre quelli che sono necessari per rispettare le prescrizioni di legge devono essere praticati. Paragrafo unico. L'uso degli atti compiuti deve essere fatto a condizione che la difesa di una delle parti non sia pregiudicata.

legge e procedere in modo ordinato per raggiungere tale obiettivo [...]"[207], non tutti gli atti dipendono l'uno dall'altro. Quindi, anche se un atto è nullo e dev'essere ripetuto, non c'è ragione di ripetere anche gli atti successivi e indipendenti, come, tra l'altro, previsto dall'art. 159, c.p.c.i.[208] e dall'art. 281, c.p.c.b.: "Annullato l'atto, tutti gli atti successivi che dipendono da esso sono considerati privi di effetto; tuttavia, la nullità di una parte dell'atto non pregiudica le altre che sono indipendenti da esso."

Questo uso è osservato anche in caso di nullità della citazione del convenuto o dell'esecutato. Ai sensi dell'art. 164, c.p.c.i. e dell'art. 280, c.p.c.b.[209], le citazioni fatte senza osservare la forma giuridica sono nulle. Tuttavia, dell'art. 164, terzo comma, c.p.c.i. e l'art. 239, caput e paragrafo unico, c.p.c.b.[210] prescrivono che la comparizione spontanea del convenuto o dell'esecutato al procedimento sana l'eventuale nullità della citazione. Perciò, se lo scopo della citazione è quello di informare il convenuto di una domanda giudiziale in modo che possa difendersi adeguatamente, la sua comparizione spontanea sostituisce la necessità di promuovere la sua citazione. Pertanto, anche se c'è stata una certa nullità nell'atto di citazione, non c'è motivo di annullare questo atto e ordinare una nuova citazione se il convenuto è già a conoscenza dell'esistenza dell'azione. Lo stesso ragionamento, tra l'altro, può essere utilizzato in caso di intimazioni. L'articolo 272, §2º, c.p.c.b.[211] impone una sanzione di nullità alle intimazioni a comparire sulle gazzette ufficiali che non contengono i nomi degli avvocati delle parti. Tuttavia, se l'avvocato, con altri mezzi, viene a conoscenza dell'intimazione e si attiene al suo ordine, senza pregiudizio per nessuna delle parti, lo scopo della pubblicazione sarà stato raggiunto e non sarà necessario ripeterla.

Infine, è importante notare che, in Brasile, il giudice è autorizzato a decidere il merito a favore della parte innocente anche in caso di nullità che lo costringerebbe

207. Cf. Chiovenda (2009 [1933], pp. 91 e 92).

208. Art. 159. La nullità di un atto non importa quella degli atti precedenti, né di quelli successivi che ne sono indipendenti.
La nullità di una parte dell'atto non colpisce le altre parti che ne sono indipendenti.
Se il vizio impedisce un determinato effetto, l'atto può tuttavia produrre gli altri effetti ai quali è idoneo.

209. Art. 280. Le citazioni e i mandati di comparizione sono nulli se fatti senza l'osservanza delle prescrizioni di legge.

210. Art. 239. Per la validità del processo è indispensabile la citazione del convenuto o dell'esecutato, ad eccezione della possibilità di cancellazione della causa dal ruolo o di rifiuto preliminare della domanda.
§1. La comparizione spontanea del convenuto o dell'esecutato supplisce alla mancanza o nullità dell'atto di citazione e, da tale data, decorre il termine per la proposizione della contestazione o dell'opposizione all'esecuzione.

211. Art. 272. Le intimazioni, quando non effettuate con mezzi elettronici, si considerano effettuate con la pubblicazione degli atti nell'organo ufficiale. [...]
§ 2. A pena di nullità, è indispensabile che la pubblicazione contenga i nomi delle parti e dei loro avvocati, con il rispettivo numero di iscrizione all'ordine degli avvocati brasiliani o, se richiesto, dello studio legale.

ad estinguere il processo senza giudizio di merito (art. 282, §2°, c.p.c.b.)[212]. L'idea è quella di sfruttare al meglio gli atti processuali già sviluppati. Ora, se la funzione del processo civile è quella di consentire al giudice di aggiudicare il bene in disputa a chi ne ha diritto, se è possibile per il giudice verificare che la parte non responsabile di un'eventuale nullità processuale abbia diritto al bene in disputa e quindi è possibile decidere il merito della questione, è assolutamente inefficiente estinguere il processo senza giudizio di merito. Vale la pena di dire che, se la causa si estingue senza giudizio di merito a causa di certa insanabile nullità, le parti dovranno ripetere tutti gli atti che hanno compiuto fino al momento attuale della causa, atti che miravano, appunto, ad istruire il giudice sui fatti pertinenti alla materia affinché si potesse giungere ad una conclusione su chi ha ragione nella causa: la stessa conclusione che il giudice avrebbe già raggiunto. Così, invece di dichiarare la nullità della causa, l'ordinamento giuridico stabilisce che il giudice si pronunci sul merito della questione fin dall'inizio. Questo comando è allo stesso tempo allocativamente efficiente, perché conferisce il bene a chi ne ha diritto, e produttivamente efficiente, perché evita lo spreco degli atti processuali compiuti fino ad allora.

In questo senso, è chiaro che la strumentalità delle forme nel diritto processuale è efficiente e, contemporaneamente, che non deriva da qualche principio astratto ma da comandi giuridici espressi. In realtà, la strumentalità delle forme è il risultato congiunto dell'applicazione del principio di legalità (l'uso di atti nulli è legalmente autorizzato) e del principio di efficienza, in quanto l'uso di atti, quando legalmente autorizzato, è produttivamente efficiente, purché non influisca sull'aggiudicazione finale (efficienza allocativa).

Tanto la strumentalità delle forme è il risultato dell'applicazione dei principi di legalità ed efficienza che il criterio normativo base per affermare qualsiasi nullità processuale non è mai l'adesione dell'atto alla forma prescritta, ma il danneggiamento o meno di una delle parti. Questa idea è riassunta nell'adagio: *pas de nullité sans grief*, cioè non c'è nullità senza pregiudizio. Così, il formalismo processuale, costruito per dare sicurezza alle parti contro l'arbitrarietà del giudice e per organizzare il flusso processuale, non è riconosciuto come fine a se stesso, e può essere allentato se non c'è pregiudizio per nessuna delle parti.

A questo punto dovrebbe essere chiaro che il criterio di nullità utilizzato nel processo civile è il criterio di efficienza di Pareto quando nessuna delle parti è colpevole, cioè l'atto processuale sarà utilizzato o superato se il suo mantenimento o superamento (status sociale *B*) non danneggia nessuno. In tal caso, questo stato sociale *B* sarà mantenuto per legge, perché è Pareto efficiente. Se danneggia una

212. Art. 282. [...] §2. Quando il giudice è in grado di decidere il merito a favore della parte che beneficia della pronuncia di nullità, non lo pronuncia, né ordina la ripetizione dell'atto o la compensazione della sua mancanza.

 delle parti, sarà annullato e l'atto e le sue conseguenze andranno ripetuti, cioè si ritornerà allo stato sociale *A* (*status quo ante*).

Si noti come il criterio normativo della strumentalità delle forme implica necessariamente la presenza di una riduzione del costo di amministrazione del processo (uso di atti processuali), senza un aumento del costo di errore (una delle parti non può essere danneggiata), per cui in nessun caso un giudice può effettuare la ponderazione dei benefici e dei danni dell'atto nullo e utilizzare il criterio di efficienza Kaldor-Hicks. In altre parole, un giudice non può capire che, sebbene una delle parti sia danneggiata dall'atto nullo, poiché il giudice o l'altra parte ne trae grande beneficio, l'atto può essere mantenuto in nome dell'efficienza perché il beneficio netto sarebbe positivo. D'altra parte, quando è stata una delle parti a causare la nullità (colpevole), il codice stesso permette di mantenere l'atto, purché non venga danneggiata la parte innocente. Secondo i numerosi esempi citati, solo se la parte innocente non viene danneggiata, l'atto può essere mantenuto, cioè se il suo mantenimento è efficiente. L'uso di un criterio più restrittivo in questo caso deriva dal fatto che si accetta la riduzione della protezione processuale in un contesto specifico, a condizione che sia chiaro che –nel caso concreto– non vi è stato alcun pregiudizio effettivo. Qui, *in dubio pro parte*.

Su questa linea, come discusso nella Sezione 3.2.1, non ritengo condivisibile la posizione di studiosi come Campos[213] e Pontes[214], per i quali il principio di efficienza autorizzerebbe la violazione della legge o del principio di legalità, e la posizione di Barroso, per il quale il giudice avrebbe un ruolo illuminista, cioè di un despota illuminato al quale competerebbe "spingere la storia" nei "momenti cruciali del processo civilizzatore"[215]. La legge è il risultato più vicino all'aggregato delle preferenze della società; è il modo in cui la società ha scelto di distribuire i diritti al suo interno. La violazione delle preferenze sociali è allocativamente inefficiente da qualsiasi punto di vista si analizzi questo problema. Tuttavia, nessuna delle ipotesi presentate nel presente capitolo è rilevante per convalidare la violazione del principio di legalità nel suo aspetto materiale, anche perché sono i c.p.c. stessi che stabiliscono le ipotesi in cui si può accantonare il formalismo processuale a favore della ricerca della decisione di merito (strumentalità delle forme). In tutti i casi, il criterio è sempre stato efficiente e l'efficienza allocativa è stata rispettata.

213. Cf. Campos (2018, p. 70).

214. Cf. Pontes (2015, p. 314).

215. Cf. Barroso (2018). La posizione solleva la questione di cosa succede quando il giudice invece di un "illuminato" sia, in realtà, un retrogrado e ostacoli i progressi che la società ha raggiunto. Se, come dice Barroso, un ministro della Corte costituzionale o del STF non ha bisogno di seguire la legge e la Costituzione, che difesa ha la società contro questo dittatore (in)costituzionale? Inoltre, se il giudice non è la bocca della legge, è la bocca di chi?

Come è evidente, è la stretta obbedienza al principio di legalità in ambito materiale, cioè l'aggiudicazione del bene della vita secondo il diritto, che garantisce il compimento della volontà popolare e, quindi, dell'efficienza nel suo aspetto allocativo. Il principio di legalità in ambito processuale deve essere seguito per le stesse ragioni, e può essere mitigato solo ed esclusivamente quando è Pareto efficiente nel farlo, cioè quando non arreca pregiudizio alla parte innocente e purché il bene della vita sia aggiudicato secondo il diritto (strumentalità delle forme). Così il magistrato agirà in modo efficiente, minimizzando il costo sociale del processo e aumentando il benessere sociale.

3.3 Il principio del giusto processo regolato dalla legge

Il principio del giusto processo è stato positivizzato dalla Costituzione italiana nel suo art. 111, modificato dalla legge costituzionale n. 2, del 23 novembre 1999, secondo il quale: "La giurisdizione si attua mediante il giusto processo regolato dalla legge." Prima della positivizzazione, già dagli anni Ottanta, la Corte costituzionale invocava, con base sui trattati internazionali, il suddetto principio per realizzare il controllo di legittimità costituzionale delle disposizioni processuali[216]. Più recentemente, invece, la stessa Corte ha affermato che il legislatore dispone di ampia discrezionalità per dettare la disciplina degli istituti processuali[217].

Nell'ordinamento giuridico brasiliano, la cosiddetta clausola del giusto processo[218] è prevista dall'art. 5, inc. LIV della CFB, secondo il quale "nessuno sarà privato della libertà o della proprietà senza il dovuto processo legale". Come si può vedere, la menzionata disposizione costituzionale riafferma semplicemente che la libertà e la proprietà di una persona, due diritti fondamentali, possono essere limitati solo se si segue il dovuto processo legale. Nelle parole di Lunardi[219], "[...] l'opzione politica per lo Stato di diritto significa, tra l'altro, che lo Stato deve obbedire alle proprie leggi. [...] Ciò implica garanzie dalla parte del cittadino contro lo Stato e contro gli altri cittadini".

Su questa linea il giusto processo si presta a una doppia interpretazione: (i) come garanzia del cittadino nei confronti dello Stato stesso, che deve anch'esso sottomettersi alla legge per poter limitare il diritto di proprietà e il diritto di libertà di qualcuno e (ii) come garanzia contro il giudice-Stato, che deve sottomettersi al

216. A titolo de esempio, si veda Sordi (2014, pp. 3 e ss.).

217. Si veda, ad. es., CC, Ordinanza n. 42 del 2014, Presidente: Gaetano Silvestri.

218. Considerando il contenuto e lo storico di applicazione, sia la clausola del dovuto processo legale che la clausola del giusto processo regolato dalla legge sono, in realtà, sinonimi e, quindi, d'ora in poi userò solo l'espressione "giusto processo", che è la versione italiana.

219. Cf. Lunardi (2019, p. 76).

 diritto processuale nello svolgimento del processo e al diritto materiale al momento della aggiudicazione. In questo contesto, il giusto processo è una riaffermazione sia del principio di efficienza che del principio della legalità e riprende quanto discusso nelle sezioni precedenti. Tuttavia, quanto processo è dovuto per soddisfare il dovuto processo legale? Nel diritto italiano, la risposta è ovvia, dato che la CRI garantisce il "il giusto processo **regolato dalla legge**", *ergo*, il processo giusto è esattamente quello previsto dalla legge. Al contrario, nel diritto brasiliano, che usa il termine "dovuto processo legale", c'è ancora discussione.

Se intendessimo che il giusto processo è, in realtà, un super-principio[220] che serve come restrizione all'azione discrezionale del giudice nel condurre il processo imponendo l'osservanza obbligatoria di un insieme di altri principi e diritti durante il suo svolgimento –come il diritto al contraddittorio e all'ampia difesa (art. 111, secondo comma, CRI e art. 5, inc. LV, CFB[221]), la non utilizzabilità delle prove di origine illecita[222] (art. 5, inc. LVI, CFB)[223], la pubblicità e la motivazione dei provvedimenti giurisdizionali (art. 111, sesto comma, CRI), tra gli altri che, interpretati congiuntamente, comporrebbero la clausola del giusto processo–, allora tutte queste garanzie specifiche potrebbero essere semplicemente escluse dal testo costituzionale, poiché sarebbero conseguenze logiche dell'art. 111, primo comma, CRI o dell'art. 5, inc. LIV, CFB. Tuttavia, in verità, non c'è un solo elemento nelle Costituzioni o un argomento logico coerente che autorizzi tale interpretazione. Questa costruzione dottrinale è molto più una conseguenza della tradizione inglese e americana, che necessita della generica clausola del *due process of law* nel contesto del *common law*, che è stata semplicemente importata senza molte spiegazioni sul perché qui (in Italia o in Brasile) sarebbe la stessa cosa o perché ci sarebbe tale necessità.

In questo senso, se fossimo nell'Inghilterra del Medioevo, in un regime monarchico di *common law*, in cui non esisteva una codificazione del diritto e ancor meno un codice di procedura civile, direi che la clausola generale del giusto processo sarebbe quella determinata dalla casistica e dai precedenti. Tuttavia, siamo nell'Italia e nel Brasile del secolo XXI, in Stati democratici di diritto, in paesi industrializzati, sotto un regime romano-germanico, in cui non solo le Costituzioni

220. Alcuni sostengono che una semplice affermazione del principio del giusto processo sarebbe sufficiente per ricavare tutte le altre regole e garanzie procedurali, come Mariotti (2008, p. 119), Gonçalves Filho (2010, pp. 19-21) e Nery Jr. (2009, p. 79), come se il processo fosse una dimostrazione logica di un assioma piuttosto che una scelta politica incarnata nella legge.

221. Art. 5. [...] LV - ai litiganti, in procedimenti giudiziari o amministrativi, e agli imputati in genere è garantito il contraddittorio e l'ampia difesa, con i mezzi e le risorse ad essa inerenti; [...].

222. Questa questione è ancora aperta in Italia e causa perplessità e difficoltà, sia per la dottrina che per il giudiziario, ma in Brasile, nonostante causi alcune difficoltà, la non utilizzabilità delle prove illecite è un diritto fondamentale.

223. Art. 5. [...] LVI - le prove ottenute con mezzi illeciti sono inammissibili nel processo; [...].

sono scritte, ma c'è anche una codificazione della procedura civile, una codificazione della procedura penale, una codificazione italiana e una legge brasiliana del processo tributario e persino una codificazione del processo amministrativo, per cui la logica mi permette solo di concludere che il "giusto processo regolato dalla legge" previsto dall'art. 111, primo comma, CRI e il "dovuto processo legale" previsto dall'art. 5, inc. LIV, CFB sono proprio il processo previsto dalla legge e dalle Costituzioni stesse e nient'altro.

Proprio perché l'importazione nel nostro sistema giuridico dell'idea di un giusto processo di *common law* rasenta un truismo nel diritto brasiliano, Gonçalves Filho, con un raro candore tra gli indottrinatori, lo riconosce[224]: "In effetti, nel diritto brasiliano, il dovuto processo legale finiva per essere un depositario di garanzie processuali implicite, perché non aveva bisogno di essere applicato quando c'erano altre regole o principi positivizzati. C'è chi sostiene che, anche se gli altri principi e le altre regole che positivizzano garanzie fondamentali nel processo non esistessero, deriverebbero da un dovuto processo legale. Oltre a questa funzione di integrazione delle lacune, il dovuto processo legale potrebbe giustificare soluzioni che non hanno base nella lettera rigorosa della legge, o anche contro di essa, a condizione che le garanzie fondamentali di giustizia o l'applicazione del diritto materiale possano essere violate." Anche un altro esempio di tentativo di relativizzare la legge.

Come si è detto nella Sezione 3.1.4, sono d'accordo che in caso di integrazione, se non esiste una consuetudine applicabile al caso o una regola analoga, allora, per legge, il giudice sarebbe autorizzato a decidere sulla base dei principi generali del diritto, tra i quali potremmo elencare il giusto processo, l'idea che, qualunque sia la restrizione alla libertà e alla proprietà di qualcuno, essa deve essere equilibrata secondo lo scopo della restrizione e che deve seguire una procedura minima che garantisca al cittadino l'esercizio di un'ampia difesa e del contraddittorio. Tuttavia, come si vede nelle Sezioni 3.1 e 3.2, nessuna disposizione delle Costituzioni autorizza un giudice a violare il diritto fondamentale di non essere obbligato a fare o ad astenersi dal fare qualcosa, se non per legge. In questo senso, non riesco a trovare alcuna base giuridica o logica per la violazione del principio di legalità sulla base di un giusto processo. Dopo tutto, la CRI garantisce il giusto processo **regolato dalla legge** e la CFB garantisce il dovuto processo **legale**, nessuna dei due garantisce il processo ideale.

In ogni caso, ai fini della nostra trattazione in questo libro, il principio del giusto processo regolato dalla legge può essere inteso come una riaffermazione che il giudice-Stato deve sottomettersi alla legge e, quindi, deve condurre il processo nel rispetto delle regole processuali (giusto processo), limitando la sua flessibilità ai

224. Cf. Gonçalves Filho (2010, pp. 19-20).

casi in cui la modifica o l'utilizzo degli atti processuali sono legalmente autorizzati o Pareto efficienti.

3.4 Il principio della ragionevole durata del processo

Se da un lato i processi devono essere decisi in modo tempestivo e nessuno si opporrebbe a questa affermazione, dall'altro la giustizia civile italiana resta una delle più lente d'Europa, come emerge dall'*EU Justice Scoreboard* 2020[225]. La morosità giudiziale è considerata un problema talmente grave in Italia che la questione è stata costituzionalizzata all'art. 111 della CRI, modificato dalla legge costituzionale 2/1999, che ha incluso il principio del giusto processo, discusso nella sezione precedente, e, al secondo comma, il diritto a una durata ragionevole del processo: "Ogni processo si svolge nel contraddittorio tra le parti, in condizioni di parità, davanti a giudice terzo e imparziale. La legge ne assicura la ragionevole durata." Per rinforzare l'impegno italiano nel garantire la ragionevole durata del processo, è stata emanata la legge Pinto (l. 89/2001), la quale ha previsto il diritto di ciascun cittadino di ottenere un risarcimento del danno, di natura patrimoniale e non, nel caso in cui si accerti l'eccessivo protrarsi del processo.

Ma la morosità giudiziale non è un privilegio italiano. Questo problema è considerato tanto serio in Brasile che il legislatore costituzionale, nella l. cost. n. 45/04, ha deciso di inserire nella lista dei diritti e garanzie fondamentali l'inc. LXXVIII, secondo il quale "a tutti, nell'ambito giudiziario e amministrativo, è assicurata la ragionevole durata del processo ed i mezzi che garantiscono la celerità del suo trattamento". Come già discusso nella Sezione 3.1 sul principio di efficienza, l'esposizione di motivi della l. cost. n. 45/04[226] rivela chiaramente che l'obiettivo era quello di modificare la struttura del giudiziario[227] in modo che "l'amministrazione della giustizia" potesse diventare più efficiente. È evidente, quindi, che c'è un legame tra la durata ragionevole del processo, la celerità e l'efficienza.

Gli stessi Poteri costituiti in Brasile riconoscono questi problemi, come si può vedere nel cosiddetto Primo Patto per il Giudiziario, firmato nel dicembre 2004, il cui obiettivo dichiarato era quello di organizzare le istituzioni pubbliche a favore di una magistratura più rapida e più repubblicana: "Pochi problemi nazionali hanno tanto consenso sulle diagnosi quanto la questione giudiziaria. La morosità dei

225. Cf. CE, Comunicazione della Commissione al Parlamento Europeo, al Consiglio, alla Banca Centrale Europea, al Comitato Economico e Sociale Europeo e al Comitato delle Regioni, Quadro di valutazione UE della giustizia 2020, COM(2020) 306 final, Bruxelles, 10.7.2020.

226. Cf. Camera dei deputati (2004, n.d.).

227. Per le critiche al modello adottato per la riforma della magistratura promosso dalla l. cost. n. 45/04, si veda Moreira (2004).

processi giudiziari e la scarsa efficacia delle loro decisioni ritardano lo sviluppo nazionale, scoraggiano gli investimenti, incoraggiano l'inadempienza, generano impunità e minano la fiducia dei cittadini nel regime democratico"[228].

Tuttavia, l'esistenza di una crisi del sistema giudiziario brasiliano dovuta alla sua eccessiva morosità e alla sua notoria inefficienza non è un problema nuovo[229]. Già negli anni Settanta il ministro del STF e autore del c.p.c.b./73, Alfredo Buzaid, aveva segnalato questo problema derivante da uno squilibrio tra domanda e offerta di servizi pubblici aggiudicatori che rendeva impossibile il rispetto delle scadenze giudiziarie[230].

Come sottolinea Araken de Assis, gli effetti della morosità giudiziale sono perversi, perché l'eccessivo ritardo processuale[231] "accentua innanzitutto la disuguaglianza, perché la resistenza del povero è inferiore a quella della persona dotata di abbondanti risorse finanziarie. E, in ogni processo, una delle parti sarà sempre più capace di sopportare il ritardo rispetto all'altra, motivo per cui la morosità costituisce un fattore di disuguaglianza processuale, dando ad una parte un vantaggio sull'altra. L'impatto psicologico della morosità sulla parte debole e svantaggiata non può essere trascurato. Il processo che si muove per decenni serve a 'stancare e macinare' l'avversario. Porta anche discredito sulle istituzioni repubblicane. E, infine, la morosità stimola la fuga dalla giurisdizione, o l'abbandono del litigio senza soluzione (litigio contenuto), o il ricorso dalle parti di meccanismi alternativi di risoluzione dei conflitti – meccanismi vantaggiosi solo per alcuni segmenti sociali (ad es. l'arbitrato)".

È proprio per questo motivo che l'attuale c.p.c.b. mantiene il motto di ridurre la morosità giudiziale, includendo numerosi strumenti processuali proprio per accelerare il processo[232]: "Il principio della durata ragionevole del processo è stato preso in considerazione. Dopo tutto, la mancanza di celerità, da un certo punto di vista, è una mancanza di giustizia. La semplificazione del sistema di ricorso, che tratteremo separatamente, porta a un processo più agile. È stato creato l'incidente del giudizio congiunto di domande ripetitive, a cui si farà riferimento di seguito. Per il momento, vale la pena notare che le misure mirando al giudizio congiunto delle domande che gravitano attorno alla stessa questione di diritto conducono a un processo più rapido, da due punti di vista: a) quello relativo a quei processi, di per sé considerati, che saranno decisi congiuntamente; b) quello relativo all'attenuazione

228. Cf. Gico Jr. (2014, p. 167).

229. A titolo di esempio, si vedano Buzaid (1972), Sobrinho (1980) e Gomes (1997).

230. Cf. Buzaid (1972, pp. 144 e ss.).

231. Cf. Assis (2016, p. 484).

232. Cf. Senato federale (2010, p. 12).

dell'eccessivo carico di lavoro del Potere Giudiziario –poiché il tempo utilizzato per decidere quei processi può essere utilizzato più efficacemente in tutti gli altri, nei cui procedimenti saranno evidentemente più piccoli i cosiddetti 'tempi morti' (= periodi in cui non accade nulla nel processo)".

Come si può vedere, il legislatore riconosce chiaramente il guadagno in termini di efficienza processuale come mezzo per raggiungere una ragionevole durata del processo. In questo senso, quella che viene definita durata ragionevole del processo può essere interpretata come una conseguenza dell'applicazione del principio di efficienza, sia nei suoi aspetti produttivi che allocativi. Lo iato temporale è un fenomeno comune della vita, presente in quasi tutte le cose che facciamo. Il problema, quindi, non è lo iato in sé, ma l'eccessivo ritardo, perché il processo deve avere una durata ragionevole. Ma ciò che è eccessivo o ragionevole può essere determinato solo se conosciamo i costi e i benefici associati ai diversi livelli di ritardo, cioè dobbiamo considerare le conseguenze di ogni assetto istituzionale alternativo. "Dopotutto, se la giustizia lenta è cattiva, l'ingiustizia celere non è certo un buon sostituto"[233].

Inoltre, come discuterò più dettagliatamente nel Capitolo 6, tenendo presente che il giudiziario è una risorsa comune, cioè è allo stesso tempo rivale e non escludente[234], il fatto è che più si ricorre al servizio pubblico aggiudicatorio, più esso diventa congestionato e, quindi, più lenta sarà la prestazione giurisdizionale: è la Tragedia del Giudiziario[235]. In questo senso, proprio per la natura economica del diritto e dei tribunali, ci sarà normalmente un certo grado di congestione del servizio pubblico aggiudicatorio, una congestione di equilibrio. Ciò che si può fare è cercare la massima efficienza processuale possibile, in modo che la congestione d'equilibrio sia la minore possibile[236]; in questo caso, la durata del processo può essere considerata ragionevole, in quanto sarà la minore possibile (efficienza produttiva). La durata ragionevole del processo è, quindi, la durata ottimale, nel senso di ottimizzata (non necessariamente ideale).

Pertanto, dall'analisi dei comandi costituzionali, si può dedurre che il cittadino deve avere accesso ai mezzi per risolvere il suo processo il più celermente possibile. Pertanto, la tempestività processuale è stata riconosciuta come un valore costituzionale da perseguire. Se celere è ciò che si muove o corre velocemente, allora la celerità processuale è la velocità con cui si muove il processo, cioè la celerità è una misura dell'iato temporale tra l'inizio del processo e la sua fine. Tuttavia, se dicia-

233. Cf. Gico Jr. (2014, p. 167).

234. Si veda la Sezione 6.1.

235. Cf. Gico Jr. (2012; 2014).

236. Si noti il chiaro parallelo di questo ragionamento con quanto ho detto prima nella Sezione 2.2, cioè, che la funzione sociale del processo era quella di minimizzarne il costo sociale.

mo che il processo è durato un anno, cioè se conosciamo solo l'iato temporale del processo, non saremo ancora in grado di dire se il processo è stato celere o meno, perché essendo la celerità una questione di velocità, si tratta di una grandezza relativa, che ha bisogno di un punto di riferimento per avere senso.

Un processo, dunque, sarà o non sarà veloce in relazione a un determinato punto di riferimento. Quindi, se un'esecuzione richiede sei mesi per concludersi e un'altra un anno, indipendentemente dalle ragioni, la prima esecuzione è stata più celere della seconda, più rapida. Se un caso che poteva essere portato a termine in due anni è stato risolto in un anno, è stato risolto più rapidamente. La celerità è sempre una misura relativa della velocità. In questo senso, c'è un riconoscimento costituzionale del fatto che –*ceteris paribus*– più velocemente è prestato il servizio pubblico aggiudicatorio, meglio è. Inoltre, tra i diritti fondamentali del cittadino c'è quello ad un servizio pubblico aggiudicatorio celere. Tuttavia, la ricerca della celerità non può essere l'unico criterio, occorre cercare la celerità con **accuratezza** o **precisione giuridica**[237] (o efficienza allocativa, che è lo stesso). Mi spiego.

Supponiamo che l'unico criterio per misurare un processo sia la sua velocità. In questo caso, minore è il numero di atti processuali, più breve è il processo. Meno processo c'è, meglio è. Tuttavia, come spiegato nei Sezioni 2.2 e 2.3, il processo è un meccanismo per l'acquisizione di informazioni sui fatti rilevanti da parte del giudice-Stato in modo da poter aggiudicare il bene della vita in contesa a chi ne ha diritto, cioè secondo le regole giuridiche vigenti. In questo senso, l'investimento nel processo riduce l'asimmetria informativa e, di conseguenza, i costi derivanti dall'errore[238]. Inoltre, il processo serve anche a proteggere le parti dall'arbitrarietà del magistrato, garantendo che il risultato dell'attività giudicante sia l'allocazione determinata dal diritto. Pertanto, il non investimento nel processo, cioè l'eliminazione del giusto processo, dell'ampia difesa e del contraddittorio porterebbe grande celerità al processo, ma genererebbe anche un grande costo sociale con decisioni sbagliate, in disaccordo con il diritto.

Ciò accadrebbe, ad esempio, se un tribunale o una corte, interessati solo ed esclusivamente al loro stock di cause, decidessero di estinguere, senza giudizio di merito, tutti i processi di loro competenza in modo indiscriminato (estinzione di massa delle cause); oppure se la presidenza di una corte decidesse di impedire il tracciamento di tutti i ricorsi per Cassazione applicando, aleatoriamente, la giu-

237. Gran parte della dottrina parla della qualità di una decisione giudiziale, ma poiché la qualità di una decisione giudiziale è il suo grado di aderenza al diritto e di precisione in relazione ai fatti, preferisco parlare semplicemente di precisione o accuratezza della decisione giudiziale.

238. Ricordate solo che il costo sociale del processo è la somma dei costi di amministrazione e dei costi di errore. E più si investe nel processo, più basso è il costo di errore, ma più alto è il costo di amministrazione. Si veda la Sezione 2.3.

risprudenza della CSC. Senza la necessità di preoccuparsi dell'accuratezza della decisione, della sua qualità, un caso potrebbe essere risolto all'istante e la celerità processuale sarebbe soddisfatta incondizionatamente.

Nel limite, "[...] un sistema aggiudicatorio che non segue alcuna regola (tribunale senza diritto) non sarebbe diverso da un sistema stocastico ergodico[239]. Indipendentemente dal caso presentato, ci sarebbe una probabilità aleatoria di successo per l'attore e, in qualsiasi controversia, la possibilità di prevalere sarebbe indipendente dallo stato iniziale del sistema. In questo scenario, non ci sarebbe bisogno di un giudice o di un meccanismo decisionale alternativo: basterebbe un computer con un seme aleatorio[240] per risolvere la controversia. Il servizio di risoluzione delle controversie verrebbe fornito quasi istantaneamente, ma il risultato sarebbe un completo spreco sociale, in quanto gli agenti non sarebbero in grado di coordinare il comportamento *ex ante* (non c'è modo di sapere quale regola si applicherebbe) e il risultato sarebbe inutile nel coordinare il comportamento *ex post* (come questo caso sia stato deciso è irrilevante per i casi futuri). In altre parole, l'obiettivo di avere un sistema giuridico è quello di coordinare il comportamento stabilendo un'aspettativa razionale del comportamento degli altri, compreso lo Stato[241]. Se il meccanismo di risoluzione delle controversie è aleatorio, questa funzione fondamentale del diritto viene negata e si può affermare che non esiste alcun diritto e che i tribunali sono inutili. Per questo ho affermato che il giudiziario è una tecnologia istituzionale sviluppata in migliaia di anni di sperimentazione umana con un unico obiettivo: risolvere le controversie imponendo le regole giuridiche. Se le regole non vengono applicate, questo scopo del diritto e dei tribunali è negato"[242].

Quello che intendevo nel passaggio precedente è che l'unico modo per raggiungere la massima velocità è rinunciare completamente al diritto, cioè che c'è un inevitabile *trade-off* tra celerità e precisione, e optare solo ed esclusivamente per la celerità significa rinunciare al diritto stesso. Questa conclusione è in linea con quanto discusso nella Sezione 2.3 sul costo sociale del processo: non investire nel processo ridurrebbe drasticamente i costi di amministrazione, che in un sistema

239. Per esempio, anche nel sistema giuridico *busoga* in Uganda, che presumibilmente non ha una teoria di precedenti, quando si discutono casi e controversie, i membri della comunità si aspettano che casi simili siano trattati in modo simile e quindi si aspettano che anche il diritto consuetudinario *busoga* mantenga un certo grado di coerenza interna. Cf. Fallers (1969, p. 19).

240. Ci si potrebbe dispiacerebbe scoprire che i numeri aleatori creati dai computer non sono veramente aleatori, poiché usano un qualche tipo di algoritmo per creare tali numeri. La vera aleatorietà si ottiene solo se si misura qualche fenomeno esterno al sistema stesso.

241. Per una discussione più ampia sul ruolo della magistratura nel rendere fattibile la cooperazione *ex ante*, si veda Gico Jr. (2013).

242. Cf. Gico Jr. (2020).

aleatorio sarebbero praticamente nulli, accelerando il processo, ma aumenterebbe sostanzialmente i costi di errore, poiché il litigio verrebbe risolto in contrasto con il diritto. Questo risultato violerebbe il diritto fondamentale alla legalità, vanificherebbe lo scopo democratico del diritto e sarebbe inefficiente sia dal punto di vista produttivo che allocativo.

In questo senso, le misure di controllo della produttività del giudiziario brasiliano attuate dal Consiglio nazionale di giustizia (CNG) sono estremamente importanti, perché è necessario adottare qualche misura di controllo della produttività dei giudici, anche perché il principio di efficienza impone la ricerca dell'efficienza produttiva e, quindi, che il maggior numero possibile di controversie sia risolto con le risorse disponibili (produttività)[243]. Tuttavia, lo stesso principio di efficienza impone la ricerca dell'efficienza allocativa e, quindi, che i beni della vita disputati siano allocati a chi ha ragione, cioè che le decisioni giudiziarie siano precise. Occorre quindi andare oltre la semplice misurazione della produttività e misurare la precisione delle decisioni giudiziarie prodotte, intese qui come il grado di aderenza di queste decisioni alla legge e la loro adeguatezza ai fatti.

Come discuteremo più dettagliatamente nella Sezione 5.2.3, un modo per misurare questa accuratezza (*proxy*) è quello di passare a registrare il tasso di ribaltabilità delle decisioni rese individualmente da ogni giudice e da ogni corte o cancellaria. Un giudice poco ribaltato ha commesso pochi errori, un giudice molto ribaltato ha commesso molti errori, sempre secondo l'opinione della corte superiore e quindi del giudiziario stesso. Misurare la produttività ponderata in base al tasso di ribaltabilità ci darebbe una buona misura non solo dell'efficienza produttiva dell'organo giudicante, ma anche della sua efficienza allocativa, quindi un quadro completo della sua efficienza (produttiva e allocativa) nella prestazione del servizio pubblico aggiudicatorio.

In parte per questo, ci sono quelli come Theodoro Jr. che, pur riconoscendo l'esistenza di un *trade-off* tra precisione e celerità, sostengono che di fronte alla scelta "tra la velocità della decisione e la qualità della soluzione presentata, il giudice deve dare la priorità alla seconda, in modo che essa non sia mai sacrificata per il solo dinamismo del processo"[244]. Tuttavia, seguire questo orientamento equivale a negare l'esistenza del *trade-off* e gli effetti deleteri della morosità giudiziale. Dato il rapporto inverso tra il costo di amministrazione e il costo di errore processuale, la massimizzazione del benessere sociale è strettamente associata alla minimizza-

243. Fauvrelle e Almeida (2018) hanno trovato evidenze che la produttività giudiziaria brasiliana è aumentata senza un aumento proporzionale del tasso di ribaltabilità delle decisioni nei tribunali, quindi a discrezione del giudiziario stesso, possiamo dire che c'è stato un aumento della produttività giudiziaria senza una diminuzione dell'accuratezza aggiudicatoria.

244. Cf. Theodoro Jr. (2018, p. 94).

 zione del costo sociale del processo nel suo complesso, cioè con qualche soluzione intermedia.

Della stessa opinione anche Taruffo, quando spiegava che[245] "[...] una scelta tra tutto o niente è probabilmente sbagliata se qualcuno considera solo una faccia della medaglia ed esclude completamente l'altra: una soluzione equa può probabilmente essere ottenuta solo attraverso concessioni o un equilibrio tra le due idee di efficienza. D'altra parte, si dovrebbe considerare che tra queste idee vi è un rapporto inverso e complementare di proporzionalità: se un sistema massimizza la sua efficienza in termini di velocità e bassi costi, è probabile che riduca al minimo la sua efficienza in termini di una corretta ed equa risoluzione della controversia; d'altra parte, se l'efficienza è massimizzata come risoluzione corretta ed equa, è probabile che l'efficienza in termini di riduzione dei tempi e dei costi sia ridotta al minimo".

Così, il principio della ragionevole durata del processo impone la ricerca della migliore decisione possibile e non della decisione perfetta, perché la ricerca della perfezione per ogni caso, individualmente considerato, significherebbe un investimento molto alto o quasi infinito nel processo –sia nell'indagine dei fatti che nel controllo dei giudici nella loro attività giudicante. Nel limite, l'attività giudicante stessa perderebbe completamente la sua utilità. Le circostanze in cui una determinata causa viene instaurata condizionano l'utilità della sua soluzione per le parti o per la società, diventando fondamentale che sia decisa in modo tempestivo. Quindi, una decisione teoricamente perfetta, pur non caricando la società di costi derivanti da errori giudiziari, genererà certamente un enorme costo amministrativo, per non parlare dell'esternalità negativa derivante dalla congestione giudiziaria (la Tragedia del Giudiziario) e del fatto che il provvedimento giudiziario può essere diventato inutile, poiché il tempo per produrlo ha distrutto tutto il suo valore (utilità)[246].

Nel dicembre 2018, il TSG ha finalmente concluso un importante processo per la storia del Brasile: la principessa Isabel non ha diritto di proprietà sul Palazzo Guanabara di Rio de Janeiro, che è stato rilevato con la Proclamazione della Repubblica nel 15 novembre 1889 e dove attualmente opera il governo di Rio de Janeiro. Si trattava in origine di una azione possessoria, intentata dalla principessa Isabel nel 1895 per riappropriarsi della proprietà dove viveva con suo marito, il principe

245. Nell'originale: "[...] *an all-or-nothing choice is probably wrong if one thinks to take one face of the coin and to exclude completely the other: probably a fair solution may be achieved just by thinking of a compromise or a point of equilibrium between the two competing ideas of efficiency. On the other hand, it should be considered that between such ideas there is a relationship of inverse and complementary proportionality: if a system maximizes its efficiency in terms of speed and low costs, it probably will minimize its efficiency in terms of accurate and just resolution of the dispute; on the contrary, if efficiency as accurate and just resolution is maximized, probably efficiency in terms of reduction of time and money will be minimized*". Cf. Taruffo (2008, p. 3).

246. Oltre a distruggere il valore del diritto, la morosità giudiziaria può generare un problema di selezione avversa, attirando i litiganti cattivi (quelli che hanno torto) e scoraggiando quelli buoni (persone che hanno effettivamente il diritto). Parlerò di questo effetto negativo nella Sezione 6.6.

Gastão de Orléans, conte d'Eu[247]. Indipendentemente dal merito, il problema è che l'attore non è più in vita per dolersi della decisione: il processo ha richiesto 123 anni per essere concluso[248].

Un altro esempio meno estremo, ma comunque rilevante, è il caso dell'ingegnere brasiliano Nélio José Nicolai, inventore di un'apparecchiatura, nota in Brasile come *Bina*, che permette di identificare il numero di chi chiama un telefono fisso. Nicolai brevettò la sua invenzione e, sulla base di tale lettera-brevetto, intentò azioni di risarcimento danni contro diversi operatori di telecomunicazioni che beneficiavano della sua invenzione facendo pagare ai loro utenti decine di miliardi di *reais* per i servizi di identificazione del chiamante[249]. Nicolai morì nel 2017, senza ottenere riconoscimenti o il pieno godimento del suo diritto –o almeno una sentenza sfavorevole, come la principessa Isabel.

È proprio perché il lungo processo genera costi per le parti e per la società che il sistema giuridico stesso cerca di minimizzare il costo sociale del processo, ponendo dei limiti all'investimento in esso per cercare di raggiungere un equilibrio tra celerità e precisione giudiziaria. In questo senso, diverse disposizioni di legge dimostrano che il legislatore non ha optato per una decisione perfetta, ma per una decisione ottimale[250], cioè la migliore decisione possibile. Ad esempio, in caso di contumacia[251], il giudice smetterà di investire maggiormente nella riduzione dell'asimmetria informativa e prenderà i fatti addotti dall'attore come veri, applicando semplicemente il diritto al caso concreto[252]. Lo stesso avviene con la preclusione, che impedisce

---

247. Nel 1955, gli eredi della Principessa Isabel hanno presentato una richiesta di restituzione della proprietà e, se impossibile, il corrispondente risarcimento (perdite e danni). Cf. RSp n. 1141490 e RSp n. 1149487.

248. Dei 123 anni che ci sono voluti per chiudere il caso, sono stati "solo" dieci anni nel TSG.

249. Ad esempio, si veda l'azione n. 2001.01.1.108596-4, Circoscrizione di Brasilia, 2° Tribunale Civile, Tribunale di giustizia del Distretto Federale e dei Territori – TGDFT.

250. In matematica, il termine ottimizzazione si riferisce allo studio dei problemi in cui si cerca di minimizzare o massimizzare una funzione scegliendo sistematicamente i valori di variabili reali o intere all'interno di un insieme fattibile. Così, nell'analisi giuseconomica del processo, la **decisione ottimale** è quella che minimizza i costi sociali del processo, mentre la **decisione perfetta** è quella in cui il costo dell'errore è pari a zero.

251. Nel c.p.c.i.: "Art. 171. [...] La parte che non si costituisce neppure in tale udienza è dichiarata contumace con ordinanza del giudice istruttore, salva la disposizione dell'art. 291." Nel c.p.c.b.: "Art. 344 Se il convenuto non contesta l'azione, sarà considerato contumace e si presume che le affermazioni di fatto fatte dall'attore siano vere."

252. È importante notare che il legislatore stesso ha elencato le ipotesi in cui la *ficta confessio* dei fatti è inammissibile nel c.p.c.b.:

"Art. 345. La contumacia non produce l'effetto di cui all'art. 344 se:

I - se c'è una pluralità di imputati, uno di loro contesta l'azione;

II - la controversia riguarda i diritti non disponibili;

III - la petizione iniziale non è accompagnata da uno strumento che la legge considera indispensabile per la prova dell'atto;

IV – le accuse di fatto formulate dall'attore sono false o contraddittorie rispetto alle prove contenute negli atti."

il nuovo compimento di atti già praticati o incompatibili con atti precedenti[253], o con l'esistenza della cosa giudicata, che impedisce il ricorso al servizio pubblico aggiudicatorio per ridiscutere la stessa questione[254]. Come si può vedere, anche il c.p.c. riconosce che il processo deve andare avanti e che ci deve essere un equilibrio tra celerità e precisione.

È questo equilibrio che determinerà quanto sia ragionevole la durata di un determinato processo. Quando le Costituzioni garantiscono la ragionevole durata di un processo, la valutazione della ragionevolezza o meno di tale durata richiede qualche criterio normativo da seguire. Così, ad esempio, quando si confronta un'esecuzione che è durata solo sei mesi con un'altra esecuzione che è durata un anno, a seconda del criterio di ragionevolezza utilizzato, può essere che la durata della prima esecuzione non sia considerata ragionevole, mentre la durata della seconda esecuzione sì, anche se la prima è stata più rapida.

In questo senso, la valutazione della velocità di un processo sarà sempre una valutazione oggettiva, anche se relativa, perché un processo che dura sei mesi sarà più veloce di un processo che dura un anno. D'altra parte, la valutazione della ragionevolezza della durata di un processo sarà sempre una valutazione soggettiva, in quanto dipende dai criteri normativi utilizzati per esprimere il giudizio di valore e, quindi, questa valutazione dipende dal contesto in cui il processo analizzato si inserisce. Ad esempio, nei procedimenti amministrativi fiscali, l'Agenzia delle Entrate brasiliana ha 360 giorni per emettere una decisione amministrativa, a partire dalla presentazione di petizioni, difese o ricorsi amministrativi da parte del contribuente[255]. La pubblica amministrazione, invece, ha di norma fino a 30 giorni per pronunciarsi dopo la conclusione del processo amministrativo[256]. Nello stesso senso, secondo l'italiana Legge Pinto (l. n. 89/2001), si potrebbe reputare che le scadenze ragionevoli siano: per il primo grado di giudizio tre anni; per il secondo grado due anni e per il grado di legittimità un anno. In tali casi, poiché esiste un criterio per valutare la ragionevole durata del processo, se questo viene deciso entro i termini

253. Nel c.p.c.b.: "Art. 507. È vietato discutere nel corso del processo le questioni già decise in relazione alle quali è stata operata la preclusione."

254. Nel c.p.c.i.: "Art. 324. S'intende passata in giudicato la sentenza che non è più soggetta né a regolamento di competenza, né ad appello, né a ricorso per cassazione, né a revocazione per i motivi di cui ai numeri 4 e 5 dell'articolo 395." Nel c.c.i.: "Art. 2909. L'accertamento contenuto nella sentenza passata in giudicato fa stato a ogni effetto tra le parti, i loro eredi o aventi causa." Per un'analisi giuseconomica della cosa giudicata, si veda Bodart (2018).

255. Secondo l'art. 24 della legge n. 11457/2007: "La decisione amministrativa deve essere resa entro un termine massimo di 360 (trecentosessanta) giorni dalla presentazione di protocollo di domande, difese o ricorsi amministrativi del contribuente".

256. Secondo l'art. 49 della legge n. 9.784/1999: "Una volta concluso il processo amministrativo, l'Amministrazione ha fino a trenta giorni per decidere, a meno che non sia espressamente motivata una proroga per lo stesso periodo".

stabiliti, la sua durata sarà stata ragionevole. Se va oltre, no. Purtroppo (o meno), nel processo civile brasiliano non esiste una legge sul modello della Legge Pinto che stabilisca termini precisi per la conclusione del processo o per la pronuncia della decisione e pertanto ci si attiene al criterio astratto della durata ragionevole.

In assenza di un criterio oggettivo per valutare la ragionevolezza della durata del processo, quando il giudice gestisce liberamente il processo –trascurando cioè atti e tempi prescritti dalla legge– deve basare il proprio operato sull'efficienza; deve cioè compiere o autorizzare solo quegli atti che portano effettivamente ad una precisa attribuzione del diritto (efficienza allocativa) e che non possono essere sostituiti da altri atti che producono lo stesso effetto, ma a costi inferiori (efficienza produttiva).

È la minimizzazione del costo sociale del processo che spiega, ad esempio: (i) la cognizione sommaria dedicata a casi di scarsa complessità e impatto sociale (come quelli di competenza dei giudici di pace italiani o dei tribunali per le controversie di modesto valore brasiliani), (ii) i provvedimenti d'urgenza (quando il costo sociale della revoca di un'ingiunzione è inferiore al pericolo di danno o quando appaiono più idonei ad assicurare provvisoriamente gli effetti della decisione sul merito) o (iii) l'approfondimento della discussione (spesso convocando udienze pubbliche e invitando *amici curiae* a integrare l'istruzione) per stabilire una tesi di ripercussione generale con impatto nazionale.

Se i guadagni sociali superano il costo del processo, l'analisi costi-benefici determina che l'investimento corrispondente va effettuato, ma se i guadagni sociali sono inferiori all'investimento, allora questo andrebbe evitato, anche se non si raggiunge una decisione perfetta. Nel limite, il giudice deve investire nella sua attività cognitiva fino a quando il costo marginale del processo sia pari al beneficio marginale del perfezionamento della decisione giudiziale. Agendo in questo modo, minimizzerà il costo sociale del processo, la cui durata sarà stata quindi ragionevole.

3.5 Legalità, efficienza e giustizia

A questo punto della discussione su questa parte più generale, è interessante esaminare il rapporto tra legalità, efficienza e giustizia, sia come conclusione che come chiarimento. Una discussione completa e produttiva su cosa costituisce la giustizia sia dal punto di vista normativo (morale) che empirico (psicologico, sociologico ed economico) richiederebbe uno o più libri dedicati. Non è questo l'obiettivo, ma posso fare alcune annotazioni che faciliteranno la comunicazione con il lettore, chiarendo alcuni punti, premesse e conclusioni. In questo modo, non solo sarà facilitata l'interazione, ma il lettore potrà concentrare le sue attenzioni sulla valutazione delle posizioni adottate in questo libro.

Innanzitutto, è importante chiarire che la mia posizione è che la giustizia è una nozione del tutto soggettiva e che ciò che la gente chiama giustizia varia nel tempo e nello spazio, anche per lo stesso soggetto in momenti diversi. In questo senso, anche se la stragrande maggioranza delle persone si sente a proprio agio nell'affermare che una data situazione è giusta o ingiusta, in pratica credo che questa posizione tenda a riflettere le idiosincrasie e le preferenze di chi giudica e non il risultato di un modello oggettivo di giustizia. In realtà, l'esperienza dice, e credo che il lettore concordi, che anche gruppi relativamente omogenei – come giuristi, avvocati, magistrati o politici – hanno preferenze e visioni del mondo sostanzialmente diverse, e quindi vogliono cose diverse per se stessi, per gli altri e per la società. La diversità delle opinioni e dei valori rende impossibile parlare di un criterio universale di giustizia. Bisogna parlare piuttosto di criteri personali e particolari di giustizia.

In realtà, capisco che non esiste una teoria positiva della giustizia, intesa qui come teoria che spiega la realtà, cioè una teoria che spiega e predice se un dato fatto sarà considerato giusto o ingiusto da una data comunità. Non esiste un criterio etico universale. Le teorie che esistono, come la Teoria della giustizia di Rawls[257], sono quelle che chiamiamo teorie normative – costruzioni teoriche su ciò che la giustizia dovrebbe essere e non su ciò che è in realtà per le persone. Ciononostante, esiste una vasta letteratura, sia in psicologia che in sociologia e in economia sperimentale, che indaga su ciò che la gente trova moralmente accettabile (giusto) o moralmente inaccettabile (ingiusto), ma non esiste una teoria positiva della giustizia.

È un vero peccato che manchi una teoria di questo tipo, perché se avessimo un meccanismo oggettivo per identificare quali situazioni o regole sono giuste e quali sono ingiuste, come l'uso della scienza per discutere quali sostanze fanno bene o danneggiano la salute umana, allora potremmo usarlo per determinare quali regole giuridiche dovrebbero governare la nostra società e quali no. Nel contesto processuale saremmo in grado di decidere obiettivamente, secondo questo criterio etico universale, quali regole giuridiche dovrebbero essere applicate dal giudiziario nella risoluzione dei conflitti e quali no. Tuttavia, poiché questo criterio etico universale – questa teoria positiva della giustizia – non esiste, dobbiamo usare qualche altro criterio normativo per le decisioni collettive. Le decisioni personali, che riguardano in modo preponderante solo chi prende le decisioni e nessun altro, possono essere prese secondo criteri individuali e idiosincratici di giustizia, ma le decisioni collettive, o quelle che influiscono sostanzialmente sulla vita degli altri, devono essere scelte in modo diverso.

257. Cf. Rawls (1997 [1971]).

Per ovviare all'assenza di un criterio etico universale in grado di identificare teoricamente ciò che la gente considera moralmente accettabile o ciò che vorrebbe venisse fornito dallo Stato, molte civiltà moderne hanno adottato come organizzazione socio-politica la democrazia, i cui membri votano i loro rappresentanti che, una volta eletti, si riuniscono in assemblea e decidono le norme che regoleranno la vita nella società (diritto) e quali beni e servizi saranno forniti dallo Stato, ovvero come saranno allocate le risorse pubbliche (budget). Questi sono i due ruoli più importanti del potere legislativo. In breve, in assenza di un criterio etico universale, le società moderne hanno optato per la via più praticabile per realizzare la volontà popolare: la democrazia.

Nelle società moderne, il diritto sostituisce la giustizia. Mentre la giustizia è una nozione personale, soggettiva e particolare, il diritto è oggettivo, può essere misurato indipendentemente dai valori e dalla visione del mondo. Solo il diritto rende possibile la vita nella società e solo il diritto può proteggere le persone dall'altrui tirannia. Inoltre, poiché in ogni società minimamente aperta e pluralistica esiste un gran numero di valori e ideali, spesso divergenti, il diritto in realtà non è qualcosa di opposto alla nozione di giustizia, ma piuttosto l'approssimazione più vicina possibile a ciò che una data popolazione considera giusto. In altre parole, in assenza di un perfetto meccanismo di aggregazione delle preferenze sociali, la democrazia e il diritto, il suo prodotto, sono la migliore approssimazione possibile della volontà popolare e quindi di ciò che è moralmente accettabile per quella popolazione[258].

Se non si può dire che il diritto è sempre giusto, perché è il risultato della volontà dello Stato e lo Stato può non essere giusto, come nel caso di uno Stato dittatoriale, tutto cambia quando si adotta l'organizzazione socio-politica di una democrazia. In uno Stato democratico, il diritto è il giusto e il giusto è il diritto, o almeno il più giusto possibile, perché le leggi scritte democraticamente e l'allocazione delle risorse pubbliche votate nel bilancio sono letteralmente il più vicino possibile alla volontà popolare (media) in una società pluralista e aperta[259]. Un particolare individuo o gruppo di individui può non essere d'accordo con una particolare legge o stanziamento di bilancio, e questo è previsto che avvenga in una democrazia, poiché la legge sarà il risultato della volontà media. Tuttavia, il diritto, la legge, rimarrà il più vicino possibile alla volontà popolare.

In una democrazia rappresentativa come quella italiana, lo Stato è l'unico meccanismo di aggregazione delle preferenze della sua popolazione e le leggi che

258. Più la democrazia è competitiva o perfetta, più le leggi saranno vicine alla volontà popolare. Tuttavia, non dobbiamo perdere di vista il problema dell'azione collettiva e la Teoria della scelta pubblica. Si veda la discussione nella nota 177 sopra.

259. Ovviamente, se tutti pensassero allo stesso modo e avessero lo stesso senso di giustizia, cosa impossibile, non sarebbe la volontà media, ma la volontà esatta.

 produce sono il risultato più vicino possibile a queste preferenze sociali. Poiché la legge è il risultato della volontà popolare, il benessere sociale viene aumentato o protetto quando le leggi scritte democraticamente vengono adottate e implementate. La legge, frutto della volontà popolare, è quindi l'incarnazione delle preferenze sociali e l'applicazione della volontà popolare è giusta ed efficiente. È giusta nel senso che il risultato è moralmente accettato da una parte sostanziale della comunità (e non secondo qualche teoria normativa) e allocativamente efficiente nel senso che assegna le risorse pubbliche e aggiudica i beni della vita, in caso di conflitto, secondo quanto stabilito dalla legge e, quindi, dalla società.

Così legalità, giustizia ed efficienza invece di essere ideali che si contraddicono a vicenda, come molti amano affermare, in una democrazia competitiva sono, al contrario, il presupposto o la condizione necessaria l'una dell'altra. Se giusto è il moralmente accettabile, allora esso dipende da ciò che la maggior parte delle persone intende come accettabile, ovvero dalle loro preferenze. Il meccanismo di rivelazione e di aggregazione delle preferenze sociali –anche se imperfetto[260]– è lo Stato, attraverso il potere legislativo composto dai rappresentanti del popolo (art. 1 della Costituzione)[261]. Già il potere legislativo, questo meccanismo di rivelazione e di aggregazione delle preferenze, si manifesta prevalentemente per il diritto, attraverso le leggi. La legge è, quindi, il risultato più vicino possibile alla volontà popolare, alle preferenze sociali e, quindi, a ciò che è moralmente accettabile. Poiché essere allocativamente efficienti significa allocare le risorse nel paniere di beni e servizi che la società apprezza maggiormente, e la legge riflette l'allocazione desiderata dalla società, possiamo concludere che rispettare la legge –in una democrazia competitiva– è la cosa più giusta ed efficiente possibile dal punto di vista sociale (*second best*), anche se può non esserlo dal punto di vista di un dato individuo.

Solo a titolo informativo, negli anni Settanta, Richard Posner ha persino proposto che, in assenza di una teoria del valore operabile e consensuale, ci sarebbero giustificazioni etiche per l'adozione della massimizzazione della ricchezza sociale come criterio normativo, poiché funzionerebbe come un modo per avvicinarsi il più possibile alla ricerca dell'efficienza[262]. Tuttavia, dopo un lungo

260. Affinché non ci siano dubbi, lo Stato, in quanto meccanismo aggregatore di preferenze, è altamente imperfetto, e può anche sbagliare, a seconda del disegno istituzionale, anche in una democrazia. Tuttavia, un singolo individuo o un gruppo di pochi individui all'interno di una Corte Suprema è ancora più imperfetto. Pertanto, il criterio di analisi non è e non potrebbe essere il mondo ideale (fallacia del nirvana), ma il mondo reale e l'opzione "male minore". Dal punto di vista giuridico la scelta è stata fatta dallo Stato e dalla democrazia, il resto è materiale di discussione.

261. È importante sottolineare che esistono due meccanismi fondamentali per aggregare le preferenze sociali, lo Stato e il mercato, ciascuno con le proprie particolarità e limitazioni. Si veda Gico Jr. (2018). Tuttavia, poiché qui stiamo discutendo del rapporto tra legge e giustizia, il mercato non viene dibattuto.

262. Per la proposta originale, si veda l'articolo di Posner "*Utilitarianism, Economics, and Legal Theory*" (1979) o il libro *The Economics of Justice* (1983[1981]).

e intenso dibattito dentro[263] e fuori[264] della tradizione giuseconomica, Posner ha riconosciuto che questa posizione era insostenibile e che non c'era alcuna base morale per limitare l'obiettivo immediato del diritto alla massimizzazione della ricchezza[265]. In ogni caso, come si è visto nella Sezione 3.1, non condivido la sua posizione originale e, poiché lo stesso Posner ha cambiato parere, questo dibattito è –ormai da tempo– chiuso[266].

Detto questo, portando la discussione nel nostro contesto processuale, se la legge riflette la volontà popolare e la sua applicazione è giusta ed efficiente, allora il giudiziario sarà giusto e allo stesso tempo efficiente nell'attribuire il bene della vita a coloro che ne hanno diritto, secondo le leggi. Per questo motivo, come abbiamo visto nella Sezione 2.2, la funzione sociale del processo è amministrazione e protezione. Amministrare significa strutturare e organizzare il servizio pubblico aggiudicatorio in modo che le parti sappiano come procedere, e proteggere significa ridurre i costi dell'errore del servizio aggiudicatorio, sia per errori involontari del giudice che per errori volontari (comportamento opportunistico).

Il potere legislativo è composto da rappresentanti democraticamente eletti dalla società per fungere da delegato (*proxy*) dei valori di quella società e per creare diritto attraverso il processo legislativo. Pertanto, il risultato del processo legislativo (il diritto) è il riassunto, la sintesi, il legittimo aggregato dei valori e delle preferenze della società, anche se imperfetto. Quindi, qualunque sia l'esito di questo processo, il presupposto è che esso sia il più vicino possibile a ciò che la società comprende come giusto e corretto, poiché è stato prodotto dai suoi rappresentanti democraticamente eletti. È ciò che la società preferisce.

Ovviamente, di fronte a una lacuna giuridica, cioè quando il giudice non è in grado di scoprire le preferenze della società per un caso specifico attraverso l'indagine dei costumi o l'uso dell'analogia, l'ordinamento stesso lo autorizza a colmare questa lacuna utilizzando i principi generali del diritto. A sua volta, quando le regole non sono chiare e sono possibili più interpretazioni valide per il testo normativo (ermeneutica delle scelte), il giudice deve scegliere un'interpretazione e applicarla. In entrambi i casi, ed entro i possibili limiti semantici, il giudice rivelerà le proprie preferenze su come la legge debba essere applicata nel caso specifico.

263. Per esempi di critiche giuseconomiste, si vedano Calabresi (1980) e Kronman (1980).

264. Per esempi di critiche non giuseconomiste, si vedano Coleman (1980), Dworkin (1980, 1980, 2001, cap. IV) e Rizzo (1980).

265. Cf. Posner (1990, pp. 382 e ss.).

266. È interessante notare che molti critici dell'AED si riferiscono a questo dibattito di quarant'anni fa come se esistesse ancora, sia all'interno che all'esterno della tradizione giuseconomica. Una possibile spiegazione di questo anacronismo potrebbe essere il fatto che il libro di Dworkin con i testi degli anni 1980 è stato a lungo tradotto, si veda Dworkin (2001), e le altre fonti del dibattito, no.

Tuttavia, come già discusso in un'altra occasione, secondo il **ciclo della litigiosità**[267], se il potere legislativo non concorda *ex post* con la regola creata dal giudiziario per i casi concreti in caso di integrazione o ermeneutica delle scelte, è sufficiente che crei una legge che stabilisca una regola giuridica per quella situazione precedentemente non regolamentata (eliminando la lacuna) o che renda più preciso il linguaggio del comando giuridico originario (eliminando l'ambiguità).

Il ciclo della litigiosità
Figura 3-6

Fonte: adattato da Gico Jr. (2013, p. 458).

In tal caso, se il sistema giuridico funziona come strutturato, l'ordinamento giuridico sarà stabile, portando ad una maggiore sicurezza giuridica, ma si rivelerà anche dinamico e adattivo. Il rispetto della legalità da parte del giudiziario fornirà la necessaria sicurezza giuridica per la vita sociale e garantirà che il diritto sia giusto e allocativamente efficiente. Nei casi in cui non esiste una regola giuridica o questa è ambigua, il giudiziario riempirà gradualmente il sistema man mano che emergeranno nuovi casi concreti. Tali decisioni saranno consolidate nella giurisprudenza e nei precedenti ed entreranno a far parte dell'ordinamento giuridico. Se il legislatore ritiene che la soluzione integrativa adottata dal giudiziario sia adeguata o indifferente, può rimanere inerte. Se non è d'accordo, può creare una legge che

267. La prima proposta del ciclo della litigiosità è stata fatta in Gico Jr. (2012; 2013).

scavalca la giurisprudenza precedente. Poiché il giudiziario si sottomette alla legge (legalità), prevarranno le preferenze sociali incarnate dalla legge.

D'altra parte, se il giudiziario agisce regolarmente *contra legem* e non si sottomette alla legalità, l'intero ciclo della litigiosità è spezzato e (i) non c'è modo di generare sicurezza giuridica, poiché qualsiasi giudice può violare qualsiasi legge, con qualsiasi pretesto, dato che i principi giuridici hanno un contenuto sufficientemente astratto da essere articolato secondo le preferenze del giudice stesso; e (ii) non c'è modo razionale di garantire o suggerire che la decisione giudiziale *contra legem* sia più vicina alle preferenze sociali rispetto a quanto lo sia la legge. Al contrario, tutto porta a credere che tali decisioni saranno deliberatamente contrarie alla volontà del popolo e il risultato unico ed esclusivo delle preferenze e delle peculiarità del giudice stesso. Non c'è da stupirsi che molti neocostituzionalisti[268] oggi sostengano che la funzione della Corte costituzionale sia proprio quella di violare la democrazia e la Costituzione per prendere decisioni contro la volontà del popolo, cioè contromaggioritaria, mentre altri ammettono apertamente che le loro decisioni giudiziali non sono solo antidemocratiche (o contromaggioritarie) ma sono anche migliori della volontà del popolo, il che spiegherebbe il loro ruolo d'illuminare gli ignoranti[269], cioè tutti coloro che non sono d'accordo con loro. In ogni caso, tali posizioni rendono almeno chiaro che una decisione giudiziale *contra legem* viola la volontà popolare e quindi non è giusta (almeno non per la società).

Indipendentemente dalla discussione sull'allocazione, suppongo che anche i neocostituzionalisti saranno d'accordo che, da un punto di vista produttivo, è ingiustificabile che l'attuazione di qualsiasi politica o l'aggiudicazione di qualsiasi diritto non debba riguardare l'uso minimo delle risorse necessarie per lo svolgimento di entrambi i compiti. In altre parole, una volta che il diritto materiale è stabilito nella pratica, anche se la sua fonte è la saggezza del neocostituzionalista o un principio *creatio ex nihilo*, non c'è alcuna giustificazione morale o etica per

268. La mia definizione di *neocostituzionalista* è quella di chi ritiene che una legge può essere accantonata per l'applicazione di un principio, senza la dichiarazione della sua incostituzionalità, o che ogni e qualsiasi questione legale può e/o deve essere risolta principalmente con l'applicazione di un principio piuttosto che della legge, anche quando questa esiste ed è chiara.

269. Secondo il Ministro Barroso (2018, p. 8): "Infine, in situazioni eccezionali, con grande autocontrollo e parsimonia, i tagli costituzionali dovrebbero svolgere un ruolo illuministico. Essi devono promuovere, in nome dei valori razionali, alcuni progressi civilizzatori e spingere la storia. **Sono decisioni che non sono esattamente contromaggioritarie**, perché non comportano l'invalidazione di una legge specifica; **né sono rappresentative**, perché non esprimono necessariamente i sentimenti della maggioranza della popolazione". Alcune domande alle quali l'illustre maestro non risponde sono: (i) come questa posizione può essere compatibile con la democrazia; (ii) cosa succede se la gente non è d'accordo con il giudice illuminista, anche dopo "l'illuminazione"; (iii) perché qualcuno dovrebbe credere nell'autocontrollo dei giudici, quando la storia e l'esperienza dimostrano l'esatto contrario; e (iv) cosa succede se invece di "illuminista" il dittatore costituzionale è reazionario?

attuare le regole in modo inefficiente[270]: "In un mondo in cui le risorse sono scarse e le esigenze umane potenzialmente illimitate, non c'è niente di più ingiusto dello spreco. In questo senso, AED può contribuire (i) all'identificazione di ciò che è ingiusto –ogni regola che genera rifiuti (è inefficiente) è ingiusta, e (ii) ogni esercizio di ponderazione è impossibile se chi lo fa non sa cosa c'è effettivamente su ogni lato della bilancia, cioè senza comprendere le reali conseguenze di questa o quella regola. [...] Non sappiamo cosa sia giusto, ma sappiamo che l'inefficienza è sempre ingiusta, per cui non posso intravedere alcun conflitto tra efficienza e giustizia; al contrario, l'una è una condizione dell'esistenza dell'altra".

In questo senso, se la giustizia può essere definita come la riparazione delle violazioni del diritto di ogni cittadino –che può essere effettuata attraverso il processo giudiziale– allora il processo giudiziale sarà considerato allocativamente efficiente quando si assegna il bene della vita litigioso a chi ne ha diritto e sarà produttivamente efficiente quando lo si alloca al minor costo possibile. Su questa linea, più i giudici impongono i loro valori al momento della sentenza in sostituzione di ciò che la legge determina (decisioni *contra legem*), più i risultati dell'attività giudicante saranno distanti dalle preferenze della società, più i beni della vita saranno aggiudicati a coloro che non ne hanno diritto e meno giustizia sarà promossa.

D'altra parte, quanto più produttivamente efficiente è il processo giudiziale, *ceteris paribus*, più celermente si concluderà e più rapidamente il bene della vita sarà aggiudicato a chi ne ha diritto e, quindi, più prezioso sarà questo diritto per la parte, poiché il suo valore non sarà stato eroso dal tempo (maggiore il valore presente del diritto)[271]. Inoltre, più i casi vengono conclusi correttamente, maggiore è il numero di violazioni dei diritti sanate e maggiore sarà la giustizia promossa. L'efficienza è, quindi, una condizione necessaria per fare giustizia, e non c'è modo di parlare di conflitti di alcun tipo.

Una volta concluse queste considerazioni più filosofiche e stabiliti i concetti e i principi fondamentali della Teoria generale del processo, è il momento di passare a ciò che è più interessante nell'analisi economica del processo: i suoi modelli di comportamento, che ci aiuteranno a comprendere meglio la struttura di incentivi di ciascuna delle parti nel rapporto processuale, compreso il giudice, e ci permetteranno quindi di individuare, discutere e testare le conseguenze delle regole giuridiche processuali. Questo è ciò che faremo nel prossimo capitolo.

270. Cf. Gico Jr. (2019, p. 28).

271. Per l'impatto dell'elemento temporale sul valore del diritto, si veda la Sezione 6.6.

4

Teoria positiva del processo: l'analisi economica del processo

Il motivo principale per cui la gente intenta le azioni giudiziari è l'incertezza sul risultato atteso. Se non ci fossero incertezze, cioè in un mondo del diritto e del giudiziario perfetti, il comportamento atteso dalle parti sarebbe quasi sempre la celebrazione di un accordo, perché non ci sarebbe modo di guadagnare di più attraverso il litigio. Ad esempio, supponiamo che Antonio sia un consumatore che ha subito una perdita di 100.000 € a causa di un incidente che si presume sia stato causato dall'impresa di Carla. Inoltre, supponiamo che sia incontestabile che ci sia stato un danno, che ci sia stata la pratica di un atto illecito, e che ci troviamo di fronte a un'ipotesi di responsabilità oggettiva. Sarebbe quindi sufficiente che egli provasse in tribunale il nesso di causalità tra l'atto illecito e il danno perché la sua domanda di risarcimento venisse giudicata procedibile. I costi per andare a processo o i costi di lite per entrambe le parti sono stimati in 10.000 €, data la complessità del caso.

In questo scenario, il costo atteso del litigio per Carla è di 110.000 € (l'indennizzo più i costi di lite) e il beneficio atteso del litigio per Antonio è di 90.000 € (l'indennizzo meno i costi di lite). Come si può vedere, c'è chiaramente un guadagno potenziale di 20.000 € se le parti non litigano, che è esattamente la somma dei costi di lite, ed è proprio questo lo spazio entro il quale le parti potrebbero fare un accordo. Qualsiasi pagamento effettuato da Carla ad Antonio di un importo compreso tra 110.000 e 90.000 € migliorerebbe la posizione di entrambe le parti rispetto allo scenario di intentare l'azione, vale a dire, sarebbe Pareto efficiente. In questo caso, andare in causa non farebbe altro che distruggere valore per entrambe le parti. Ma se il litigio è così inefficiente, perché la giudiziarizzazione è così diffusa tanto in Brasile quanto in Italia[272] e in altri paesi?

Secondo il Rapporto giustizia in numeri del 2019 del CNG[273], l'indice di conciliazione, qui inteso come la percentuale di sentenze e decisioni risolte per omologazione di transazioni o conciliazioni in relazione al numero totale di sentenze e decisioni finali pronunciate, è dell'11,5%, cioè solo una azione su dieci termina in accordo in Brasile. In fase di cognizione, questo tasso sale al 16,7%; in fase di appello scende allo 0,9% e, in fase di esecuzione, è solo del 6%.

L'evoluzione dei dati dal 2015 al 2018 mostra che, almeno per il momento, il nuovo c.p.c.b. non sembra aver avuto qualche impatto sull'indice di transazioni e di conciliazioni in Brasile. Giusto per capire la dimensione del problema, negli Stati Uniti, nel 2018, si stima l'esatto contrario, cioè che circa 1% dei casi civili sono

272. Per un esempio di questo tipo di discussione in Italia, si vedano Marchesi (2003), Mirabelli, Paganetto e Tria (2005) e OECD (2013).

273. Cf. CNG (2019, p. 142). Il Consiglio nazionale di giustizia è simile al Consiglio superiore della magistratura – CSM italiano.

stati risolti con decisione definitiva, e quindi il 99% di essi è stato chiuso tramite accordo[274]. Cosa spiegherebbe una tale disparità?

Innumerevoli ragioni sono già state offerte per spiegare il basso numero di accordi e la congestione dei tribunali[275]: mancanza di risorse, procedure complesse, incentivi degli avvocati, incentivi dei giudici, cattiva gestione, cultura contenziosa, bassa qualità delle leggi, numero eccessivo di leggi, scarso investimento nella sicurezza giuridica e persino la natura stessa del diritto e del sistema pubblico aggiudicatorio, come vedremo nel Capitolo 6. Ma tutte le spiegazioni passano –in un modo o nell'altro– attraverso la comprensione del comportamento delle parti e delle loro rispettive strutture d'incentivi, cioè la comprensione del perché le parti litigano, perché facciano o non facciano un accordo, perché ricorrono a una decisione giudiziale –quindi, la comprensione del problema richiede più del semplice approccio dogmatico tradizionale del diritto processuale. Abbiamo bisogno di una **Teoria positiva del processo (TPP)**.

Una Teoria positiva del processo dovrebbe essere in grado non solo di descrivere gli istituti e le organizzazioni processuali, di interpretare e spiegare le regole giuridiche contenute in ogni comando giuridico, ma dovrebbe anche aiutarci a capire come si comportano le parti in causa nel corso del processo e come interagiscono con il giudice in questo rapporto tripartito, in ogni fase del processo. In altre parole, per capire veramente il processo, non solo dobbiamo sapere cosa dicono le regole giuridiche del c.p.c., cioè la loro ermeneutica, ma anche come si comportano le parti prima, durante e dopo un litigio. Inoltre, è necessario indagare l'impatto delle suddette regole processuali su questo comportamento e il potenziale impatto, in caso di modifica di una regola o della sua interpretazione, anche per discutere eventuali modifiche, se del caso. Solo così potremo dire di comprendere effettivamente il processo civile. Ed è proprio quello che mi propongo di fare in questo e nei prossimi capitoli: presentare i fondamenti della Teoria positiva del processo.

Si noti che la TPP non è un sostituto della Teoria generale del processo (TGP), ma il suo complemento. La TGP è focalizzata sull'identificazione dei concetti e delle categorie comuni a tutte le aree del processo mentre la TPP è orientata alla comprensione del fenomeno nel mondo dei fatti, delle condotte, dei comportamenti delle parti nel corso del litigio secondo le regole giuridiche. Mentre la TGP si chiede quali sono gli elementi essenziali comuni a tutte le aree del processo, la TPP si chiede come si comportano gli agenti coinvolti nel processo e, quindi, le conseguenze sociali di questa o quella regola giuridica. Combinati, la TGP e la TPP sono un potente strumento per la comprensione e l'analisi del diritto processuale e,

274. Cf. Ufficio amministrativo dei tribunali statunitensi (2018, Table C-4).

275. Cf. Gico Jr. (2012; 2019).

si spera, per la costruzione di un sistema giuridico più efficiente e più giusto. È per lo studio del comportamento delle parti che ora ci rivolgeremo a loro.

4.1 Fondamenti del modello giuseconomico del processo

4.1.1 Decisione in condizioni di certezza e di rischio

Prima di iniziare a discutere di come nasce una lite, in quali condizioni essa si converte in un'azioni giudiziaria e per costruire un modello giuseconomico del processo, abbiamo bisogno di esplorare po' di più la Teoria della scelta razionale (TSR) presentata nella Sezione 1.3 e approfondire la discussione su come le persone decidono tra le opzioni in condizioni di certezza e di rischio.

Ricordando che, quando dico **decisione senza rischio** mi riferisco a quelle decisioni in cui ogni alternativa disponibile è deterministica, cioè, se selezionata dal decisore, accadrà (o almeno la credenza del decisore è che accadrà), quindi, si dice che è una decisione presa in condizioni di certezza. Una **decisione in condizioni di rischio**, invece, sarà una decisione in cui almeno una delle alternative non è deterministica. Pertanto, c'è almeno un'alternativa che il decisore ritiene abbia una probabilità di accadimento inferiore al 100%, vale a dire che potrebbe non verificarsi, anche se scelta. Si ricordi che ci sono, nella pratica, tre casi fondamentali: decisioni in condizioni di certezza, decisioni in condizioni di rischio e decisioni in condizioni di incertezza, ma qui, per semplicità, non considereremo casi decisionali in condizioni di incertezza, che altro non sono che casi in cui l'agente non è in grado di stimare la probabilità che l'evento si verifichi. Cominciamo con le decisioni senza rischi.

Supponete che Carla si trovi di fronte a due opzioni: può vendere la sua auto usata alla concessionaria *A* per 45.000 € o alla concessionaria *B* per 42.000 €. La scelta di Carla può essere rappresentata come segue:

SCELTA SENZA RISCHI
Figura 4-1

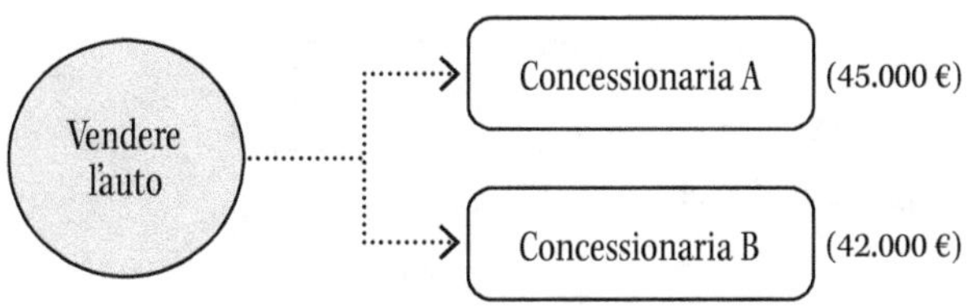

Dato che Carla è un agente razionale, la condotta che ci si aspetta è che scelga di vendere l'auto alla concessionaria *A*, in quanto questa opzione genererà un ritorno maggiore. Poiché questo esempio non comporta rischi, la decisione è solo tra le possibili condotte (alternative o corsi d'azione), e il criterio di scelta è informato dai risultati (certi) di ogni alternativa.

Se assumiamo che le persone generalmente agiscono razionalmente, possiamo dire che quando qualcuno si trova di fronte ad una scelta simile, dove i risultati sono certi (senza rischio), e una opzione è chiaramente migliore dell'altra (A > B), quindi, l'opzione associata ad un migliore ritorno tende ad essere quella scelta. Ricordate: "meglio" qui è inteso nel senso di generare una maggiore utilità per il decisore secondo le sue preferenze soggettive. Questa conclusione è una diretta conseguenza del presupposto di razionalità, secondo il quale se A > B, quindi, data la scelta tra A e B, la scelta sarà per A, a meno che non ci sia un errore. Così, di fronte a scelte senza rischi, l'agente preferirà l'opzione che gli porta il maggior beneficio o il miglior ritorno secondo la sua opinione, cioè gli agenti sono razionali.

Quindi, se un consumatore è alla ricerca di una televisione specifica e sa che questa viene venduta per 3.000 € in un negozio e per 2.500 € in un altro negozio, nello stesso *shopping center*, alle stesse condizioni commerciali (*ceteris paribus*), allora la condotta prevista è che il consumatore acquisti il prodotto nel negozio con il prezzo più basso. Lo stesso ragionamento vale, senza riserve, se il prodotto che cercate è la cocaina. Come ho detto, è la scelta migliore in base alle preferenze del decisore, non alle nostre. Non stiamo discutendo di un criterio oggettivo per valutare la condotta, ma di una teoria su come si comportano le persone.

Inoltre, per gli agenti razionali, ciò che conta è il risultato netto della loro decisione e non il valore nominale offerto. Per esempio, supponiamo che la concessionaria *A* si trovi a Milano, e che il costo del trasporto dell'auto da Roma a lì sia di 8.000 €, mentre la concessionaria *B* si trovi a Firenze, e il costo del trasporto sia inferiore, 4.000 €. Ora la scelta della concessionaria *A* genera solo 37.000 € (= 45.000 – 8.000) e la scelta della concessionaria *B* genera 38.000 € (= 42.000 – 4.000). Pertanto, le alternative di Carla diventano:

SCELTA SENZA RISCHI CON COSTO

Figura 4-2

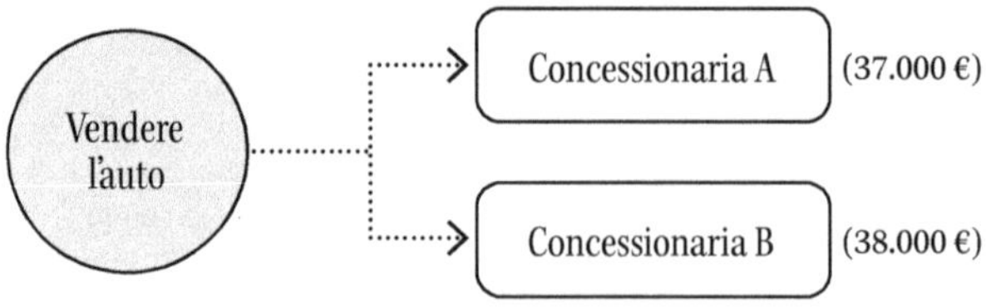

Sebbene il prezzo pagato sia rimasto costante in entrambi gli esempi, l'analisi precedente è cambiata con l'inclusione del costo del trasporto, e l'alternativa più interessante è diventata la concessionaria *B*, anche se la concessionaria *A* pagherebbe di più. Questo risultato è ovvio, ma è importante per avvertirci che ciò che conta per la decisione dell'agente razionale è il **beneficio netto** ottenuto con l'opzione, il risultato (*outcome* o *payoff*) e non il valore nominale pagato o ricevuto. Pertanto, dobbiamo tenere presente che non solo i guadagni, ma anche i costi sono importanti per la decisione finale dell'agente razionale.

Inseriamo ora il rischio nell'analisi e vediamo come può influenzare il comportamento degli agenti. Supponiamo che, con i soldi della vendita dell'auto, Carla voglia avviare un'attività. Non ha esperienza come imprenditrice, ma vuole iniziare una nuova carriera. Dopo aver letto molti libri, parlato con persone che lavorano nella zona e studiato il mercato, stima che se investe per aprire una gelateria vicino al lago, avrà 50% di chance di avere successo e di guadagnare 5.000 € e 50% di rischio di non avere successo e di perdere 10.000 €[276]. Pensate che Carla aprirebbe questa attività? Voi lo fareste? Pensateci prima di continuare.

Si noti che, sebbene le probabilità di successo di Carla non siano male, il 50% equivale a un gioco di testa o croce, i risultati attesi dell'impresa sono sproporzionati. Ha il 50% di possibilità di guadagnare 5.000 €, ma la stessa probabilità del 50% di perdere 10.000 €, vale a dire, il doppio. In questo senso, anche se le probabilità sono equivalenti, la sproporzionalità dei risultati sembra spingere verso la decisione di non investire in questo business. Sarebbe interessante avere una forma più strutturata della semplice intuizione per pensare a questo tipo di decisione, ma prima di presentarla, complichiamo ulteriormente il dilemma di Carla con un altro esempio.

Ora supponete che Carla abbia fatto più ricerche e si sia resa conto che i chioschi di birra e di altre bevande sul lago hanno più successo del gelato e che se cambiasse il suo settore di attività, le sue probabilità di successo aumenterebbero dal 50% al 75%. Questo equivale a dire che invece di un gioco a testa o croce, si troverebbe di fronte a un dado a quattro facce (tetraedro): otterrebbe un profitto con un 1, 2 o 3 sul dado. Perderebbe solo con un 4[277]. I risultati rimangono sproporzionati, perderebbe il doppio di quanto guadagnerebbe, in caso perdesse, ma ora le probabilità sono dalla sua parte. Ha tre volte più probabilità di vincere (1, 2 e 3 al dado di 4 facce) che di perdere (4 al dado di 4 facce). Aumentare le probabilità di successo sarebbe sufficiente per farla investire nell'impresa? Voi come vi comportereste? Se doveste descrivere il comportamento di una persona media di fronte a una scelta del genere, e non di un individuo in particolare, come lo fareste?

276. Ricordate che le persone spesso usano la parola *chance* per le probabilità associate a risultati positivi e desiderabili; e usano la parola *rischio* per le probabilità associate a risultati negativi e indesiderati. Ma in realtà, tanto la chance quanto il rischio sono solo probabilità.

277. Se il lettore si chiede se esiste un dado a quattro facce, è perché non ha mai partecipato a un gioco di ruolo (*role-playing game* o RPG). Un kit RPG standard ha dadi con più lati, inclusi 4, 8, 10, 12 e 20 lati, oltre ai tradizionali dadi a 6 lati. Fine del momento *nerd*.

A questo punto è chiaro che l'inserimento del rischio ha reso la decisione di aprire o meno l'attività molto meno diretta delle decisioni senza rischio; e ora bisogna considerare non solo i risultati (*payoff*) associati ad ogni alternativa, ma anche la probabilità di accadimento di ciascuno di essi. È facile vedere che per ogni opzione, quanto maggiore è la probabilità che si verifichi, maggiore sarà il suo peso nella decisione finale, sia sul lato positivo che su quello negativo.

Il modo in cui rappresentiamo questa intuizione è quello di ponderare ogni risultato in base alla sua probabilità di accadimento (rischio), al fine di considerare gli effetti sia delle variazioni del *payoff* che delle variazioni delle probabilità di accadimento. Pertanto, la variazione del valore del risultato renderà l'opzione più attraente se è positiva, e meno attraente se è negativa, mentre l'aumento della probabilità renderà l'opzione più rilevante per la decisione finale – e la diminuzione della probabilità la renderà meno rilevante.

Pertanto, il **rendimento atteso**[278] di un'alternativa è il *payoff* associato al risultato, che può essere positivo o negativo, ponderato per la probabilità che si verifichi. In questo senso, il valore atteso di una scommessa di 100 € con una probabilità di successo del 60% è di 60 €, cioè 100·0,60 = 60, mentre il valore atteso di un incidente che genera una perdita di 100 € con una probabilità di accadimento del 10% è di -10 €; cioè -100·0,1 = -10. Ora possiamo combinare il risultato atteso di ogni alternativa per generare il valore atteso della decisione nel suo complesso. Ragionare in questo modo ci permetterà di valutare meglio i due esempi di cui sopra e di confrontarli.

Nel primo esempio, Carla si è trovata di fronte a due opzioni: investire o non investire nella gelateria. La possibilità di non investire nella gelateria la mantiene allo stato iniziale, nello *status quo*; l'investimento nella gelateria può portare a due risultati diversi: profitto o perdita[279]. Le opzioni di Carla sono le seguenti:

RENDIMENTO ATTESO DELL'INVESTIMENTO NELLA GELATERIA
Figura 4-3

	Probabilità (A)	Risultato (B)	Rendimento atteso (A • B)
Profitto	50%	5.000	2.500
Perdita	50%	-10.000	-5.000
Rendimento atteso:			-2.500

278. In matematica o in statistica il rendimento atteso è chiamato anche valore atteso o speranza matematica.

279. Da un punto di vista matematico è relativamente semplice rendere il risultato qualsiasi valore compreso tra 0% e 100% di successo, generando risultati infiniti. Tuttavia, il trattamento dei modelli richiederebbe un certo grado di padronanza del calcolo matematico, che non è necessario per il nostro lettore per catturare le intuizioni dei modelli.

Come si può vedere, il rendimento atteso sull'investimento nella gelateria per Carla è di -2.500 €[280], il che significa che se questa attività venisse aperta più volte, il rendimento atteso sarebbe una perdita media di 2.500 €; oppure che considerando tutte le gelaterie del lago insieme, in media, perdono 2.500 €. Quindi, da un punto di vista razionale, l'investimento nella gelateria non ha senso per Carla, perché si aspetta un ritorno negativo. La decisione di Carla può essere rappresentata anche nel seguente **albero decisionale:**

INVESTIRE O NON INVESTIRE – GELATERIA

Figura 4-4

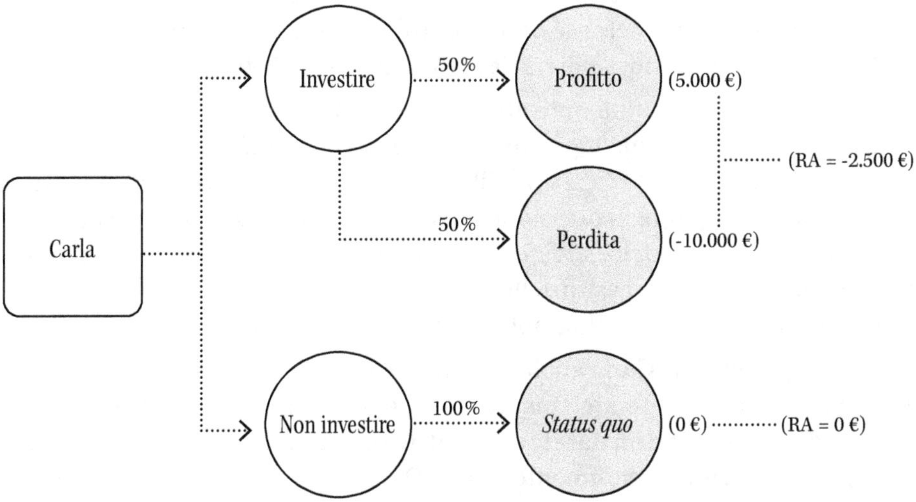

Il caso dell'investimento nel chiosco delle bevande è quasi identico a quello della gelateria, rimanendo tutte le alternative invariate, compresi i *payoff* di ogni risultato, cambiando solo le probabilità associate ad ogni risultato. Possiamo riassumere il caso del chiosco delle bevande in questo modo:

RENDIMENTO ATTESO DELL'INVESTIMENTO NEL BAR

Figura 4-5

	Probabilità (A)	Risultato (B)	Rendimento atteso (A • B)
Profitto	75%	5.000	3.750
Perdita	25%	-10.000	-2.500
Rendimento atteso:			1.250

280. Rendimento atteso (RA) = 0,5·5.000 + 0,5·(-10.000) = -2.500.

Si noti che la semplice variazione delle probabilità associate a ciascun risultato è stata sufficiente a modificare il rendimento atteso dell'investimento, che è passato da una perdita media di 2.500 € a un guadagno medio di 1.250 €[281], anche se tutte le altre variabili sono rimaste costanti. Pertanto, il cambio di probabilità a favore è stato sufficiente a rendere l'investimento nel chiosco un'opzione razionale per Carla.

È importante notare che, in una decisione in condizioni di rischio, il valore atteso non rappresenta necessariamente uno dei risultati possibili, né è il risultato più probabile (associato a una maggiore probabilità); è solo il valore medio che si otterrebbe se la stessa decisione fosse presa un gran numero di volte. Così, nel caso della gelateria, il rendimento atteso è di -2.500 €, ma i possibili risultati sono solo 5.000 € e -10.000 €, mentre nel caso del chiosco delle bevande, il rendimento atteso è di 1.250 €, con gli stessi possibili risultati di 5.000 € e -10.000 €.

In questo senso, il rendimento atteso non è una misura dei possibili risultati della decisione in condizioni di rischio, ma *un'indicazione di quanto vale la scommessa stessa*, considerando tutti i possibili risultati e le rispettive probabilità di accadimento. Come per ogni decisione rischiosa, per definizione non è possibile sapere quale sarà l'esito della scommessa, è ragionevole valutare la decisione in condizioni di rischio come l'esito della media di tutti i possibili risultati ponderati in base alle rispettive probabilità, cioè al rendimento atteso.

Ora, supponete che Carla abbia investito nel chiosco delle bevande, ma non abbia ancora iniziato ad operare. Quanto pensate che valga il chiosco[282]? Supponete che voi siate interessati ad iniziare la stessa attività e Carla sia disposta a vendervi il chiosco per 1.250 €, il suo rendimento atteso. Quanto sareste disposti a pagare per il chiosco? Qui abbiamo solo tre opzioni possibili: sareste disposti a pagare i 1.250 €, più di 1.250 € o meno. Ognuna di queste opzioni rivela un aspetto delle preferenze dell'agente decisionale.

Se l'acquirente valuta l'attività fino a 1.250 €, il suo rendimento atteso, diremo che l'agente è **neutrale al rischio**, cioè l'atteggiamento dell'agente di fronte alla presenza di rischio è neutrale; egli non trae maggiore utilità dal semplice fatto di essere a rischio, né subisce alcuna disutilità dall'essere a rischio. Se l'agente valuta la scommessa più del rendimento atteso, diremo che è **propenso al rischio** perché estrae dalla scommessa più utilità del rendimento atteso. Infine, se l'agente valuta la scommessa meno del rendimento atteso, allora è considerato **avverso al rischio.** Alcuni esempi possono facilitare la comprensione.

281. Rendimento atteso (RA) = 0,75·5.000 + 0,25 (-10.000) = 1.250.

282. In generale, le imprese vengono vendute per multipli del loro rendimento atteso e non per il rendimento atteso in un unico periodo, per riflettere il fatto che l'operazione genererà risultati nel tempo. Tuttavia, per semplicità, pensate all'esempio come a una scommessa, un biglietto della lotteria, valido per una sola estrazione.

Cominciamo con il rischio. Se l'idea che qualcuno possa essere propenso al rischio vi sorprende, ripensateci. Il Mega-Sena è un gioco di 60 numeri, in cui il giocatore può scommettere da 6 a 15 numeri (con il costo della scommessa che aumenta se il giocatore segna più numeri). Il premio viene pagato per intero a chi ha indovinato 6 numeri. Quindi, se scommettiamo 6 numeri, la possibilità di vincere è di 1 su 50.063.860[283], circa 0,000002%, o per un premio di 20 milioni di euro, il rendimento atteso dalla Mega-Sena è di soli 0,40 € per scommessa. Eppure, milioni di persone, ogni settimana, scommettono almeno 6,50 € per partecipare, quindi sono disposte a pagare 16,5 volte il valore atteso della scommessa per la possibilità di vincere 20 milioni di euro.

D'altra parte, ci sono circostanze in cui le persone sono estremamente avverse al rischio. Ad esempio, è comune che le persone non prendano un'auto nuova dalla concessionaria senza prima stipulare un contratto di assicurazione, nonostante il costo elevato del premio. Acquistare un'assicurazione di qualsiasi tipo (ad es., auto, vita, salute) significa che l'assicurato valuta il trasferimento del rischio all'assicuratore (trae maggiore utilità) più del prezzo pagato per la polizza, anche se il prezzo della polizza è superiore al rendimento atteso del sinistro, vale a dire che molte persone sono avverse al rischio quando si tratta di incidenti (perdite). È l'avversione al rischio delle persone che spiega l'esistenza di un mercato delle assicurazioni, perché se tutti fossero neutrali al rischio, accetterebbero di pagare per la polizza solo il rendimento atteso del sinistro, senza alcun premio addizionale –allora, l'assicuratore non sarebbe in grado di realizzare alcun profitto. Ma poiché molte persone traggono più utilità dal trasferimento del rischio che dall'equivalente in soldi del rendimento atteso[284], esiste un mercato delle assicurazioni.

Nello stesso senso, un buon numero di persone preferisce la certezza di un risultato più basso, ma certo, ad un rendimento atteso più alto: quando vengono offerte due banconote da 20 € o un biglietto della lotteria per vincere 100 € con una probabilità del 50% (RA = 50 = 100 • 0,5), è comune che, invece di massimizzare il rendimento atteso, le persone preferiscono minimizzare i rischi e scelgono di ricevere 40 €, che è un risultato certo. Dopo tutto, vale più un uccellino in mano di due che volano, diceva mia madre. In realtà, la ricerca mostra che anche il genere delle persone può influire sulla loro propensione al rischio: gli uomini sono più inclini a accettarlo, mentre le donne sono più caute. Lo stesso vale per l'età, con i giovani più propensi al rischio dei vecchi. Per questo motivo, le donne pagano premi più bassi

283. La probabilità è calcolata semplicemente combinando 60 elementi presi da 6 a 6, cioè $C_{60,6}$.

284. La gente di solito non la pensa così, ma nel contratto di assicurazione, gli assicurati sono i venditori e gli assicuratori sono gli acquirenti. Il problema è che gli assicurati vendono rischio, il che è male, dunque, il prezzo pagato per l'assicuratore è altresì negativo, vale a dire che l'assicurato deve pagare l'assicuratore (premio) per acquistare il suo rischio. Per questo motivo la persona che fa la proposta d'assicurazione è l'assicurato e l'assicuratore accetta o meno, a seconda del profilo, e non viceversa.

 degli uomini quando stipulano un'assicurazione contro gli incidenti automobilistici (anche se molti uomini insistono nel dire che guidano meglio), e i giovani pagano premi più elevati rispetto ai vecchi, così come i single pagano di più delle persone sposate e così via. Pura statistica.

Quando discutiamo dell'utilità di una decisione in condizioni di rischio per un determinato agente, ci occupiamo della sua **utilità attesa**. Quando si discute dei possibili risultati, ponderati in base alle loro probabilità, ci occupiamo del valore o del rendimento atteso della scommessa. Come visto in precedenza, l'utilità attesa equivale al rendimento atteso solo quando l'agente è neutro al rischio. In ogni caso, d'ora in poi, adotterò il presupposto semplificativo che, in generale, le persone sono neutrali al rischio, anche se questo non è sempre vero, in quanto faciliterà le nostre discussioni future. Quando l'avversione al rischio diventa qualcosa di rilevante, possiamo allentare questa ipotesi.

Detto questo, secondo la Teoria della scelta razionale, nelle decisioni in condizioni di certezza, l'agente sceglierà l'opzione che genera il maggior beneficio, il miglior rendimento, mentre nelle decisioni in condizioni di rischio, le persone neutrali al rischio sceglieranno l'opzione che genererà il maggior rendimento atteso. Al momento di decidere, una persona razionale effettuerà un'analisi costi-benefici (anche se intuitiva) di tutte le opzioni disponibili (che può identificare) e, assegnando una probabilità soggettiva[285] a ciascuna di esse, valuterà il rendimento atteso per ogni opzione. Una volta individuata l'opzione con il miglior rendimento atteso, questa sarà il corso d'azione scelto. Su questa linea, per sapere quale sarà probabilmente la decisione di qualcuno, tutto quello che dobbiamo fare è identificare quale decisione gli porterà il massimo rendimento atteso.

4.1.2 Teoria dell'affare: perché ci sono scambi?

Nella sezione precedente abbiamo discusso di come le persone decidono di fronte a opzioni con e senza rischio. Ma la discussione riguardava la decisione di un unico agente razionale di fronte alle alternative concorrenti. Non ho detto nulla sul processo decisionale di due agenti quando interagiscono per fare uno scambio e su come decidono i termini di tale interazione. Pertanto, prima di passare all'analisi economica del processo, devo spiegare brevemente perché e come si fanno gli scambi; per farlo useremo la Teoria dell'affare (*Bargaining theory*), cioè la

285. La probabilità di un evento incerto può avere i suoi valori assegnati in modo soggettivo o oggettivo. La **probabilità soggettiva** è una percentuale che indica il grado di fiducia del soggetto o la stima che un certo evento è probabile che si verifichi. Per esempio, quando diciamo: "Credo che oggi ci sia il 30% di possibilità che piova". La **probabilità oggettiva** è il rapporto tra il verificarsi di un evento e il numero di possibili eventi associati a un esperimento frequentista. Siccome qui stiamo studiando il comportamento dell'agente, è la probabilità soggettiva che conta, poiché è questa che determinerà il rendimento atteso percepito e, in ultima analisi, il comportamento atteso.

parte della Teoria dei giochi che indaga i problemi di negoziazione sulla divisione dei beni tra due o più agenti.

Nel 1776 Adam Smith[286] disse: "L'uomo ha quasi sempre bisogno dell'aiuto dei suoi simili, e sarebbe inutile sperare di ottenerlo dalla sola benevolenza. Avrai maggiori possibilità di ottenere ciò che desideri se puoi utilizzare il loro amor-proprio a tuo favore e convincerli che trarranno vantaggio dal fare ciò che vogliono fare. Tutti coloro che offrono agli altri qualsiasi tipo di accordo intendono di farlo. *Datemi ciò che desidero, e avrete ciò che desiderate, è il significato di tutte le proposte di questo tipo ed è in questo modo che otteniamo l'uno dall'altro la grande maggioranza dei favori e dei servizi di cui abbiamo bisogno.* Non è dalla benevolenza del macellaio, del birraio e del fornaio che ci aspettiamo la nostra cena, ma dalla considerazione che hanno per i loro propri interessi. Non ci appelliamo all'umanità, ma all'amor-proprio, e non parliamo mai dei nostri bisogni, ma dei vantaggi che possono ottenere". Come si può vedere, molto tempo fa ce ne siamo resi conto che per ottenere qualcosa dagli altri, in generale, dobbiamo offrire loro una controprestazione che li interessi. Questa è l'idea centrale della Teoria dell'affare.

Consideriamo la seguente situazione: Antonio ha una casa rivolta ad est, con una vista unica e libera sulla valle, e Carla, che abita nella strada sottostante, ha sempre voluto vivere in questa casa. A quali condizioni avverrebbe lo scambio? Se fossimo nello *stato di natura* (assenza di Stato), forse Carla potrebbe usare la forza per ottenere la casa che vuole. Potrebbe entrare in casa di Antonio di notte e ucciderlo per tenere la casa, o, se fosse troppo forte, potrebbe semplicemente minacciarlo e costringerlo a lasciare la casa a lei. Tuttavia, a causa dell'esistenza del diritto di proprietà (*società civile*), Carla non può usare la propria forza per espropriare Antonio. Quindi, come ha detto Adam Smith, lei deve trovare qualcosa che interessi a Antonio più della casa per convincerlo a scambiarla volontariamente. È ciò che i giuristi tradizionali chiamano autonomia della volontà. Dal punto di vista della Teoria dell'affare, in presenza dei diritti di proprietà (assenza di violenza), lo scambio avverrà se –e solo se– Carla è in grado e disposta a pagare per la casa più di quanto Antonio la valuti. In caso contrario, lo scambio non avrà luogo.

Supponiamo che Antonio sia disposto a vendere la sua casa al **prezzo minimo** di 850.000 €, vale a dire che valuti la casa 850.000 €, mentre Carla è disposta a pagare il **prezzo massimo** di 1.250.000 €, vale a dire che valuti la casa 1.250.000 €. Se lo scambio avviene –se Carla acquista la casa di Antonio– per un prezzo compreso tra 850.000 e 1.250.000 €, entrambi si troveranno in una situazione migliore rispetto a prima dello scambio. In altre parole, lo scambio volontario, privo di errori e di vizi dalla volontà, è Pareto efficiente. Pertanto, in questa situazione, i due agenti hanno

286. Cf. Smith (2013 [1776], p. 19).

un *interesse convergente* ad effettuare lo scambio. Allo stesso tempo, però, hanno un *interesse divergente* nel prezzo per effettuare lo scambio. Entrambi concordano sul fatto che lo scambio è vantaggioso, ma Antonio vorrebbe che il prezzo fosse il più alto possibile, mentre Carla vorrebbe che il prezzo fosse il più basso possibile.

Qualsiasi situazione negoziale in cui due o più agenti possono condurre uno scambio che sarebbe reciprocamente vantaggioso –ma in cui non sono d'accordo sui termini dello scambio– è una **situazione di negoziazione.** In termini generali, una situazione di negoziazione è una situazione in cui due o più agenti[287] hanno un interesse convergente a cooperare, ma hanno interessi divergenti su come dovrebbe avvenire esattamente la cooperazione (conflitto di interessi).

Quindi, la questione principale che i giocatori devono affrontare in qualsiasi situazione di negoziazione è come raggiungere un accordo sui termini della cooperazione, dello scambio. Ogni giocatore preferisce raggiungere un'intesa e concludere l'accordo, piuttosto che essere in disaccordo e quindi non concludere accordo alcuno. Ogni giocatore, naturalmente, preferisce anche che l'accordo sia il più favorevole possibile per lui. In questo senso, è possibile che i giocatori raggiungano un accordo solo dopo aver sostenuto ingenti **costi di negoziazione**[288] (ad es., spendendo molto tempo) o addirittura non riescano ad accordarsi affatto.

La negoziazione è il processo attraverso il quale le parti cercano di raggiungere un accordo. Il processo di negoziazione è solitamente lungo, ogni parte fa proposte e controproposte all'altra, in un continuo processo di verifica della forza della controparte e di acquisizione di maggiori informazioni (riducendo l'asimmetria informativa). La negoziazione può essere molto dannosa per entrambi e generare molti costi, ad esempio, quando lavoratori e datori di lavoro stipulano un contratto collettivo di lavoro, ma solo dopo un lungo e costoso sciopero che ha paralizzato la produzione e sospeso gli stipendi; oppure quando gli azionisti di un'impresa stipulano un patto parasociale, ma solo dopo anni di disputa in tribunale, che hanno impedito decisioni redditizie per l'impresa.

Prendendo il nostro esempio, Antonio valuta la casa 850.000 € e, quindi, supponendo l'assenza di violenza (scambio volontario), accetterà di trasferirla solo se riceve questa somma o più. Pertanto, questo sarà il suo prezzo minimo, il suo **valore di riserva** o il **valore di minaccia** (V_A = 850.000 €). La proposta di un valore inferiore al valore di riserva può portare Antonio ad alzarsi dal tavolo di negoziazione, perché

287. Giocatori è il modo in cui la Teoria dei giochi si riferisce agli agenti in un contesto strategico, cioè in un gioco. Possono essere una persona, una famiglia, un gruppo o un'organizzazione, per esempio.

288. I costi di negoziazione sono uno dei **costi di transazione** associati all'utilizzo del mercato (meccanismo di prezzo) per effettuare un'operazione, come ad esempio uno scambio. I costi della transazione includono i *costi di ricerca* di un partner, i *costi di negoziazione* dei termini di scambio, i *costi di monitoraggio* della transazione dopo l'accordo e i *costi di coercizione* per far rispettare l'accordo se il partner non lo rispetta. Cf. Coase (1937; 1960) e Williamson (1983 [1975]; 1985; 1999), entrambi premi Nobel.

si troverà in una situazione migliore se non vende. D'altra parte, Carla valuta la casa 1.250.000 € e quindi accetterà di acquistare la casa solo se dovrà pagare un importo pari o inferiore a tale valore. Pertanto, questo sarà il suo prezzo massimo, il suo valore di riserva o di minaccia (V_C = 1.250.000 €). Se Antonio chiede un importo superiore al suo prezzo massimo, Carla può lasciare il tavolo di negoziazione, perché starà meglio se non compra la casa. Ora supponiamo che Carla abbia 2 milioni di euro in banca. Il negozio giuridico avrà luogo? Se sì, per quanto?

Se $V_C < V_A$, cioè, se Carla valutasse la casa meno di Antonio, non ci sarebbe spazio per scambio e la trattativa si chiuderebbe quasi subito. Non c'è alcun vantaggio per le parti nel continuare. Tuttavia, come nel nostro esempio $V_C < V_A$, c'è **spazio di accordo**[289], perché c'è un valore da creare con lo scambio. Se Antonio trasferisce la casa a Carla per un valore compreso tra 850.000 e 1.250.000 € verrà creato un valore aggiuntivo di 400.000 €. Questo valore aggiunto, creato dall'allocazione dell'immobile ad una destinazione più pregiata (da Antonio a Carla), viene chiamato **eccedente cooperativo.** Tutti gli scambi volontari generano benessere, perché ad ogni scambio volontario è associato un eccedente cooperativo. Per capire come il semplice scambio di un bene possa generare valore per la società e per le parti coinvolte, basta ricordare che il valore deriva dalle preferenze di ogni agente e, quindi, la sua utilità non è da confondere con il prezzo[290]. Il prezzo pagato nell'operazione di compravendita sarà esattamente lo stesso prezzo ricevuto nell'operazione di compravendita, ma il valore estratto dal bene della vita scambiato dalle parti, non lo è. La tabella sottostante può facilitare la visualizzazione di questo semplice ma fondamentale concetto:

ECCEDENTE COOPERATIVO RISULTANTE DALLO SCAMBIO VOLONTARIO
Figura 4-6

	Prima dello scambio (A)	Dopo dello scambio (B)	Saldo (B – A)
Antonio	850.000 € (casa)	1.050.000 € (banca)	200.000 €
Carla	2.000.000 € (banca)	1.250.000 € (casa) 950.000 € (banca)	200.000 €
Totale:	2.850.0000 €	3.250.000 €	400.000 €

289. Nell'analisi economica dei contratti e nella microeconomia, lo spazio di accordo è chiamato anche *curva dei contratti*. La curva dei contratti è l'insieme dei punti che rappresentano tutte le allocazioni finali di due beni tra due agenti e che possono avvenire come risultato di scambi volontari, data una prima assegnazione di risorse. La curva dei contratti può essere rappresentata da una scatola di Edgeworth. L'idea originale è stata presentata da Francis Y. Edgeworth nella sua *Mathematical Psychics: An Essay on the Application of Mathematics to the Moral Sciences*, quando si discute di Teoria dell'affare (1881, pp. 28 e 113). La sua formulazione più moderna nel formato di una scatola è stata fatta da Pareto, nel suo già citato *Manuale di Economia Politica* (1919, pp. 187 e ss.).

290. Ancora una volta, sulla differenza tra prezzo e valore, si veda Gico Jr. (2019).

Nella figura sopra riportata, si assume che il prezzo pagato sia stato la metà tra il prezzo minimo e quello massimo richiesti da ciascuna parte, il che sembra un risultato ragionevole. Tuttavia, si noti che la creazione dell'eccedente cooperativo e la sua magnitudine sono indipendenti dal prezzo che le parti stabiliranno per il negozio giuridico, fintanto che sia compreso tra il prezzo di riserva di Antonio e Carla ($V_C \geq P \geq V_A$). Ciò che cambia, a seconda del prezzo fissato dalle parti, è la *distribuzione* dell'eccedente cooperativo, ma non la sua esistenza o la sua magnitudine. Supponiamo, per esempio, che, conoscendo l'intenso desiderio di Carla per la casa, Antonio abbia adottato una posizione più dura nella trattativa fino a quando l'ha convinta a pagare 1.250.000 €. Ci sarebbe la creazione di un eccedente cooperativo? Se sì, quanto e come verrebbe distribuito? La tabella sottostante risponde a queste domande:

DISTRIBUZIONE DELL'ECCEDENTE COOPERATIVO
Figura 4-7

	Prima dello scambio (A)	Dopo dello scambio (B)	Saldo (B – A)
Antonio	850.000 € (casa)	1.250.000 € (banca)	400.000 €
Carla	2.000.000 € (banca)	1.250.000 € (casa) 750.000 € (banca)	0 €
Totale:	2.850.000 €	3.250.000 €	400.000 €

Come si può vedere, l'eccedente cooperativo generato dalla transazione ha continuato ad essere esattamente di 400.000 €. È stato catturato completamente solo da una delle parti (Antonio), ma Carla ha ricevuto almeno il suo valore di minaccia (prezzo minimo). Poiché gli agenti sono razionali, uno scambio volontario genererà sempre valore per le parti (eccedente cooperativo), la cui distribuzione dipenderà dalla negoziazione effettuata. E anche se uno dei partiti cattura tutto l'eccedente cooperativo, l'altra non sarà stata danneggiata, perché sarà con il bene della vita che voleva e in una situazione almeno uguale a quella che era prima; quindi il cambiamento sarà Pareto efficiente (la situazione di qualcuno è migliorata senza danneggiare un altro). Questo avviene perché, essendo lo scambio volontario, ogni giocatore deve ricevere almeno il suo prezzo di riserva, altrimenti non coopererà e lo scambio non avrà luogo. Se è stata effettuato, è perché è stato vantaggioso per entrambi.

Il processo di negoziazione può essere inteso sia come un meccanismo di riduzione dell'asimmetria informativa sia come una disputa per la distribuzione dell'eccedente cooperativo. E l'intero processo di negoziazione passerà attraverso tre fasi: (i) l'individuazione dei valori di minaccia (prezzo massimo e minimo); (ii) la creazione dell'eccedente cooperativo; e (iii) la distribuzione dell'eccedente cooperativo.

Quando una persona dice che una negoziazione era ingiusta, spesso si riferisce non al fatto che il negozio giuridico abbia effettivamente danneggiato una delle parti (violazione del prezzo massimo o minimo), ma alla sua opinione che la distribuzione dell'eccedente cooperativo non sia stata adeguata secondo qualche criterio normativo (giudizio di valore). Tuttavia, come ho dimostrato, uno scambio volontario non può nuocere a una persona razionale, indipendentemente dalla distribuzione dell'eccedente cooperativo, tranne in caso di errore o vizi.

Ma cosa determina il risultato di questo processo di negoziazione? Se non ci fossero i costi di transazione, o meglio, se la negoziazione non richiedesse tempo, investimenti in informazioni, avvocati, redazione di contratti, pazienza ecc., la contrattazione probabilmente continuerebbe fino a quando le parti non raggiungessero un risultato che soddisfi entrambe, qualcosa tra i prezzi di riserva dei negoziatori. D'altra parte, potrebbero essere bloccate in una situazione di stallo, perché il momento dell'accordo non avrebbe importanza, e le parti non sosterrebbero costi per negoziare (mondo senza attrito). Tuttavia, poiché ogni trattativa richiede almeno tempo e il tempo rappresenta una risorsa preziosa, la negoziazione è costosa. Ci sono costi di transazione associati a qualsiasi processo di negoziazione (mondo con attrito).

Oltre ai costi di transazione, che possono essere distribuiti asimmetricamente tra le parti, vi sono altri fattori che possono influenzare il risultato della negoziazione (la distribuzione dell'eccedente cooperativo), come l'esistenza di asimmetrie informative o l'impazienza (o l'ansia) delle parti. Come già detto, vi è un'asimmetria informativa quando, in un rapporto tra due o più agenti, uno di essi dispone di informazioni in quantità o qualità superiori rispetto all'altro (ad es., fornitore con il consumatore in relazione al suo prodotto), quindi, uno degli agenti dispone di informazioni private (ad es., assicurato in relazione all'assicuratore). In questo caso, il detentore delle informazioni private può catturare una parte maggiore dell'eccedente cooperativo. L'ansia o l'*impazienza* si manifestano quando, per qualsiasi motivo, una delle parti assegna un valore sostanziale alla variabile temporale nella negoziazione (tasso di sconto più elevato)[291].

In generale, più una parte è paziente, maggiore è il suo potere negoziale e quanto più è impaziente, minore sarà il suo potere negoziale. L'impazienza è particolarmente importante quando la controparte si trova in una condizione finanziaria sfavorevole, in quanto tende ad avere bisogno di molto denaro a breve termine; cioè, chi ha bisogno di molto denaro ora applica un tasso di sconto molto

291. Questo aspetto sarà molto importante quando discuteremo la selezione avversa derivante dalla Tragedia del giudiziario nella Sezione 6.6.

 elevato sul denaro in futuro e quindi è disposto a ricevere meno oggi o a pagare di più in futuro per lo stesso importo nel presente[292].

Ora che abbiamo una comprensione più profonda di come gli agenti razionali prendono le decisioni e di come e perché effettuano gli scambi, siamo pronti ad applicare questa conoscenza nel contesto del processo civile e ad andare verso il modello giuseconomico del processo.

4.2 Dalla lite al processo: il modello giuseconomico del litigio

4.2.1 Autocomposizione e analisi costi-benefici

Come discusso nel Capitolo 2, la funzione sociale del giudiziario è quella di risolvere i conflitti applicando le regole giuridiche. In questo senso, mentre i poteri esecutivo e legislativo, composti da rappresentanti del popolo, possono –*ex officio*– avviare misure e/o politiche pubbliche nell'interesse della società, il giudiziario è un potere passivo e reattivo. Non è il suo ruolo, né può agire *motu proprio*, e deve reagire solo alle richieste che la società porta sotto forma di conflitti[293] (domanda giudiziale) e, quando provocate, risolvere tali conflitti secondo il diritto. Pertanto, la prestazione del servizio pubblico aggiudicatorio è sempre condizionata non solo alla previa esistenza di una lite, ma anche al fatto che tale lite sia effettivamente presentata al giudiziario per la risoluzione da una delle parti coinvolte[294].

Nell'approccio tradizionale di Carnelutti[295], la lite è un conflitto di interessi qualificato da una pretesa resistita, cioè qualcuno vuole qualcosa, ma la persona che può fornire il bene della vita prevista si rifiuta di farlo. C'è chi critica questa definizione di lite perché si può accedere al giudiziario anche nei casi in cui non vi sarebbe alcuna pretesa resistita –come nel caso di una richiesta di cambio di nome o di un divorzio consensuale (giurisdizione volontaria). Tuttavia, sebbene

292. Ecco perché le persone impazienti prendono prestiti per acquistare automobili, case o finanziare viaggi, e quindi pagano gli interessi sull'affitto di denaro da terzi; oppure, i creditori dello Stato accettano di vendere i loro *precatórios* (i riconoscimenti di credito giudiziali che non possono essere eseguiti immediatamente, si veda nota 37) con sconti sostanziali sul capitale. Tutto questo è il risultato dell'ansia o dell'impazienza dell'agente.

293. Secondo l'art. 2 del c.p.c.b.: "Il processo inizia su iniziativa della parte e si svolge per impulso ufficiale, salvo le eccezioni previste dalla legge." L'art. 112 del c.p.c.i. stabilisce che: "Il giudice deve pronunciare su tutta la domanda e non oltre i limiti di essa; e non può pronunciare d'ufficio su eccezioni, che possono essere proposte soltanto dalle parti."

294. In via eccezionale, il pubblico ministero può proporre una domanda per conto degli interessati (ad es. in azioni civili pubbliche), così come i sindacati per conto dei loro sostituti. L'art. 69 c.p.c.i., infatti, stabilisce che "il pubblico ministero esercita l'azione civile nei casi stabiliti dalla legge."

295. Cf. Carnelutti (2000 [1953], p. 93).

questo avvertimento sia in parte vero[296], ai fini della presente discussione, le attività svolte dal giudiziario che non comportano una controversia sono residuali e spesso sono o potrebbero essere trasferite ai registri o ad altri enti amministrativi, in quanto non richiedono la fornitura del servizio pubblico aggiudicatorio (tutela giurisdizionale)[297] –come nel caso della separazione consensuale dei coniugi o di un inventario consensuale che non coinvolga i minori.

In ogni caso, la mia riserva sulla definizione di lite non è dovuta al fatto che il giudiziario svolge anche un lavoro non aggiudicatorio, ma al fatto che non tutte le pretese sono esercitate e, di quelle che sono esercitate, non tutte sono resistite; e, di quelle che sono resistite, non tutte tornano domande giudiziali. Pertanto, ci sono pretese che non si trasformano in liti, e ci sono liti che non si trasformano in processi. Capire perché questo accade è il primo passo per comprendere il comportamento delle parti nel corso di un processo.

All'inizio è importante sottolineare che tutti i giorni la gente vuole ogni genere di cose. A volte qualcuno vuole ottenere un aumento di stipendio, a volte qualcuno vuole iniziare a frequentare qualcun altro, a volte qualcuno vuole comprare una macchina nuova ecc. Il numero di pretese è quasi infinito. Poiché l'essere umano è un essere mosso da uno scopo, è proprio l'aggregato di tutti questi desideri o pretese che muove l'umanità. Una parte sostanziale di queste pretese è frustrata e non va mai oltre, desideri frustrati. Spesso le persone cercano di sottomettere gli altri alle loro pretese, e a volte i detentori del bene della vita si sottomettono alla pretesa degli altri spontaneamente, in altri casi no.

Per esempio, quando si chiede permesso per strada, la persona che blocca il passaggio di solito si sposta senza molta resistenza. Si sottomette alla pretesa dell'altro, che è quella di passare liberamente. Quando si svolta a sinistra nel traffico, come il lettore può aver sperimentato, il conducente del veicolo successivo non sempre cede; e spesso, anche se c'è spazio, l'altro conducente accelera per impedirvi di entrare. Un'altra pretesa frustrata. Dal più semplice al più complesso, questo elenco di esempi potrebbe continuare all'infinito.

Poiché le risorse sono scarse e le persone sono razionali, è naturale che competano per le risorse esistenti. Spesso tale disputa –questa concorrenza– per le scarse risorse crea opportunità di cooperazione (scambi volontari); altre volte genera conflitti. Un conflitto sorge quando qualcuno ha una pretesa su una parti-

296. I casi di giurisdizione volontaria possono essere interpretati come una domanda contro lo Stato che resiste *ab initio*, ma può cedere se la magistratura è d'accordo, o come un'attività di regolazione in cui il giudice è presente per garantire che la volontà della legge e gli interessi di una persona vulnerabile non siano pregiudicati.

297. In assenza di un litigio, di una lite, la magistratura non aggiudica, non assegna il diritto, la sua attività amministrativa è simile a quella di un ufficio della Motorizzazione civile che rilascia una patente di guida: si limita a svolgere solo un'attività puramente amministrativa o regolatoria.

 colare risorsa o su un bene della vita e il suo detentore resiste. Si formerà una lite nel senso classico.

Tuttavia, la stragrande maggioranza dei conflitti umani viene risolta tra i partecipanti al conflitto stesso (*autocomposizione*), attraverso una soluzione negoziata tra loro o con la rinuncia alla pretesa di una delle parti o la sottomissione dell'altra. Solo una piccola parte dei conflitti umani viene portata all'attenzione del giudiziario per essere risolta (*eterocomposizione*). Come ho detto, perché una lite diventi un processo, non basta che la pretesa sia resistita ma è necessario che sia portata al giudiziario.

Supponiamo, per esempio, che Carla colpisca il retro del veicolo di Antonio su qualche strada trafficata di Milano. Sebbene non vi siano controversie sui fatti sopra descritti, è possibile che Antonio e Carla non siano d'accordo su alcuni aspetti dell'incidente. Carla può credere che Antonio sia stato negligente e si sia fermato dove non avrebbe dovuto, essendo responsabile dell'incidente. Antonio, a sua volta, può credere che Carla non abbia mantenuto una distanza ragionevole dal suo veicolo e che se avesse mantenuto tale distanza, l'incidente non si sarebbe verificato. Carla, tuttavia, potrebbe semplicemente non curarsi della perdita di Antonio e non avere alcun interesse a sostenere il costo della riparazione dell'auto di qualcun altro, in quanto è sufficiente per riparare il proprio veicolo. In questo contesto, sarebbe possibile che Antonio e Carla autocomponessero la lite?

Se Antonio e Carla vivessero nello stato di natura, cioè in un paese senza legge, senza un meccanismo pacifico di risoluzione delle controversie, senza un monopolio sull'uso legittimo della forza, quindi senza Stato, forse entrambi negozierebbero pacificamente qualche soluzione tra loro (autocomposizione). Loro potrebbero essere vicini, membri della stessa tribù, semplicemente per paura che il conflitto si aggravasse[298] o perché sono brave persone (preferenze). Tuttavia, è anche possibile che il semplice incidente stradale si sia evoluto in violenza e uno dei due cerchi di sottomettere l'altro alla sua pretesa con l'esercizio della forza. Antonio potrebbe minacciare Carla perché è più forte, o Carla potrebbe minacciare Antonio perché proviene da una famiglia più ricca e potente. Ricordate i *fayu* dell'inizio del Capitolo 2 e la sostanziale riduzione della loro popolazione a causa della violenza tra di loro. È proprio per cercare di mitigare l'escalation della violenza in generale che lo Stato cerca di impedire alle persone di esercitare le proprie ragioni e di usare la forza per far valere la propria pretesa, anche quando ne hanno il diritto[299].

298. Sulla risoluzione dei conflitti tra vicini senza bisogno del diritto, si veda Ellickson (1991).

299. Secondo l'art. 345 c.p.b. è un reato: "Farsi giustizia da soli, *per soddisfare la propria pretesa, anche se legittima*, tranne quando la legge lo permette:
Pena - detenzione, da quindici giorni a un mese, o multa, oltre alla pena corrispondente alla violenza.
Paragrafo unico - Se non si ricorre alla violenza, si procede solo con una denuncia."

Sebbene l'uso della forza privata non sia un'alternativa percorribile per la risoluzione del conflitto, se Antonio fa pressioni su Carla per riparare la sua auto (se esercita la sua pretesa), lei può resistere o sottomettersi spontaneamente. Considerando che sia Antonio che Carla sono agenti razionali, ci si aspetta che nel prendere le loro decisioni pesino i costi (C) e i benefici (B) associati a ciascuna delle loro opzioni. Pertanto, Antonio eserciterà la sua pretesa se capisce che i vantaggi del farlo pesano più dei costi ($B > C$). Se pensa che ne valga la pena, eserciterà la sua pretesa, altrimenti non la eserciterà.

Ad esempio, quante volte avete fatto un acquisto in cui il prodotto è venuto leggermente sbagliato o diverso da quanto richiesto e sapevate che se foste tornati al negozio, il venditore avrebbe rimediato spontaneamente, ma semplicemente avete evitato di farlo perché il costo non ne valeva la pena? Forse non vogliamo perdere tempo a tornare al negozio, forse non vogliamo più aspettare il panino corretto, o forse non vogliamo andare all'ufficio postale per restituire il prodotto acquistato via internet. Non importa. In tutti questi casi, il costo dell'esercizio della pretesa è percepito dall'agente come maggiore del beneficio associato al suo esercizio e, pertanto, l'agente razionale non eserciterà la sua pretesa. Senza l'esercizio della pretesa, non si forma la lite.

D'altra parte, se Antonio esercita la sua pretesa, anche Carla agirà di conseguenza, cioè soppeserà i costi e i benefici di resistere o meno alla pretesa di Antonio. Se capisce che resistere porta più benefici che costi ($B > C$), Carla lo farà razionalmente. Se resistere porterà meno benefici dei costi ($B < C$), allora Carla si sottometterà razionalmente alla richiesta di Antonio. Di norma, la controparte richiesta si sottomette alla pretesa quando il beneficio della resistenza è inferiore al suo costo ($B < C$).

Ad esempio, a volte un commerciante accetta di cambiare un prodotto, anche se non presenta difetti, solo per compiacere il cliente e non incorrere nel logorio di una discussione[300]; oppure concordiamo di condividere i costi di un nuovo sistema di sorveglianza collettiva della via, anche se la nostra casa dispone già di un sistema proprio di sorveglianza, solo per non creare un clima avverso nel vicinato. Pensate alle vostre riunioni di famiglia e potreste capire quanto ci arrendiamo alle pretese degli altri per evitare conflitti.

Quando $B < C$, la controparte razionale accetterà di sottomettersi spontaneamente alla pretesa, e si otterrà l'autocomposizione. Ma quando $B > C$, no. In entrambi

L'art. 392, primo comma, c.p.i. stabilisce che: "Chiunque, al fine di esercitare un *preteso diritto*, potendo ricorrere al giudice, si fa arbitrariamente ragione da sé medesimo, mediante violenza sulle cose, è punito a querela della persona offesa, con la multa fino a euro 516."

300. Ricordate la politica quasi comune dei negozi fisici che, pur non vendendo a distanza, accettano di cambiare i prodotti venduti entro trenta giorni senza alcun obbligo legale.

 i casi, la decisione sarà il risultato di una ponderazione dei costi e dei benefici da parte degli agenti razionali, cioè di un'analisi costi-benefici. In questo senso, sia il comportamento dell'agente pretendente che quello dell'agente preteso saranno governati dallo stesso presupposto di razionalità, cioè la linea di condotta scelta da ciascuno sarà quella che genererà il maggior beneficio netto atteso[301], secondo la percezione soggettiva dei costi e dei benefici associati a ciascuna opzione, per ognuno di loro. Questo ragionamento può essere illustrato nel seguente albero decisionale[302]:

LITE SENZA DOMANDA GIUDIZIALE
Figura 4-8

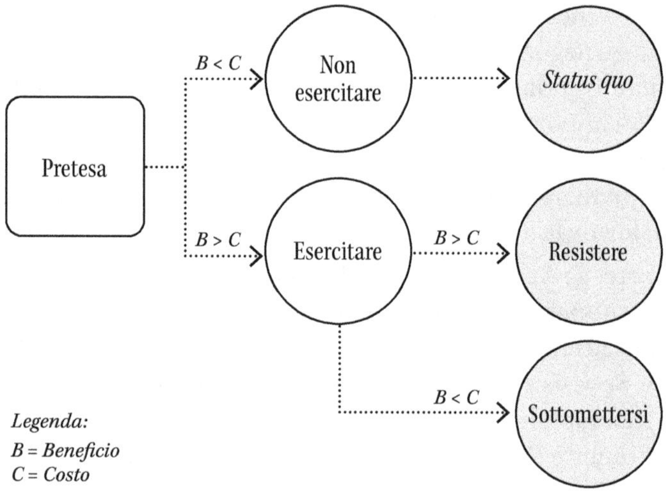

In sintesi, considerando che gli agenti sono razionali, l'autocomposizione si verifica solo quando entrambi gli agenti pensano che sia vantaggioso per loro cooperare, $B > C$. Così, nell'analisi costi-benefici della valutazione della convenienza e dell'opportunità di intentare o resistere ad un'azione, ogni agente razionale valuterà i costi e i benefici associati alla domanda giudiziale. Per capire come funziona questo ragionamento, dobbiamo capire come funziona la decisione di litigare, proprio quello che faremo nelle prossime pagine.

301. Ricordate che, nell'analisi economica, sia i costi che i benefici si riferiscono all'utilità e non solo alle questioni finanziarie. Così, si può trarre utilità dall'agire correttamente, secondo alcuni criteri normativi (morali) e si possono sostenere costi associati all'agire in disaccordo con tali parametri. Dipende dalle vostre preferenze.

302. Si noti che B e C non sono la stessa cosa per Antonio e Carla, ma non ho inserito pedici identificandoli per semplicità.

4.2.2 La giudiziarizzazione come decisione in condizioni di rischio

Supponiamo che, per qualsiasi motivo, una parte eserciti la sua pretesa e la controparte si opponga a tale pretesa, cosa succede? Nello stato di natura, l'agente pretendente ha solo la sua forza privata o la buona volontà della sua controparte per soddisfare la sua pretesa. Nella società civile, l'agente pretendente può esercitare il suo diritto di azione e richiedere l'intervento dello Stato-giudice e, se l'agente ha il diritto –in conformità alle regole vigenti– il giudice deve indirizzare la forza dello Stato per far valere tale diritto e consegnargli il bene della vita preteso (coercizione), nel caso in cui il condannato non lo faccia spontaneamente. Tuttavia, sebbene ogni individuo abbia il *diritto di agire in giudizio*, cioè il diritto di provocare lo Stato a manifestarsi su una certa domanda (servizio pubblico aggiudicatorio), l'aggiudicazione, ossia l'effettivo uso della forza statale per consegnare il bene della vita preteso, dipende dal giudizio di merito sull'esistenza o meno del *diritto materiale* al bene della vita preteso. In altre parole, la manifestazione statale è un diritto, mentre l'uso della forza statale è una possibilità.

In questo contesto, la decisione di esercitare o meno il diritto di azione, cioè di intentare una domanda giudiziale, è una decisione in condizioni di rischio, come discusso nella Sezione 4.1.1. Una volta intentata l'azione, il risultato per l'attore può essere un giudizio di accoglimento o di infondatezza[303], a seconda della convinzione del giudice circa l'esistenza o meno del diritto materiale. L'attore può sempre intentare un'azione, è suo diritto soggettivo provocare lo Stato, ma l'esito di tale azione è incerto. Il primo a modellare la decisione di intentare una causa come una decisione in condizioni di rischio fu Alan Friedman, mentre era ancora studente di giurisprudenza[304], nel 1969, seguito poi da William Landes, John Gould e Richard Posner[305]. Il risultato di questo sforzo è oggi noto come il modello basico del litigio. Cominceremo con questo e lo amplieremo gradualmente.

Dal punto di vista del potenziale attore, la decisione di intentare o meno un'azione è chiaramente rischiosa, nel senso che non vi è alcuna garanzia che il risultato sia quello voluto, cioè che la domanda sia accolta o respinta, sia per motivi di prova, di diritto o di errore nella presentazione o nello svolgimento dell'azione. Pertanto, la decisione dell'agente razionale seguirà lo stesso principio di razionalità:

303. La decisione di accoglimento parziale non cambia la discussione che segue, quindi per semplicità discuterò solo di opzioni binarie: domanda accolta o respinta.

304. Cf. Friedman (1969). Negli Stati Uniti, quando uno studente pubblica un articolo su una *law review*, questo viene pubblicato come *note*.

305. Cf. Landes (1971), Gould (1973) e Posner (1973). Anche se nessuno dei tre autori cita l'opera di Friedman, il suo lavoro possiede già gli elementi essenziali del modello giuseconomico del processo. Così, sebbene il modello sia spesso indicato in letteratura giuseconomica come il modello LPG (Landes-Posner-Gould), Friedman è stato –di fatto– il primo a proporre un modello giuseconomico del litigio.

 l'azione sarà intentata se $B > C$ ma il beneficio è ora incerto e quindi c'è una probabilità p della domanda essere accolta e una probabilità $(1-p)$ di essere respinta[306]:

LA GIUDIZIARIZZAZIONE COME DECISIONE IN CONDIZIONI DI RISCHIO
Figura 4-9

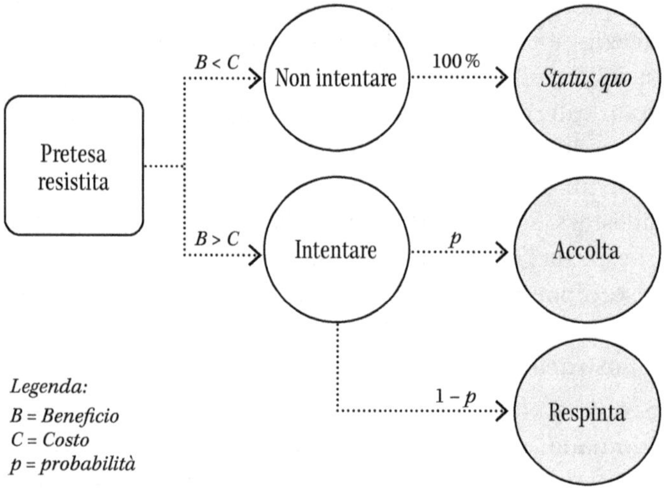

Finora, abbiamo discusso in generale sul fatto che le condotte sia del potenziale attore che dell'eventuale convenuto saranno guidate dalla razionalità, cioè che essi adotteranno una certa linea di condotta se $B > C$, quindi, se $B - C > 0$ (i benefici sono superiori ai costi). Tuttavia, sebbene il valore attribuito al bene della vita contestato sia lo stesso per entrambi (B), i costi sostenuti da un agente per negoziare e per proporre la domanda non saranno necessariamente uguali. Il modello può essere modificato per consentire alle parti di assegnare anche valori diversi allo stesso bene della vita, cioè, $B_A \neq B_C$, come faremo nella Sezione 4.3.1, ma per ora, a fini di semplificazione, presupporremo che sia l'attore che il convenuto apprezzino in egual misura il bene della vita.

Detto questo, oltre alla negoziazione nella fase di autocomposizione, la proposizione di una domanda giudiziale impone costi all'attore[307]. Di norma, proporre un'azione richiede l'assunzione di un avvocato, il pagamento delle spese

306. Ricordate che se in uno spazio campionario o insieme universo (Ω) ci sono solo due possibili eventi e uno di essi ha la probabilità p di verificarsi, necessariamente la probabilità che l'altro evento si verifichi sarà $1\text{-}p$, vale a dire, 100% meno la probabilità del primo evento, poiché la somma delle probabilità deve essere del 100%, cioè, 1.

307. Sugli effetti della mitigazione di questi costi, come nei tribunali speciali per piccole cause (senza spese processuali), i difensori pubblici e il beneficio del gratuito patrocinio, si veda Gico Jr. (2012; 2014) e Gico Jr. e Arake (2014).

processuali, il tempo necessario per preparare la domanda, la raccolta di documenti, l'identificazione dei testimoni, gli onorari di eventuali periti ecc. Tutti i costi che l'attore dovrà sostenere se intenta una causa saranno indicati da C_A. Così, anche se l'attore vede accolta la sua domanda e il giudice ordina al convenuto di consegnargli il bene della vita *B*, considerando che l'attore ha dovuto sostenere il **costo irrecuperabile**[308] C_A, il risultato finale dell'azione per l'attore sarà, al massimo, $B - C_A$[309]. Se la vostra domanda viene respinta, il risultato finale sarà una perdita di C_A. Pertanto, i possibili risultati della decisione di litigare (i *payoffs*) per il potenziale attore sono: $B - C_A$ oppure $- C_A$.

Inoltre, poiché il giudizio di accoglimento o di rigetto della domanda non dipende dalla decisione dell'attore –è un risultato incerto (non deterministico)– a ciascuno di questi *payoff* associamo una probabilità di accadimento. Sia p_A l'aspettativa di successo che l'attore attribuisce alla sua azione, ciò significa che l'attore crede (probabilità soggettiva) che ci sia una probabilità p_A di ottenere *B* a un costo C_A. Pertanto, il rendimento atteso di questa azione per l'attore è dato dalla ponderazione del valore del bene della vita (la tutela) in base alla probabilità di successo della sua azione, meno i costi di deposito dell'azione: $p_A \cdot B - C_A$. In altre parole, l'attore, neutrale al rischio, ritiene che il **valore dell'azione** per sé sia dato da $p_A \cdot B - C_A$.

Si noti che, come abbiamo discusso nella Sezione 4.1.1 dire che il valore dell'azione per l'attore è dato dall'espressione $p_A \cdot B - C_A$ non significa che questo sia il valore della causa. Il **valore della causa** è il termine tecnico che si riferisce al valore monetario certo, anche se la richiesta non ha un contenuto economico immediatamente misurabile, da includere nella petizione iniziale e nella domanda riconvenzionale, ai sensi dell'art. 291 c.p.c.b.[310] o dell'art. 10, primo comma, c.p.c.i.[311]. Il valore della causa è utilizzato dal giudiziario per stabilire la competenza e per calcolare il pagamento delle multe, delle spese processuali e degli onorari di dife-

308. Un costo affondato o sommerso (*sunk cost*) è un costo che, se sostenuto, non può essere recuperato dopo. Ad esempio, se acquisto una proprietà per 145.000 € e poi posso venderla per lo stesso prezzo o un prezzo simile, quel costo è recuperabile. Ma se spendo 10.000 € per un'azione giudiziale e non sarò rimborsato, questo costo è irrecuperabile, quindi affondato o perso.

309. Si noti che, in caso di vittoria, al vincitore saranno rimborsate solo le spese processuali e gli onorari degli esperti. Gli onorari di difesa contrattuale, il tempo e le altre spese sostenute non saranno necessariamente rimborsate al vincitore. Si veda l'art. 91 c.p.c.i.: "Il giudice, con la sentenza che chiude il processo davanti a lui, condanna la parte soccombente al rimborso delle spese a favore dell'altra parte e ne liquida l'ammontare insieme con gli onorari di difesa. [...]".

310. Art. 291. Ad ogni causa sarà assegnato un valore certo, anche se non ha un contenuto economico immediatamente misurabile.

311. Art. 10. Il *valore della causa*, ai fini della competenza, si determina dalla domanda a norma delle disposizioni seguenti. [...]

sa[312]. Il calcolo del valore della causa è previsto dagli artt. da 10 a 17 c.p.c.i. e dall'art. 292 c.p.c.b. e, in sintesi, è una stima monetaria del valore del bene della vita o della somma di tutte le domande proposte. D'altro canto, il **valore della condanna** è il valore effettivamente attribuito dal giudiziario all'attore al termine del processo. Se la domanda viene giudicata pienamente accolta, il valore della causa sarà pari al valore della condanna. Se è parzialmente accolta o respinta, tali valori saranno diversi.

In questo senso, il valore della causa può essere inteso come il risultato più alto possibile della domanda giudiziale, cioè, il valore del *payoff* se la domanda è giudicata pienamente accolta (prospettiva *ex ante*). È il valore che deve essere attribuito inizialmente alla causa. Il valore della condanna è il risultato che si è effettivamente concretizzato nella chiusura del processo (prospettiva *ex post*), mentre il valore dell'azione è quanto vale la scommessa stessa, cioè, se l'agente sia neutrale al rischio, quanto sarebbe disposto a pagare per quell'azione prima della sua proposta; pertanto, è la somma di ogni possibile risultato, incluso ma non limitato al risultato di rigetto, ponderato dalle rispettive probabilità di accadimento di ciascuna possibilità.

Quindi il valore atteso di un'azione per l'attore è dato da $p_A \cdot B$ (accolta) + $(1 - p_A) \cdot 0$ (respinta), al netto delle spese di litigio C_A. Poiché in caso di rigetto il valore atteso sarà pari a zero, la **condizione di proposizione** di una domanda può essere riassunta come segue:

Disequazione 4.2-1

$$p_A . B - C_A > 0$$

Quando la condizione di proposizione è soddisfatta e, pertanto, il valore dell'azione è positivo, chiameremo questa domanda di **azione di VAP** (valore atteso positivo). Quando la condizione di proposizione di un'azione non è soddisfatta, cioè il valore dell'azione è negativo ($p_A . B - C_A < 0$), chiameremo questa domanda di **azione di VAN** (valore atteso negativo). Naturalmente, un agente razionale neutro al rischio aggiudicherebbe solo un'azione di VAP e non aggiudicherebbe un'azione di VAN. Tuttavia, a seconda del modello e del contesto, è possibile che un'azione abbia un rendimento atteso negativo e che sia ugualmente proposta o, quanto

312. Nel sistema brasiliano, alla parte soccombente è ordinato di consegnare il bene della vita al vincitore e di pagare gli onorari di difesa all'avvocato della parte vincitore. Questa regola è prevista nel c.p.c.b.: "Art. 85. La sentenza condannerà il soccombente a pagare gli onorari all'avvocato del vincitore. [...]

§2. Gli onorari saranno fissati tra il minimo del dieci e il massimo del venti per cento sul valore della condanna, del beneficio economico ottenuto o, non potendo quantificarlo, sul valore aggiornato della causa, tenendo conto: [...].

meno, mantenuta dopo che è stata proposta, come discuteremo nella Sezione 5.1.2. Questa differenza sarà importante anche quando si discuterà il ruolo dell'avvocato nella Sezione 5.3[313]. Per il momento, concentriamoci sulla regola generale, cioè, sulle azioni che soddisfano la condizione di proposizione.

4.2.3 Il diritto di azione e il suo impatto sull'autocomposizione

Ora che abbiamo il valore dell'azione e conosciamo la condizione di proposizione, possiamo tornare alla discussione dell'autocomposizione ed esplorare come l'esistenza della possibilità di proposizione di una domanda (diritto di azione) influisce sulla struttura di incentivi degli agenti nelle loro decisioni nella fase di autocomposizione. Quando il potenziale attore esercita la sua pretesa, l'eventuale convenuto deve decidere se sottoporsi o meno a tale pretesa. L'agente razionale si presenterà solo se il beneficio associato alla resistenza è inferiore al suo costo ($B < C$), cioè nello stato di natura, le parti coopereranno solo se esistono meccanismi che convincono o costringono l'agente a cooperare. Se il costo della resistenza è inferiore al beneficio della resistenza[314], ad esempio, se non esiste un diritto di azione e non c'è una minaccia credibile di uso della forza privata, allora l'eventuale convenuto non cederà alla pretesa e l'autocomposizione fallirà. La lite si formerà.

Tuttavia, dal momento in cui lo Stato assume per sé l'attività giurisdizionale, il potenziale attore può minacciare l'eventuale convenuto con l'esercizio del suo diritto soggettivo di agire e, se la sua domanda è accolta, lo Stato userà tutta la sua forza per soggiogare l'eventuale convenuto. Ma quanto vale questa minaccia di coercizione dello Stato? Precisamente il valore dell'azione. Se, durante la trattativa, l'eventuale convenuto non offre al potenziale attore almeno $p_A . B - C_A$, cioè, quanto guadagnerebbe se proponesse l'azione, allora l'attore preferirà intentare l'azione e la lite non sarà composta spontaneamente.

Detto in un altro modo, secondo la Teoria dell'affare, sia A la proposta d'accordo offerta dall'eventuale convenuto al potenziale attore durante le trattative nella fase di autocomposizione. Se $A \geq p_A . B - C_A$, cioè, se il valore offerto per accordo è maggiore o uguale al valore atteso dell'azione, allora l'agente razionale accetterà la proposta e la controversia sarà composta spontaneamente. D'altra parte, se $A < p_A . B - C_A$, l'opzione più interessante per il potenziale attore sarà quella di proporre l'azione, quindi l'accordo non sarà concluso e l'autocomposizione fallirà.

313. Per una discussione più approfondita delle azioni di VAN, si veda Bone (2003, pp. 40 e ss.).

314. Ciò include i costi psicologici o morali di agire correttamente. Ricordate, non tutti hanno l'agire correttamente nella loro funzione utilità e, quindi, la morale non è sufficiente a far collaborare tutte le persone.

Giusto per illustrare come un modello semplice come questo possa essere molto interessante, notate che se non c'è la possibilità di una domanda giudiziale ($p_A . B = 0$) o se questa è troppo costosa ($p_A . B - C_A \leq 0$), sarà accettata qualsiasi somma che l'eventuale convenuto offra al potenziale attore, incluso *nulla*, perché $A \geq 0 \geq p_A . B - C_A$. D'altra parte, se esiste il diritto di azione con un valore atteso positivo ($p_A . B - C_A > 0$) e l'eventuale convenuto non fa alcuna offerta ($A \leq 0$), allora la domanda sarà proposta. Ora possiamo aggregare tutte le decisioni in un unico albero per dimostrare la dinamica dell'autocomposizione e della giudiziarizzazione:

DECISIONE DI AUTOCOMPOSIZIONE E DI PROPOSIZIONE
Figura 4-10

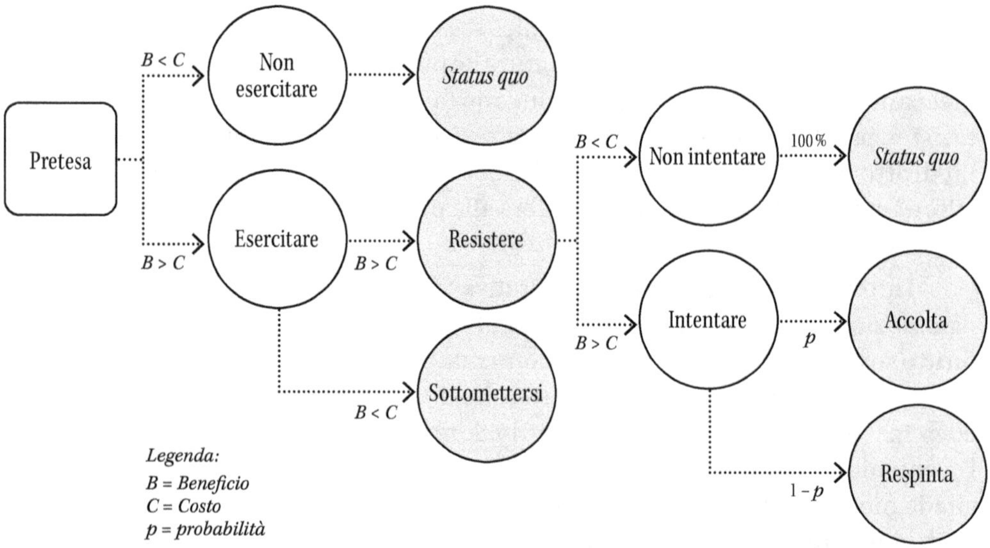

Tuttavia, come visto sopra, anche la negoziazione tra le parti nella fase di autocomposizione ha dei costi (ad es., tempo, stress, budgeting ecc.). Pertanto, sia l'opzione di proporre l'azione che quella di negoziare generano costi. Al fine di differenziare i costi di proposizione dell'azione dai costi di negoziazione, indicheremo questi di N, essendo N_A i costi di negoziazione del potenziale attore e N_C i costi di negoziazione dell'eventuale convenuto. Quindi, un'autocomposizione sarà raggiunta se –e solo se– $A - N_A \geq p_A . B - C_A$, che può essere riscritto come $A \geq p_A . B - C_A + N_A$.

Se l'accordo sarà raggiunto solo se l'offerta dell'eventuale convenuto è maggiore o uguale al valore dell'azione più i costi di negoziazione, quindi, una controversia nascerà se l'offerta è inferiore a tale importo, cioè, se $A < p_A . B - C_A + N_A$. A questo limite di negoziazione daremo il nome di **valore di riserva dell'attore** (V_A), perché è il minimo che l'attore accetterà per comporre la lite spontaneamente. In breve:

Equazione 4.2-2

$$V_A = p_A . B - C_A + N_A$$

Secondo la Teoria dell'affare, perché ci sia uno scambio volontario, deve esserci un eccedente cooperativo da distribuire tra le parti, quindi, il valore di riserva della parte a cui sarà destinato il bene della vita deve essere maggiore del valore di riserva della parte che lo cederà; in caso contrario, le parti non vedranno alcun vantaggio nel raggiungimento dell'accordo e lo scambio avverrà solo per coercizione. Nel contesto di una domanda giudiziale, ciò che viene negoziato è la domanda stessa, vale a dire, si negozia sul se l'attore intenti o meno un'azione. Se il convenuto valuta la non proposizione dell'azione più di quanto l'attore valuti la sua proposizione, allora ci sarà spazio di accordo, perché ci sarà un eccedente cooperativo da distribuire. In caso contrario, non vi sarà alcun accordo, in quanto il convenuto preferisce che l'azione sia intentata piuttosto che sottoporsi volontariamente alla pretesa. Se è così, allora bisogna scoprire quanto il convenuto valuta l'azione.

Per semplificare, partiamo dal presupposto che sia l'attore che il convenuto valutano in egual misura il bene della vita in disputa, cioè, $B_A = B_C$, in modo da poter utilizzare semplicemente *B* e possiamo anche supporre che, se il convenuto soccombe interamente nell'azione, perderà *B*. Inoltre, il convenuto, come l'attore, sosterrà anche i costi per negoziare un accordo nella fase preprocessuale, che indicheremo come N_C e, se la causa viene intentata, dovrà sostenere dei costi per difendersi, che indicheremo come C_C. In un primo momento, supponiamo che, come nelle cause davanti al giudice di pace (cause civili meno complesse), ciascuna parte si faccia carico delle proprie spese di causa.[315] Quindi, anche se il convenuto vince la causa e non deve pagare *B* per l'attore, avrà sostenuto il costo irrecuperabile C_C e, quindi, il risultato dell'azione sarà stato negativo. D'altra parte, se il convenuto è soccombente, dovrà consegnare il bene della vita *B* e avrà comunque sostenuto il costo C_C cioè, avrà perso un totale di $B + C_C$.

Ancora una volta, proprio come per l'attore, per il convenuto, la decisione giudiziaria è un evento aleatorio (non deterministico), sul quale nessuna delle parti in causa ha pieno controllo e il cui esito previsto dipende dalla probabilità soggettiva

315. Nella letteratura giuseconomica, questa regola procedurale è chiamata regola americana perché è così che funziona generalmente negli Stati Uniti. La regola secondo la quale la parte soccombente indennizza l'altra parte si chiama regola britannica o continentale. Tuttavia, questo rimborso non è mai integrale, quindi, *C* sarà sempre maggiore di zero. Pertanto, a fini di semplificazione, nell'esposizione ho adottato la cosiddetta regola americana, in quanto più vicina alla realtà, nonostante la regola italiana dell'art. 91 c.p.c.i.

che il convenuto attribuisce a ciascuno dei possibili risultati. Pertanto, indichiamo come p_C la probabilità che il convenuto attribuisce all'eventualità che l'azione venga accolta, che può essere o meno pari alla probabilità di successo stimata dall'attore per lo stesso evento (p_A). In questo contesto, il convenuto ritiene che, se chiamato in causa, avrà una probabilità p_C di essere obbligato a pagare B all'attore, quindi, il suo costo atteso è $p_C \cdot B$ più le spese irrecuperabili del litigio, pertanto: $p_C \cdot B + C_C$.

In questo senso, se l'autocomposizione fosse frustrata, il convenuto ritiene che sarà esposto ad una perdita massima attesa di $p_C \cdot B + C_C$ e questo è il valore dell'azione per il convenuto, perché se vince l'azione, perderà solo C_C. Dato che il valore dell'azione è il limite della perdita attesa del convenuto, in caso di fallimento dell'autocomposizione, non è razionale che egli offra all'attore, in una proposta di accordo, un importo superiore a tale valore. Il convenuto neutrale al rischio offrirà all'attore durante le trattative nulla di più del rendimento atteso dell'azione per se stesso. Tuttavia, dobbiamo tener presente che il convenuto sosterrà anche i costi della negoziazione, e quindi la sua offerta ne terrà conto. Pertanto, è razionale che il convenuto faccia una proposta nella fase preprocessuale se il beneficio atteso è superiore al costo atteso, cioè, se $A + N_C \geq p_C \cdot B + C_C$.

Isolando solo il valore dell'offerta d'accordo, la suddetta disequazione può essere riscritta come segue $A \geq p_C \cdot B + C_C - N_C$ per rafforzare l'impatto negativo dei costi di negoziazione sull'autocomposizione. Come si può vedere, non solo l'importo A è rilevante per fare un'offerta, ma anche i costi di transazione associati alla negoziazione stessa. Più è costoso negoziare, cioè, quanto maggiore è N_C, minore è il valore dell'offerta fatta dal convenuto e, quindi, maggiore deve essere il valore atteso dell'azione perché sia razionale per il convenuto negoziare. In teoria, se i costi di transazione per la negoziazione sono molto elevati, sarà più interessante risolvere la questione giudizialmente, non tramite la transazione.

Siccome la disequazione $A \geq p_C \cdot B + C_C - N_C$ rappresenta il massimo valore che l'eventuale convenuto sarebbe disposto ad offrire al potenziale attore, prima che il litigio diventi l'opzione più interessante, possiamo affermare che una controversia sarà avviata se $A < p_C \cdot B + C_C - N_C$, e questo è il **valore di riserva del convenuto** (V_C). Se il potenziale attore accetta di ricevere un importo pari o inferiore a V_C, l'eventuale convenuto preferirà la transazione al litigio. Se chiede un importo superiore a V_C, allora sarà più interessante per il convenuto razionale resistere. Il valore di riserva del convenuto può essere espresso come segue:

Equazione 4.2-3

$$V_C = p_C . B + C_C - N_C$$

Ora che abbiamo il valore di riserva dell'attore e il valore di riserva del convenuto, la Teoria dell'affare ci insegna che –affinché ci sia un eccedente cooperativo e la possibilità di entrare in uno scambio volontario– il valore dell'azione per il convenuto deve essere superiore al valore dell'azione per l'attore, e devono accordarsi su un certo valore A tra il valore di riserva di entrambi, vale a dire: $V_C \geq A \geq V_A$. Pertanto, prima di procedere in questa discussione, è interessante confrontare il valore di riserva dell'attore con quello del convenuto:

Equazione 4.2-2

$$V_A = p_A . B - C_A + N_A$$

Equazione 4.2-3

$$V_C = p_C . B + C_C - N_C$$

Si noti che, dal valore di riserva dell'attore sono sottratti i costi di lite ($- C_A$) e si aggiunge il costo di negoziazione ($+ N_A$), perché, nel decidere tra l'accordo e la proposizione dell'azione, l'attore si troverà a meditare tra l'incorrere in N_A se negozia –quindi è un costo che deve essere coperto dall'offerta per essere interessante– ed evitare C_A non litigando. Si tratta quindi di un guadagno che può essere ridotto dall'offerta o ripartito. Nel caso del valore di riserva del convenuto, la situazione è invertita, perché se il convenuto negozia, evita C_C, ciò significa che può aggiungere questo valore risparmiato all'offerta, ma sopporta N_C e quindi è necessario scontare tale importo da ciò che si è disposti ad offrire. Queste differenze, oltre alle varie aspettative, possono (o non) permettere di raggiungere l'autocomposizione.

Detto questo, avremo un accordo quando il minimo che l'attore sarà disposto ad accettare, V_A, sarà inferiore o uguale al massimo che il convenuto sarà disposto a pagare V_C, quindi, quando $V_A \leq V_C$ e, pertanto, quando ci sarà un eccedente cooperativo da distribuire. In caso contrario, non verrà raggiunto un accordo e verrà proposta un'azione, dato che $V_A > V_C$, e questa condizione, che è sufficiente per il fallimento dell'autocomposizione e, quindi, per l'emergere del processo, è la **condizione di litigio**[316]. Se sostituiamo il valore di riserva dell'attore (Equazione 4.2-2) e il valore di riserva del convenuto (Equazione 4.2-3) nella condizione di litigio, abbiamo che:

316. Cf. Gico Jr. (2014, pp. 183 e ss.).

Disequazione 4.2-4

$$V_A > V_C$$

$$p_A \cdot B - C_A + N_A > p_C \cdot B + C_C - N_C$$

$$p_A \cdot B - p_C \cdot B > C_C - N_C + C_A - N_A$$

$$(p_A - p_C) \cdot B > (C_A + C_C) - (N_A + N_C)$$

$$(p_A - p_R) > \frac{(C_A + C_R) - (N_A + N_R)}{B}$$

$$\Delta p > \frac{C - N}{B}$$

dove $C = C_A + C_C$, $N = N_A + N_C$ e $\Delta p = p_A - p_C$. A prima vista, la formulazione sopra può sembrare troppo complessa o addirittura troppo semplice, a seconda dei gusti del lettore, per aiutarci a capire il comportamento delle parti in una controversia. Ma se guardiamo con attenzione, superato lo spavento, vedremo che questo semplice modello è molto potente e ha importanti implicazioni per la nostra comprensione del comportamento delle parti.

a) Bene della vita. In primo luogo, più importante è il bene della vita per le parti, vale a dire, maggiore è il valore di *B*, maggiore è la probabilità di un litigio, perché più facile sarà soddisfare la condizione di litigio. Come, nel modello, il denominatore *B* divide il numeratore $C - N$, più grande è *B*, più facile sarà da soddisfare la condizione, cioè, che $\Delta p > (C - N) / B$. In questo senso, più aumenta il valore del bene della vita *B* in disputa, della tutela giurisdizionale, meno rilevanti diventano i costi totali di un eventuale litigio (*C*) e il risparmio dei costi di negoziazione ($-N$). In altre parole: le spese per l'assunzione di un avvocato o il tempo necessario per risolvere la domanda sono mitigati a fronte del guadagno dell'attore o della perdita che il convenuto spera di evitare. Quindi, la probabilità di un litigio è una funzione crescente[317] del valore del bene della vita *B*: più è prezioso il bene della vita (la tutela), più è probabile che ci sia un litigio.

b) Costi di lite. In secondo luogo, l'intuizione ci dice che più economico è litigare, più persone litigheranno[318], e questo è esattamente ciò che il modello sottolinea, quindi, più basso è il costo di litigare (*C*), più piccolo sarà il numeratore ($C - N$) e più

---

317. Una funzione è *crescente* in una variabile quando l'aumento di questa variabile porta all'aumento del valore assegnato dalla funzione. E sarà *decrescente* quando l'aumento di questa variabile porterà alla diminuzione del valore assegnato dalla funzione.

318. Si noti come questa intuizione sia una pura e semplice applicazione della legge della domanda e dell'offerta. Se il prezzo di un servizio scende, la quantità domandata aumenta. Pertanto, se il prezzo di consumo del servizio pubblico aggiudicatorio diminuisce, aumenta la sua quantità domandata, cioè, il numero delle controversie.

facilmente sarà soddisfatta la condizione, cioè, che $\Delta p > (C - N) / B$. E più grande è C, più alto è il numeratore e più difficile sarà da soddisfare la condizione.

Di conseguenza, quanto più basso è il costo di lite, tanto più facile sarà soddisfare la condizione di litigio, e tanto più è probabile che venga intentata una domanda. Così, ad esempio, quando una parte beneficia del gratuito patrocinio (non paga le spesse legali) o è assistita dal gratuito patrocino, non deve sostenere i costi di lite, né è esposta all'onere del litigio, quindi è più probabile che voglia litigare.

D'altra parte, più è costoso negoziare (N), minori sono le possibilità di raggiungere un accordo e maggiori sono le possibilità che la lite si trasformi in una domanda giudiziale. Ad esempio, nei casi di divorzio, in cui le parti sono emotivamente coinvolte nel processo stesso e non solo nell'esito, la negoziazione può essere molto difficile. Nel modello, considerando che i costi di negoziazione sono sottratti dal numeratore ($-N$), quanto più elevati sono i costi di negoziazione, tanto più facile sarà il soddisfacimento della condizione di litigio. Più è economico negoziare, maggiori sono le possibilità di un accordo.

c) Divario di aspettative. In terzo luogo, il modello descrive e prevede chiaramente che, *ceteris paribus*, maggiore è la distanza delle aspettative tra attore e convenuto (Δp) in relazione al potenziale esito dell'azione, maggiore è la probabilità che si verifichi un litigio. Questa differenza di aspettative tra gli agenti, così importante per la comprensione del loro comportamento, è quello che chiamo il **divario di aspettative**[319], perché la probabilità di un litigio è anche una funzione crescente di questa differenza di aspettative. A sua volta, considerando che gli agenti coinvolti sono razionali, il divario di aspettative è una funzione di due variabili[320]: l'insicurezza giuridica e l'asimmetria informativa.

In modo più oggettivo, la sicurezza giuridica è la capacità dell'agente di prevedere, con precisione, come il giudiziario giudicherà un determinato caso anche prima della proposizione dell'azione. Più prevedibile è il processo, maggiore è la sicurezza giuridica. Meno prevedibilità, meno sicurezza. Si noti che l'idea di sicurezza giuridica è legata solo ed esclusivamente alla prevedibilità del diritto, indipendentemente dalla qualità della regola giuridica, dalla sua giustizia o dalla fonte del diritto. In questo senso, c'è una chiara distinzione[321] tra il problema dell'**attivismo giudiziario** e quello dell'**anarchismo giudiziario**. Se un giudiziario è attivista, cioè, prende decisioni *contra legem*, ma lo fa in modo coerente e consistente, quindi, prevedibile, ci sarà insicurezza giuridica solo a breve termine (nei primi turni),

319. Cf. Gico Jr. (2014, p. 184).

320. Il divario di aspettative è influenzato anche da alcuni bias cognitivi, come i pregiudizi dell'ottimismo, ma poiché non possiamo influenzare questa variabile, per il momento lasciamo fuori questa discussione. Per ulteriori informazioni, si veda la Sezione 5.4.

321. Cf. Gico Jr. (2015, pp. 483 e 484).

mentre i cittadini credono ancora nella legge. A medio e lungo termine, dopo che i cittadini (o i loro avvocati) avranno appreso che il giudiziario attivista non segue la legge, i cittadini saranno in grado di prevedere con precisione la posizione attivista adottata –a condizione che il giudiziario segua la propria giurisprudenza– quindi, ci sarà un certo grado di sicurezza giuridica.

L'anarchismo giudiziario, inteso qui come l'alto, persistente e sistematico grado di dispersione della giurisprudenza sulla stessa questione giuridica, incide profondamente sulla sicurezza giuridica e, quindi, sul divario di aspettative. L'anarchismo giudiziario è lo stato non cooperativo in cui si possono applicare regole giuridiche diverse a processi simili, a seconda delle preferenze del magistrato, senza che la giurisprudenza diventi uniforme e dominante. È la mancanza di sicurezza giuridica dovuta alla mancanza di cultura e di meccanismi giuridici per l'uniformità giurisprudenziale, che comporta una difficoltà di coordinamento tra i magistrati delle varie istanze per la formazione e il rispetto della giurisprudenza. Poiché le parti non sanno quale regola giuridica verrà applicata al loro caso, l'ottimismo naturale delle persone tende ad allontanare le aspettative dell'attore e del convenuto, aumentando il litigio. Esattamente come prevede il modello sopra riportato.

Il mancato investimento nella sicurezza giuridica può portare ad una maggiore divergenza tra le probabilità soggettive di successo attribuite dall'attore (p_A) e dal convenuto (p_C). L'aumento del divario di aspettative aumenta il rendimento atteso dal litigio e, *ceteris paribus*, il numero di controversie. Secondo i termini del ciclo della litigiosità[322], se vi fossero adeguati incentivi per i magistrati ad investire nella sicurezza giuridica, l'ampliamento del numero dei litigi porterebbe alla formazione di una giurisprudenza su una determinata materia che, a sua volta, informerebbe i potenziali attori e convenuti a basso costo sull'insieme delle regole che sarebbero applicate in casi simili in futuro, convergendo le loro probabilità soggettive ($p_A \rightarrow p_C$). Al limite, supponendo che non ci siano informazioni private, avremmo $p_A = p_C$. Se non c'è asimmetria informativa e la sicurezza giuridica è perfetta ($p_A = p_C$), allora, $\Delta p = 0$, pertanto, nel mondo del diritto e del giudiziario perfetti, non ci sarà accordo solo se i costi di transazione associati alla negoziazione sono superiori ai costi associati al litigio ($N > C$)[323]. Poiché negoziare, in generale, è molto meno costoso che litigare, nel mondo del diritto e del giudiziario perfetti, praticamente tutti i casi finirebbero con un accordo, perché sarebbe sempre razionale comporre

322. Cf. Gico Jr. (2013) e la discussione della Sezione 3.5 di questo libro. Per una breve rassegna della letteratura sull'aumento del tasso di litigio dovuto alla maggiore incertezza dovuta dell'insicurezza giuridica si veda Dari-Mattiacci e Deffains (2007, pp. 11 e ss.). E per una dimostrazione empirica di questa relazione, si veda Rezende e Zylbersztajn (2011).

323. Esplicitamente: se $\Delta p = 0$, dunque, $0 > (C - N) / B$, così, $0 > C - N$ e, quindi, $N > C$.

piuttosto che litigare. Ancora una volta, tutto questo può essere estratto dal modello descritto sopra.

D'altra parte, se la regola giuridica applicata a ciascun caso varia a seconda delle preferenze del magistrato (attivismo giudiziario e anarchismo) e la distribuzione dei casi tra i tribunali è aleatoria, allora attore e convenuto possono avere grandi difficoltà a stimare p_A e p_C. Al limite, tale stima potrebbe essere impossibile e le parti si troverebbero di fronte a una condizione di incertezza *stricto sensu*. La difficoltà di stimare la probabilità di successo di una domanda può innescare una limitazione cognitiva nota come il pregiudizio per eccesso di fiducia o ottimismo irrealistico o ottimismo comparativo[324].

Il pregiudizio per eccesso di fiducia è un bias cognitivo già identificato in letteratura in diversi contesti, secondo cui il cervello umano è programmato per essere ottimista, cioè, in media, le persone credono di essere esposte a un minor rischio di eventi negativi rispetto alle altre persone nello stesso contesto. Proprio perché sono ottimiste, le persone possono, ad esempio, investire meno nella prevenzione, usare meno contraccettivi[325] o non indossare le cinture di sicurezza o guidare a velocità eccessiva[326]. In questo caso, un attore ottimista e un convenuto ottimista possono sopravvalutare le rispettive probabilità di successo, aumentando il divario di aspettative, diminuendo o semplicemente eliminando la possibilità di raggiungere un accordo. Quanto più è difficile stimare tali probabilità, tanto maggiore è la possibilità che il pregiudizio dell'ottimismo sia rilevante nel caso specifico.

L'insicurezza giuridica, tuttavia, non solo influisce sulla capacità delle parti di stimare le loro probabilità di successo, ma anche sulla capacità di stimare ciò che è giuridicamente disponibile come risultato del litigio stesso, ovvero, *B*. Di fronte all'inesistenza di regole giuridiche o di fronte alla loro oscurità, i potenziali attori –ottimisti o meno– possono avviare azioni per i magistrati per ridurre gli interessi su un prestito, anche se i tassi d'interesse sono conformi alla legge e ai contratti; possono chiedere a un magistrato di obbligare un'altra parte a negoziare uno sconto sulle tasse accademiche in una università; possono chiedere 1 milione di euro a un ospedale per presunti danni morali derivanti da cure mediche presumibilmente grossolane, sebbene efficaci, e così via. Senza un parametro chiaro su ciò che è o non è un interesse giuridicamente tutelato, ossia, su ciò che è possibile chiedere al giudiziario, l'immaginazione degli attori (o dei loro avvocati[327]) è il limite di ciò che può essere chiesto e, quindi, di *B*.

324. A titolo di esempio, si veda Armor e Taylor (1998) e la Sezione 5.4.

325. Cf. Burger e Burns (1988).

326. Cf. McKenna, Stanier e Lewis (1991).

327. Per quanto riguarda il problema tra avvocato e cliente, si veda la Sezione 5.3.

d) Avversione e propensione al rischio. In quarto luogo, è interessante notare che la discussione di cui sopra è stata tutta svolta assumendo la neutralità al rischio, vale a dire che entrambe le parti valutano l'azione per il suo rendimento atteso. Quando si rilassa questo presupposto gli effetti sono interessanti. Ad esempio, se allentiamo l'ipotesi di neutralità al rischio e supponiamo che entrambe le parti siano avverse al rischio, la probabilità di una transazione aumenta perché il valore dell'azione scende per l'attore –che applica uno sconto sul suo valore superiore al rendimento atteso– e il valore dell'azione sale per il convenuto –che applica uno sconto sul suo valore inferiore al rendimento atteso. La diminuzione di V_A e l'aumento di V_C ostacolano il soddisfacimento della condizione di litigio ($V_C > V_A$) e quindi aumentano la probabilità di autocomposizione.

Si verifica l'esatto contrario se le parti sono propense al rischio, perché, per le stesse ragioni, ma nella direzione opposta, il valore dell'azione per l'attore aumenterà più del suo rendimento atteso, aumentando V_A e il valore dell'azione per il convenuto sarà inferiore al rendimento atteso, in diminuzione di V_C. Allora il litigio sarà più probabile. Tali effetti saranno discussi ulteriormente nella Sezione 4.3.1.

e) Formazione delle aspettative. Quinto, sebbene il modello non informi su come si formano le aspettative[328], sottolinea che più alta è l'aspettativa dell'attore riguardo al successo della sua azione (p_A) e minore è l'aspettativa del convenuto sul successo di questa azione (p_C), maggiore è il divario di aspettative e più facilmente la condizione di litigio è soddisfatta, più è probabile che si verifichi un litigio. Questa conclusione è coerente con l'intuizione. Se il convenuto ritiene che le possibilità di vittoria dell'attore siano basse, il suo valore di riserva sarà certamente altrettanto basso, il che limiterà la sua offerta durante la fase di autocomposizione. Analogamente, se il convenuto ritiene che le sue probabilità di successo siano elevate, il suo valore di riserva sarà altrettanto elevato, il che limiterà i suoi valori accettabili per l'autocomposizione.

È vero anche il contrario. Se l'attore ritiene che le sue probabilità di successo siano molto basse, il suo valore di riserva sarà altrettanto basso, il che aumenterà la probabilità che si raggiunga un'autocomposizione. Allo stesso modo, se il convenuto ritiene che le probabilità di successo dell'attore siano troppo elevate, anche il suo valore di riserva sarà elevato, il che aumenterà la probabilità di raggiungere l'autocomposizione. Come si può vedere, le aspettative delle parti sono un elemento fondamentale per comprendere il loro comportamento, ma come vengono stimate queste probabilità?

328. Poiché il modello non spiega da dove vengono le aspettative, diciamo che la loro formazione è *esogena* al modello, quindi è al di fuori di esso.

Dato che ci troviamo nel contesto del processo civile, è ragionevole supporre che la maggior parte delle persone chieda l'assistenza di un avvocato prima di intentare un'azione giudiziale. Gli avvocati sono professionisti formati proprio per studiare le leggi e la giurisprudenza nel tentativo di prevedere il probabile esito di una determinata causa[329]. Senza saperlo, gli avvocati sono esperti nella stima delle probabilità. Così, quando un avvocato valuta la proposizione di una azione, valuta la probabilità di successo, il valore probabile della condanna e i costi per arrivarci[330]. Più esperto è l'avvocato, maggiore è la sua esperienza con una certa area del diritto (avrà visto più casi simili) e maggiore è la sua conoscenza dei tribunali che giudicheranno il caso, quindi ci si aspetta che più accurata sia la sua stima. Ovviamente, la pratica forense porta una buona dose di intuizione, poiché l'avvocatura è un'arte, non una scienza. Tuttavia, come ho dimostrato sopra, la padronanza di un approccio scientifico al processo può aiutare molto l'esercizio e la comprensione di questa attività. 147

Quando stima la probabilità di successo di un processo (p_A), utilizzando la sua esperienza e considerando anche le informazioni sulle prove disponibili a supporto della tesi attorea, l'avvocato cercherà di individuare non l'esatta probabilità di successo (che non è ancora possibile), ma un ordine di grandezza che dia un'idea di p_A. Così, se l'avvocato pensa che le probabilità siano la metà, cioè che il caso sia equilibrato, può stimare al 50% le probabilità di successo (p_A). Se il successo è più probabile del fallimento, l'avvocato può attribuire una probabilità del 60% o del 70% e, se è molto probabile, dell'80% o del 90%. D'altra parte, se la probabilità di successo è meno che probabile, può attribuire una probabilità del 40% o del 30% e, se è molto improbabile, del 20% o del 10%. Queste stime non sono accurate, ma sono abbastanza vicine da informare una decisione.

Infatti, a seconda del contesto, l'avvocato è obbligato a fare questo tipo di stima. Ad esempio, il Comitato per le pronunce contabili –l'altro c.p.c.[331]– responsabile della regolamentazione tecnica delle procedure contabili in Brasile, ha una risoluzione specifica in materia, la CPC 25[332], che disciplina come gli accantonamenti, le passività potenziali[333] e le attività potenziali devono essere qualificati e registrati

329. Sull'utilità del diritto come previsione di come si comporterà la magistratura, si veda la Sezione 6.2.

330. Qui parleremo dell'avvocato come agente fedele al suo cliente. Nella Sezione 5.3 esamineremo le conseguenze di un allentamento di questa assunzione, ovvero l'esistenza di un problema agente-principale tra il cliente e l'avvocato.

331. Qualcosa di simile all'Organismo Italiano di Contabilità – OIC.

332. "L'obiettivo del Pronunciamento tecnico CPC 25 è di assicurare che siano applicati criteri di rilevazione e basi di valutazione appropriati agli accantonamenti, alle passività potenziali e alle attività potenziali e che nelle note esplicative siano fornite informazioni sufficienti per consentire agli utenti di comprenderne la natura, i tempi e il valore." Si noti che la logica è la stessa che uso qui.

333. Qui il termine *potenziale* viene utilizzato nel senso che dipende da un risultato futuro incerto, una contingenza, quindi tutte le attività o passività potenziali sono attività o passività con rischio.

 nei conti. Per questo motivo, ogni anno gli avvocati d'impresa devono redigere un rapporto di audit in cui classificano individualmente ogni caso sotto la loro tutela come probabile, possibile o remoto. Un'azione è probabile se: (i) il diritto invocato è supportato dalle regole giuridiche vigenti; (ii) l'insieme delle prove è sufficiente a sostenere la domanda; e (iii) esiste giurisprudenza su casi simili che consente il confronto di decisioni favorevoli e sfavorevoli[334]. Inoltre, una domanda è considerata un'attività potenziale se il risultato considerato è la consegna di un valore (*B*) per il soggetto e costituisce una passività potenziale se impone al soggetto l'obbligo di consegnare *B*. Così, in un'azione di recupero, l'esattore considera l'azione come un'attività contingente, mentre il debitore la considera una passività contingente[335].

Tornando alla discussione sulla decisione di litigare, la stima fatta dall'avvocato non si limita a p_A. Lo stesso tipo di stima viene effettuata in relazione all'importo che sarà assegnato (*B*) e i probabili costi di un litigio (C_A). In questo contesto, ci si aspetta che più l'avvocato è esperto e maggiore è il grado di sicurezza giuridica, più accurata sarà la stima di ogni variabile, e che se esposti alle stesse informazioni (assenza di asimmetria informativa), diversi avvocati arriveranno a stime vicine, non necessariamente uguali, per ciascuna di esse. Così, nei tribunali speciali brasiliani o nei giudici di pace italiani, dove le parti hanno capacità postulatoria (non hanno bisogno di un avvocato), ci si aspetta una grande dispersione delle aspettative, dato che gli agenti sono laici che valutano le loro probabilità di successo senza la padronanza del diritto e della giurisprudenza. Nei casi di maggior valore, in cui la presenza di un avvocato è obbligatoria, il divario di aspettative dovrebbe essere minore. Inoltre, come vedremo di seguito, se le aspettative sono stimate in un dato momento, saranno gradualmente aggiornate (aggiornamento bayesiano[336]) in quanto l'asimmetria informativa si riduce con l'avanzamento del processo.

Come si vede, il modello giuseconomico del litigio, pur essendo relativamente semplice[337], è aderente alla realtà e ha un enorme potenziale esplicativo e predittivo, cioè, ci aiuta non solo a spiegare i vari comportamenti che osserviamo efficacemente nella quotidianità dei fori, ma ci aiuta anche a prevedere come eventuali cambia-

334. Si noti come anche i principi contabili hanno capito che, al giorno d'oggi, il testo di legge non è sufficiente, bisogna anche considerare come i tribunali applicano (o meno) la legge.

335. Per un esempio, si veda l'art. 2424-bis, terzo comma, c.c.i.: "Gli accantonamenti per rischi ed oneri sono destinati soltanto a coprire perdite o debiti di natura determinata, di esistenza certa o probabile, dei quali tuttavia alla chiusura dell'esercizio sono indeterminati o l'ammontare o la data di sopravvenienza."

336. L'**inferenza bayesiana** è il metodo di inferenza statistica in cui il teorema di Bayes viene utilizzato per aggiornare le probabilità di un'ipotesi man mano che nuove prove o informazioni diventano disponibili, ossia, in cui le probabilità non sono interpretate come frequenze, ma piuttosto come livelli di fiducia nel verificarsi di un dato evento. Questo aggiornamento di probabilità è chiamato *update* bayesiano o aggiornamento bayesiano.

337. Per un interessante modello di autocomposizione, sotto la minaccia della giudiziarizzazione, come gioco di negoziazione, si veda Cooter, Marks e Mnookin (1982).

menti nelle regole processuali possano alterare le struttura di incentivi delle parti e, quindi, il loro comportamento. Ora, passiamo nella fase processuale e indaghiamo su ciò che accade dopo la proposizione dell'azione giudiziale.

4.3 Contestazione o accordo: il modello giuseconomico della transazione

Terminata la fase di autocomposizione, ci troviamo ora nel momento processuale successivo alla presentazione della domanda da parte dell'attore e alla citazione del convenuto, in cui quest'ultimo, consapevole dell'esistenza della causa, deve decidere il suo prossimo passo: contestare o fare un accordo. Il presupposto della razionalità rimane lo stesso, cioè entrambi gli agenti agiranno secondo i propri interessi e adotteranno la condotta che porterà loro il maggior beneficio. La domanda è: quale sarà questo comportamento? Inoltre, ora i costi della negoziazione preprocessuale (N) non sono più rilevanti, perché o la trattativa ha già avuto luogo e quindi è fallita, oppure la trattativa non ha avuto luogo e questi costi non sono stati sostenuti. In entrambi i casi, non influiranno sulla condotta degli agenti.

Nella sezione precedente abbiamo utilizzato il modello basico, con alcune discussioni aggiuntive, per esplorare la questione. Questo tipo di approccio è noto come il modello di mutuo ottimismo[338]. Ora, oltre a riprendere il modello di mutuo ottimismo, presenterò brevemente il modello dell'asimmetria informativa per arricchire la discussione e la nostra comprensione del perché le parti litiganti possano o meno concludere un accordo nel corso di un processo.

4.3.1 Il modello di mutuo ottimismo

Prendiamo l'esempio dall'inizio di questo capitolo e supponiamo che Antonio sia un consumatore che ha subito una perdita di 100.000 € (B) a seguito di un incidente presumibilmente causato dall'impresa di Carla. Supponiamo, inoltre, che sia incontestabile che ci sia stato un danno e che ci sia stato un atto illecito e che ci troviamo di fronte ad un'ipotesi di responsabilità oggettiva, pertanto, è sufficiente che Antonio dimostri in tribunale il nesso causale tra l'atto illecito e il danno perché la sua richiesta di risarcimento venga accolta. I costi di lite per ciascuna parte sono stimati in 10.000 € ($C = C_A = C_C$), data la complessità del caso.

In questo scenario, il costo atteso del litigio o il valore dell'azione per Carla è di 110.000 € (l'indennizzo più i costi di lite, cioè, $B + C_C$) e il beneficio atteso del litigio o il valore dell'azione per Antonio è di 90.000 € (l'indennizzo meno i costi di lite, cioè, $B + C_A$). Come si può vedere, c'è chiaramente un eccedente cooperativo di 20.000 €,

338. Cf. Baird, Gertner e Picker (1994, p. 247).

che equivale alla somma dei costi di lite ($C_A + C_C$), e questo è lo spazio di accordo tra le parti. Qualsiasi pagamento effettuato tra 90.000 e 110.000 € migliorerà la posizione di entrambe le parti rispetto all'opzione di intentare la domanda, cioè sarà Pareto efficiente. Dunque, non è razionale continuare a litigare, perché il litigio è costoso e distruggerebbe solo valore per entrambe le parti. Le parti possono dividere i costi attesi per il proseguimento del litigio e, quindi, risparmiare risorse.

Spazio di accordo senza rischio

Figura 4-11

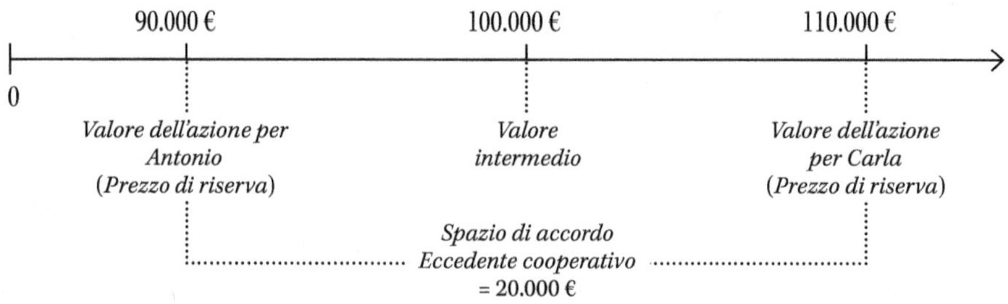

Tuttavia, nel mondo reale, le parti difficilmente conoscono l'esatta misura dell'eccedente cooperativo e difficilmente hanno le stesse aspettative. Affinché ciò avvenga, le parti devono concordare non solo sulla probabilità di successo dell'azione (p), ma anche sull'importo che sarebbe stato assegnato, cioè il bene della vita (B). Anche così, la mera presenza di rischio non è sufficiente ad impedire l'accordo. Se entrambe le parti hanno la stessa aspettativa, cioè stimano la stessa probabilità di successo per l'azione e il valore del bene della vita, allora saranno anche in grado di identificare il valore dell'azione, la misura dell'eccedente cooperativo e quindi l'accordo sarà fattibile.

Per dimostrare come il semplice inserimento del rischio non sia sufficiente a modificare la nostra conclusione e, quindi, che è ancora razionale raggiungere l'accordo, riprendiamo l'esempio di cui sopra e supponiamo che, ora, le parti non siano sicure che Carla sarebbe condannata a pagare l'indennizzo. Se la probabilità di successo è del 75% ($p = p_A = p_R = 0{,}75$), l'unica cosa che cambia è lo spazio di accordo, cioè, l'intervallo entro il quale è razionale concludere l'accordo, ma lo spazio esiste ancora. Lo spazio di accordo originale, che era da 90.000 a 110.000 €, sarà ridotto a 65.000 € (= 100.000 · 0,75 – 10.000) a 85.000 € (= 100.000 · 0,75 + 10.000). Si noti che l'eccedente cooperativo rimane esattamente lo stesso, 20.000 €, perché è la somma dei costi di lite, che non sono cambiati:

SPAZIO DI ACCORDO CON RISCHIO

Figura 4-12

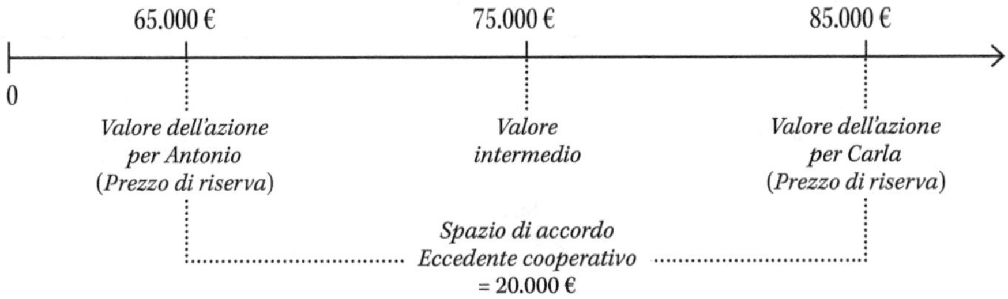

Poiché la maggior parte dei casi non si conclude con un accordo, qualche supposizione dovrebbe essere allentata per avvicinare questo modello al risultato osservato nel mondo reale. In questo senso, dobbiamo assumere che, oltre alla presenza di incertezza sull'esito del processo (che è una decisione in condizioni di rischio), è anche necessario che le parti non siano d'accordo sulla misura di questa incertezza, cioè che ci sia un disaccordo sulle probabilità di successo ($p_A \neq p_C$) e/o sul valore del bene della vita ($B_A \neq B_C$)[339]. Non è quindi il puro e semplice rischio che impedisce l'accordo, ma l'esistenza di una divergenza di aspettative troppo grande, cioè la misura del divario di aspettative.

A dimostrazione di ciò, nell'esempio precedente, possiamo variare sia le aspettative sulle probabilità di successo, sia le aspettative sulla misura della condanna e, se il divario di aspettative non è troppo grande, ci sarà ancora spazio di accordo. Supponiamo ora che $p_A = 50\%$ e $p_C = 75\%$, cioè, che sia Antonio che Carla siano pessimisti. Supponiamo inoltre che sia più oneroso per Carla litigare che per Antonio, ad esempio, $C_A = 10.000$ e $C_C = 15.000$. Ora né le aspettative sono allineate, né i costi sono simmetrici. In questo esempio, il valore dell'azione per Antonio è di 40.000 € (=100.000 · 0,5 – 10.000) e per Carla è di 90.000 € (= 100.000 · 0,75 + 15.000). Nonostante queste variazioni, non solo l'accordo è ancora possibile, ma è più probabile, come mostra il diagramma sottostante:

339. L'allentamento dell'assunzione che le parti siano d'accordo sul valore del bene litigioso non influisce sulle conclusioni di base del modello. Cf. Cooter e Rubinfeld (1989).

SPAZIO DI ACCORDO CON POCA DIVERGENZA DI ASPETTATIVE
Figura 4-13

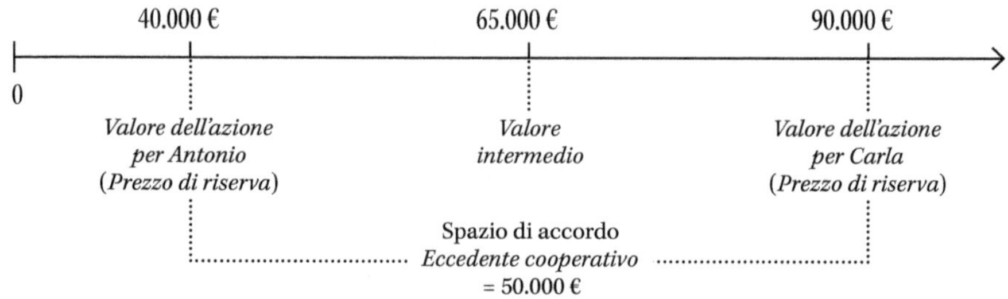

Infatti, poiché in questa variante il convenuto ritiene che le probabilità di successo della domanda siano maggiori di quanto l'attore si aspetti, anche se è più costoso per il convenuto contestare, lo spazio di accordo aumenterà piuttosto che diminuire. L'eccedente cooperativo da dividere in questo caso è di 50.000 €. Si noti che, sebbene vi sia una divergenza di aspettative, questa divergenza non è sufficiente a distruggere l'eccedente cooperativo e, a seconda della sua direzione, può addirittura aumentarlo, come nell'esempio precedente.

Ora, se invertiamo alcune variabili e aumentiamo troppo il divario di aspettative, la distanza potrebbe essere sufficiente ad impedire il raggiungimento di un accordo. Quindi, per esempio, supponiamo che $p_A = 75\%$ e $p_C = 50\%$, quindi, che sia Antonio che Carla siano ottimisti. Inoltre, supponiamo che per Antonio sia tanto costoso litigare quanto per Carla, ad esempio, $C_A = C_C = 10.000$. In questo esempio, il valore dell'azione per Antonio sarà di 65.000 € (= 100.000 • 0,75 – 10.000) e per Carla sarà solo 60.000 € (= 100.000 • 0,5 + 10.000), vale a dire che l'azione vale di più per l'attore che per il convenuto ($V_A > V_C$), perciò la condizione di litigio è soddisfatta. In tal caso, non vi è alcun eccedente cooperativo da distribuire e quindi non c'è spazio di accordo, come dimostra il diagramma sottostante:

SPAZIO DI ACCORDO CON MOLTE DIVERGENZE DI ASPETTATIVE
Figura 4-14

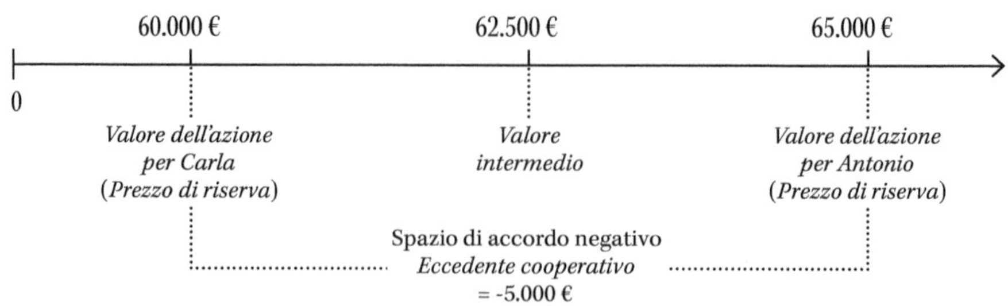

Come si può vedere, l'esistenza o meno di un eccedente cooperativo dipende dall'interazione delle aspettative sia dell'attore che del convenuto e non solo di uno di essi. Le variazioni in cui è possibile un accordo sono infinite, purché la divergenza tra le parti non sia troppo grande. Ciò che conta per la nostra discussione è che il lettore percepisca la dinamica di ogni variabile sulla struttura di incentivi delle parti e il suo impatto sulla probabilità di composizione e che capisca che *senza un eccedente cooperativo da condividere, è razionale litigare*. In questo contesto, ha senso tornare al modello per indagare quando questo sarà vero.

Riprendendo il modello base, sia p_A e p_C le probabilità soggettive del successo dell'azione, B_A e B_C il valore stimato del bene della vita e C_A e C_C i costi di lite. Il valore dell'azione per l'attore e, quindi, il suo prezzo di riserva è $V_A = p_A B_A - C_A$, mentre il valore dell'azione per il convenuto o il suo prezzo di riserva sarà $V_C = p_C B_C + C_C$. Utilizzando la condizione di litigio, abbiamo che un accordo è possibile solo se il valore dell'azione per l'attore è inferiore al valore dell'azione per il convenuto, vale a dire, se $V_A \leq V_C$; quindi, ci sarà uno spazio di accordo se $p_C B_C + C_C > p_A B_A - C_A$, cioè, se la perdita attesa prevista per il convenuto è superiore al guadagno atteso previsto per l'attore. Così, riorganizzando la condizione di litigio, abbiamo che la **condizione di accordo** è:

Disequazione 4.3-1

$$C_A + C_R > p_A B_A - p_C B_C$$

La parte sinistra della condizione di accordo rappresenta il costo totale del litigio, mentre la parte destra rappresenta la divergenza tra il valore atteso dell'azione per l'attore e per il convenuto. Pertanto, la condizione di accordo ci insegna che una transazione sarà possibile ogniqualvolta che la differenza nelle aspettative delle parti sul valore dell'azione ($\Delta p \cdot B$) non è superiore ai costi totali di litigio (C). In altre parole, le parti possono anche avere aspettative divergenti circa l'esito atteso dell'azione giudiziale, ma fintantoché tali divergenze non siano superiori ai costi di lite, è ancora possibile una transazione. In caso contrario, le parti litigheranno. Esploriamo brevemente le implicazioni della condizione di accordo.

a) Identità delle aspettative. Se le parti concordano sul valore atteso dell'azione, cioè, se $p_A = p_C$ e $B_A = B_C$, allora ci sarà sempre spazio di accordo, perché $C_C + C_A > 0$. Si noti che l'identità delle aspettative genera uno spazio di accordo indipendentemente dal valore del bene litigioso (B). D'altra parte, quando c'è un divario di aspettative ($p_A \neq p_C$), la probabilità di un litigio è influenzata da aspettative divergenti sul valore della condanna ($B_A \neq B_C$). In altre parole, quanto maggiore è la sicurezza giuridica, tanto maggiore è la probabilità di accordo e, quanto minore è la sicurezza giuridica rispetto alla probabilità di successo, più rilevante per la probabilità di litigio è la divergenza sul valore del bene litigioso.

b) Condizione di litigio. La condizione di accordo è l'opposto della condizione di litigio, quindi se la condizione di accordo non è soddisfatta, la condizione di litigio ($C_A + C_C < p_A B_A - p_C B_C$) è soddisfatta[340]. In questo caso, i costi di lite saranno inferiori al divario tra le convinzioni delle parti circa il valore atteso dell'azione. Si noti che in questa ipotesi, affinché il litigio si verifichi, il valore dell'azione per l'attore deve essere superiore al valore dell'azione per il convenuto, e questo può essere il risultato sia di una maggiore probabilità soggettiva, sia di un'aspettativa di una condanna maggiore. Come in questa situazione $p_A > p_C$ e/o $B_A > B_C$, la letteratura dice spesso che c'è un mutuo ottimismo, da qui il nome dei modelli.

c) Componenti dell'eccedente cooperativo. È interessante notare che il modello ci insegna anche che l'eccedente cooperativo è composto da due parti: i costi di lite e la divergenza delle aspettative sul valore dell'azione. Sono queste due parti che insieme rendono possibile la creazione di valore per le parti attraverso la conclusione di un accordo (eccedente cooperativo). Così, quando si raggiunge un accordo, in pratica, le parti si dividono il risparmio delle risorse che spenderebbero per il litigio e il valore di scambio del diritto di azione.

Inoltre, come si è visto nella Sezione 4.1.2, poiché l'eccedente cooperativo non è altro che la differenza tra il prezzo di riserva del convenuto e il prezzo di riserva dell'attore, cioè , $V_C - V_A = (p_C B_C + C_C) - (p_A B_A - C_A)$,poi, supponendo che le parti si accordino sul valore del bene in disputa ($B = B_A = B_C$), per semplificare, possiamo riscrivere questa differenza per trovare l'espressione che ci darà la *misura dell'eccedente cooperativo*[341]:

Equazione 4.3-2

$$\text{Eccedente cooperativo} = (C_A + C_C) + (p_C - p_A)\,B$$

Espresso in questo modo, è perfettamente chiaro che l'eccedente cooperativo è costituito da due termini. Il termine ($C_A = C_C$) corrisponde ai costi di lite delle parti che saranno risparmiate per il raggiungimento dell'accordo e che potranno essere condivise, e il termine $(p_C - p_A)\,B$ corrisponde alla differenza di valore che le parti attribuiscono all'azione perché c'è un divario di aspettative tra di loro, e che può anche essere condiviso. Si noti che è possibile, ad esempio, che l'attore sia più

340. Ovviamente, escluso il punto dell'indifferenza, quando invece di una disuguaglianza, avremo una uguaglianza.

341. Si noti che l'unica differenza, se non supponiamo che $B = B_A = B_C$ è che i valori attesi dell'azione rimarranno separati, ma la logica rimane la stessa, con l'eccedente cooperativo = $(C_A + C_C) + [(p_C B_C - p_A B_A)]$.

ottimista del convenuto ($p_A > p_C$), il che renderebbe il termine $(p_A - p_C) B$ negativo e, comunque, ci sarebbe spazio di accordo. Basta che i costi del processo siano abbastanza elevati da compensare. D'altra parte, se l'attore e il convenuto sono pessimisti, anche se il divario di aspettative si riduce, se i costi di lite sono molto bassi, come nel caso dei giudici di pace o del gratuito patrocinio, il litigio può comunque essere razionale. Infine, se il divario di aspettative tra l'attore o il convenuto è troppo grande per superare i costi di lite, allora l'eccedente cooperativo sarà negativo e non ci sarà alcun accordo.

(d) L'impatto dei costi di negoziazione. È interessante notare che se reinseriamo i costi di negoziazione in questa fase processuale, cioè, se abbandoniamo il presupposto che non ci siano costi di negoziazione nel corso del processo o che questo costo sia trascurabile, l'effetto sarà solo quello di ridurre lo spazio di accordo. È relativamente semplice rendersene conto perché, come visto sopra, senza i costi di negoziazione, l'eccedente cooperativo è la somma dei costi di lite e del valore di scambio della causa. Il reinserimento del costo di negoziazione si limiterebbe a consumare una parte di quel valore e quindi ridurrebbe l'eccedente cooperativo.

Torniamo all'esempio della Figura 4-13, ma ora un eventuale accordo costerà 10.000 € per ogni parte, in perizie contabili, tempo, stress ecc. Poiché il valore dell'azione per Antonio era di 40.000 € e il valore dell'azione per Carla era di 90.000 €, perché un accordo costoso sia razionale, questi costi aggiuntivi devono essere compensati. Pertanto, affinché Antonio accetti di negoziare, deve ricevere almeno 50.000 € (= 40.000 + 10.000), mentre Carla accetta di pagare solo 80.000 € (= 90.000 – 10.000). Il nuovo diagramma dello spazio di accordo è il seguente:

SPAZIO DI ACCORDO CON COSTI DI NEGOZIAZIONE

Figura 4-15

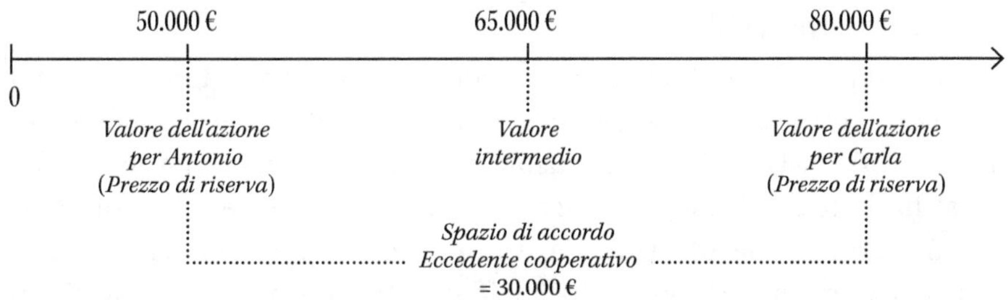

Come si può vedere, il semplice inserimento dei costi di negoziazione ha limitato lo spazio di accordo da quello tra 40.000 e 90.000 € a quello tra 50.000 e 80.000 € e, così facendo, ha ridotto l'eccedente cooperativo da 50.000 € a 30.000 €. L'accordo è ancora possibile, ma lo spazio di accordo è ora molto più piccolo. Tuttavia, è improbabile che i costi della negoziazione siano in qualche modo superiori ai costi di lite, perché, ad esempio, se per negoziare sono necessari esperti, essi saranno necessari anche per liquidare la sentenza, quindi, anche se probabilmente ci saranno costi di negoziazione, dato che saranno sempre (o quasi sempre) inferiori ai costi di lite, possiamo mantenere il presupposto semplificatore della negoziazione senza costi nel corso del processo. Di norma, non saranno i costi della negoziazione a impedire che un processo si concluda con un accordo, anche se vale sempre la pena di ridurli.

Detto questo, i modelli elaborati sulla base di aspettative divergenti, sia sulla probabilità di successo che sulla misura della condanna, sono chiamati modelli di mutuo ottimismo, poiché in essi il litigio si verifica solo perché le parti sono ottimiste sulle probabilità di successo e non solo per la presenza di rischio. Tuttavia, è importante avvertire che questo non significa necessariamente che entrambe le parti siano ottimiste sulle proprie possibilità, ma solo che non sono d'accordo tra loro sulle loro possibilità (divario di aspettative) e che almeno una di loro è eccessivamente ottimista. Ancora, la controversia invece di nascere dall'ottimismo, può essere che sia il risultato di un'informazione asimmetrica. Questo è ciò che esploriamo qui di seguito.

4.3.2 Il modello di asimmetria informativa

I modelli di ottimismo funzionano con le differenze nelle credenze e nelle aspettative, mentre i modelli di asimmetria informativa funzionano con informazioni imperfette. La distinzione è sottile, ma rilevante, perché mentre le credenze di una parte non sono alterate dalla semplice credenza della controparte, tali credenze possono essere alterate dall'accesso a informazioni private che prima solo l'altra parte aveva. In altre parole, le opinioni delle parti possono non essere sufficienti a modificare l'opinione dei loro avversari, ma entrambe aggiornano costantemente le loro convinzioni man mano che si rendono disponibili nuove informazioni (aggiornamento bayesiano).

Ad esempio, supponiamo che l'esempio iniziale della sezione precedente fosse un caso di responsabilità soggettiva (quindi richiederebbe la dimostrazione di colpevolezza), ma Carla ha informazioni private che rivelano che, in realtà, la sua impresa ha agito con la diligenza richiesta all'uomo medio e quindi difficilmente sarà considerata colpevole. Tuttavia, Antonio non ha potuto osservare il livello di diligenza di Carla quando ha subito l'incidente. In questo caso, vi è un'asimmetria informativa tra le parti che influisce sulla formazione delle rispettive aspettative sulla probabilità di successo di un'eventuale azione. Questa è una differenza di informazione, non solo di aspettative, perché se Antonio avesse accesso alle informazioni private di Carla in modo credibile, aggiornerebbe le sue aspettative e adeguerebbe la sua probabilità soggettiva facendola convergere con quella di Carla.

La distinzione tra la divergenza di aspettative basata sulla mera opinione e la divergenza di aspettative basata sull'asimmetria informativa è rilevante perché le norme processuali impongono alle parti l'opportunità e l'obbligo di rivelarsi informazioni e documenti in tempi processuali diversi, il che riduce gradualmente l'asimmetria informativa tra le parti litiganti e tra le parti e il giudice, facendo sì che il divario di aspettative si riduca nel corso del processo e la divergenza di credenze sul valore atteso dell'azione si riduca. Se questo processo ha successo e c'è una convergenza di credenze, può sorgere un accordo anche dopo la proposizione della azione[342].

In questo senso, i modelli di informazione asimmetrici possono essere più sensibili alle variazioni delle informazioni man mano che il processo va avanti. Così, ad esempio, se nella fase di autocomposizione l'attore non vuole rivelare completamente le sue argomentazioni al convenuto, per ragioni strategiche, al momento del deposito in cancelleria della nota d'iscrizione a ruolo della causa e dei fascicoli di parte, cioè, della presentazione dell'atto di citazione[343], lui è obbligato a rivelare i fatti e i fondamenti giuridici su cui intende basare la sua domanda, così deve comunicare esattamente qual è la sua pretesa (c.d. *editio actionis*) e le prove che intende produrre[344]. Se esiste un documento preesistente che giustifica la domanda, dovrà allegarlo alla comunicazione (art. 163, terzo comma, §5°, c.p.c.i.).

È interessante notare che, nel diritto brasiliano, l'atto di citazione va prima portato dal giudice: se l'attore –e quindi l'atto di citazione– non soddisfa tutti requisiti legali, il giudice stabilirà che l'atto di citazione venga modificato[345]. Se l'attore non procede alla modifica richiesta, il giudice respinge la domanda e chiude il processo, senza citare il potenziale convenuto. Nel diritto italiano, l'atto di citazione viene

342. D'altro canto, i costi irrecuperabili possono rendere l'accordo non interessante, come vedremo nella Sezione 5.1.2.

343. Art. 163. [...] L'atto di citazione deve contenere: [...]
3° la determinazione della cosa oggetto della domanda;
4° l'esposizione dei fatti e degli elementi di diritto costituenti le ragioni della domanda, con le relative conclusioni;
5° l'indicazione specifica dei mezzi di prova dei quali l'attore intende valersi e in particolare dei documenti che offre in comunicazione; [...].

344. Si noti che, mentre nel diritto brasiliano l'attore può modificare la sua domanda e le sue motivazioni (modifica della domanda) solo fino alla citazione del convenuto, nel diritto italiano tale modifica può essere apportata in un secondo momento, fino alla prima udienza di trattazione e comparizione dell'art. 183, quinto comma, c.p.c.i., quando il *thema decidendum* e il *thema probandum* sono fissati.

345. Art. 321. Il giudice, nel verificare che l'atto di citazione non soddisfi i requisiti di cui agli articoli 319 e 320 o che presenti vizi e irregolarità tali da ostacolare il giudizio di merito, deve ordinare che l'attore, entro 15 (quindici) giorni, lo modifichi o lo completi, indicando con precisione ciò che deve essere corretto o completato.
Paragrafo unico. Se l'attore non soddisfa la diligenza, il giudice dove respingere l'atto di citazione.

 portato a conoscenza prima del convenuto tramite la notificazione, e poi del giudice, a seguito della costituzione in giudizio dell'attore.

In entrambi i casi, queste regole processuali sono chiaramente dirette a ridurre l'eventuale asimmetria informativa tra il convenuto e l'attore –permettendo un aggiornamento bayesiano– e a stabilizzare la lite[346], ma sono anche dirette a ridurre l'asimmetria informativa tra le parti e il giudice, che è colui che dovrà decidere il caso e quindi ha bisogno di sapere cosa e perché viene chiesto. Con la stabilizzazione della controversia e l'accesso alle informazioni private, il convenuto potrà analizzare con maggiore sicurezza le accuse formulate e i documenti raccolti dall'attore e aggiornare le sue convinzioni sulla fattibilità dell'azione proposta. Dall'atto introduttivo possiamo concludere una delle due cose: (i) o l'attore possedeva informazioni private e ora è tenuto a divulgarle; o (ii) l'attore non possedeva informazioni private da divulgare e ciò costituisce di per sé una nuova informazione. In un modo o nell'altro, il convenuto aggiornerà le proprie convinzioni alla luce delle nuove informazioni e valuterà l'opportunità e la tempestività di proporre un accordo, ovvero condurrà un'analisi costi-benefici per decidere se contestare l'azione o sottomettersi.

La stessa riduzione dell'asimmetria informativa si può presumere in relazione alla contestazione, una volta che l'art. 167, primo comma, c.p.c.i. stabilisce che: "nella comparsa di risposta il convenuto deve proporre tutte le sue difese prendendo posizione sui fatti posti dall'attore a fondamento della domanda, indicare i mezzi di prova di cui intende valersi e i documenti che offre in comunicazione, formulare le conclusioni." Così facendo, il convenuto riduce anche la possibile asimmetria informativa che esisteva tra lui e l'attore.

Supponiamo che, dopo l'esame dell'atto di citazione, il convenuto abbia deciso di contestare e, quindi, di non proporre un accordo[347]. Possiamo concludere una delle due cose: (i) o il convenuto disponeva di informazioni private ed è ora tenuto a divulgarle; oppure (ii) il convenuto non aveva nulla da divulgare e l'assenza di nuove informazioni costituisce di per sé una nuova informazione per l'attore. In un modo o nell'altro, dopo la contestazione, anche l'attore aggiornerà le sue convinzioni ed effettuerà un nuovo analisi costi-benefici per decidere come agire[348].

346. La stabilizzazione della controversia significa che, con il perfezionamento del rapporto tripartito, l'attore non può più modificare la sua richiesta e il convenuto è obbligato solo a difendersi dalla domanda fissata. Qualsiasi giudizio che vada oltre la domanda fissata è illegale, in quanto è *ultra petita.* In questo senso, il c.p.c.i. afferma: "Art. 112. Il giudice deve pronunciare su tutta la domanda e non oltre i limiti di essa; e non può pronunciare d'ufficio su eccezioni, che possono essere proposte soltanto dalle parti."

347. Ovviamente il convenuto può fare entrambe le cose, proporre una transazione e contestare, ma per semplificare, ci rimane una sola scelta.

348. Si noti che, con la stabilizzazione della controversia, cioè, dopo che il convenuto ha contestato e la prima udienza di comparazione fissa la lite, di norma, l'attore non può più ritirarsi del processo unilateralmente, ma deve rispondere o proporre un accordo (che include la possibilità di rinuncia agli atti del giudizio),

Considerando solo il primo grado di giurisdizione, possiamo illustrare la graduale riduzione del divario di aspettative tra le parti, come risultato della marcia processuale durante la fase introduttiva nella forma della Figura 4-16 seguente. In questo contesto, il divario di aspettative si evolve come segue:

RIDUZIONE DELL'ASIMMETRIA PER IL PROCESSO
Figura 4-16

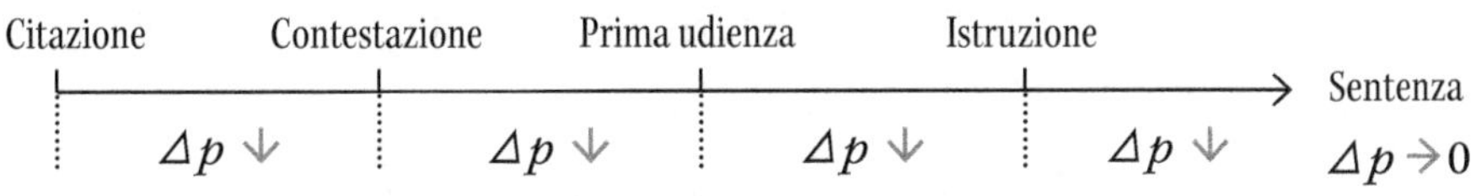

Direzione della diffusione di informazioni tra le parti.
↑ *informazioni pubbliche* ↓ *informazioni private*

Tuttavia, a volte, le informazioni rese disponibili nella fase introduttiva non sono sufficienti per esaurire la controversia e, pertanto, affinché le parti abbiano la certezza dei fatti asseriti, è necessario eseguire un'istruzione processuali aggiuntiva, come l'audizione di testimoni, la realizzazione di una consulenza tecnica e così via. La persistenza di un'asimmetria informativa nella fase introduttiva può incidere in modo sostanziale sulla struttura di incentivi delle parti e, quindi, sul loro comportamento. Esploriamo questa idea.

Il classico modello di litigio basato sull'asimmetria informativa fu inizialmente proposto da Lucian Bebchuck[349] e, da quel momento in poi, la letteratura dell'analisi economica del processo si rivolse praticamente interamente all'uso della Teoria dei giochi e alle varie forme che il processo di negoziazione poteva assumere. La stragrande maggioranza dei modelli è eccessivamente tecnica, ma senza un contributo definitivo alla comprensione del processo che sia paragonabile alla difficoltà di utilizzo. Poiché l'obiettivo di questo libro è quello di presentare l'analisi economica del processo in un modo che i giuristi di tutti i tipi possano apprezzare e utilizzare, useremo un'illustrazione per dimostrare le principali intuizioni di questo approccio senza entrare nei dettagli del modello.

Supponiamo il caso di un avvocato di una grande compagnia di assicurazione sanitaria che, dopo aver ricevuto la citazione, viene chiamato dall'impresa a decide-

ma questo dipende dall'accordo del convenuto (art. 306, c.p.c.i.). La rinuncia alla domanda (art. 183 e 184, c.p.c.i.) non va confusa con la rinuncia all'azione o con la rinuncia al diritto sostanziale (unilaterale).

349. Il modello di Bebchuck (1984) parte dal presupposto che la minaccia di un litigio da parte dell'attore sia credibile, vale a dire che il valore atteso del litigio è positivo. Già Nalebuff (1987) ha allentato tale presupposto per indagare sul problema delle minacce credibili.

re se quel particolare caso debba essere affrontato in giudizio o se l'impresa debba proporre un accordo[350]. Ci sono due tipi di attori in caso di negazione indebita della copertura: gli attori con casi forti e gli attori con casi deboli. I casi forti sono quelli in cui la copertura era dovuta e hanno una probabilità di successo dell'80% ($p_f = 0{,}8$). I casi deboli sono quelli in cui la copertura richiesta non era dovuta e hanno solo il 20% di probabilità di successo ($p_d = 0{,}2$). Supponiamo che la compensazione pretesa sia di 100.000 € (B = 100.000) e che il costo di lite sia di 10.000 € per ciascuna parte ($C_A = C_C$ = 10.000). Ora, supponiamo che sia la compagnia che l'attore sappiano se il caso è forte o debole fin dall'inizio (informazione perfetta). Questo esempio può essere rappresentato come segue:

VALORE ATTESO NEL MODELLO DI ASIMMETRIA INFORMATIVA
Figura 4-17

		Valore atteso dell'attore	Valore atteso del convenuto
Tipo di Litigante	Caso forte	$p_f \cdot B - C = 70.000$	$p_f \cdot B + C = 90.000$
	Caso debole	$p_d \cdot B - C = 10.000$	$p_d \cdot B + C = 30.000$

La Figura 4-17 mostra il valore dell'azione tanto per i due tipi di attori, quanto per la compagnia di assicurazione, per tipo di litigante. In entrambi i casi, come nel modello del mutuo ottimismo, un accordo è possibile perché c'è un eccedente cooperativo da condividere. Si noti che l'eccedente cooperativo in entrambi i casi è di 20.000 €, corrispondente al costo di lite, variando solo l'intervallo di negoziazione. Per i casi più forti, lo spazio di negoziazione va da 70.000 a 90.000 €, mentre per i casi più deboli va da 10.000 a 30.000 €.

In questo esempio, la conclusione di un accordo è semplice e diretta perché non vi è alcuna asimmetria informativa, vale a dire che sia l'assicuratore sanitario che l'assicurato sono in grado di individuare quali casi sono forti e quali sono deboli. Le cose si complicano se l'assicuratore non è in grado di identificare il tipo di litigante quando si decide se offrire o meno un accordo e quindi quando si inserisce l'asimmetria informativa.

Supponiamo ora che dalla notificazione e dalla storia dell'assicurato, la compagnia non possa sapere se il caso è forte o debole, ma solo che la copertura è stata negata. Per sapere se la negazione era stata corretta nella pratica, sarebbe necessario procedere con l'istruzione processuale e un'eventuale perizia. Tuttavia,

350. L'esempio presuppone che una compagnia di assicurazione sanitaria debba garantire ai propri assicurati solo le prestazioni e i medicinali previsti dalla legge e dal contratto, nel rispetto del diritto fondamentale alla legalità. Ovviamente, se la compagnia dovesse offrire qualsiasi tipo di assistenza ai suoi assicurati, indipendentemente dal contratto o dalla legge, allora qualsiasi azione per negazione di copertura contro di essa sarebbe forte.

dalla sua esperienza, l'avvocato della compagnia sa che una parte di casi è forte e una parte di casi è debole. Supponiamo ora che, a causa dei tempi stretti e del tempo necessario per approvare internamente qualsiasi accordo, la compagnia possa fare un'unica offerta di accordo entro il periodo di contestazione e che l'assicurato debba accettare o rifiutare tale offerta. Se voi foste l'avvocato della compagnia, come reagireste a questo scenario? Fareste una proposta di accordo? Se sì, di quanto? Perché lo fareste? Dedicate del tempo a pensare a queste domande prima di avanzare nel testo.

In un tale scenario, in cui il convenuto si trova ad affrontare un tipo sconosciuto di attore, la compagnia ha due possibili strategie: può raggruppare tutti gli attori in un grande gruppo e fare una proposta uniforme che tutti accettano, la cosiddetta **strategia di raggruppamento** (*pooling strategy*), oppure può adottare una proposta che divide gli attori per tipi, la cosiddetta **strategia di separazione** (*separating strategy*).

Considerando che il valore di riserva dei litiganti con cause forti è in media 70.000 € e il valore di riserva dei litiganti con cause deboli è in media 10.000 €, la compagnia di assicurazione potrebbe livellarli e offrire 70.000 € a chiunque abbia intento una causa contro di lei per negazione di copertura. In questa ipotesi, tutti i litiganti sarebbero raggruppati in un'unica categoria, da cui il nome della strategia, *raggruppamento*, e tutte le proposte sarebbero accettate (dato che sono uguali o superiori al prezzo di riserva di tutti gli autori). Ci sarebbe la certezza che tutte le proposte sarebbero state accettate e tutti i litigi sarebbero stati evitati, ma il costo sarebbe sempre stato di 70.000 € per ogni processo, indipendentemente dal tipo di assicurato con cui la compagnia aveva a che fare. In altre parole, la compagnia acquisterebbe la certezza dell'accordo con 60.000 € per ogni attore con un caso debole. Semplicemente non sa quanti sono e quindi quanto le costerà.

Una seconda possibile strategia sarebbe quella di adottare di norma una proposta che solo i litiganti con cause deboli accetterebbero. Così, la compagnia adotterebbe come standard di comportamento offrire sempre 10.000 € come risarcimento per tutte le parti in causa. In questo caso, tutti i litiganti con cause deboli accetterebbero la proposta, poiché l'importo offerto è pari al loro prezzo di riserva, ma tutti i litiganti con cause forti la rifiuterebbero e continuerebbero a litigare, poiché l'importo è molto inferiore al loro prezzo di riserva. Poiché ogni tipo di litigante reagirà in modo diverso alla stessa offerta, questa strategia separa i litiganti per tipo, da cui il nome della strategia, *separazione*.

Inoltre, poiché la strategia di separazione genera litigio, il suo costo per la compagnia dipenderà dalla proporzione della popolazione di litiganti con casi forti che continuerà l'azione. Ma quale delle due strategie sarebbe la migliore per la compagnia?

Non è possibile rispondere a questa domanda teoricamente, in quanto il rendimento atteso di ciascuna dipende dalla distribuzione dei casi forti e deboli nella popolazione dei casi considerati. Ma se abbiamo i dati o una stima ragionevole, possiamo farlo. Supponiamo, ad esempio, che i tipi di casi siano equamente distribuiti, vale a dire, per ogni singolo caso, c'è 50% di probabilità che sia forte e 50% che sia debole. In questo scenario, il costo medio per processo della strategia di raggruppamento sarà di 70.000 €, cioè, 70 milioni di euro per blocco di 1.000 processi.

Nella strategia di separazione, poiché tutte le parti deboli accetteranno la proposta di 10.000 €, rimarranno solo i litiganti forti che continueranno il litigio fino alla fine. Il costo medio previsto della strategia di separazione sarà di 50.000 € (= 0,5 • 10.000 + 0,5 • 90.000), cioè, 50 milioni per blocco di 1.000 casi. *Ergo*, in questo scenario, la strategia di separazione è più economica per la compagnia di assicurazione sanitaria rispetto alla strategia di raggruppamento, anche se genera più litigi. Quindi, è la scelta razionale che la compagnia adotterà. Come si può vedere, dal punto di vista privato, il litigio non è sempre uno spreco di risorse. A volte, il litigio è la strategia più efficiente[351].

Curiosamente, e questo è molto interessante, mentre nella strategia di raggruppamento nessun caso va in giudizio (finiscono tutti in conciliazione), nella strategia di separazione molti casi vanno in giudizio e, controintuitivamente, solo i casi forti vanno in giudizio[352]. Pertanto, la compagnia di assicurazione sanitaria perderà la maggior parte dei casi che contesta (80%) e, anche così, questa strategia sarà più vantaggiosa, in quanto separa i litiganti. In questo senso, quando si osservano alcuni grandi litiganti che di solito perdono nel giudiziario ma continuano a litigare, può essere che questo scenario sia il risultato di un comportamento strategico del convenuto per separare i vari tipi di attori. Quindi, un riflesso del loro comportamento razionale e strategico, non necessariamente un caso di lite temeraria. Se tale comportamento sia socialmente desiderabile è un'altra discussione, ma, come dimostrato sopra, può essere razionale ed efficiente dal punto di vista privato. Ci troviamo di fronte a un'altra ipotesi in cui l'uso della Teoria dei giochi può aiutarci a comprendere correttamente la realtà.

Tuttavia, è importante ricordare che la superiorità dell'una o dell'altra strategia non è nella strategia stessa, ma nello scenario costruito. Quindi, se cambiamo qualche parametro, la strategia di raggruppamento può diventare più interessante

351. Sospetto che quasi tutti i principali litiganti del settore privato, come le compagnie aeree, le banche, le società di telecomunicazioni, abbiano una modellazione dei costi del litigio e adottino la strategia che massimizza il loro ritorno. Che agiscano quindi in modo strategico. Chi non ha una tale strategia potrebbe perdere milioni di euro ogni anno.

352. Si noti che, in questo scenario, i casi che vanno in giudizio non sono quelli difficili, come previsto da Priest e Klein (1984), ma solo quelli facili (cioè i casi forti). Su questa discussione si veda la Sezione 6.6.

della strategia di segregazione. Per esempio, supponiamo che p_f = 80% e p_d = 20%. La strategia di separazione costa ora 74.000 € (=0,2 • 10.000 + 0,8 • 90.000) per caso, vale a dire che costerà 74 milioni di euro per ogni blocco di 1.000 casi. Mentre la strategia di raggruppamento costerà 70.000 € (= 0,2 • 70.000 + 0,8 • 70.000) per processo, vale a dire che costerà 70 milioni di euro per blocco di 1.000 processi. In questo scenario, la compagnia si troverebbe in una situazione migliore se raggruppasse tutte le parti in causa e facesse un accordo in tutti i casi pagando il prezzo di riserva dei casi forti, anche se in alcuni casi deboli pagherebbe più del necessario[353].

Pertanto, è chiaro che c'è un *trade-off* tra la strategia di raggruppamento e la strategia di separazione. La prima risparmia i costi di lite al prezzo di un aumento dei costi di accordo (si paga troppo per i litiganti deboli), mentre la seconda risparmia i costi di accordo del non pagare eccessivamente i litiganti deboli, al prezzo di un eccesso di litigio con i litiganti forti, aumentando il costo di lite. Pertanto, si prevede che l'agente varierà la sua strategia in quanto la sua percezione della distribuzione dei tipi di litiganti varia nel tempo. Con l'aumento della popolazione dei casi deboli, si prevede anche un aumento del numero di cause, dato che il convenuto strategico inizierà a migrare verso la strategia di separazione. Con la diminuzione della popolazione dei casi deboli, si prevede anche un calo del numero di controversie, poiché il convenuto strategico inizierà a migrare verso la strategia di raggruppamento. Si tratta di un risultato molto interessante, poiché sono i casi deboli a determinare la strategia del convenuto.

La letteratura è vasta in altri modelli che discutono varianti di questo caso base, come il cambiamento di chi fa l'offerta al titolare dell'informazione privata, l'introduzione della possibilità di una fase di negoziazione o anche quando entrambe le parti hanno informazioni private (asimmetria reciproca)[354]. Tuttavia, le conclusioni raggiunte non modificano sostanzialmente le principali conclusioni discusse in precedenza e sono in gran parte compatibili con il modello del mutuo ottimismo.

Il merito principale di questa letteratura è quello di dimostrare i vantaggi che la negoziazione può trarre dalla divulgazione di informazioni da una parte all'altra e, in particolare, dal comportamento dell'altra parte. Il suo principale limite, oltre all'alto livello di complessità matematica, è che presuppone regole di negoziazione che non si applicano necessariamente nel mondo reale, come l'ipotesi di fare un'unica offerta.

353. Il lettore può vedere come la logica della strategia di aggregazione sembra un'assicurazione?

354. Al lettore veramente entusiasta, consiglio di consultare il volume V dell'*Encyclopedia of Law and Economics*, disponibile *online*. Cf. Bouckaert e De Geest (2000). Se disponibile nella vostra biblioteca, andate direttamente al volume 8 - *Procedural Law and Economics*, della seconda edizione dell'enciclopedia. Si veda Sanchirico (2012) e, in particolare, il Capitolo 15 - *Settlement* di Andrew F. Daugherty e Jennifer F. Reinganum.

Come nota finale di questo capitolo, è importante notare che ciò che abbiamo fatto finora è un'applicazione dell'analisi economica del diritto positivo, cioè, abbiamo indagato come è e non come dovrebbe essere la condotta degli agenti, secondo alcuni criteri normativi. In questo senso, il modello teorico dei giochi di cui si è parlato sopra ci aiuta a comprendere alcuni comportamenti dei litiganti di massa che, considerati singolarmente, possono non avere senso a prima vista, ma rivelarsi pienamente razionali se considerati nel loro insieme. Inoltre, poiché in questo capitolo stiamo indagando il mondo dell'essere (positivo) e non quello del dover essere (normativo), non stiamo discutendo se tale condotta sia buona o cattiva per la società. Stiamo solo cercando di capire il mondo.

Per il lettore interessato alla discussione giuseconomica sulla "adeguatezza sociale" dell'intentare o meno un'azione giudiziale, raccomando l'articolo di Steven Shavell, che è stato il primo a dimostrare che i costi sociali del litigio possono essere diversi dai costi privati e, quindi, che ci può essere un eccesso o una mancanza di litigio[355], a seconda del caso. D'altra parte, nel Capitolo 6, indagherò sulle conseguenze sociali di questo eccesso di litigio e su come l'uso eccessivo del giudiziario possa distruggere la sua capacità di giudicare adeguatamente, a causa di una congestione endemica, la cosiddetta **Tragedia del giudiziario**[356], e anche che questa tragedia può essere una conseguenza diretta della stessa natura economica del diritto e dei tribunali[357]. Ma prima di questo, ora che abbiamo imparato i modelli di base, esploriamo alcuni temi avanzati di analisi economica del processo che amplieranno ulteriormente la gamma di possibili applicazioni della Teoria positiva del processo.

355. Cf. Shavell (1982).

356. Cf. Gico Jr. (2012; 2014).

357. Cf. Gico Jr. (2019; 2020).

5

Applicazioni avanzate della Teoria positiva del processo

Nel capitolo precedente ho presentato e discusso i fondamenti dell'analisi economica del processo e i modelli di base dai quali abbiamo potuto comprendere e discutere fenomeni processuali dei quali la teoria del processo tradizionale, di regola, non tratta, come la decisione di intentare un'azione, contestarla o stipulare un accordo. Adesso, dotati di questo strumento, possiamo espandere l'analisi ad alcuni temi più avanzati che non sono ancora stati esplorati, ma che sono ugualmente importanti per la comprensione del fenomeno processuale.

In particolare, si parlerà di quattro questioni specifiche: (i) l'insufficienza dello spazio di accordo per la conclusione di un accordo; (ii) la funzione del doppio grado di giurisdizione e il suo impatto sulla struttura di incentivi dei litiganti; (iii) l'impatto del problema agente-principale tra cliente e avvocato e, infine; (iv) una presentazione dei principali bias identificati nell'analisi economica comportamentale e che possono essere rilevanti in una discussione processuale.

5.1 L'insufficienza dello spazio di accordo

Alla fine del capitolo precedente, abbiamo usato la Teoria dei giochi per cercare di capire l'impatto della presenza di asimmetria informativa sul comportamento del convenuto nel decidere se fare una proposta di accordo o contestare la causa dopo essere stato debitamente citato in giudizio. Ora, useremo la stessa teoria, ma un modello diverso, per studiare lo scenario in cui, anche a fronte dell'esistenza di un eccedente cooperativo e, quindi, della razionalità di concludere un accordo, le parti potrebbero non essere in grado di raggiungere detto accordo e, quindi, cooperare.

In primo luogo, esploreremo questa possibilità come risultato del comportamento strategico delle parti (Sezione 5.1.1); poi, esploreremo come questo comportamento possa essere il risultato di una razionalità prospettica derivante dagli effetti dei costi irrecuperabili sulla struttura di incentivi degli agenti (Sezione 5.1.2).

5.1.1 Eccesso di negoziazione e il dilemma del prigioniero

Nel pensare alla questione dell'eccesso di negoziazione, traggo vantaggio da decenni di esperienza come mediatore in importanti trattative, come avvocato dinanzi ai tribunali e come arbitro in arbitrati commerciali. E, secondo la mia esperienza in questo ambito, c'è da aspettarsi che, in casi emotivamente coinvolgenti come in quelli di divorzio o di scioglimento delle società familiari[358] (la versione commerciale del divorzio), le parti possano comportarsi in modo contrario al

358. Non confondere con l'impresa familiare disciplinata dall'art. 230-bis del c.c.i. Qui mi riferisco alle società commerciali le cui azioni o quote finiscono per lo più nelle mani di un'unica famiglia, ma può applicarsi anche all'impresa familiare.

proprio interesse a lungo termine. A seconda del contesto, in alcune circostanze, punire o danneggiare l'altra parte può essere più utile che risolvere il problema.

D'altra parte, in situazioni non così cariche di emozioni, ci si aspetterebbe un atteggiamento più obiettivo, più focalizzato sui risultati, soprattutto quando le parti sono accompagnate da un avvocato. L'accordo dovrebbe essere facile da raggiungere. Tutte le controversie in cui vi sia un'eccedente cooperativo dovrebbero concludersi con una composizione, con le parti –debitamente guidate dai loro avvocati– che si dividono l'eccedente ed evitano i costi di lite. Tuttavia, non sempre è così, anche quando c'è un eccedente da dividere. Perché?

Una possibile spiegazione è l'eccesso di negoziazione o ciò che gli americani spesso chiamano *hard bargaining*. Come in quasi tutti i rapporti con un esperto, in generale, il cliente non è in grado di misurare efficacemente la qualità del servizio dell'avvocato, se non per i segnali esterni facilmente percepibili[359]. Nel caso di una trattativa, un avvocato che si comporta in modo duro e senza compromessi può essere visto –dal suo cliente– come un avvocato che difende ferocemente i suoi interessi, mentre l'avvocato più riflessivo che considera entrambe le parti del tavolo può essere percepito come un avvocato debole che capitola facilmente. Senza sapere come il cliente percepirà la qualità della sua prestazione, un avvocato può semplicemente adottare l'atteggiamento più aggressivo per precauzione e, come vedremo, questo renderà difficile la negoziazione e potrebbe anche portare ad un'impasse[360].

A titolo di esempio, l'autore di questo libro ha avuto la felice opportunità di assistere alla negoziazione di una controversia aziendale in cui l'avvocato della controparte era un suo ex professore (sì, alcuni sono ancora vivi). Ancor prima dell'inizio delle trattative, il professore lo ha contattato per sottolineare che qualsiasi parola più dura pronunciata durante le trattative non sarebbe stata un attacco personale, ma solo il risultato di una feroce combattività. Quello che cercava di dire era che,

359. Vi siete mai chiesti perché molti avvocati spendono troppo per vestiti, orologi e automobili costosi e uffici sontuosi? La prossima volta, chiedetevi se per caso non stiano segnalando al cliente quanto sono professionisti di successo. Tanto di successo da potersi permettere di spendere denaro in lussi superflui; quindi "devono" essere buoni avvocati. Questo comportamento assomiglia a quello del pavone, il cui didietro frondoso, invece di aiutarlo a sopravvivere, lo intralcia. Pertanto, segnala alla femmina che il suo proprietario è così giovane e forte da riuscire a sopravvivere pur mantenendo una coda frondosa. In biologia evolutiva, questo tipo di strategia si chiama **segnalazione**. In economia, la Teoria dei segnali o della segnalazione studia i meccanismi utilizzati da alcuni agenti per segnalare (onestamente o disonestamente) le informazioni all'altra parte e quindi risolvere i problemi di asimmetria informativa. Ad esempio, per un'applicazione della Teoria della segnalazione al comportamento dei consumatori, si veda Boulding e Kirmani (1993).

360. La letteratura negoziale condanna l'uso della strategia di posizionamento come un pericolo per il successo delle negoziazioni, ma la letteratura comportamentale suggerisce che il bias di ancoraggio può facilitare un accordo, come discusso nella Sezione 5.4. Cf. Korobkin e Guthrie (1994).

pur essendo una persona gentile e molto educata, cosa che in effetti è, durante le trattative, poteva agire, per così dire, in modo più duro.

In teoria, il ruolo di un avvocato negoziatore è quello di arrivare ad un risultato che sia vantaggioso per entrambe le parti perché, come visto nella Sezione 4.1.2 sulla Teoria dell'affare, questo è l'unico modo per concludere un accordo volontario. Pertanto, la funzione di un negoziatore è quella di trasformare un **gioco *win-lose*** (gioco competitivo), in cui ciò che una parte vince è esattamente quello che l'altra perde, in un **gioco *win-win*** (gioco cooperativo[361]), in cui tutti vincono, e, quindi, si raggiunge un accordo. Qualsiasi manuale di negoziazione o di forme alternative di risoluzione delle controversie vi dirà questo. Ma se è così ovvio, insisto, perché i partiti e gli avvocati razionali spesso non riescono a chiudere un accordo anche se c'è un eccedente cooperativo da condividere? Una risposta può essere il problema del comportamento strategico.

Tornando all'idea dell'eccedente cooperativo, supponiamo che Antonio abbia un'auto che lui valuta 10.000 € e Carla valuti la stessa auto 20.000 €. L'eccedente cooperativo è la differenza dei valori di riserva, quindi c'è un'eccedente di 10.000 € da generare con lo scambio. Ma come verrà distribuito questo valore tra le parti? Se Antonio dice a Carla che venderà l'auto solo per 19.000 €, e lei ci crede, allora l'affare sarà chiuso a quel prezzo e lei avrà solo 1 migliaio di euro dell'eccendente, ma comprare l'auto per 19.000 € è preferibile a non comprarla affatto. D'altra parte, Carla potrebbe reagire dicendo che non comprerà l'auto per più di 12.000 €, e si applicherebbe la stessa logica. Come si può risolvere questa situazione?

Se ci troviamo in un contesto di mercato competitivo, sia Antonio che Carla avranno altre opzioni per comprare e vendere l'auto e nessuno dei due potrà costringere l'altro ad accettare il proprio prezzo. Pertanto, la minaccia di alzarsi dal tavolo di negoziazione di ciascuno di loro è credibile. Se una delle due parti non offre un prezzo ragionevole, sia Antonio che Carla potranno cercare un altro partner sul mercato per effettuare lo scambio. La concorrenza tra i consumatori e la concorrenza tra gli offerenti fa sì che il prezzo degli scambi, in un mercato competitivo, sia in media il prezzo di mercato. In questo senso, c'è da aspettarsi che chiudano l'affare ad un prezzo vicino al prezzo di mercato, che è più vicino al prezzo con cui altre persone stanno chiudendo affari simili, per esempio 15.000 €.

Se la negoziazione di un accordo giudiziale avvenisse in un mercato competitivo, non ci sarebbe alcun problema di comportamento strategico e un accordo verrebbe sempre raggiunto, perché se l'attore non volesse accettare la proposta del

361. Dal punto di vista teoretico dei giochi, un gioco non cooperativo è un gioco in cui le parti non possono essere vincolate da un contratto, mentre un gioco cooperativo è un gioco in cui possono farlo. Il concetto è leggermente diverso da quello che si dice qui. Per una discussione sulla terminologia imprecisa della Teoria dei giochi e sulla confusione che crea nei giuristi, si veda Gico Jr. (2007, pp. 233 e ss.).

convenuto, potrebbe negoziare con qualcun altro. E se il convenuto non accettasse la proposta dell'attore, potrebbe negoziare con qualcun altro. Tuttavia, ovviamente non è così che funziona in un'azione giudiziale, poiché l'obbligo vincola solo la persona dell'obbligato[362], in generale il convenuto, e non può essere richiesto ad un'altra persona. Pertanto, nel contesto della negoziazione di una domanda giudiziale, di solito l'attore può negoziare solo con il convenuto e il convenuto può negoziare solo con l'attore, motivo per cui diciamo che i due si trovano in una situazione di **monopolio bilaterale**[363].

In questo senso, nel contesto di un monopolio bilaterale, in cui una parte può negoziare solo con l'altra, nonostante il fatto che vi sia un eccedente cooperativo da condividere e quindi le parti hanno un interesse convergente a raggiungere l'accordo, hanno anche un interesse divergente su quanto dell'eccedente cooperativo rimarrà per ciascuna di esse. Ed è possibile che questo interesse divergente porti a una situazione di stallo e renda impossibile concludere il negozio giuridico.

Tornando al nostro esempio, l'avvocato di una parte che percepisce o si aspetta che l'avvocato della controparte adotti una posizione negoziale più dura, strategicamente, può adottare la stessa strategia negoziale dura in risposta, con il giusto timore che il suo cliente riceva una quota molto piccola dell'eccedente cooperativo; e ancora peggio, che il suo cliente lo percepisca come un cattivo, debole avvocato. Nella letteratura negoziale, questo scenario è solitamente rappresentato come un **dilemma del prigioniero.**

Come detto prima[364], "[i] giochi, la cui strategia dominante porta ad un risultato inferiore rispetto a quello che si otterrebbe se ci fosse cooperazione, sono di solito chiamati il dilemma del prigioniero. Inizialmente concepito solo come gioco matematico dagli scienziati Merril Flood e Melvin Desher, nella loro versione adattata da Albert W. Tucker in una lettera a quest'ultimo, il dilemma del prigioniero è il seguente: due uomini, accusati di aver infranto la legge insieme, sono tenuti separati dalla polizia. A ciascuno viene detto che (i) se uno confessa e l'altro no, il primo sarà ricompensato e il secondo sarà multato; e (ii) se entrambi confessano, ciascuno sarà multato. Allo stesso tempo, entrambi hanno buone ragioni per credere che (iii) se nessuno dei due confessa, entrambi ne usciranno indenni. Ovviamente, entrambi starebbero meglio se potessero accordarsi sul non confessare; tuttavia,

362. In questo caso non teniamo conto dei casi in cui altri agenti possono essere responsabili per debiti di terzi, come cauzioni, fideiussioni ecc. e casi di cessione di diritti, ma in questi casi sarebbero anch'essi debitori, quindi, obbligati.

363. Per il lettore più competente sul diritto della concorrenza, a rigore, se da un lato c'è un monopolio (fornitore unico), dall'altro ovviamente non può che esserci un monopsonio (acquirente unico), ma la letteratura usa l'espressione –leggermente imprecisa– monopolio bilaterale.

364. Cf. Gico Jr. (2007, p. 256).

se non c'è modo di comunicare, e anche se ci fosse, se c'è il serio sospetto che l'altro imbrogli, la probabilità che ognuno confessi è maggiore, perché questa strategia è la migliore a prescindere da ciò che l'altro decide di fare".

Applichiamo questo ragionamento a un contesto di negoziazione di un accordo giudiziale. Riprendiamo la versione più semplice del nostro esempio di incidente che ha coinvolto Antonio, che ha subito una perdita di 100.000 € (*B*) presumibilmente causata dalla società di Carla. Supponiamo che $p_A = p_C$ = 50%, pertanto, sia Antonio che Carla attribuiscono le stesse probabilità di successo all'azione. Per semplificare, supponiamo anche che $C_A = C_C$ = 10.000 e che i costi di negoziazione sono trascurabili ($N_A = N_C \approx 0$) . Il valore dell'azione per Antonio sarà di 40.000 € (= 100.000 • 0,5 – 10.000) e per Carla di 60.000 € (= 100.000 • 0,5 – 10.000). Pertanto, l'eccedente cooperativo creato da un accordo giudiziale sarebbe di 20.000 €. La questione è come verrà distribuito questo eccendente.

SPAZIO DI ACCORDO NEL GIOCO DELL'ACCORDO

Figura 5-1

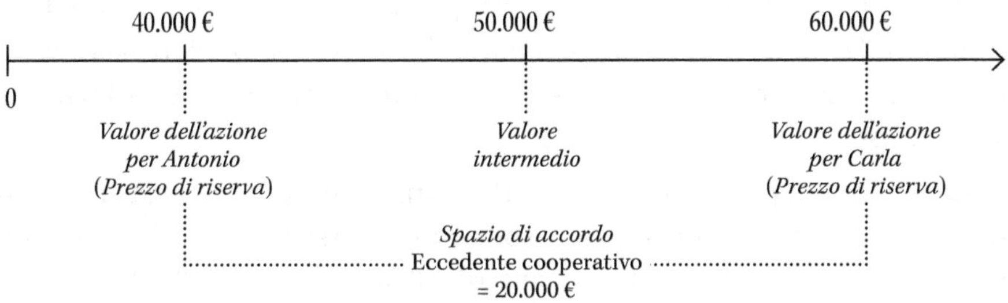

Gli avvocati di Antonio e Carla si incontrano e, debitamente istruiti dai loro clienti, devono adottare una delle strategie di negoziazione: negoziare duramente o in modo conciliatorio. La negoziazione dura mira a portare il massimo valore possibile al cliente entro i limiti dell'accordo, mentre la negoziazione conciliatoria sarebbe quella di adottare un atteggiamento più equilibrato, più vicino ad un'equa divisione dei guadagni dell'accordo. Supponiamo che, se entrambi adottano una strategia conciliatoria, dividano equamente l'eccedente cooperativo. Se uno prende una posizione più dura e l'altro una posizione più conciliatoria, chi ha negoziato duramente prende il 75% dell'eccedente, chi ha capitolato solo il 25%. Se entrambe le parti negoziano duramente, le trattative si concludono in un'impasse che viene superata solo nel 60% dei casi, con entrambe le parti che capitolano e ricevono una quota uguale dell'eccendente. In questo scenario, le alternative sono le seguenti:

STRUTTURA DEL GIOCO DELL'ACCORDO

Figura 5-2

Strategia di Antonio	Strategia di Carla	Probabilità di accordo	Distribuzione	Eccendente Cooperativo
Conciliatorio	Conciliatoria	100%	50%, 50%	10.000, 10.000
Aggressivo	Conciliatoria	100%	75%, 25%	15.000, 5.000
Conciliatorio	Aggressiva	100%	25%, 75%	5.000, 15.000
Aggressivo	Aggressiva	60%	50%, 50%	6.000, 6.000

Se il risultato della negoziazione è la coppia di strategia C-C, allora l'accordo sarà chiuso a 50.000 € e ogni parte otterrà la metà dell'eccedente, 10.000 €. Se Antonio è aggressivo e Carla è conciliatoria –cioè la coppia di strategia è A-C–, allora l'affare sarà chiuso a 55.000 €, con Antonio che riceve 15.000 € dell'eccedente cooperativo (75%) e Carla solo 5.000 € (25%). Se Antonio è conciliatorio e Carla è aggressiva, cioè la coppia di strategia è C-A, l'affare sarà chiuso a 45.000 €, con Antonio che riceve solo 5.000 € dell'eccedente cooperativo (25%) e Carla 15.000 € (75%). E, se entrambi decideranno di essere aggressivi, supereranno l'impasse nel 60% dei casi, dividendo equamente l'eccendente quando ci sarà un accordo e, nel 40% dei casi, le trattative saranno chiuse, e il litigio proseguirà.

Se entrambe le parti adottano un atteggiamento aggressivo (strategia A-A), per Antonio, ciò significa che i *payoff* associati al gioco saranno: 60% di probabilità di un accordo metà e metà, con un ritorno di 30.000 € (= 0,6 • 50.000) e 40% di probabilità di andare in giudizio, con un ritorno di 16.000 € (= 0,4 • 40.000), dato che il valore dell'azione per Antonio è di soli 40.000 €. Pertanto, il rendimento atteso del risultato A-A per Antonio sarà di 46.000 € (= 30.000 + 16.000), il che significa un guadagno di 6.000 € dall'eccedente cooperativo. Per Carla, i *payoff* associati al gioco saranno: una probabilità del 60% di un accordo metà e metà, con un ritorno di 30.000 € (= 0,6 • 50.000) e 40% di probabilità di andare in giudizio, con un ritorno di 24.000 € (= 0,4 • 40.000), dato che il valore dell'azione per Carla è di 60.000 €. Pertanto, il rendimento atteso del risultato A-A per Carla sarà un costo di 54.000 € (= 30.000 + 24.000), cioè, anche un guadagno di 6.000 € dall'eccedente cooperativo. Poiché sia Antonio che Carla da soli hanno guadagnato 6.000 € ciascuno dell'eccedente cooperativo, ciò significa che la strategia aggressiva di cercare una maggiore distribuzione per se stessi ha distrutto 8.000 € di valore. Questo è il costo della non collaborazione.

Ora che abbiamo i risultati di tutte le coppie di strategia per tutti i giocatori, possiamo riorganizzare i *payoff* in una matrice che ci permetterà di vedere il gioco in modo più semplice e chiaro:

Il dilemma dell'accordo

Figura 5-3

		Carla	
		Aggressiva	Conciliatoria
Antonio	Aggressivo	46.000 € / -54.000 €	55.000 € / -55.000 €
	Conciliatorio	45.000 € / -45.000 €	50.000 € / - 50.000 €

Il modo per risolvere il gioco (massimizzare il ritorno) è, quindi, quello di verificare l'esistenza o meno di una strategia dominante, cioè di individuare un insieme di decisioni che garantiscano il miglior ritorno al giocatore indipendentemente dalla strategia dell'altro[365], tuttavia non tutte le partite ne hanno una. Nel nostro esempio non solo c'è una strategia dominante, ma è facile da notare, ora che la matrice del *payoff* è assemblata: entrambi i negoziatori, agendo razionalmente, adotteranno la strategia di negoziazione aggressiva. Guardiamo il punto di vista di ogni giocatore nel dilemma dell'accordo per capire perché questo accade.

Cominciamo dall'attore. Senza sapere quale sarà la strategia adottata da Carla, per Antonio sarà sempre meglio se adotterà la strategia di negoziazione aggressiva, perché se Carla si approccia in maniera conciliatoria, il suo rendimento atteso sarà di 55.000 €, un risultato migliore dei 50.000 € che si aspetterebbe, se anche lui arrivasse alla negoziazione in modo conciliatorio. D'altra parte, se Carla entrasse in scena in modo aggressivo, Antonio otterrebbe comunque un risultato migliore dal ricorso alla strategia aggressiva, dato che il rendimento atteso di 46.000 € dalla strategia A-A è superiore ai 45.000 € attesi dalla strategia conciliatoria, cioè dalla coppia C-A. Così, per Antonio, la strategia aggressiva domina la strategia conciliatoria in tutte le ipotesi. Lo stesso ragionamento vale per Carla. Pertanto, anche agendo razionalmente, entrambi adotteranno la strategia aggressiva.

Notare che in tutte le combinazioni, ad eccezione della coppia A-A, la somma totale del gioco è zero, e l'eccedente cooperativo di 20.000 € è completamente ripartito. Nel caso in cui entrambi adottino la strategia aggressiva, la somma totale del gioco sarà di -8.000 € (= 46.000 – 54.000), in altre parole, 8.000 € dell'eccedente cooperativo saranno distrutti. Come si vede, l'eccesso di negoziazione tra le parti

365. Si noti che se esiste una tale opzione, questo profilo di strategie costituirà un **equilibrio non-cooperativo di Nash**. Come ho già detto (2007, p. 233): "Un equilibrio ha le qualifiche proposte da John F. Nash quando, considerando costanti le strategie di tutti gli altri giocatori (*ceteris paribus*), nessun giocatore può ottenere un rendimento superiore cambiando unilateralmente la sua condotta, cioè, scegliendo una strategia diversa. Un equilibrio non cooperativo di Nash applicato al caso è un profilo di migliori risposte simultanee e, di conseguenza, è caratterizzato dall'assenza di incentivi per qualsiasi impresa ad alterare unilateralmente la propria linea d'azione, perché già massimizzerà i propri profitti. [Il] concetto non riguarda l'esame del meccanismo con cui si raggiunge l'equilibrio".

può impedire la conclusione di accordi –anche quando c'è un eccedente cooperativo da distribuire –anche se le parti si comportano in modo razionale. Questa è la natura di questo gioco strategico e il dilemma del prigioniero.

Se l'esempio vi sembra artificiale, posso usare un caso concreto del mio ufficio per illustrarlo. Ho consigliato un grande gruppo imprenditoriale, con ricavi superiori a 1 miliardo di euro all'anno, ma che è stato coinvolto in una controversia aziendale durata più di 25 anni[366]. Dopo decenni di litigio, pur essendo una società per azioni, il TSG ha infine deciso che il socio insoddisfatto aveva il diritto di ritirarsi e ricevere l'importo stabilito nella perizia, corretto monetariamente, a condizione che il valore degli immobili venisse aggiornato al valore presente.

D'altra parte, poiché il socio recedente non aveva lasciato la società e aveva ricevuto dividendi per tutti quegli anni, non gli spettava alcun interesse. Supponiamo, a titolo esemplificativo, che l'importo che una parte deve ricevere sia di circa 20 milioni di euro, se il valore delle proprietà è stato aggiornato. E di circa 18 milioni di euro, in assenza di tale aggiornamento. Tuttavia, per determinare correttamente tale importo sarebbe necessario che, dopo 25 anni di litigio, la causa ritornasse in primo grado per una nuova perizia, con possibilità di ulteriore impugnazione e di un ritorno del litigio al TSG, il che prolungherebbe la causa certamente per altri dieci o quindici anni. Ricordate: senza interessi. Chiaramente c'è uno spazio di accordo.

Se entrambe le parti si sedessero al tavolo della negoziazione con atteggiamento conciliatorio, sarebbe possibile raggiungere una cifra compresa tra 18 e 20 milioni di euro o anche qualcosa di meno di 18 milioni di euro, il che andrebbe a vantaggio di tutti, poiché il socio recedente riceverà il valore in contanti, invece di aspettare tanti anni, senza interessi. La difficoltà di questa negoziazione è stata quella di utilizzare il modello sopra per dimostrare al cliente debitore che concludere un accordo subito sarebbe stato più vantaggioso che posticipare il pagamento fino alla nuova liquidazione, quando la società sarebbe stata vulnerabile a un pagamento completo e disordinato. Il secondo passo è stato quello di convincere l'altra parte della convenienza di fare uno sconto sui 20 milioni di euro, perché ricevere 18 milioni di euro subito è più vantaggioso di 20 milioni di euro in dieci anni (valore temporale del denaro).

In ogni caso, a volte, sia per personalità, storia o per il rapporto con il cliente, gli avvocati adottano una posizione aggressiva nelle trattative, e questa posizione può portare ad un'impasse. Tale atteggiamento non è irrazionale, anzi, può essere il comportamento strategicamente più razionale. Tuttavia, se trasforma il gioco dell'accordo in un dilemma del prigioniero, gli avvocati dovranno dimostrare una

366. Il caso è durato così a lungo che l'autore di questo libro vi ha partecipato quando era ancora neolaureato ed è tornato al caso decenni dopo, per condurre la sua conclusione.

capacità extra di saper superare l'impasse causata dalle strategie dominanti per raggiungere un accordo. Come si può vedere, a seconda della struttura di incentivi degli agenti, può accadere che, anche in presenza di un eccedente cooperativo, non si raggiunga un accordo.

Inoltre, se il problema del comportamento strategico nella negoziazione di un accordo non fosse sufficiente a generare una situazione di stallo, forse la riduzione dell'asimmetria informativa nel corso del processo non sarebbe sufficiente a dissuadere un attore dall'abbandonare la sua azione a bassa probabilità a causa dell'effetto prospettico dei costi. Esploriamo questa idea.

5.1.2 Il problema dei costi irrecuperabili

Il Rapporto giustizia in numeri del 2019[367] afferma che il numero di accordi omologati nel secondo grado nella giustizia brasiliana era solo del 6% nel 2018, contro il 16,7% nel primo grado nella fase di cognizione (esclusa la fase esecutiva)[368]. Come si spiega questo? Dopo tutte le trattazioni e istruzioni processuali e la sentenza del giudice, sia l'asimmetria informativa tra le parti in causa sia l'asimmetria informativa tra le parti e il giudice sono già state sostanzialmente ridotte, se non del tutto eliminate, poiché tutti ormai sapranno quale regola giuridica regolerà la soluzione del caso e quali fatti sono stati provati e quali no. Con la sostanziale riduzione del divario di aspettative tra le parti ci si aspetterebbe un numero maggiore di transazioni. Tuttavia, come mostrano i dati, non è così.

Una possibile spiegazione parziale può essere l'effetto dei costi irrecuperabili sulla struttura di incentivi degli agenti. Come discusso nella Sezione 4.2, i costi irrecuperabili sono quei costi che, se sostenuti, non possono essere recuperati in un momento successivo; pertanto, tali costi non influiscono sulle decisioni successive prese dagli agenti dopo che sono stati sostenuti. Una volta sostenuti, sono irrilevanti per le decisioni future[369]. In questo senso, immaginate un caso in cui Antonio, dopo aver ricevuto la contestazione di Carla, scopre che la sua azione non era così forte. Dopo la fase introduttiva, nella prima udienza di trattazione scopre che la regola giuridica che il magistrato deve applicare è ancora più sfavorevole di quanto supponeva e, dopo l'esame peritale, il suo caso, che era facile, è diventato molto difficile. Perché Antonio non avrebbe abbandonato il caso in quel momento, o non avrebbe fatto un accordo con Carla per un importo molto basso per chiudere la questione?

367. Cf. CNG (2019, p. 101).

368. Cf. CNG (2019, p. 142).

369. Qualcosa del genere: "acqua passata non macina più" o "è inutile piangere sul latte versato".

Supponiamo il seguente scenario. Un paziente ha un disperato bisogno di un'angioplastica e dell'impianto di due *stent*. Almeno questo è quello che dice il suo cardiologo in un rapporto. In possesso di questo referto medico, Antonio si reca in ospedale e attiva la compagnia di assicurazione sanitaria per autorizzare l'intervento; dopo aver analizzato l'anamnesi e gli esami complementari, i medici della compagnia giungono alla conclusione che l'angioplastica o l'impianto di *stent* non sono necessari, negando la copertura. Antonio si fida del suo medico ed è sicuro che la compagnia si rifiuti di autorizzare l'intervento solo per motivi di contenimento dei costi. Fiducioso, fa causa alla compagnia con un successo stimato dell'80% ($p_A = 0,8$). Il costo stimato dell'operazione e degli *stent* è di 200.000 € ($B = 200.000$). Data l'urgenza e la complessità del caso, ha ottenuto un avvocato affidabile che lo rappresenta per 20.000 € in contanti per negoziare un accordo, più 20.000 € per intentare la causa, se necessario, e altri 10.000 € se c'è bisogno di perizia ($C_A = 50.000$). Così, all'inizio del processo, il valore dell'azione per Antonio sarà di 110.000 € (= 200.000 • 0,8 – 50.000). Poiché la sua domanda è chiaramente una azione di valore atteso positivo (VAP), Antonio intenterà la causa.

All'inizio, l'avvocato di Antonio comunica con la compagnia e cerca di convincerla ad autorizzare l'operazione, ma la trattativa fallisce. Antonio riceve una copia del rapporto tecnico dal personale clinico della compagnia, a dimostrazione che l'intervento non è né necessario né raccomandato. Alla luce di questa evidenza, Antonio comincia a pensare che l'azione non sarà più così facile e adatta le sue aspettative ad una probabilità di successo del 60% ($p_A = 0,6$). Tuttavia, egli ha già sostenuto il costo irrecuperabile di 20.000 € per la negoziazione. A questo punto, intentare la causa (20.000 €) e un'eventuale perizia (10.000 €) gli costerebbe solo 30.000 €. Pertanto, il valore dell'azione per Antonio rimane positivo ed è di 90.000 € (= 200.000 • 0,6 – 30.000). Poiché la sua domanda è ancora un'azione di VAP, lui investirà i 20.000 € aggiuntivi e autorizzerà l'avvocato a procedere alla fase successiva.

Con il progredire del processo, Antonio scopre gradualmente che il suo caso è ancora più debole di quanto immaginasse. Nella contestazione, la compagnia di assicurazione sanitaria presenta il rapporto tecnico del suo personale clinico, al quale ha avuto accesso, e ora è il parere tecnico del suo medico contro il parere tecnico del medico della compagnia. Inoltre, sebbene Antonio abbia invocato il Codice del consumo e chiesto l'inversione dell'onere della prova per la compagnia, nella prima udienza di comparizione e sulla trattazione della causa, il giudice ritiene che la questione possa essere risolta solo con la perizia tecnica, facendo sostenere ad Antonio gli ultimi 10.000 € di spese. Ora ha sostenuto tutti i costi di lite e nessuna decisione successiva sarà influenzata dai costi irrecuperabili già sostenuti.

La perizia è sfavorevole ad Antonio, che comincia a credere che il suo caso sia debole, perché il suo medico si era basato su un criterio già superato dalle Linee guida in cardiologia. In questo momento, dopo aver aggiornato le sue convinzioni con le nuove informazioni (aggiornamento bayesiano), Antonio ritiene che le sue probabilità di successo siano solo del 10%. In questo scenario, sarebbe razionale continuare il litigio? Dopo che tutti i costi sono stati sostenuti, anche con il drastico calo delle probabilità di successo, il valore dell'azione per Antonio in questo momento è ancora di 20.000 € (= 200.000 • 0,1 – 0). Poiché la sua domanda è ancora un'azione di VAP, è razionale che continui a litigare, anche se non ha quasi nessuna probabilità di successo. Questa evoluzione delle credenze di Antonio e l'effetto compensatorio dei costi irrecuperabili possono essere organizzati come segue:

COSTO IRRECUPERABILE E AGGIORNAMENTO BAYESIANO

Figura 5-4

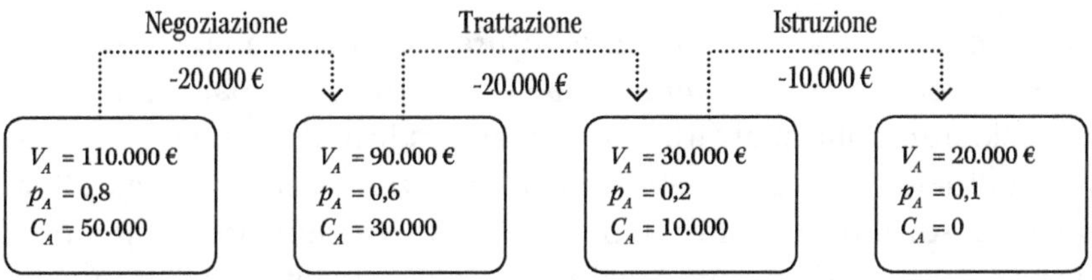

Come si può vedere, dopo aver già sostenuto tutti i costi di lite, fintanto che il valore atteso dell'azione è positivo, sarà razionale per Antonio continuare il litigio, anche se riceve meno di quanto ha pagato, in questo caso 20.000 €, perché gli onorari degli avvocati e dei periti sono già stati pagati e non possono essere recuperati; quindi sono costi sommersi. Inoltre, si noti che se Antonio avesse avuto le stesse informazioni ottenute dopo l'istruzione, al momento della negoziazione, non avrebbe intentato l'azione, poiché avrebbe saputo che il suo valore atteso era negativo di 30.000 € (= 200.000 • 0,1 – 50.000). Tuttavia, poiché al momento dell'acquisizione di tali informazioni i costi di lite (che sono irrecuperabili[370]) sono già stati sostenuti, tali costi non influenzano la decisione di continuare il litigio, poiché ora qualsiasi valore positivo della causa sarebbe un guadagno per Antonio.

Solo a titolo esemplificativo, secondo il Rapporto giustizia in numeri del 2019[371], "più alta è l'istanza, più alto è l'indice di ricorso, sia esterno che interno". L'esistenza di questo comportamento anomalo non è passata inosservata a Fux e Bodart[372], che

---

370. Si noti che anche se gli onorari degli esperti dovessero essere rimborsati ad Antonio in caso di vittoria, gli onorari contrattuali dell'avvocato non lo sarebbero. Il lettore può vedere l'effetto della regola dell'art. 91 del c.p.c.i., se il giudice di condanna la parte soccombente al rimborso perfetto delle spese a favore dell'altra parte?

371. Cf. CNG (2019, p. 101).

372. Cf. Fux e Bodart (2019, p. 154).

hanno rilevato che, dal 2010 al 2019, il 96,82% dei ricorsi al STF in materia civile non sono stati accolti, ovvero la percentuale di successo alla Corte Suprema è solo del 3,18% e, nonostante ciò, nello stesso periodo sono stati assegnati al tribunale oltre 350 mila ricorsi.

Oltre alla possibile asimmetria delle informazioni –il tasso di successo presso il STF non è facilmente accessibile alle parti e agli avvocati– una possibile spiegazione per l'aumento del tasso di ricorso, man mano che si sale nella gerarchia del giudiziario, è l'effetto dei costi irrecuperabili. Dato che gran parte dei costi di lite sono già stati sostenuti nei tribunali di grado inferiore, il costo del successivo ricorso (il suo costo marginale) si avvicina solo alle spese processuali e quelli per la preparazione di una semplice petizione e, quindi, anche per i casi con una bassa probabilità di successo, può essere razionale tentare.

In questo senso, a seconda della struttura dei costi di un'azione giudiziaria e del ritmo con cui si riduce l'asimmetria informativa tra le parti, queste ultime possono decidere di continuare il litigio anche quando non avrebbero inizialmente presentato tali azioni se avessero avuto un'informazione perfetta *ex ante*. La graduale acquisizione di informazioni e la spesa con costi irrecuperabili generano effetti opposti sulla struttura di incentivi dell'agente, ed è il risultato dell'interazione di queste due forze che determinerà la condotta dell'agente. Questo fenomeno di costi irrecuperabili può spiegare, in parte, il motivo per cui un litigante spesso insiste nella causa, anche quando scopre –*ex post*– che le sue possibilità di successo sono scarse. Dopo tutto, il comportamento delle parti dipenderà da quale degli effetti sarà predominante nel caso specifico.

5.2 Il doppio grado di giurisdizione: il modello giuseconomico dell'impugnazione della decisione giudiziale

La possibilità di impugnare una decisione giudiziale ricorrendo a una corte o un organo superiore è di solito definita come un doppio grado di giurisdizione. Il diritto ad un doppio grado di giurisdizione non deriva né dalla Costituzione italiana, né della Costituzione brasiliana. In altre parole, non c'è alcuna disposizione nelle Costituzioni che preveda la possibilità di ricorrere in appello contro qualsiasi decisione giudiziale[373]. È proprio perché non esiste un'apposita disposizione costituzionale che, non di rado, la giurisprudenza e la dottrina brasiliana invocano il giusto processo previsto dall'art. 5, inc. LV, CFB come base per richiedere il doppio grado di giurisdizione. Tuttavia, come discusso nella Sezione 3.3, se il giusto pro-

373. Il doppio grado di giurisdizione di merito contro tutti i tipi di decisione giudiziale non è costituzionalmente garantito in Italia. L'art. 111 CRI, infatti, garantisce solo la ricorribilità in Cassazione e per i soli motivi di legittimità.

cesso è il processo legale, per definizione, il doppio grado sarà dovuto solo se c'è una legge che lo determina. Pertanto, salvo i casi di ricorso previsti dalla Costituzione stessa, una modifica del diritto processuale sarebbe sufficiente ad impedire la possibilità di ricorso. In breve, il diritto di ricorso non è né una conseguenza logica né un'imposizione di un sistema aggiudicatorio, ma solo una scelta del legislatore che può esistere o meno.

La stragrande maggioranza dei sistemi giuridici prevede la possibilità di una qualche forma di impugnazione alla sentenza. Tuttavia, a causa dell'uso eccessivo del giudiziario, alcuni paesi, come l'Italia[374] e l'Inghilterra[375], hanno imposto alcuni limiti alla possibilità di ricorso e di conseguenza limitano o tentano limitare il doppio grado di giurisdizione. Il Brasile mantiene ancora il diritto illimitato di ricorrere da una decisione di primo grado in appello, anche nel tribunale speciale[376], ma lo stesso non si può dire dell'accesso alle istanze straordinarie. Ad esempio, l'accesso al STF è stato limitato con l'imposizione del requisito che il ricorso straordinario abbia ripercussioni generali[377].

Comunque, dal punto di vista dell'Analisi economica del diritto, la questione rilevante è quali sono le conseguenze per l'ordinamento giuridico nel prevedere la possibilità di impugnare una decisione giudiziaria, cioè, quanto tale possibilità altera la struttura di incentivi delle parti in causa. Quindi, dal punto di vista della Teoria positiva del processo, la questione non è se il testo costituzionale o del codice di procedura civile preveda o meno il doppio grado di giurisdizione, ma come questa possibilità influisca sulla struttura di incentivi delle parti.

5.2.1 La decisione di ricorrere in appello

Finora i nostri modelli hanno preso in considerazione solo la decisione di fare un accordo (autocomposizione) contro la decisione di intentare una domanda (eterocomposizione) e non abbiamo discusso la possibilità che la sentenza venga

374. La restrizione è stata inserita nell'art. 348-bis c.p.c.i. per bloccare i ricorsi nei casi in cui non vi sia una ragionevole probabilità di accoglimento ("una ragionevole probabilità di essere accolta").

375. Ai sensi del item (1) del art. 54 del *Access to Justice Act* del 1999, in base alle norme di ciascun tribunale, il diritto di ricorso può essere esercitato solo dopo che è stata concessa l'autorizzazione. Questa restrizione non si applica ai casi penali di cui al item (2).

376. Si ricordi che i tribunali speciali in Brasile giudicano i casi di minore valore, come il giudice di pace italiano. Nel primo grado dei tribunali speciali, non c'è spese legale (gratuito patrocinio) e non c'è bisogno di un avvocato (fino a un certo valore). Nonostante ciò, se il ricorrente soccombe, è condannato a pagare le spese e gli onorari di difesa ai sensi dell'art. 55 della legge n. 9.099, 26 settembre 1995.

377. Art. 1.035. Il Supremo tribunale federale, in una decisione inappellabile, non accoglierà un ricorso straordinario quando la questione costituzionale in esso trattata non ha alcuna ripercussione generale, ai sensi del presente articolo.

§1. Ai fini di una ripercussione generale, si considera l'esistenza o meno di questioni rilevanti dal punto di vista economico, politico, sociale o giuridico che vanno al di là degli interessi soggettivi del processo. [...]

 riesaminata da un tribunale superiore e l'impatto di questa possibilità sugli agenti. Proprio per questo, nella Figura 4-16 della Sezione 4.3.2, abbiamo mostrato il divario di aspettative gradualmente ridotto man mano che il processo procedeva, fino al punto della sentenza, quando il divario di aspettative tendeva a zero ($\Delta p \to 0$). Al momento della pronuncia della sentenza, non solo le parti sarebbero state a conoscenza di tutti i fatti rilevanti per la decisione, ma anche di quali di essi sono stati provati, quali no, nonché della regola giuridica applicabile al caso specifico e dell'esito finale del processo. Se il servizio pubblico aggiudicatorio venisse chiuso lì, non ci sarebbe più alcuna differenza di aspettative tra le parti e ci troveremmo di fronte a una certezza, poiché l'esito dell'azione sarebbe noto. Cosa cambia con la possibilità di un ricorso[378]?

Per capire come si comporteranno le parti, dobbiamo ora metterci nella loro posizione dopo la sentenza. Alla fine del processo, abbiamo tre possibili risultati: la domanda è stata accolta, parzialmente accolta o respinta. Se la domanda è stata accolta, all'attore vincitore è stato riconosciuto il diritto di usare la forza dello Stato per costringere il convenuto soccombente. Se la domanda è stata respinta, al convenuto vincitore è stato concesso il diritto di non essere costretto a sottomettersi alla domanda dell'attore soccombente. In caso di domanda parzialmente accolta, all'attore parzialmente vincitore è stato riconosciuto parte del diritto alla coercizione e al convenuto parzialmente vincitore è stato riconosciuto parte del diritto a non subire costrizioni. Poiché in questi casi la situazione dell'attore e del convenuto è simmetrica, vale a dire che, indipendentemente da chi aveva originariamente la pretesa, ora c'è solo vincitore e soccombente –non useremo più la terminologia attore e convenuto.

Detto questo, la parte soccombente –chiunque fosse in origine (attore o convenuto)– sa di aver perso l'azione e ha davanti a sé una scelta: agire in appello o non agire in appello, il che, in larga misura, equivale quasi alla presentazione di una nuova azione, questa volta davanti al tribunale superiore, dato che l'appello restituisce al tribunale sia la questione di fatto che quella di diritto (effetto devolutivo)[379]. In questo senso, il presupposto della razionalità rimane ugualmente valido per la decisione di impugnare o meno, cioè il soccombente agirà in appello contro la sentenza quando il beneficio atteso del ricorso è superiore al costo atteso della

378. Questo tema è già stato discusso prima da Gico Jr. e Arake (2019) e qui lo approfondisco.

379. Negli Stati Uniti, l'appello consente il riesame di questioni sia di fatto che di diritto, entro i limiti dell'oggetto del ricorso, ma i criteri di revisione dei due tipi di questioni sono diversi. Le questioni di diritto sono esaminate in modo approfondito, senza alcuna deferenza per il giudice di primo grado (*de novo review*), mentre le questioni di fatto sono esaminate solo quando c'è stato chiaramente un errore (*clearly erroneous*), il che significa un ampio grado di rispetto della sentenza di primo grado. Sebbene questa distinzione non esista nel diritto brasiliano, e, salvo errore, neanche nel diritto italiano, l'esperienza pratica, come avvocato, indica che il comportamento dei tribunali si avvicina a questa distinzione, dato che raramente eseguono una nuova istruzione.

soccombenza ($B > C$). Su questa linea, ora dobbiamo scoprire quanto vale il ricorso per la parte soccombente.

Sia p_S la probabilità soggettiva del soccombente di successo del ricorso; B_S il valore del bene della vita[380] e C_S i costi di ricorso. Il rendimento atteso del riscorso per il soccombente è dato da $p_S \cdot B_S$ meno gli eventuali costi di ricorso, cioè, C_S. Pertanto, il **valore del ricorso** per il soccombente e, quindi, il suo prezzo di riserva è $V_S = p_S \cdot B_S - C_S$. Se l'appello avrà successo, il soccombente smetterà di pagare o riceverà B_S, ma incorrerà nel costo irrecuperabile del ricorso C_S. Tornando alla logica della condizione di proposizione (si veda la Disequazione 4.2-1), il valore atteso di un ricorso per il soccombente è dato da $p_S \cdot B_S$ (accoglimento) + $(1 - p_S) \cdot 0$ (non accoglimento), meno i costi del ricorso C_S. Poiché, in caso di non accoglimento, il valore atteso del ricorso sarà zero[381], cioè, il soccombente rimarrà nello *status quo ante*, la **condizione di ricorso** può essere riassunta come segue:

Disequazione 5.2-1

$$p_S . B_S - C_S > 0$$

Come si può vedere, un soccombente razionale proporrà un ricorso in appello quando il suo rendimento netto è positivo, cioè, quando il beneficio atteso ($p_S \cdot B_S$) è superiore al costo atteso (C_S) per fare appello. La condizione di ricorso può essere riorganizzata per rendere esplicito l'impatto della variabile più importante nelle discussioni di ricorso, la probabilità di successo del ricorso:

Disequazione 5.2-2

$$p_S . B_S - C_S > 0$$

$$p_S > \frac{C_S}{B_S}$$

Anche in questo caso, a prima vista, la formulazione di cui sopra può sembrare troppo complessa o addirittura troppo semplice, a seconda dei gusti del lettore, per aiutarci a capire il comportamento del soccombente. Ma considerando che ormai il lettore si è abituato ad analizzare i modelli, vedremo che, presentata in questo modo, la condizione di ricorso ci rivela importanti conclusioni sul comportamento dei potenziali ricorrenti.

380. A breve spiegherò perché il valore del ricorso non è pari al valore della condanna.

381. Si noti che ciò che è zero in caso di non accoglimento è il valore del ricorso, non il valore dell'azione, perché la parte soccombente dovrà pagare per intero l'importo della condanna, quindi, non avrà guadagnato nulla dal ricorso. Tuttavia, questo era già il suo *status quo*, dunque, non avrà vinto nulla con l'appello, *ergo*, il suo valore è zero.

a) Bene della vita. In primo luogo, come nella decisione di intentare l'azione, maggiore è il valore della condanna per il soccombente, cioè, maggiore è il valore di B_S, maggiore sarà la probabilità di presentazione di un ricorso, perché più facile sarà soddisfare la condizione di ricorso. Poiché, nel modello, il denominatore B_S divide il numeratore C_S, più grande è il B_S, *ceteris paribus*, più facile sarà soddisfare la condizione, cioè, che $p_S > C_S/B_S$. In questo senso, all'aumentare del valore della condanna B_S, meno rilevanti diventano i costi totali di un ricorso (C_S). In altre parole, se il valore della condanna è troppo alto, i costi aggiuntivi di un avvocato o il tempo che ci vorrà per affrontare il litigio saranno mitigati in considerazione del danno che il soccombente spera di evitare. Pertanto, la probabilità di un ricorso è una funzione crescente di B_S: maggiore è la condanna, maggiore è la probabilità di ricorso.

b) Costi per ricorrere. In secondo luogo, l'intuizione ci dice anche che più economico è intentare un ricorso, più i soccombenti lo faranno, e questo è proprio quello che il modello sottolinea, quindi, quanto minore è il costo per ricorrere (C_S, più piccolo sarà il numeratore della frazione C_S/B_S e, più facilmente sarà soddisfatta la condizione di ricorso, cioè, che $p_S > C_S/B_S$. E più alto è C_S, più alto è il numeratore e più difficile sarà che la condizione di ricorso venga soddisfatta. In altre parole, più è basso il costo di ricorso, più facile sarà soddisfare la condizione di ricorso e, quindi, più è probabile che venga presentato un ricorso.

In questo senso, nella stessa misura in cui il gratuito patrocinio facilita l'accesso alla giustizia per i più bisognosi, li incoraggerà anche a ricorrere di più alla giustizia, poiché non sosterranno le spese processuali e/o gli onorari di difesa, in caso siano soccombenti. Lo stesso vale per i beneficiari dell'assistenza del difensore d'ufficio, in quanto non dovranno sostenere spese legali aggiuntive per la presentazione del ricorso e, quindi, soddisferanno più facilmente la condizione di ricorso. Si noti che l'impatto del gratuito patrocinio sulla struttura di incentivi del soccombente è identico al caso in cui l'avvocato abbia già addebitato integralmente gli onorari, poiché, essendo tali costi irrecuperabili, per il ricorrente razionale, non vi è semplicemente alcun costo aggiuntivo da pagare all'avvocato per ricorrere, come se fosse rappresentato dal difensore d'ufficio.

c) Onorari di Difesa. Terzo, e questa è una questione troppo interessante, se al momento della presentazione della domanda e, quindi, *ex ante*, la possibilità di essere condannati a pagare onorari di difesa sull'importo della condanna o del bene della vita richiesto scoraggia entrambe le parti a litigare e favorisce l'autocomposizione[382], gli stessi onorari, *ex post*, favoriscono la presentazione di un ricorso da parte del soccombente, dunque, il litigio. Si veda che la decisione di ricorrere o meno in appello viene presa dopo la condanna, quindi, dopo l'imposizione

382. Riuscite a capire perché la previsione degli onorari di difesa riguarda entrambe le parti e non solo l'attore?

degli onorari di difesa. Pertanto, dal punto di vista del ricorrente razionale, l'effetto di tali onorari è quello di aumentare l'importo della perdita attesa dalla scelta del non ricorso, cioè, di B_S. *Ergo*, la previsione della potenziale condanna al rimborso delle spese e degli onorari di difesa riduce il valore dell'azione e genera incentivi per l'autocomposizione *ex ante*, ma, quando questa fallisce, aumenta il valore del ricorso e, quindi, genera incentivi per i ricorsi *ex post*.

Il codice di procedura italiano stabilisce nel primo comma dell'art. 91[383] che il giudice, con la sentenza che chiude la causa, condanna la parte soccombente al rimborso delle spese a favore dell'altra parte "e ne liquida l'ammontare insieme con gli onorari di difesa." Già l'art. 93[384] prevede la possibilità della distrazione di questi onorari direttamente al legale. Mentre il c.p.c.i. non stabilisce regole su come fissare la misura degli onorari di difesa, il c.p.c.b. stabilisce regole più dettagliate. Secondo il §2º dell'art. 85, c.p.c.b.[385], il soccombente deve essere condannato non solo a soddisfare la condanna, ma anche a pagare onorari di difesa all'avvocato dal 10 al 20% sul valore della condanna o della causa. Tuttavia, poiché tale importo non va alla parte vincente ma al suo avvocato, questa disposizione aumenta la differenza tra il valore del ricorso per il soccombente e il vincitore. Quindi, considerando solo l'effetto dell'onorario di difesa, anche se il vincitore riceve solo l'importo della condanna (B_V), il soccombente pagherà B_S, che è superiore tra il 10 e il 20% rispetto al B_V. Pertanto, secondo questa regola processuale, possiamo affermare che $B_S > B_V$. E questa differenza favorirà il litigio nella fase di appello.

d) Probabilità di accoglimento. Quarto, come dimostra la Disequazione 5.2-2, il modello descrive e prevede chiaramente che, *ceteris paribus*, quanto maggiore è la probabilità che la sentenza originale sia modificata, pertanto, quanto maggiore sia p_S, più facile sarà soddisfare la condizione di ricorso. E, più il tribunale rispetta la sentenza originale, dunque, minore è p_S, minori saranno le probabilità che un ricorso venga presentato dal ricorrente razionale. È l'esistenza della possibilità di modificazione della sentenza impugnata che rende razionale la presentazione di un ricorso. Se una decisione giudiziaria non fosse mai modificata, cioè, se $p_S = 0$, allora la condizione di ricorso non sarebbe mai soddisfatta, ossia, p_S non sarebbe mai maggiore di C_S / B_S, anche se $C_S = 0$ e $B_S \to \infty$. Si noti che, in tal caso, il valore della

383. Art. 91. Il giudice, con la sentenza che chiude il processo davanti a lui, condanna la parte soccombente al rimborso delle spese a favore dell'altra parte e ne liquida l'ammontare insieme con gli onorari di difesa. [...]

384. Art. 92. Il difensore con procura può chiedere che il giudice, nella stessa sentenza in cui condanna alle spese, distragga in favore suo e degli altri difensori gli onorari non riscossi e le spese che dichiara di avere anticipate.

385. Art. 85. La sentenza condannerà il soccombente a pagare gli onorari all'avvocato del vincitore. [...]
§2. I compensi sono fissati da un minimo del dieci ad un massimo del venti per cento sul valore della condanna, del beneficio economico ottenuto o, se non è possibile misurarlo, sul valore aggiornato della causa [...].

 condanna non ha importanza e una parte appellerebbe solo se pagata per farlo (C_S < 0) o in presenza di esternalità positive.

Se il modello dimostra, chiaramente, che se la probabilità di accoglimento è nulla, non sarebbe razionale fare appello, cosa accadrebbe se il successo dell'appello fosse una certezza? Consideriamo l'ipotesi che il tribunale non rispetti mai la decisione di primo grado, cioè che accolga tutti gli appelli. Può sembrare un caso estremo, ma io già ho partecipato come professore di numerosi corsi di formazione di nuovi magistrati e altri corsi per il giudiziario con pubblico misto di magistrati e assessori. In un corso di questo tipo con un pubblico misto, ho spiegato la doppia funzione del doppio grado di giurisdizione e ho detto che in assenza di una differenza giurisprudenziale o di un chiaro errore, non era socialmente desiderabile che una corte d'appello ribaltasse una decisione di un tribunale e quindi non era socialmente desiderabile accogliere il ricorso. In quel momento, un assessore della corte d'appello[386], che sembrava essere una persona molto buona, si alzò in piedi per esprimere il suo disaccordo, perché –a suo avviso– se la parte faceva appello, era perché era frustrata per la decisione impugnata e, quindi, lui, per darle una certa soddisfazione, un po' di tranquillità, ha sempre parzialmente accolto il ricorso, anche se si trattava solo di aumentare un po' il risarcimento o di ridurre un po' la multa, per esempio. Solo per non negare tutto. In questo scenario, utilizzando la condizione di ricorso, quale sarebbe l'impatto sulla struttura di incentivi del soccombente se tutti i tribunali adottassero questa "gentile" posizione dell'assessore?

Ebbene, se la corte d'appello non rispettasse mai la decisione del tribunale e quindi accogliesse sempre il ricorso, allora, per definizione, la probabilità di successo sarebbe del 100%, ossia, $p_S = 1$ e non sarebbe razionale per il soccombente ricorrere in appello solo se il costo dell'appello fosse superiore al valore della condanna:

$$1 > \frac{C_S}{B_S}$$

$$B_S > C_S$$

Dato che i costi dell'appello generalmente sono molto bassi e che l'importo della condanna includerà il valore degli onorari di difesa dal 10 al 20% sulla con-

386. Se il lettore è sorpreso dal fatto che stiamo discutendo la decisione di un assessore e non quella di un giudice, è perché non ha interagito abbastanza con la magistratura. Come pensa che sia possibile per un essere umano giudicare 5.000 casi in un solo anno? Supponiamo che ogni caso sia lungo in media 100 pagine e che ci voglia 1 minuto per leggere 3 pagine, questo significa che per leggere i casi ci vorrebbero 347,22 giorni lavorativi di 8 ore ininterrotte di lettura (più di un anno), senza contare il tempo per riflettere e prendere una decisione o per agire con una certa diligenza. Dato l'attuale stato di sovrautilizzo del giudiziario, purtroppo, non sono più i magistrati a decidere i nostri casi. Ecco, ho rivelato il segreto...

danna (o un valore stabilito dal giudice), è ragionevole aspettarsi che solo in casi eccezionali la condizione di ricorso non sarà soddisfatta. Pertanto, se tutti si comportassero come il "gentile" assessore, praticamente tutte le sentenze del tribunale sarebbero appellate e le corti d'appello, che hanno un numero di giudici inferiore al numero dei giudici nei tribunali (ricordate la struttura piramidale), sarebbero completamente sovraffollati di appelli. Sarebbe un disastro completo.

In generale, la quantità di ricorsi che una corte d'appello riceve è una funzione del suo **tasso di ribaltabilità**[387]. Il tasso di ribaltabilità può essere calcolato sia per i casi in generale che per specifici tipi di casi e, nel limite, se calcolato per un singolo caso sarà confuso con la probabilità di successo del ricorso, cioè, con p_S. Prima del litigio, il divario di aspettative era una conseguenza dell'insicurezza giuridica e dell'asimmetria informativa[388] tra le parti. Tuttavia, dopo la fase di trattazione, istruzione e giudizio della causa, non solo le parti hanno già prodotto tutte le prove di cui avevano bisogno, ma non possono più produrre nuove prove (preclusione) nella fase di appello, per cui è prevedibile che non ci sarà una sostanziale asimmetria informativa tra di loro in quella fase[389]. I fatti su cui si litiga sono stabiliti (il *thema decidendum* ed il *thema probandum*). Pertanto, ci si aspetta che qualsiasi divergenza di aspettative circa la fattibilità del ricorso derivi principalmente dalle loro percezioni soggettive circa l'accuratezza della decisione giudiziale impugnata in appello, cioè, sulla presenza o meno di errori nella decisione giudiziale contestata.

In questo senso, da un punto di vista sociale, considerando che è estremamente costoso mantenere gruppi di giudici (corte d'appello) che riesaminano il lavoro di singoli giudici, nessuno dei due scenari estremi discussi sopra ha senso, cioè, non è efficiente né rigettare tutti i ricorsi, né accoglierli tutti. La domanda, quindi, è: quali casi devono e quali non devono essere riesaminati? Inoltre, se è il tasso di ribaltabilità che genera l'incentivo a ricorrere in appello e il mantenimento di una seconda istanza è costoso per la società, allora ci deve essere una spiegazione razionale per

387. In un'altra occasione, Gico Jr. e Arake (2019, p. 13) hanno già definito il tasso di ribaltabilità come "il rapporto tra il numero di decisioni giudiziali riformate e il numero totale di decisioni impugnate di una data istanza o organo giudicante. Con esso intendiamo scoprire la relazione (proporzione) tra le sentenze impugnate che vengono riformate e quelle che non vengono riformate."

388. Cf. Gico Jr. (2014, p. 184).

389. Solo per curiosità, poiché in Francia le parti possono produrre nuove prove in seconda istanza, molti contendenti vedono la prima istanza come un semplice riscaldamento, anche se non presentano tutte le loro argomentazioni e prove, il che, chiaramente, è controproducente. Cf. Fisher-Achoura (2004). E anche l'ampia riforma del 2019, attuata nel 2020, non sembra aver cambiato il quadro, in quanto l'articolo 563 del Codice di procedura civile francese afferma inoltre che: "Per giustificare in appello le pretese che sono state presentate al primo giudice, le parti possono invocare nuovi motivi, produrre nuovi documenti o proporre nuove prove. In originale: "*Pour justifier en appel les prétentions qu'elles avaient soumises au premier juge, les parties peuvent invoquer des moyens nouveaux, produire de nouvelles pièces ou proposer de nouvelles preuves.*"

 giustificare l'esistenza delle corti d'appello, cioè del doppio grado di giurisdizione. Di questo parleremo nella prossima sezione.

5.2.2 La doppia funzione del doppio grado di giurisdizione

I paesi, in generale, adottano il doppio grado di giurisdizione per due motivi: la necessità di uniformare le regole giuridiche e la correzione degli errori. Queste due funzioni del doppio grado di giurisdizione spiegano perché investiamo così tante risorse sociali nel costoso mantenimento di gruppi di giudici (corte d'appello) per rivedere il lavoro di altri singoli giudici, invece di assegnare questi stessi giudici alla decisione di più casi, fornendo così più servizi pubblici aggiudicatori, l'obiettivo finale del giudiziario. In questo caso, è chiaro che c'è un *trade-off* tra uniformazione delle regole e precisione processuale contro celerità processuale e prestazione giurisdizionale, con la prima opzione che prevale sulla seconda.

Da regola, la magistratura è organizzata in modo piramidale per un motivo molto semplice: le decisioni devono essere incanalate fino a quando ci sarà un'unica decisione uniforme per tutti i casi simili, un'unica regola giuridica. La società ha bisogno e vuole vivere sotto il manto della sicurezza giuridica, di un'unica regola che si applichi a tutti i casi simili, cioè, sotto il manto della legge (art. 25 CRI[390]):

STRUTTURA GERARCHICA DEL GIUDIZIARIO
Figura 5-5

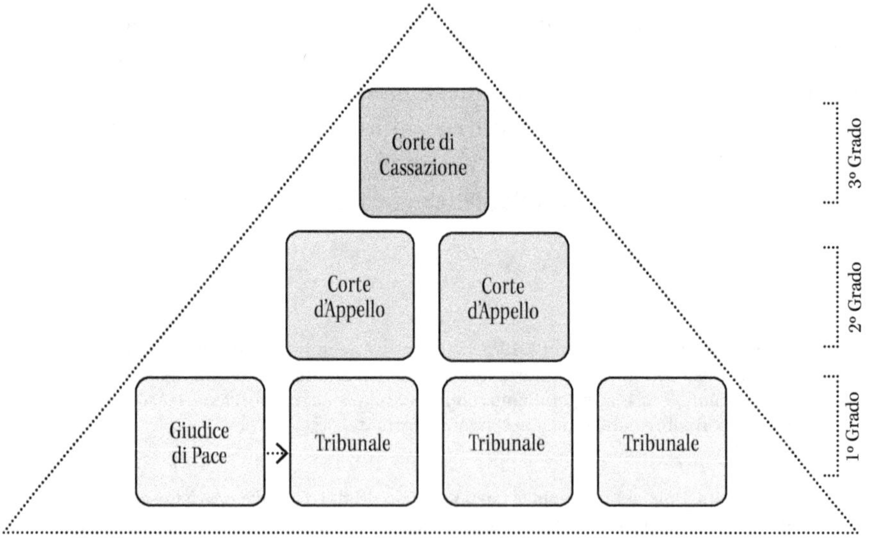

390. Art. 25. Nessuno può essere distolto dal giudice naturale precostituito per legge.
Nessuno può essere punito se non in forza di una legge che sia entrata in vigore prima del fatto commesso.
Nessuno può essere sottoposto a misure di sicurezza se non nei casi previsti dalla legge.

Se non fosse cosi, non ci sarebbe bisogno di una magistratura gerarchizzata, potremmo avere solo giudici di primo grado che deciderebbero secondo la loro particolare interpretazione del diritto o il loro idiosincratico senso della giustizia (equità)[391]. Inoltre, senza l'uniformazione delle regole giuridiche, il valore predittivo del diritto sarebbe nullo[392], cioè, le parti non saprebbero come comportarsi *ex ante*, perché il comportamento dei giudici *ex post* sarebbe tanto aleatorio quanto la distribuzione dei casi. Lo stesso caso potrebbe essere deciso in modo completamente diverso a seconda del giudice a cui il caso è stato assegnato, cioè, in questo sistema giudiziario *lotterico*, il risultato dipenderebbe della persona estratta e non dal diritto della parte. Vivremmo nell'antitesi dello Stato di diritto.

Come ho già detto sul sistema brasiliano[393], "assumendo l'unità di posizionamento all'interno della Corte d'Appello, del TSG e del STF (allineamento orizzontale), il sistema sembra strutturato per convergere sull'uniformità delle regole giuridiche (allineamento verticale), dal momento che tutte le decisioni nelle fasi precedenti sono soggette a revisione da parte del TSG e/o del STF. Tuttavia, è importante chiedersi se la semplice possibilità di modificare decisioni contrarie nelle istanze superiori sia sufficiente per unificare la giurisprudenza nei tribunali inferiori [...]". Lo stesso tipo di domande può essere posto sulla struttura del sistema italiano. In questo senso, possiamo modellare il comportamento dei giudici come se fossero tutti membri della stessa squadra, con lo stesso obiettivo (Teoria della squadra)[394] o come se avessero obiettivi diversi e ognuno cercasse di affermare le proprie preferenze (problema agente-principale)[395].

Se considerati come una squadra, la sfida è quella di comunicare con precisione le decisioni prese e coordinare le azioni di tutti, in modo che la squadra agisca come un unico corpo. Se considerati come agenti con i propri interessi, non necessariamente convergenti, la sfida delle istanze superiori (principali) è quella di monitorare ciò che i giudici delle istanze inferiori (agenti) stanno facendo per garantire che i casi siano decisi in conformità con la regola giuridica adottata dal revisore. In un modo o nell'altro, sia perché i giudici cercano di cooperare tra loro, sia perché hanno preferenze diverse e non sono d'accordo su come il diritto debba

391. Ricorda che il giudice di pace decide secondo equità le cause il cui valore non eccede millecento euro, salvo quelle derivanti da rapporti giuridici relativi a contratti conclusi secondo le modalità di cui all'art. 1342 del codice civile. (art. 113, c.p.c.i.). E queste decisioni secondo equità possono essere riesaminate in appello solo per violazione delle norme sul procedimento, di norme costituzionali o comunitarie ovvero dei principi regolatori della materia (art. 339, comma 3, c.p.c.i.).

392. Questa discussione verrà ripresa nella Sezione 6.3. Si veda ancora Gico Jr. (2019; 2020).

393. Cf. Gico Jr. (2013, p. 278).

394. Cf. Gico Jr. (2012; 2013).

395. Cf. Gico Jr. (2012; 2015).

 essere applicato, è necessario coordinare le azioni delle varie istanze giudiziarie e la prima sfida, in questo contesto, è la standardizzazione delle regole giuridiche.

5.2.2.1 Standardizzazione delle regole giuridiche

Partiamo dal presupposto di un giudice perfetto, che non sbaglia mai. Se non ci fosse la possibilità che una decisione del tribunale fosse sbagliata, qualche soccombente ricorrerebbe? Ci sarebbero circostanze in cui sarebbe razionale ricorrere? La risposta è sì, anche nel mondo del giudice perfetto, ci sarebbe ancora spazio per il doppio grado di giurisdizione, perché questi giudici perfetti potrebbero interpretare –in buona fede– la stessa legge in modi diversi quando c'è ambiguità nel testo giuridico[396]. Se ricordiamo l'esistenza della pluralità di possibili interpretazioni giuridiche in alcuni casi (ermeneutica delle scelte), dobbiamo concludere che, anche in presenza di un giudiziario perfetto, libero da errori, sarebbe razionale appellarsi ad una sentenza in caso di divergenza giurisprudenziale. Come discusso nella Sezione 3.1.5, abbiamo che l'attività giudiziaria tradizionale si limita a tre ipotesi: la sussunzione diretta, l'ermeneutica delle scelte e l'integrazione, che possono essere organizzate nel Diagramma ermeneutico, che replico qui di seguito per mera comodità:

DIAGRAMMA ERMENEUTICO
Figura 3-4

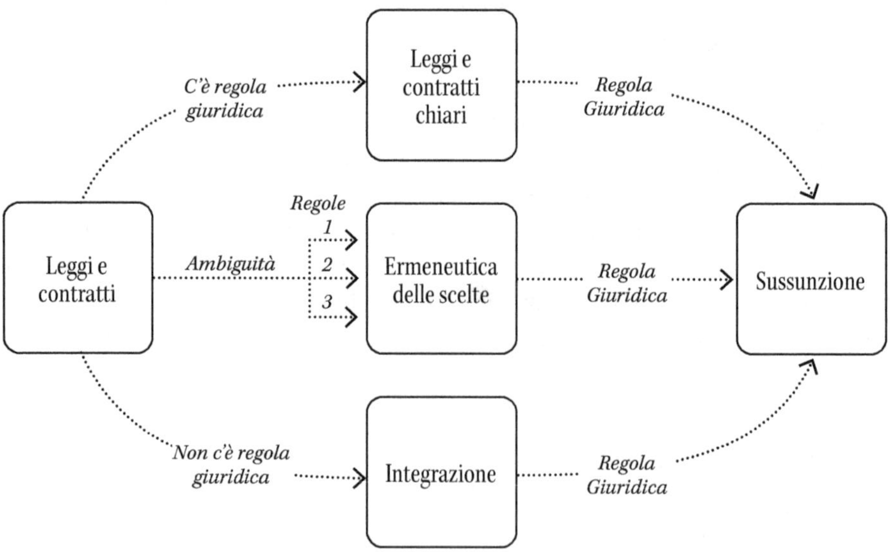

Fonte: Gico Jr. (2018, p. 80).

396. Si noti che alcuni, come Fux e Bodart (2019, p. 153), considerano la divergenza interpretativa come un errore da correggere da parte del sistema, o almeno che la divergenza rende difficile identificare un possibile errore.

Come ci mostra il Diagramma ermeneutico, anche nell'ipotesi erculea di una magistratura perfetta, libera da errori, il fatto è che i giudici dovrebbero comunque, nella loro vita quotidiana, risolvere i casi in cui c'è una lacuna giuridica, attraverso l'integrazione, oltre ai casi in cui c'è dubbio o oscurità della legge, attraverso l'ermeneutica delle scelte. Ricordate, il nostro presupposto è che è il giudiziario ad essere perfetto, non l'ordinamento giuridico.

Così, considerando che ci sono migliaia di giudici in Italia, in entrambi i casi, è ragionevole aspettarsi che giudici diversi, con posizioni e background diversi, stabiliscano regole giuridiche diverse come risultato della loro attività di integrazione e dell'ermeneutica delle scelte[397]. Di conseguenza, almeno una parte dei casi uguali o simili sarà decisa in modo diverso, dunque, la società italiana vivrà sotto regole giuridiche variabili, che cambiano in modo aleatorio da un ufficio giudiziario all'altro, e questa insicurezza giuridica genererà un aumento dei litigi che, a sua volta, può portare a una sovrautilizzazione del giudiziario, secondo i termini del citato ciclo della litigiosità:

IL CICLO DELLA LITIGIOSITÀ
Figura 3-6

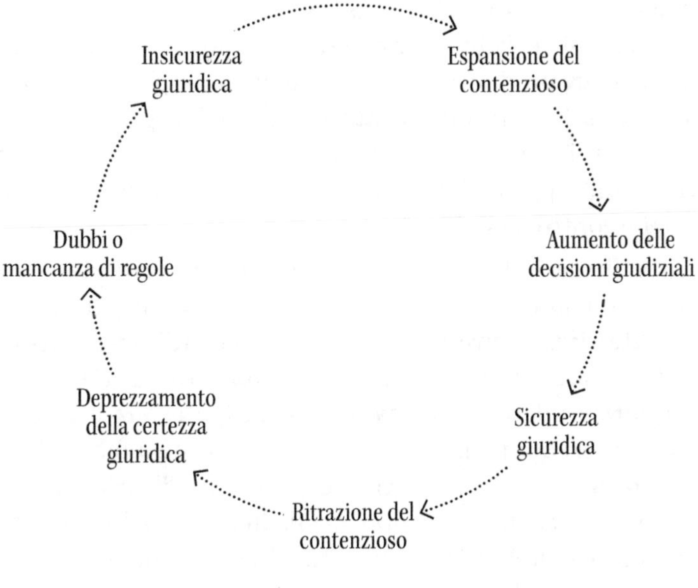

Fonte: adattato da Gico Jr. (2013, p. 458).

397. Ovviamente il ragionamento è ancora più vero quando applicato a giudici attivisti o neocostituzionalisti, che non apprezzano la legge e agiscono come se ogni caso fosse un'ipotesi di ponderazione di principi, quindi, di integrazione.

Se esiste un meccanismo di standardizzazione delle regole giuridiche in funzione, l'insicurezza giuridica derivante dalla lacuna giuridica o dall'oscurità della legge genererà un'espansione del litigio man mano che si allarga il divario di aspettative delle parti. L'aumento del litigio, a sua volta, genererà un aumento delle decisioni giudiziarie che, se debitamente standardizzate dal meccanismo di standardizzazione, genereranno sicurezza giuridica, riducendo il divario di aspettative e portando il giudiziario a svolgere solo l'attività di sussunzione (ora della regola giuridica integrata o scelta). Il guadagno in termini di prevedibilità derivante dalla stabilizzazione della giurisprudenza porterà ad una ritrattazione del litigio. Il ciclo della litigiosità funzionerà normalmente fino a quando uno shock esterno porterà l'ordinamento giuridico fuori dall'equilibrio rimettendolo nuovamente nel ciclo della litigiosità.

D'altra parte, senza un meccanismo di standardizzazione della giurisprudenza, cioè, di una seconda istanza che standardizzi le regole giuridiche applicabili a casi simili, almeno all'interno della rispettiva corte, il ciclo della litigiosità non funzionerebbe correttamente nelle aree in cui permanesse la divergenza giurisprudenziale. Poiché le parti non avrebbero modo di sapere *ex ante* quale regola giuridica si applicherebbe al loro caso specifico, il divario di aspettative sarebbe mantenuto e, come visto nella condizione di litigio (Disequazione 4.2-4), il divario di aspettative è una delle spiegazioni del fallimento dell'autocomposizione. In questo senso, per quanto la magistratura producesse decisioni giudiziarie, poiché non sarebbero uniformi, almeno in questo settore del diritto, non ci sarebbe produzione di sicurezza giuridica, e l'assenza di questa prevedibilità porterebbe a una sovrautilizzazione del giudiziario. E, al limite, porterebbe alla sua distruzione pratica come meccanismo di soluzione delle controversie[398].

Inoltre, il territorio italiano è suddiviso in 26 distretti di corte d'appello, alcuni coincidenti con il territorio di una regione, altri con una sua parte. In alcuni casi il distretto somma territori di diverse regioni. Sotto le corti d'appello ci sono i tribunali di ogni distretto. Così, anche se in una determinata corte tutti i magistrati concordassero con la giurisprudenza adottata, di per sé un'ipotesi erculea, probabilmente qualche corte adotterebbe un'interpretazione diversa da un'altra, generando una diversità di diritto applicabile all'interno del paese, cioè, il diritto applicabile in un distretto sarebbe diverso da quello applicabile in un altro distretto, per lo stesso tipo di causa, il che violerebbe l'idea di unità d'Italia. Per questo motivo una delle principali competenze della CSC è quella di uniformare le interpretazioni adottate dai tribunali di grado inferiore, in modo che un'unica interpretazione del diritto prevalga su tutto il territorio nazionale e un'unica interpretazione del diritto statale

398. Torneremo alla discussione sulla sovrautilizzazione del servizio pubblico aggiudicatorio e sull'impatto di questo sulla società, la Tragedia del giudiziario, nel Capitolo 6.

prevalga in Italia. L'art. 65, primo comma, della legge del 1941[399] sull'ordinamento giudiziario stabilisce che: "La corte suprema di cassazione, quale organo supremo della giustizia, **assicura l'esatta osservanza e l'uniforme interpretazione della legge, l'unità del diritto oggettivo nazionale**, il rispetto dei limiti delle diverse giurisdizioni; regola i conflitti di competenza e di attribuzioni, ed adempie gli altri compiti ad essa conferiti dalla legge."[400] La CFB attribuisce lo stesso incarico di uniformazione al TSG brasiliano[401].

Detto questo, esploriamo l'impatto di una eventuale divergenza giurisprudenziale tra due giudici all'interno di un unico tribunale. Supponiamo che il soccombente abbia perso una causa a causa dell'applicazione di una certa regola giuridica da parte di un giudice della Prima Sezione Civile di Milano, ma dopo alcune ricerche, il suo avvocato abbia scoperto che un altro giudice della stessa Sezione ha già deciso diverse cause simili applicando un'interpretazione diversa della legge che, se applicata al suo caso, gli farebbe vincere la causa. Supponiamo anche che, nella ricerca delle sentenze della corte d'appello, il suo avvocato identifichi che questa è la prima volta che qualcuno ha adottato questa interpretazione divergente della legge, cioè, il tribunale non si è mai pronunciato su quale delle due interpretazioni dovrebbe prevalere. In questo scenario, supponendo che entrambe le interpretazioni siano ragionevoli alla luce della lettera della legge (ermeneutica delle scelte), si può ipotizzare che un eventuale ricorso avrà circa il 50% di probabilità di essere accolto, cioè, $p_S = 0{,}5$, perché entrambe le interpretazioni sono ragionevoli. Sostituendo questo valore nella condizione di ricorso, avremo che:

$$0{,}5 > \frac{C_S}{B_S}$$

$$B_S > 2\,C_S$$

Pertanto, in questo scenario, è sufficiente che il valore della condanna (B_S) sia superiore al doppio dei costi del ricorso (C_S) in modo che sia razionale fare appello. Poiché i costi processuali del ricorso sono generalmente bassi e gli avvocati non sempre addebitano onorari aggiuntivi per ogni istanza, è molto probabile che in

399. § 71.2.7 - R.D. 30 gennaio 1941, n. 12. Ordinamento giudiziario.

400. Per una discussione sulla –discutibile– tensione tra l'applicazione uniforme del diritto e una nozione di giustizia particolare, guarda Taruffo (2014) e confronti con la discussione nelle Sezione 3.1 e 3.2 sul il principio di efficienza e il diritto fondamentale alla legalità.

401. Art. 105 Spetta al Superiore Tribunale di Giustizia:
III - giudicare, in ricorso speciale, le cause decise, in unica istanza o in ultima istanza, dai tribunali regionali federali o dai tribunali degli Stati, dei distretti e dei territori federali, quando la decisione in appello: [...]
c) dare al diritto federale un'interpretazione diversa da quella data da un altro tribunale.

quasi tutti i casi in cui vi sia una divergenza di giurisprudenza, la parte soccombente proponga appello. Con il ricorso, la corte potrà, a basso costo, decidere quale delle interpretazioni adottate debba prevalere nella giurisdizione di quella corte. Così facendo, almeno all'interno di tale circoscrizione, il diritto sarà diventato uniforme. Dopo questa uniformazione, in casi simili futuri, le parti sapranno già come si comporteranno il tribunale e la corte e, quindi, le loro aspettative sulle probabilità di successo dell'azione in casi simili convergeranno ulteriormente, riducendo il divario di aspettative e aumentando le possibilità di autocomposizione.

Dal punto di vista del ciclo della litigiosità, con l'aumento della sicurezza giuridica, dovrebbe esserci una diminuzione del numero di casi che mettono in discussione la stessa regola, il che è solo il risultato macro (aggregato) della variazione micro (individuale) degli incentivi delle parti. Come indicato nella Sezione 1.3, questo è un esempio visibile di come possiamo usare la struttura di incentivi dell'individuo per comprendere il comportamento sociale (individualismo metodologico). Lo stesso ragionamento può essere applicato alla divergenza tra due tribunali, tra le sezioni di uno stesso tribunale o tra il tribunale e la corte d'appello, tra due sezioni della stessa corte o tra una corte d'appello e la Cassazione. La logica rimane la stessa. Tuttavia, la perfezione del giudice è un presupposto molto forte, che se rilassato ci condurrà alla seconda funzione del doppio grado di giurisdizione, cioè, alla correzione degli errori.

5.2.2.2 Correzione degli errori

È socialmente desiderabile che le decisioni giudiziarie siano prese nel modo più corretto possibile[402]. Tuttavia, non tutti gli investimenti per ridurre l'errore giudiziario sono socialmente desiderabili. Come discusso nella Sezione 2.3, a causa dell'asimmetria informativa tra le parti e il giudice, gli investimenti nei processi e nelle procedure investigative possono essere considerati un meccanismo di accertamento della realtà in modo che il giudice, riducendo tale asimmetria informativa, possa risolvere adeguatamente il conflitto secondo diritto. Quante più informazioni ha il giudice, più perfetta sarà la sua decisione, poiché la perfezione, in questo caso, si riferisce al grado di aderenza della decisione giudiziale alle regole giuridiche vigenti. Ignorando il problema agente-principale, un giudice con informazioni perfette è un giudice che può decidere perfettamente. Tuttavia, come detto, assicurarsi che il giudice acquisisca tali informazioni comporta dei costi sia per le parti che per il tribunale stesso.

402. Si veda nota 237 sopra. È possibile che qualcuno voglia discutere che cosa significa la decisione giudiziale essere corretta, se si tratta di seguire la legge, la giurisprudenza o qualche altro criterio astratto e idiosincratico di giustizia, come il principio preferito dall'interlocutore. Tuttavia, una volta stabilito il criterio della *correttezza,* tutti vorranno che la lite sia decisa secondo tale criterio.

D'altra parte, anche se il giudice acquisisce informazioni perfette e, quindi, ha piena conoscenza dei fatti e della legge, può darsi che, a causa delle sue preferenze soggettive, non sia d'accordo con il risultato x' e, pertanto, si rifiuti di applicare la regola giuridica adeguata al caso in questione x. In questa ipotesi, il giudice, pur essendo un agente dello Stato, adotterà un comportamento opportunistico e si allontanerà dal diritto per imporre alle parti e, perciò, alla società, la sua personale visione del mondo a scapito del diritto[403]. Il giudice agirà in modo opportunistico e *contra legem*[404].

Per mitigare il rischio sia di un errore aggiudicatorio per informazioni incomplete, che quello dovuto al comportamento opportunistico del giudice, invece di assumere un giudice unico e di essere soddisfatti della sua sentenza, assumiamo anche una corte d'appello per riesaminare quella sentenza. La giustificazione parziale dell'esistenza del doppio grado di giurisdizione è la preoccupazione sociale per l'errore nella prestazione del servizio pubblico aggiudicatorio. Tuttavia, sia questa garanzia aggiuntiva, che tutte le altre garanzie e procedure di protezione generano una struttura giudiziaria complessa, che non è priva di oneri.

La gestione di questo complesso sistema giudiziario genera costi amministrativi. Quanto maggiore è il numero di garanzie, procedure e processi di revisione, minore è la probabilità che si verifichi un errore aggiudicatorio. D'altra parte, maggiori sono le garanzie e le procedure, cioè, più il sistema giudiziario è complesso per la protezione delle parti in causa, maggiori saranno i costi di amministrazione del sistema stesso.

In questo senso, come discusso nella Sezione 2.3, il costo sociale del processo è composto da due variabili con comportamenti opposti: i costi di errore $c(e)$ e i costi di amministrazione c_A. Quanto maggiori sono gli investimenti nel processo, minori sono i costi per l'errore aggiudicatorio ($\downarrow c(e)$). Tuttavia, più si investe nel processo, più il sistema sarà complesso e dispendioso in termini di tempo e, perciò, più alto sarà il costo di amministrazione ($\uparrow c_A$), e viceversa. In breve, gli investimenti in processo riducono il costo di errore e aumentano il costo di amministrazione, mentre la diminuzione del costo di amministrazione aumenta il costo di errore. Se comprendiamo che la funzione sociale del diritto processuale è quella di proteggere le parti da errori aggiudicatori (protezione) e di organizzare l'attività giudiziale (amministrazione), allora possiamo interpretare il processo come un tentativo di minimizzare il suo costo sociale globale, cioè congiuntamente sia i costi di errore che i costi di amministrazione.

403. Sul diritto fondamentale alla legalità, veda Sezione 3.2, e sull'inefficienza dell'attivismo, veda Sezione 3.1.

404. Si noti che, per me, la divergenza di comprensione dovuta alla mancanza di chiarezza della legge o della giurisprudenza dominante non è un errore in sé, ma un rumore nel sistema che deve essere chiarito dal ciclo della litigiosità, mentre la decisione giudiziaria che viola la legge o la giurisprudenza dominante costituisce un errore giudiziario, che può essere o meno intenzionale.

La società potrebbe raggiungere l'obiettivo di ridurre il costo sociale del processo in vari modi. Il più ovvio di questi è investire di più in giudici di qualità, in procedimenti, nell'istruzione ecc. Come dicono Fux e Bodart[405], "il legislatore potrebbe adottare un solo grado di giurisdizione, composto da costosi ed esaustivi atti di postulazione, istruzione e cognizione, e ottenere un certo livello di riduzione degli errori giudiziari". Un altro modo per ridurre il costo sociale del processo è investire in una seconda istanza che riveda le decisioni e, in caso di errore, le ribalti. Tuttavia, dall'esistenza di una seconda istanza non deriva logicamente che i casi di cui si occupa siano necessariamente scelti dai soccombenti, vale a dire, che l'esistenza di una seconda istanza non richiede che il soccombente abbia o debba avere il diritto di ricorrere in appello. I casi da riesaminare potrebbero essere scelti dal giudice stesso, così come il STF sceglie quali casi desidera giudicare in base alla ripercussione generale. Un'altra possibilità sarebbe quella di selezionare in modo casuale i casi da esaminare, come in un audit. Infine, tutti i casi potrebbero essere riesaminati indiscriminatamente, come, ad esempio, l'art. 496 c.p.c.b. ordina il riesame necessario di casi che coinvolgono lo Stato[406]. Come si può vedere, c'è più di un approccio possibile nella ricerca della riduzione del costo sociale del processo, ma –in generale– i sistemi giuridici scelgono il diritto del soccombente di ricorrere in appello.

Spitzer e Talley[407] hanno proposto un modello teorico molto interessante dei giochi per dimostrare come i tribunali anglosassoni scelgono strategicamente quali casi esaminare, a seconda della preoccupazione per l'imprecisione dei fatti o la divergenza ideologica dei giudici o dei tribunali inferiori. Il loro modello è estremamente interessante per l'analisi del comportamento strategico del TSG e del STF, che scelgono efficacemente quali casi esaminare. Il STF, per espressa disposizione di legge e per il requisito della presenza di una ripercussione generale nel ricorso straordinario; e il TSG, per l'applicazione strategica della *Súmula* 7[408] e di altri filtri processuali ai ricorsi speciali. Questo approccio è in linea con l'approccio dell'agente-principale e con il comportamento opportunistico del giudice.

Daughety e Reinganum[409] presentano un modello di comunicazione e di rumore tra le istanze, in cui i soggetti coinvolti utilizzano l'appello e la ribaltabilità

405. Cf. Fux e Bodart (2019, p. 152).

406. Art. 496: È soggetta al doppio grado di giurisdizione, producendo effetti solo dopo la conferma da parte della corte, la sentenza:

I - emessa contro l'Unione, gli Stati, il Distretto Federale, i Municipi e le rispettive autorità e fondazioni di diritto pubblico;

II - che ritiene accolto, in tutto o in parte, l'embargo all'esecuzione fiscale.

407. Cf. Spitzer e Talley (2000).

408. *Súmula* 7 - La richiesta di una semplice revisione delle prove non dà luogo a un ricorso speciale.

409. Cf. Daughety e Reinganum (2000).

per cercare di scoprire le preferenze delle istanze superiori, in uno sforzo di coordinamento. In un'altra occasione ho usato un approccio simile[410] per modellare il giudiziario brasiliano come una squadra e valutare la possibilità di formazione di una giurisprudenza stabile e superazione del problema dell'anarchismo giudiziario. Tuttavia, questi modelli sono più sofisticati e specifici di quanto non sia necessario per questo libro e, perciò, qui esploreremo il doppio grado di giurisdizione come un meccanismo di correzione degli errori dovuti all'esistenza di un'asimmetria informativa tra le parti, simile alla proposta originale di Shavell[411].

Per questo combineremo due idee già discusse in precedenza: la strategia di raggruppamento e di separazione in un modello di asimmetria informativa (veda Sezione 4.3.2) e la condizione di ricorso (veda Sezione 5.2.1). In un primo momento, supponiamo che vi sia un'asimmetria informativa tra le parti litiganti e la corte d'appello, in modo tale che, prima dell'esame di merito del ricorso (*ex ante*), le parti sappiano se la decisione giudiziale oggetto dell'impugnazione contiene o meno un errore (informazioni private), ma la corte d'appello non lo sa. Inoltre, inseriremo un rumore nelle informazioni in modo tale che, pur avendo informazioni private, le parti non siano assolutamente sicure dell'esito del ricorso; o che la corte d'appello stessa commetta un errore in alcuni ricorsi e ribalti una decisione corretta (**falso positivo**) o non ribalti una decisione sbagliata (**falso negativo**)[412]. Supponiamo che in questo scenario ci siano due tipi di ricorso: quelli forti, con l'80% di probabilità di successo ($p_f = 0{,}80$) e quelli deboli, con solo il 20% di probabilità di accoglimento ($p_d = 0{,}20$). Presumiamo che l'importo della condanna sia di 100.000 € ($B = 100.000$) e che il costo di ricorso è di 10.000 € per ogni parte ($C_S = C_V = 10.000$). Questo esempio può essere rappresentato come segue:

VALORE ATTESO DEL RICORSO CON BASSO COSTO
Figura 5-6

		Valore atteso per il soccombente
Tipo di appello	Caso forte	$p_f \cdot B - C = 70.000$
	Caso debole	$p_d \cdot B - C = 10.000$

410. Cf. Gico Jr. (2013).

411. Cf. Shavell (1995).

412. In statistica, in modo semplificato, un *errore di tipo I* o un falso positivo consiste nell'accettare l'ipotesi quando è falsa e un *errore di tipo II* o un falso negativo consiste nel rifiutare l'ipotesi anche quando è vera. Dal punto di vista del ricorso, si può dire che la corte commette un errore di tipo I quando accoglie un ricorso che non dovrebbe accogliere (ha accolto il ricorso falso) e commette un errore di tipo II quando rigetta un ricorso che dovrebbe accogliere (ha respinto il ricorso vero). Qui l'errore della sentenza impugnata è l'ipotesi e la sua correttezza sarebbe l'ipotesi nulla (H_0).

Per la corte d'appello analizzare tutti i casi giudicati in primo grado è molto costoso, poiché ci sono più giudici di primo grado che giudici di secondo grado (struttura piramidale). In questo senso, l'art. 348-bis c.p.c.i. stabilisce che verranno giudicati solo i ricorsi in appello con *ragionevole probabilità di essere accolti*, cioè, soli i casi forti. Ma supponiamo che non c'è modo di sapere *ex ante* quali sarebbero questi casi[413]. Nonostante ciò, supponiamo che la corte ha il potere di fissare il valore delle sue proprie spese processuali e, perciò, di influenzare C_S, perché, secondo la condizione di ricorso, il soccombente farà appello solo se il valore del ricorso è positivo. In questo senso, è possibile creare un equilibrio di separazione in cui i soccombenti deboli non fanno appello, ma i soccombenti forti sì. Utilizzando la condizione di ricorso nell'esempio precedente, abbiamo:

$$p_S > \frac{C_S}{B_S}$$

$$p_S > \frac{10.000}{100.000}$$

$$p_S > \frac{1}{10}$$

La condizione di ricorso ci informa che, in questo scenario, il soccombente appellerà solo se la sua probabilità di successo è almeno del 10%, cioè, 0,1. Poiché la probabilità di successo del soccombente debole è del 20% e quella del soccombente forte è dell'80%, ciò significa che entrambi appelleranno, e la corte dovrà rivedere tutti i ricorsi, perdendo tempo a rivedere anche i casi deboli e commettendo errori nel 20% di essi. In altre parole, avremmo un equilibrio di aggregazione. Ora, se i costi di ricorso fossero elevati a 30.000 €, la situazione cambierebbe e avremmo un equilibrio di separazione, dato che ora il valore del ricorso è positivo solo per i soccombenti forti:

VALORE ATTESO DEL RICORSO CON ALTO COSTO

Figura 5-7

		Valore atteso per il soccombente
Tipo di appello	Caso forte	$p_f \cdot B - C = 50.000$
	Caso debole	$p_d \cdot B - C = -10.000$

413. Confrontate questa discussione con il dibattito nella dottrina sul filtro in appello e sulle decisioni giudiziarie che invocano la valutazione del *fumus boni iuris* del ricorso o i ricorsi *prima facie* infondati. Come sapere di questo *ex ante*, senza effettivamente giudicare la causa? Una cosa è svolgere questa analisi in via preliminare, per poi effettuare un esame approfondito di merito. Un'altra cosa è prendere questa decisione di rigetto in modo definitivo. Qui, chiaramente, il legislatore ha optato per la riduzione dei costi di amministrazione al costo dell'incremento dei costi di errore. L'adeguatezza di questa decisione richiede un'analisi costi-benefici e, quindi, dati.

Con l'aumento dei costi di ricorso, è stato possibile creare un equilibrio di separazione in cui i ricorsi vengono presentati solo nei casi forti e la corte concentra i suoi ricorsi su quei casi che richiedono effettivamente la sua attenzione. Si noti che qui è il comportamento delle parti a rivelare informazioni private sulla forza dell'appello e non un giudizio del giudice. Ovviamente, oltre al costo del ricorso, un'altra variabile che la corte d'appello potrebbe cambiare è la probabilità di successo dei soccombenti. Supponiamo che la corte d'appello abbia migliorato le sue procedure interne di revisione dei casi in modo che la sua accuratezza sia aumentata sostanzialmente e che, ora, la probabilità di successo di un caso forte sia del 90% ($p_f = 0{,}90$) e la probabilità di successo dei casi deboli sia solo del 10% ($p_r = 0{,}10$). In questo caso sarà possibile creare un equilibrio di separazione anche a basso costo di ricorso:

VALORE ATTESO DEL RICORSO CON PIÙ ACCURATEZZA

Figura 5-8

		Costo elevato	Basso costo
Tipo di appello	Caso forte	$p_f \cdot B - C = 60.000$	$p_f \cdot B - C = 80.000$
	Caso debole	$p_d \cdot B - C = -20.000$	$p_d \cdot B - C = 0$

Come si può vedere, una corte d'appello che voglia allocare le proprie risorse in modo efficiente nella fase di appello può creare un equilibrio di separazione dei soccombenti sia aumentando le spese processuali, sia investendo nell'incremento dell'accuratezza delle proprie sentenze. Si noti che, poiché in questo caso la strategia di aumentare i costi processuali significa un aumento del suo valore assoluto, e non di un'aliquota, i casi di valore inferiore, anche se forti, non saranno oggetto di ricorso. D'altra parte, l'investimento nella precisione tende ad essere più costoso per il tribunale, ma crea l'equilibrio della separazione senza discriminare i casi di valore inferiore. Come al solito, nel mondo delle risorse scarse, c'è sempre un *trade-off*. In ogni caso, queste sono le due variabili che la corte ha a disposizione per regolare il flusso delle cause e quelle che può utilizzare per generare un equilibrio di separazione nel modo più equo ed efficiente. In un modo o nell'altro, ecco come l'analisi economica del diritto può aiutarci a comprendere gli effetti delle regole processuali e le interazioni tra loro che altrimenti potrebbero rimanere nascoste all'osservatore.

5.2.3 Tasso di ribaltabilità e di ricorribilità

Inoltre, come ho già detto in un'altra occasione[414], il controllo e la pubblicazione dei tassi di ribaltabilità e di ricorribilità[415] di ogni corte, tribunale e di ogni

414. Cf. Gico Jr. e Arake (2019, pp. 13 e ss.).

415. Il **tasso di ricorribilità** è il rapporto tra il numero di ricorsi presentati contro decisioni giudiziali e il numero totale di decisioni emesse da un'autorità o da un organo giudicante.

singolo giudice può ridurre sostanzialmente l'asimmetria informativa tra le parti e tra la corte e il tribunale, riducendo il numero dei ricorsi deboli e aumentando quello dei ricorsi forti. Così, ad esempio, se una parte sta pensando di presentare un ricorso e sa in anticipo che il tasso di ribaltabilità di un determinato giudice e/o di un determinato tribunale è basso, il potenziale ricorrente terrà naturalmente conto di tale informazione quando farà la sua scelta.

Considerando che le parti sono razionali, il risultato atteso di una maggiore trasparenza (più informazioni) su un eventuale basso tasso di ribaltabilità è un calo del tasso di ricorribilità, il che aumenta il tempo disponibile della corte per giudicare i casi più difficili o più celermente i casi ordinari, cioè, garantisce una più efficiente allocazione delle sue scarse risorse.

Inoltre, quanto più complete e diffuse sono le informazioni, tanto più è probabile che le parti evitino di intentare nuove azioni per discutere di questioni sulle quali la corte si è già chiaramente espressa. La diminuzione del litigio nel primo grado dovrebbe anche consentire al giudice di dedicare più tempo ai casi più difficili o di giudicare i casi ordinari più celermente, aumentando così la qualità delle sue decisioni e diminuendo i tempi per l'aggiudicazione. Entrambi gli effetti tendono a generare un circolo virtuoso di diminuzione della litigiosità, seguito da un aumento della qualità delle decisioni giudiziarie, che rafforza il circolo virtuoso della litigiosità.

D'altra parte, se la parte sa che il tasso di ribaltabilità di un determinato giudice e/o di un tribunale è elevato, ciò significherebbe una maggiore probabilità di successo del ricorso, aumentando –in un primo momento– il tasso di ricorso. Tuttavia, considerando che i magistrati sono razionali, il risultato atteso è che, con una maggiore trasparenza (più informazioni) sull'alto tasso di ribaltabilità delle loro decisioni, i magistrati saranno in grado di percepire che c'è una costante divergenza tra la loro posizione e quella della corte, e quindi di adeguare la loro condotta.

In tal modo, la riduzione dell'asimmetria informativa tra corte e tribunale permetterà a quest'ultimo di sviluppare la sua attività giudicante con maggiore sicurezza ed efficienza e –in un secondo momento–, il tasso di ribaltabilità diminuirà naturalmente. Ricordando che, trattandosi di un'analisi dinamica, con la diminuzione del tasso di ribaltabilità, dovrebbe gradualmente diminuire anche il tasso di ricorribilità, liberando tempo e risorse di entrambe le autorità per meglio svolgere le loro funzioni giurisdizionali. Inizia un nuovo ciclo virtuoso.

Pertanto, sia il tasso di ricorribilità che il tasso di ribaltabilità sono variabili dinamiche e correlate tra loro, per cui è più utile ed efficiente che siano costruite e pubblicate entrambi in modo continuo, poiché si prevede che il comportamento di questi tassi varierà nel tempo, a seconda del comportamento di tutti gli agenti coinvolti. L'accesso a queste informazioni rilevanti, oggi nascoste sia alle parti che ai giudici stessi, è uno strumento di gestione giudiziaria efficiente e dovrebbe contribuire in modo significativo alla celerità e all'accesso alla giustizia.

Per dimostrare come, da un punto di vista analitico, sia importante che entrambi i tassi siano misurati e pubblicati, supponiamo ora che, una volta rivelate queste informazioni nascoste (*hidden information*), si scopra che una certa corte d'appello ha un alto tasso di ricorribilità aggregata. In un primo approccio, questo tasso può essere spiegato in due modi: (*i*) i giudici di primo grado si stanno sbagliando di grosso, secondo la corte, oppure (*ii*) i costi di ricorso sono molto bassi per le parti. Per risolvere questa ambiguità analitica, possiamo utilizzare l'ormai rivelato tasso di ribaltabilità aggregato di quella corte.

Una volta misurato il tasso di ribaltabilità della corte, se è elevato, ci sono due possibili conclusioni: (*i*) i giudici sono, di fatto, molto sbagliati secondo la corte; oppure (*ii*) la giurisprudenza della corte non è chiara. Se effettuiamo una semplice analisi combinatoria di tutti i possibili esiti sia per il tasso di ricorribilità che per il tasso di ribaltabilità, vedremo che, in pratica, ci sono quattro possibili scenari, ognuno con le sue specifiche implicazioni per il comportamento dei litiganti: (alto, alto), (alto, basso), (basso, alto) e (basso, basso).

Per facilitare la comprensione di ogni possibile risultato e un possibile confronto tra le corti e/o tra i tribunali, possiamo combinare questi risultati in uno spazio bidimensionale e costruire un grafico delle performance giudiziarie:

MAPPA DELLE PERFORMANCE GIUDIZIARIE

Figura 5-9

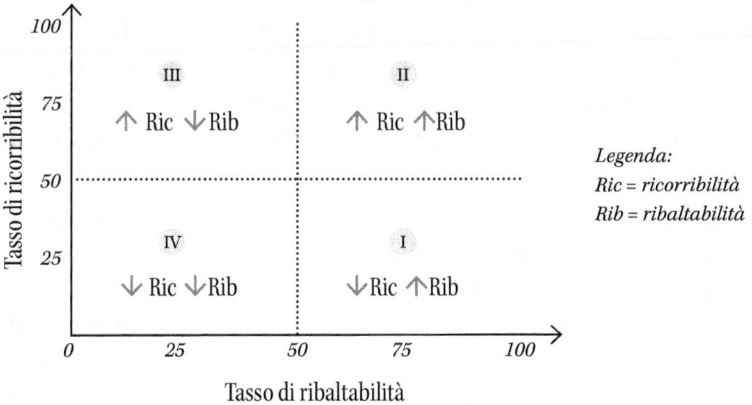

Fonte: Gico Jr. e Arake (2019, p. 15).

Ricordando quanto detto nei paragrafi precedenti, ci si aspetta che il soccombente ricorra in due ipotesi: (*i*) se ritiene che la probabilità di riforma dalla sentenza sia sufficientemente elevata per compensare i costi di ricorso; o (*ii*) se i costi di ricorso sono sufficientemente bassi per compensare il rischio di non riforma. Detto questo, gli scenari che si adattano all'item (*i*) sono i quadranti a destra del grafico, in quanto descrivono un alto tasso di ribaltabilità e, perciò, un'alta probabilità di riforma della sentenza. Iniziamo quindi la discussione da questi quadranti.

Il Quadrante I della Figura 5-9 (basso, alto) denota la situazione teorica ideale, cioè un basso tasso di ricorribilità con un alto tasso di ribaltabilità. Ciò significa che i soccombenti sono relativamente in grado di identificare quando c'è stato un errore in una sentenza e, pertanto, si appellano poco e in modo preponderante in tali casi (basso tasso di ricorribilità). D'altra parte, poiché i ricorsi avvengono prevalentemente nei casi con alta probabilità di ribaltamento, c'è un alto tasso di ribaltabilità.

Il Quadrante II della Figura 5-9 (alto, alto) denota una situazione indesiderabile: alti tassi di ricorribilità e di ribaltabilità. Pertanto, ci sono molte sentenze impugnate e un numero consistente di questi ricorsi è accolto. Questo scenario significa che, secondo la corte, i giudici stanno facendo molti errori (sono molto ribaltati). Tuttavia, in questo caso, la giurisprudenza del tribunale potrebbe non essere abbastanza chiara e, quindi, i magistrati non sanno come decidere –o sanno come decidere, ma semplicemente non vogliono decidere in questo modo–, il che denota una certa ribellione istituzionale (o dovrei dire attivismo?).

Di fronte a tale scenario, il giudiziario potrebbe condurre una ricerca qualitativa per identificare il motivo del comportamento dei tassi (alto, alto). Se il risultato individuato è una mancanza di coerenza giurisprudenziale, spetta alla Plenaria della corte uniformare le questioni e comunicare chiaramente agli altri magistrati la posizione della corte (che, ovviamente, dovrebbe essere seguita anche dai giudici di secondo grado sconfitti), risolvendo il problema. Se il risultato è un'insurrezione della prima istanza[416], dovrebbero essere implementati meccanismi di standardizzazione della giurisprudenza. In un modo o nell'altro, il giudiziario sarà in grado di gestire meglio la prestazione del suo servizio pubblico aggiudicatorio.

A sua volta, l'unico scenario che si adatta chiaramente all'item (*ii*) è il Quadrante III della Figura 5-9 (alto, basso), poiché descrive un alto tasso di ricorribilità, ma un basso tasso di ribaltabilità. In questo modo, le parti stanno ricorrendo, anche a fronte di una piccola probabilità di successo, come abbiamo analizzato in precedenza nella discussione dei costi irrecuperabili e del ricorso in eccesso alla CSC e al STF (si veda la Sezione 5.1.2). Questo scenario indica, quindi, che anche se i giudici commettono pochi errori, e la corte rispetta le sentenze pronunciate del grado inferiore, le parti continuano a ricorrere molto, il che può indicare la

416. Per una discussione su come creare incentivi per i magistrati a seguire la giurisprudenza dei tribunali, si veda Gico Jr. (2012; 2014).

necessità di rivedere gli incentivi per le parti a ricorrere. In altre parole, sarebbe il caso di considerare l'aumento delle spese di ricorso, siano esse i costi processuali o gli onorari di difesa.

In questo senso, tanto l'art. 91 e seguenti del c.p.c.i., che determina il rimborso al vincitore dell'onorario di difesa, quanto la modifica del c.p.c.b., che ha permesso di stabilire un onorario di difesa del 10% sulla condanna in primo grado e di portarlo al 20% in caso di nuova soccombenza in seconda e terza istanza, sembrano essere meccanismi interessanti in grado di invertire questo quadro o almeno di mitigarlo. Un altro modo non esclusivo per ridurre gli incentivi ai ricorsi temerari è quello di aumentare le spese processuali in caso di ricorso. L'eliminazione del tetto dei costi processuali può essere particolarmente interessante, anche per ridurre il sussidio pubblico al litigante. Come si può vedere, la conoscenza dei tassi di ricorribilità e di ribaltabilità può essere utilizzata per informare l'applicazione della politica giudiziaria e, quindi, costruire meglio la struttura di incentivi degli agenti.

Infine, il Quadrante IV della Figura 5-9 (basso, basso) descrive uno scenario di basso tasso di ricorribilità e basso tasso di ribaltabilità. Questo scenario sembra anche indicare una situazione socialmente desiderabile, in quanto le parti, di regola, si conformano alle sentenze, dato che la probabilità di riforma da parte della corte è bassa, e questa situazione è ben nota –il che è confermato dal basso tasso di ricorribilità. In tal caso, l'adesione dei magistrati all'orientamento giurisprudenziale è elevata, il che è confermato dal basso tasso di ribaltabilità. In altre parole, questo scenario indica che i giudici, secondo la corte, stanno commettendo pochi errori e che ci sono poche persone che cercano di cambiare la giurisprudenza consolidata, senza successo. È un quadro di maturità e di stabilità giudiziale, tipico delle giurisdizioni mature, dove c'è stabilità e conoscenza delle regole giuridiche in vigore.

Tuttavia, considerando l'impressionante numero di casi nel giudiziario brasiliano e, in un certo senso, anche nel giudiziario italiano, si dovrebbe prestare particolare attenzione ad una performance giudiziaria che si inserisce nel Quadrante IV, poiché questo scenario può indicare non la maturazione del sistema giudiziario stesso, ma la presenza della nefasta giurisprudenza difensiva, in cui, sepolte da un eccesso di lavoro, le corti abbandonano completamente ogni impegno per la corretta applicazione della legge e cominciano a concentrarsi solo ed esclusivamente sulla riduzione quantitativa dei casi, in pratica, rifiutando di fornire il servizio pubblico aggiudicatorio.

Ne è un esempio la decisione del TSG nella Reclamazione n. 36476/SP (2018/0233708-8), secondo la quale, nonostante la letteralità dell'art. 988, c.p.c.b.[417],

417. Art. 988. È ammesso il reclamo dell'interessato o del Pubblico ministero per:
I - conservare la giurisdizione della corte;

non è più ammissibile un reclamo contro una decisione della corte inferiore per far valere una decisione precedente del proprio TSG. In altre parole, il TSG (principale) dirà quale regola giuridica deve essere applicata dalle corti (agenti), ma non controllerà più direttamente se esse seguono il suo comando. Un'ottima opportunità per un comportamento opportunistico da parte di corti e tribunali inferiori.

Un'altra ipotesi plausibile è il corporativismo giudiziario, dove, per non ferire la suscettibilità dei colleghi, un magistrato si rifiuta di rivedere la decisione di un altro. Per quanto plausibile, l'esperienza sembra indicare che il fenomeno del "rispetto della posizione del collega" sia più comune tra i magistrati delle corti superiori (corporativismo orizzontale) che tra le istanze (corporativismo verticale), il che spiegherebbe la difficoltà delle sezioni di standardizzare la giurisprudenza all'interno della corte stessa di fronte alle divergenze tra i collegi giudicanti che la compongono. Non è raro, anche dopo la standardizzazione, che i collegi giudicanti opportunisti continuino a disobbedire alla sezione confidando nel fatto che non ci saranno conseguenze. Inoltre, vi sono casi in cui un collegio adotta deliberatamente motivazioni o un linguaggio oscuri per nascondere il proprio disaccordo alla sezione, solo per tentare impedire il ribaltamento della sua decisione. Come si può vedere, non sono solo le parti in causa ad adottare comportamenti strategici.

In ogni caso, credo che l'importanza di misurare e pubblicare il tasso di ribaltabilità e di ricorribilità delle decisioni giudiziarie, per tribunale, per ufficio, per collegio, per sezione e per singolo magistrato, sia stata abbondantemente dimostrata. La conseguente riduzione dell'asimmetria informativa, oltre ad essere chiaramente un grande progresso in termini di trasparenza e pubblicità, ridurrebbe il divario di aspettative tra le parti e aumenterebbe l'efficienza del ciclo della litigiosità, generando una maggiore sicurezza giuridica e risparmiando le risorse del giudiziario, in modo da potersi concentrare sulla decisione dei casi difficili.

Come nota finale, in questa sezione e nelle precedenti, abbiamo visto che il giudice razionale non rimane necessariamente impassibile di fronte al litigio, giudicando solo meccanicamente le cause che gli vengono presentate dalle parti. Il giudice razionale, in quanto parte nel rapporto processuale tripartito, può agire in modo strategico, tenendo conto non solo della potenziale reazione delle parti in causa, ma anche dell'eventuale reazione dei suoi pari e dell'organizzazione di appartenenza, il giudiziario. In breve, il magistrato agisce in modo strategico. Ma non è

II - garantire l'autorità delle decisioni della corte; [...]

IV - garantire il rispetto della sentenza emessa nel giudizio di un incidente per risolvere richieste ripetitive o un incidente di assunzione di competenza.

§1°. Il reclamo può essere proposto dinanzi a qualsiasi corte e il suo giudizio spetta alla corte di cui intende preservare la giurisdizione o di cui intende garantire l'autorità. [...]

l'unico. Ora indagheremo sugli avvocati, su coloro che rappresentano i loro clienti e su come la loro struttura di incentivi possa influenzare le decisioni processuali.

5.3 Il ruolo dell'avvocato: il problema principale-agente tra cliente-avvocato

Fino a questo punto abbiamo parlato di attore/convenuto nella fase di cognizione e di soccombente/vincitore nella fase di ricorso; e quando abbiamo menzionato la presenza di un avvocato, è stato solo per sottolineare il suo ruolo nel ridurre l'asimmetria informativa del cliente e nel valutare le probabilità di successo di una azione. Tuttavia, come le parti e il magistrato, l'avvocato è un agente autonomo che può avere o meno i suoi interessi in linea con quelli del suo cliente. Come tutti gli altri agenti del gioco processuale, poiché l'avvocato è anche un agente razionale, baserà la sua condotta sulla razionalità e, quindi, secondo la sua struttura di incentivi[418] in un'analisi costi-benefici. Poiché la struttura di incentivi dell'avvocato è sostanzialmente influenzata dalla sua forma di assunzione, esaminerò qui come alcune forme di assunzione possono alterare gli incentivi degli avvocati, in particolare, in tre decisioni cruciali nel corso del processo: (i) la decisione di intentare una causa; (ii) la decisione di concludere un accordo; e (iii) la decisione su quanto investire in una causa, cioè, il suo grado di zelo[419].

All'inizio, supponiamo che gli avvocati abbiano più informazioni sul diritto, sul comportamento delle corti e sulla probabilità di successo dell'azione rispetto ai clienti (asimmetria delle informazioni), mentre i clienti hanno più informazioni sui fatti. Inoltre, esistono tre forme tradizionali di compenso nel mercato dei servizi legali: (i) a tempo; (ii) a percentuale; e (iii) fisso.

Il **contratto ad orario** si basa sul famoso *timesheet* ed è solitamente preferito per casi di consulenza (extragiudiziale), per la strutturazione di operazioni societarie o per grandi imprese e società internazionali. Nel *timesheet*, l'avvocato registra tutte le ore di lavoro effettuate in un determinato periodo e le fattura al cliente secondo una tabella oraria prestabilita. In questo tipo di contratto, il compenso dell'avvocato è una funzione delle ore lavorate, cioè, se ha lavorato di più, guadagna di più, se ha

418. Nota che l'etica integra (o meno) le preferenze dell'avvocato. Quanta più importanza lui o lei attribuirà all'etica, più apprezzerà il fare la cosa corretta, viceversa, l'attribuzione di una minore importanza all'etica ridurrà il valore attribuito al comportarsi correttamente. Tuttavia, sia in un caso che nell'altro, l'avvocato si comporterà secondo la sua struttura di incentivi, ciò che cambia nella discussione etica sono solo le sue preferenze. Si veda la discussione sulle preferenze e utilità nella Sezione 1.3 e l'art. 10 cod. deont. for.: "Dovere di fedeltà. L'avvocato *deve adempiere fedelmente* il mandato ricevuto, svolgendo la propria attività a tutela dell'interesse della parte assistita e nel rispetto del rilievo costituzionale e sociale della difesa."

419. Per una recensione della letteratura, si veda Rubinfeld e Scotchmer (1993). Per una discussione preliminare in Italia, si veda Marchesi (2003, pp. 91 e ss.).

lavorato di meno, guadagna di meno. Si noti che, in questo caso, il rischio del caso grava sul cliente, perché se il caso è molto complesso e richiede molte ore di lavoro, il cliente pagherà di più e se si risolve più rapidamente, il cliente pagherà di meno.

Il **contratto a percentuale** o di esito (il c.d. *patto di quota lite*) viene solitamente stipulato in casi di litigio o di recupero del credito, molto comune nel diritto del lavoro e nel diritto fiscale. In questo caso l'avvocato riceve solo una percentuale del beneficio economico guadagnato dal cliente, di solito tra il 10% e il 50%, quando e se il beneficio è effettivamente guadagnato[420]. Il primo accordo discusso è un tipico contratto di servizio, mentre nel contratto a percentuale c'è una condivisione dei rischi tra il cliente e l'avvocato. Il cliente non paga nulla per il servizio e l'avvocato ne sostiene il costo[421], ma se il caso va a buon fine, l'avvocato riceverà una parte del beneficio economico. Se il cliente non ha successo, l'avvocato non riceve nulla. Si tratta quindi di un contratto di condivisione del rischio.

Il **contratto fisso** o *a forfait* viene di solito stipulato per le controversie che comportano un litigio e può essere o meno strutturato per fasi. Se nel contratto orario il rischio è interamente a carico del cliente e nel contratto a percentuale l'avvocato e il cliente condividono il rischio, nel compenso concordato forfettariamente l'avvocato deve stimare il numero di ore di lavoro che dedicherà al caso e stabilire il valore dei suoi servizi in modo appropriato. Se il caso richiede meno ore di lavoro, guadagna l'avvocato, se il caso ne richiede di più, guadagna il cliente. In questo senso, il contratto fisso può essere inteso come un compromesso tra il contratto orario e quello a percentuale, poiché il rischio del caso è a carico del cliente nei limiti dell'onorario prestabilito, ma i costi che superano tale onorario ricadono sull'avvocato.

Questo tipo di contratto è interessante perché costringe l'avvocato a rivelare informazioni credibili sulla quantità di lavoro previsto e limita l'esposizione del cliente al rischio del processo. D'altra parte, poiché il rischio diventa dell'avvocato, in contratti come questo, il professionista avverso al rischio può inserire nel compenso richiesto un margine di errore e, quindi, addebitare un importo aggiuntivo per coprire eventuali sorprese. Questo importo aggiuntivo è il premio per l'assunzione del rischio e per la certezza del prezzo per il cliente.

---

420. L'art. 13, comma 3, della legge 247/2012 del CNF, stabilisce che "la pattuizione dei compensi è libera: è ammessa la pattuizione a tempo, in misura forfetaria, per convenzione avente ad oggetto uno o più affari, in base all'assolvimento e ai tempi di erogazione della prestazione, per singole fasi o prestazioni o per l'intera attività, a percentuale sul valore dell'affare o su quanto si prevede possa giovarsene, non soltanto a livello strettamente patrimoniale, il destinatario della prestazione." Tuttavia, il comma 4 afferma che "sono vietati i patti con i quali l'avvocato percepisca come compenso in tutto o in parte una quota del bene oggetto della prestazione o della ragione litigiosa."

421. A volte i contratti prevedono almeno il rimborso di spese come viaggi, copie, telefono ecc. ma spesso, anche quando il rimborso è previsto, non viene addebitato.

Si può anche pensare ad altri accordi, come nel caso del contratto fisso mensile, in cui il cliente paga un importo fisso al mese e l'avvocato è responsabile di occuparsi di tutte le questioni giuridiche incluse nel contratto che possono presentarsi, o un contratto orario con un limite (*timesheet* con *cap*), ma ai fini della nostra discussione concentreremo la nostra attenzione sulle tre tipologie inizialmente indicate. Inoltre, trattandosi di un libro di processo civile, focalizzeremo la nostra attenzione sulle strutture d'incentivi create da ogni forma di compenso sulla decisione di litigare, di fare un accordo o di investire nella conduzione dell'azione, ignorando i casi di consulenza giuridica. Detto questo, iniziamo valutando come la forma di assunzione influisce sulla decisione di intentare una causa.

5.3.1 Condizione di proposizione

Nella parte finale della Sezione 4.2.2, quando abbiamo discusso della giudiziarizzazione come una decisione in condizioni di rischio, abbiamo visto che la condizione di proposizione di una causa è data da $p_A \cdot B - C_A > 0$, dove p_A è la probabilità di successo dell'attore, B è il valore del bene della vita in un litigio e C_A sono i costi di lite. Pertanto, un attore razionale intenterà l'azione quando il beneficio atteso della causa ($p_A \cdot B$) è superiore al suo costo (C_A). In questo senso, un'azione intentata avrà un valore atteso positivo (azione di VAP) quando la condizione di proposizione è soddisfatta e avrà un valore atteso negativo (azione di VAN) quando non lo è. Di norma, l'attore razionale e neutrale al rischio presenterà solo una azione di VAP e non una azione di VAN.

Se per l'attore la decisione di litigare è una funzione del rendimento atteso dell'azione, lo stesso avviene con l'avvocato, ma i suoi incentivi possono essere influenzati dalla forma di contrattazione. Un avvocato assunto all'ora avrà incentivi per intentare un'azione, sia che si tratti di una azione di VAP che di VAN, perché sarà ricompensato all'ora e, perciò, beneficerà comunque della proposizione dell'azione. Se l'avvocato è stato assunto per un importo fisso, potrebbe anche avere incentivi a presentare una causa di VAN, poiché sarà ricompensato indipendentemente dal risultato. D'altra parte, se l'avvocato sta lavorando a percentuale, questo effetto viene annullato, poiché l'avvocato riceverà il compenso solo se il caso ha successo e, perciò, non avrà incentivi per intentare una causa di VAN.

Ecco perché dico che il contratto a percentuale presenta tre vantaggi dal punto di vista dell'allineamento degli incentivi. In primo luogo, l'attore che non è in grado di sostenere i costi del processo può avere accesso al servizio legale attraverso questo accordo alternativo, senza il gratuito patrocinio. In secondo luogo, come già detto, questo accordo consente la condivisione del rischio tra avvocato e cliente. In terzo luogo, il contratto a percentuale può essere visto come una soluzione parziale al problema dell'agenzia tra cliente e avvocato derivante dal disallineamento degli incentivi associati al contratto a tempo. In questo contesto, la modalità di pagamento dell'avvocato può essere importante per indurlo ad accettare solo i casi di VAP e ad adottare il livello di zelo adeguato (quantità ottimale di ore lavorate) nello svolgimento dell'azione[422]. Tuttavia, questo tipo di contrattazione non è privo di problemi.

Considerando il numero di casi frivoli nella giustizia del lavoro brasiliana, dove il contratto a percentuale è più comune, si potrebbe sostenere che il fatto che l'attore non sopporti inizialmente i costi di lite[423] potrebbe portarlo a intentare cause frivole o di rendimento atteso negativo (cause di VAN). Tuttavia, se questo è vero quando l'attore gode del gratuito patrocinio[424], lo stesso non accade necessariamente nei contratti a percentuale, poiché l'avvocato razionale non ha alcun interesse a rappresentare i casi di VAN, poiché ciò significherebbe che anche il suo rendimento atteso sarebbe negativo. Pertanto, il ruolo di filtro dell'avvocato stesso impedirebbe la presentazione di cause di VAN, anche se l'attore lo volesse. Come si dice: l'avvocato è il primo giudice della causa.

Si noti che un'azione che ha una bassa probabilità di successo, ma ha costi di lite molto bassi, non sarà VAN, avrà solo un basso VAP, ma comunque il ritorno sarà positivo e quindi sarà razionale giudicarla. Inoltre, dato l'eccessivo protezionismo della giustizia del lavoro, in realtà, la proposizione di diverse cause di basso VAP o semplicemente di VAN può costituire una strategia di portafoglio, in cui la maggior parte delle iniziative fallisce, ma quelle che hanno successo compensano abbondantemente i costi dell'intero portafoglio. Si prevede che l'inserimento degli onorari di difesa nella giustizia del lavoro, che in precedenza non esisteva, eliminerà o mitigherà questa strategia di portafoglio.

In realtà, dal punto di vista del cliente, il problema con i contratti a percentuale non è l'eccesso di cause presentate, ma piuttosto il fatto che alcune cause di VAP di basso rendimento saranno respinte. Per capire perché è sufficiente riprendere la condizione di proposizione dal punto di vista del potenziale attore e dell'avvocato per vedere come il contratto a percentuale cambia gli incentivi di ciascuno. Per il potenziale attore, la condizione tradizionale è $p_A \cdot B - C_A > 0$, ma, con la contrattazione a percentuale, il costo sostanziale del processo viene eliminato ($C_A = 0$) e il valore di B è ridotto in proporzione agli onorari a percentuale. Pertanto, se l'accordo prevedeva che il potenziale attore pagasse 1/3 di onorari a percentuale, allora la sua

422. Notate che questo effetto correttivo del contratto a percentuale può essere parzialmente compensato dal fatto che il cliente di solito ha una sola causa e l'avvocato ne ha diverse e, quindi, tratta i suoi casi come un portafoglio, dove alcuni casi sono più fattibili di altri, ma viene scoperto solo *ex post*. Su questo tema, si veda Shepherd e Cloud (1999).

423. In questo caso non teniamo conto degli altri costi del processo, come il costo del tempo e le spese processuali.

424. Cf. Gico Jr. e Arake (2014).

condizione di proposizione sarebbe stata $2/3 \cdot p_A \cdot B > 0$. In questo caso, sarebbe razionale per l'attore non intentare una causa solo se non attribuisse alcun valore al bene della vita ($B = 0$) o in assenza di possibilità di successo ($p_A = 0$). In caso contrario, l'attore vorrà sempre proporre l'azione nel sistema di assunzione a percentuale, perché –per il cliente– sarà sempre un'azione di VAP[425].

Lo stesso ragionamento non vale per l'avvocato, per il quale la condizione di proposizione è data da $1/3 p_A \cdot B - C_A > 0$, dal momento che sopporterà tutti i costi della proposizione dell'azione (C_A)[426]. Poiché ci sono cause in cui la condizione di proposizione è soddisfatta ($p_A \cdot B - C_A > 0$), ma che non è razionale per l'avvocato assumere ($1/3 p_A \cdot B - C_A < 0$), alcune azioni di VAP non saranno proposte sotto il regime a percentuale. L'origine di questa divergenza è il rendimento atteso negativo per l'avvocato, dato che sosterrà tutti i costi del litigio (C_A), ma riceverà solo una frazione del beneficio ($1/3 B$). Pertanto, nel sistema di assunzione esclusivamente a percentuale, alcune azioni di VAP non verrebbero proposte.

D'altra parte, poiché nel regime di assunzione a percentuale, il cliente non sostiene una parte sostanziale dei costi di lite (C_A), i clienti in generale saranno incentivati a proporre più azioni di quanto farebbero se dovessero sostenere i costi. Ricordate, poiché è il cliente ad avere la padronanza dei fatti e non l'avvocato (asimmetria informativa), la loro struttura di incentivanti sarà quella di omettere o distorcere i fatti quando si presenta il caso all'avvocato, nel tentativo di convincerlo ad accettare la rappresentanza. Di conseguenza, c'è da aspettarsi che alcune azioni frivole o di VAN saranno proposte nel regime di assunzione a percentuale, ma non molte, dato che l'avvocato razionale, consapevole di questi fatti, prenderà misure per corroborare ciò che il cliente ha esposto. Inoltre, gli onorari di difesa attenuano in qualche modo l'impulso del cliente a presentare azioni di VAN, perché chi riceve gli onorari è l'avvocato dell'altra parte.

Pertanto, possiamo concludere che, in termini generali, rispetto al modello base del litigio, ci sono incentivi eccessivi a presentare azioni legali in regime di assunzione ad ora o fissa e non ci sono abbastanza incentivi a presentare azioni legali in regime a percentuale. Una possibile alternativa sarebbe un sistema misto in cui il potenziale attore paghi una parte dell'onorario fisso e un'altra parte come onorario a percentuale. In questo modo l'avvocato non si assumerebbe tutti i rischi

425. Ricordate che qui si parte dal presupposto che i costi del processo, a parte gli onorari, sono trascurabili. Pensate al caso del gratuito patrocinio, per esempio.

426. Notate che in questo caso stiamo considerando che il servizio e il tempo dell'avvocato sono i costi rilevanti del processo, essendo le spese processuali trascurabili ed escludendo gli onorari di difesa pagati dal soccombente.

 del caso, e le azioni di VAP non intraprese sarebbero state portate avanti; la difficoltà è quella di identificare e negoziare questo punto di equilibrio.

5.3.2 Condizioni di accordo

Sebbene la decisione di concludere o meno un accordo sia sempre una decisione della parte, dato che l'avvocato è solo il rappresentante del cliente, il fatto è che l'avvocato è in una posizione privilegiata per guidare il suo cliente nella scelta tra la conclusione di un accordo o la prosecuzione con il litigio. In questo contesto, la modalità di compenso dell'avvocato può nuovamente influenzare l'allineamento o il disallineamento degli interessi nel suo rapporto con il cliente[427].

Nella Sezione 4.2.3, si è parlato sulla condizione di litigio e il valore di riserva dell'attore che deve essere superato o eguagliato dall'offerta di accordo affinché la transazione sia razionale, mentre nella Sezione 4.3.1 si è discusso il suo contrario, cioè, la condizione di accordo, considerando sia l'attore che il convenuto. Unendo ciò che abbiamo imparato in entrambe le sezioni, sia A l'offerta del convenuto all'attore di una transazione durante le negoziazioni. Se $A \geq p_A \cdot B - C_A$, cioè, se il valore offerto per la transazione è maggiore o uguale al valore atteso dell'azione, allora, l'attore razionale accetterà la proposta e la controversia sarà risolta. D'altra parte, supponendo che le parti siano d'accordo sul valore del bene della vita B, abbiamo la condizione di accordo che ci viene data da $C_A + C_C > (p_A - p_C) B$.

E in che modo la forma di contrattazione può influire sul valore di riserva e sulla condizione di accordo? In primo luogo, se un avvocato viene assunto solo su base oraria, ciò significa che avrà incentivi per rifiutare un accordo, anche quando $A \geq p_A \cdot B - C_A$,poiché il suo guadagno aumenterà con l'aumentare della durata del processo[428]. Una possibile strategia di mitigazione consiste anche nell'includere una quota del risultato ottenuto nella conclusione di un accordo. Così, il compenso a percentuale potrebbe mitigare o coprire il costo opportunità dell'avvocato e allineare gli incentivi.

Nel caso di un avvocato assunto a compenso fisso o *a forfait*, la situazione è completamente invertita. In questa ipotesi l'avvocato non guadagna di più se il caso va a giudizio ma, anzi, deve sostenere i costi di patrocinio del caso e quindi il suo incentivo sarà quello di promuovere un accordo, in quanto questo ridurrà i suoi costi. D'altra parte, poiché il pagamento dell'avvocato con compenso fisso

427. Cf. Miller (1987) e Donohue III (1991).

428. Questo secondo il ragionevole presupposto che sia meglio continuare a lavorare su un caso in corso piuttosto che cercare di ottenere un altro cliente. Se l'avvocato ha un eccesso di richieste e raggiungere un accordo significa semplicemente cambiare caso, ma non ridurre il numero di ore addebitate, allora gli incentivi del cliente e dell'avvocato saranno allineati. Per l'avvocato infatti sarà indifferente il numero di ore dedicate al singolo caso, poiché il totale delle ore lavorate non cambia.

è già stato sostenuto ed è irrecuperabile (si veda la Sezione 5.1.2), in pratica per l'attore, tali costi non influiscono più sulla decisione di litigare, e ciò può portare ad un incentivo a litigare troppo, rifiutando buoni accordi, in una logica simile alle cause di assunzione a percentuale.

In caso di assunzione a percentuale, l'attore è incentivato a portare in giudizio più cause di quante dovrebbe (litigare), e l'avvocato è incentivato ad accettare più accordi di quanti dovrebbe. Vediamo perché. Cominciamo analizzando la questione dal punto di vista dell'attore. Se questa trattativa viene condotta sotto un regime di assunzione a percentuale, l'attore riceverà solo una frazione di A e non sosterrà i costi del processo ($C_A = 0$). Mantenendo il nostro esempio di cui sopra, supponiamo che l'attore e l'avvocato abbiano negoziato il pagamento a percentuale nella percentuale di 1/3. Pertanto, la condizione di accordo per l'attore diventa $2/3\,A \geq p_A \cdot 2/3\,B - 0$, che equivale a $A \geq p_A \cdot B$. Questo perché il convenuto offrirà l'intero accordo A, ma –in pratica– l'attore riceverà solo $2/3\,A$, se si conclude l'accordo. D'altra parte, anche il valore dell'azione deve essere adeguato, in quanto, in regime a percentuale, l'attore non sostiene il costo dell'azione ($C_A = 0$) e, in caso di successo, riceverà solo $2/3\,B$, che è il valore della condanna meno gli onorari a percentuale.

Si ricordi che, come si è visto nella Sezione 4.3.1, perché ci sia un accordo, il valore di riserva del convenuto deve essere maggiore del valore di riserva dell'attore, proprio perché ci sia un eccedente cooperativo da distribuire e, pertanto, la condizione di accordo è data di solito dall'espressione $C_A + C_C > p_A B_A - p_C B_C$. Supponendo che $B_A = B_C = B$, cioè, che le parti concordino sul valore del bene della vita, e $C_A = 0$, in altre parole, che l'attore ha scaricato i costi di lite sull'avvocato, allora avremo che la condizione di accordo per l'attore sotto il regime a percentuale sarà:

Disequazione 5.3-1

$$C_C > (p_A - p_C)\,B$$

Come si può vedere, poiché l'assunzione a percentuale altera sia il valore dell'accordo sia il valore atteso dell'azione per l'attore, in pratica, il suo unico effetto è quello di escludere i costi dell'azione della Disequazione 4.3-1, la condizione di accordo. Per essere più chiari: se ci si ricorda della formula per il calcolo dell'eccedente cooperativo prevista nell'Equazione 4.3-2, $(C_A + C_C) + (p_A - p_C)\,B$, abbiamo che il regime contrattuale a percentuale riduce l'eccedente cooperativo esattamente in C_A, che è il costo che l'attore non dovrà sostenere se continua a litigare e quindi non costituisce più un guadagno da condividere tra le parti. Pertanto, l'autore sotto il regime a percentuale è più incline a litigare rispetto all'attore nel regime di retribuzione oraria o fissa, quando $C_A > 0$. Questa conclusione è compatibile con il fatto che, in un regime a percentuale, l'attore spende meno e la sua decisione di continuare in giudizio non ha alcun costo, o gli costa meno.

La situazione è completamente diversa dal punto di vista dell'avvocato, che si farà carico di tutti i costi di lite[429]. Per l'avvocato, la condizione di accordo nel nostro esempio è $1/3\,A \geq p_A \cdot 1/3\,B - C_A$, pertanto, l'onorario a percentuale risultante dall'accordo ($1/3\,A$) dovrebbe superare il costo atteso dell'azione per lui ($p_A \cdot 1/3\,B - C_A$) che, a differenza dell'attore, deve includere tutti i costi di lite (C_A). Se moltiplichiamo per 3 entrambi i termini della condizione di accordo dell'avvocato, avremo $A \geq p_A \cdot B - 3C_A$, ovvero, per l'avvocato, il valore dell'accordo offerto deve essere maggiore o uguale al valore atteso dell'azione meno il triplo dei costi di lite.

Applicando lo stesso ragionamento che abbiamo usato sopra per l'attore, ma ora in relazione all'avvocato, per avere un accordo, il valore di riserva del convenuto ($p_C \cdot B + C_C$) deve essere superiore al valore di riserva dell'avvocato ($p_A \cdot B - 3C_A$). Dunque, la condizione di accordo sarà $p_C \cdot B + C_C > p_A \cdot B - 3C_A$. Come nell'esempio precedente, semplificando per $C_A = C_C = C$, la condizione di accordo per l'avvocato sotto il regime a percentuale sarà $p_C \cdot B + C > p_A \cdot B - 3C$, che può essere riscritto così:

Disequazione 5.3-2

$$4C > (p_A - p_C)\,B$$

Poiché l'avvocato riceve solo 1/3 del beneficio, ma sostiene il 100% dei costi del processo, il peso dei costi nella sua struttura di incentivi è altrettanto sproporzionato, e l'avvocato sarebbe disposto a concludere l'accordo per un valore sostanzialmente minore di quello che l'attore sarebbe disposto ad accettare. Quindi, se l'avvocato ha il controllo ed è responsabile della decisione di concludere la transazione –magari in virtù di una clausola contrattuale, magari in virtù del suo potere di persuasione a seguito di un'asimmetria informativa– è probabile che l'accordo sia concluso, ma ad un valore inferiore rispetto al modello base. Mentre se è l'attore ad avere il controllo, c'è una maggiore probabilità che il caso vada in giudizio e venga istruito, anche se l'accordo proposto fosse superiore al valore dell'azione giudiziale.

È interessante notare che, secondo il Rapporto giustizia in numeri del 2019[430], nella giustizia del lavoro, dove la forma di contrattazione a percentuale è più comune, il tasso di accordo nella fase di cognizione è del 39%, mentre nella giustizia

429. È importante notare che Polinsky e Rubinfeld (2002) hanno combinato l'analisi della condizione di accordo con il livello di zelo nell'istruzione per proporre che, poiché l'avvocato può investire meno tempo nella fase istruttoria, in realtà potrebbe non avere incentivi sufficienti a fare un accordo.

430. Cf. CNG (2019, p. 143).

ordinaria il tasso nella stessa fase è solo del 14%, cioè, nella giustizia del lavoro sono conclusi quasi il triplo degli accordi che nella giustizia ordinaria[431]. La spiegazione di questa grande differenza può essere proprio la forma di contrattazione del compenso prevalente in ciascuna area e la struttura di incentivi che ne deriva. Questo è precisamente il risultato che la Teoria positiva del processo prevede, ma sarebbe molto interessante se fosse condotta in Brasile la ricerca empirica per testare specificamente questa previsione della teoria. Finora, quello che sappiamo è che, almeno negli Stati Uniti, ci sono evidenze che queste conclusioni sono vere[432].

Pertanto, possiamo concludere che, in termini generali, rispetto al modello base di litigio, per l'avvocato ci sono incentivi eccessivi a rifiutare buoni accordi nell'ambito del regime di compensazione oraria, e incentivi eccessivi ad accettare accordi non così buoni in caso di retribuzione a *forfait* o a percentuale. Dal punto di vista dell'attore, il sistema di assunzione a percentuale (che esternalizza il costo) e quello per valore fisso (costo irrecuperabile) generano un incentivo all'eccesso di litigio, in quanto buoni accordi verranno rifiutati. Anche in questo caso, una possibile alternativa è un sistema misto in cui il potenziale litigante paga una parte del compenso fisso, per fasi del processo, in modo che ci sia un costo di litigio, e un'altra parte del compenso sia condizionata al successo. In questo modo l'avvocato non si assume tutti i rischi della causa, e gli incentivi possono essere più allineati per entrambe le parti.

5.3.3 Livello di zelo processuale

Un'ultima analisi interessante è l'interazione tra la struttura di incentivi dell'avvocato e il livello di zelo che questi impiega nel corso del processo, cioè, quanto l'avvocato investe nel processo durante le fasi introduttiva e di trattazione. Supponiamo che, per qualsiasi motivo, l'accordo non sia stato raggiunto e, quindi, si sia passati alle fasi introduttiva e di trattazione. In questo caso, in che modo la struttura di incentivi dell'avvocato influirebbe sul livello di zelo che impiegherà nello svolgimento del processo[433]?

All'inizio, considerando i casi ad ora, è relativamente semplice rendersi conto che l'avvocato sarà incentivato a investire più possibile nel processo, perché gua-

431. Nel sistema giudiziario brasiliano federale, dove i procuratori fiscali e gli avvocati dell'Unione sono molto limitati nella loro capacità di proporre e accettare accordi, il tasso di accordo è solo del 9%.

432. Cf. Thomason (1991).

433. Se il lettore pensa che l'avvocato *debba* sempre occuparsi delle sue cause in egual misura (si veda l'art. 10 cod. deont. for.) e che la forma di assunzione *non debba* influenzare il suo grado di zelo, si renda conto che sta facendo un giudizio di valore (dover essere) e non una descrizione della realtà. Un ragionamento simile è quello di dire che le persone *dovrebbero* comportarsi bene, indipendentemente dalla minaccia della legge. Esaminare la discussione sulla legge di Hume nella Sezione 1.1.

dagnerà di più quanto più lavorerà. Dal punto di vista dell'attore, l'ideale sarebbe che l'avvocato lavorasse la quantità ottimale di ore, ma non ha modo di conoscere tale quantità a causa dell'asimmetria informativa. Poiché l'attore non può controllare queste informazioni ed è l'avvocato che sceglie il numero di ore lavorate, la tendenza è quella di investire troppo nel processo sotto questo regime[434]. È proprio per questo motivo che le grandi imprese e le società straniere, che di solito hanno contratti ad ora, hanno avvocati interni per esaminare i rapporti a ora ed eliminare gli eventuali eccessi degli avvocati assunti. È sempre un momento difficile, dato che è quasi impossibile differenziare il controllo per le ore in eccesso dalla loro riduzione per adeguarsi al budget dell'impresa, soprattutto quando il bonus del direttore giuridico è legato non al risultato del servizio legale, ma alla riduzione delle spese per gli avvocati.

A sua volta, nei contratti a percentuale, l'avvocato anche se non ha alcun incentivo a lavorare troppo, investirà meno della quantità ottimale di ore, poiché –come si è visto nella sezione precedente– sostiene interamente i costi del processo, ma gode solo di una parte dei benefici che ne derivano. In questo senso, i contratti a percentuale portano a un livello di zelo non ottimale nella conduzione del processo.

Facciamo un esempio per illustrare la differenza tra l'effetto dell'assunzione a tempo e quello dell'assunzione a percentuale sulla struttura di incentivi degli agenti per quanto riguarda il livello di zelo. Si supponga che un caso non si sia concluso con un accordo e che, quindi, ora passi alla fase istruttoria. Per semplicità, si supponga che i costi di una causa siano limitati al compenso dell'avvocato, cioè, che gli altri costi siano trascurabili e che l'avvocato sia sotto un regime di assunzione ad ore. Considerando che la tariffa oraria dell'avvocato è di 100 € all'ora nelle cause civili e che l'importo della condanna prevista è di 60.000 € (B), ci sono due possibili livelli di zelo: basso e alto.

A un basso livello di zelo, l'avvocato investe 50 ore di lavoro nel processo al costo di 5.000 € (C_b), che genera una probabilità di successo del 60% (p_b) e dà un rendimento atteso per l'attore di 31.000 € (= 60.000 • 0,6 – 5.000). Con un alto livello di zelo, l'avvocato investe 120 ore di lavoro nel processo al costo di 12.000 € (C_a), che genera una probabilità di successo dell'80% (p_a) e fornisce un rendimento atteso di 36.000 € (= 60.000 • 0,8 – 12.000). Pertanto, dal punto di vista dell'attore, sarebbe razionale investire di più nel processo (alto livello di zelo). D'altra parte, dal punto di vista dell'avvocato, dal momento che guadagna a ora, è anche razionale investire di più nel processo (più ore lavorate). L'esempio può essere riassunto come segue:

434. In ufficio abbiamo una battuta interna che, per il cliente a ora, se passiamo una settimana a scrivere una petizione, gli facciamo una truffa. Per il cliente a valore fisso, gli salviamo la vita e, per il cliente dal successo (contratto a percentuale), non facciamo altro che quanto dovuto. Alcuni clienti più sofisticati possono apprezzare la battuta, altri no.

INCENTIVI ALLINEATI SOTTO IL REGIME ORARIO
Figura 5-10

		B	p	C	$p \cdot B - C$
Attore	Basso	60.000	0,6	5.000	31.000
	Alto	60.000	0,8	12.000	36.000

		€/ora	Orario	Beneficio
Avvocato	Basso	100	50	5.000
	Alto	100	120	12.000

Nell'esempio di cui sopra, cambiamo solo il regime di assunzione che sarà a percentuale, avendo le parti concordato il compenso del 25% della condanna. Pertanto, l'attore non si farà carico dei costi del processo, quindi, $C_a = C_b = 0$, ma una parte del beneficio economico andrà all'avvocato e quindi il suo beneficio sarà di soli 45.000 € (= 0,75 • 60.000). Pertanto, il valore atteso dell'azione per l'attore al basso livello di zelo sarà di 27.000 € (= 0,60 • 45.000 – 0) e l'alto livello di zelo sarà di 36.000 € (= 0,80 • 45.000 – 0). *Ergo*, nel regime di assunzione a percentuale, rimane razionale per l'attore investire nello zelo con il processo.

Per l'avvocato gli incentivi sono cambiati e investire così tanto nel processo non ha più senso. Se prima la ricompensa dell'avvocato era una certezza e guadagnava a ore, ora, nel regime a percentuale, il suo beneficio sarà anche un risultato con rischio. Per quanto riguarda l'attore, sebbene l'importo della condanna sia di 60.000 €, la parte a cui l'avvocato ha diritto è solo una frazione di tale importo, per essere più precisi, il 25%, quindi, il valore atteso dell'onorario è di 15.000 € (= 0,25 • 60.000). Inoltre, il costo delle ore lavorate è stato assegnato all'avvocato stesso. Così, se decide di adottare il basso livello di zelo, l'avvocato impiegherà 50 ore di lavoro[435] nel processo al costo di 5.000 € (C_b), per generare una probabilità di successo del 60% (p_B) e, quindi, il valore atteso dell'azione per l'avvocato sarà di 4.000 € (= 15.000 • 0,6 – 5.000). Se adotta l'alto livello di zelo, impiegherà 120 ore di lavoro al costo di 12.000 € (C_a), per generare un 80% di probabilità di successo (p_a) e ottenere un rendimento atteso di 0 € (= 15.000 • 0,8 – 12.000). Così, non si ottiene nulla investendo di più, anzi, si perde. Questa situazione può essere riassunta come segue:

435. Se il lettore non ha capito perché investire nel processo genera un costo per l'avvocato, basta ricordare il concetto di costo opportunità. Ogni ora in cui l'avvocato lavora al processo sarà un'ora in cui potrebbe lavorare su un altro caso ad ora o svolgere qualsiasi altra attività. Si tratta quindi di un costo economico.

INCENTIVI DISALLINEATI SOTTO REGIME A PERCENTUALE
Figura 5-11

		0,75 *de B*	p	C	$p \cdot 0{,}75B - C$
Attore	Basso	45.000	0,6	0	27.000
	Alto	45.000	0,8	0	36.000

		0,25 *de B*	p	C	$p \cdot 0{,}25B - C$
Avvocato	Basso	15.000	0,6	5.000	4.000
	Alto	15.000	0,8	12.000	0

Come si può vedere, a seconda del contesto, può essere che il regime orario allinei gli incentivi dell'attore e dell'avvocato e che il regime a percentuale disallinei tali incentivi. Ma ci sono situazioni in cui il disallineamento è ancora maggiore, come nel caso dei contratti fissi. I contratti fissi generano incentivi per un investimento ancora più basso nel livello di zelo rispetto ai contratti a percentuale, poiché, se nel contratto a percentuale l'avvocato riceve almeno una parte del beneficio economico e, quindi, ha qualche incentivo ad investire, anche se in modo subottimale, nei contratti fissi l'avvocato non ha alcun incentivo ad investire nel processo, poiché non ne trarrà nient'altro[436]. Nel contratto fisso, il processo è semplicemente un costo per l'avvocato. Proprio per questo motivo, come detto nella Sezione 5.3.2, i contratti fissi favoriscono la conclusione di un accordo da parte dell'avvocato e la scelta del litigio da parte dell'attore.

Come si può vedere, il gioco processuale è molto più sofisticato e complesso di quanto possa sembrare a prima vista, e la struttura di incentivi di tutti gli agenti coinvolti conta per la piena comprensione del fenomeno. Spero che la discussione illustrativa di cui sopra sulle diverse strutture di incentivi per attori e avvocati dimostri non solo la difficoltà di allineare gli interessi in qualsiasi contesto di rapporto di agenzia, ma anche come un semplice modello possa generare risultati controintuitivi che rivelano aspetti interessanti della realtà. La discussione di cui sopra non è stata affatto esaustiva, ma serve a mostrare al lettore come anche la questione dell'assunzione di un avvocato possa essere oggetto di un'analisi economica del processo e, soprattutto, che sia nel rapporto giudice-Stato che nel rapporto avvocato-cliente abbiamo un problema di agenzia. Detto questo, per chiudere questo capitolo di applicazioni avanzate, parleremo di alcuni contributi di analisi economica comportamentale del diritto e di come questi possano rendere più evolute le discussioni precedenti.

436. Ovviamente qui si presume che l'avvocato sia indifferente al risultato per il cliente (preferenze), che non ci siano costi di reputazione e che il cliente non possa controllare l'avvocato. In breve, partiamo dal presupposto che la pressione competitiva non cambierà lo scenario.

5.4 Analisi economica comportamentale del processo

Come abbiamo visto nel Capitolo 4, l'AED ci aiuta a costruire una teoria positiva sul processo civile, in contrapposizione a un approccio meramente normativo e dogmatico (dover essere), tradizionale nel diritto. In questo senso, così come il diritto stesso si basa sulla razionalità degli agenti, come visto nella Sezione 1.3, l'AED costruisce i suoi principali blocchi analitici a partire dalla Teoria della scelta razionale – TSR. La teoria della scelta razionale, a sua volta, si basa su alcuni presupposti semplificativi del comportamento umano che sono in grado di generare modelli semplici e comprensibili, ma con un alto grado di potere predittivo ed esplicativo.

Come abbiamo discusso nella Sezione 1.4, la convenienza di utilizzare un modello non deriva necessariamente dal realismo dei suoi presupposti, ma piuttosto dall'accuratezza delle sue previsioni e dal suo potere esplicativo. Pertanto, come tutto il resto della scienza, l'economia in generale e l'AED in particolare adottano ipotesi semplificative sul comportamento umano, che non necessariamente invalidano l'analisi risultante da tali modelli e ipotesi[437]. Le discussioni sviluppate nei Capitoli 2 e 3 così come i vari modelli e *insights* discussi nel Capitolo 4 e in questo capitolo sono una dimostrazione di come questo semplice approccio possa portarci ad una comprensione molto più ampia e profonda del diritto processuale e del fenomeno sociale chiamato processo, completando ed estendendo la portata della Teoria generale del processo ben oltre la sua fase attuale.

Ma ora che il lettore è (o dovrei dire *dovrebbe essere*?) a suo agio con l'approccio economico del diritto, possiamo ulteriormente affinare la nostra analisi introducendo anche gli approfondimenti dell'Analisi economica comportamentale del diritto – AEC[438]. In realtà, lo abbiamo già fatto quando, con discrezione, abbiamo discusso dell'ottimismo e del pessimismo delle parti nel processo decisionale, ma ora faremo una presentazione più esplicita. L'economia comportamentale è la sottozona dell'economia che applica la ricerca scientifica nell'ambito della psicologia cognitiva alla comprensione delle decisioni economiche e di come queste si riflettano nei prezzi di mercato e nell'allocazione delle risorse. L'AEC impiega esperimenti di laboratorio ed esperimenti naturali[439] per studiare empiricamente come

437. Cf. Friedman (1953, pp. 3-43).

438. Il campo dell'AEC è cresciuto così tanto che sarebbe impossibile presentare qui un quadro completo, anche perché il nostro interesse in questo libro è il processo civile. Pertanto, si rimanda il lettore interessato a Jolls, Sunstein e Thaler (1998), Korobin e Ulen (2000), Sunstein (2000) e Zamir e Techman (2014; 2018).

439. Un **esperimento di laboratorio** è condotto in condizioni controllate determinate dal ricercatore al fine di eliminare o mitigare gli effetti di variabili diverse dalla variabile indipendente, quella di cui si desidera indagare gli effetti. Pertanto, è uno studio controllato. Un **esperimento naturale** è uno studio empirico di una situazione nel mondo naturale che non è controllato dal ricercatore, ma che, per altri motivi, ha esposto gli individui o i gruppi studiati a condizioni e controlli simili a quelli di un esperimento e, in questo modo, permette di analizzare il fenomeno anche quando uno studio di laboratorio sarebbe di fatto o eticamente inattuabile.

gli individui rispondono ai vari tipi di incentivi e come si formano le loro preferenze. Mentre l'analisi economica tradizionale prende le preferenze dell'individuo come date e usa le scelte di ogni agente come *proxy* di queste preferenze (preferenze rivelate), l'economia comportamentale si unisce alla psicologia applicata e alle neuroscienze per cercare di capire come queste preferenze si formano[440].

Molti di questi esperimenti rafforzano il potere predittivo della TSR[441], ma alcuni di essi indicano che, a volte, a seconda del contesto, il comportamento trovato può deviare sostanzialmente da quello previsto dalla Teoria della scelta razionale; e, quindi, che per tali casi, un modello basato sulla TSR potrebbe non essere il più adeguato a rappresentare la realtà; o che il modello dovrebbe essere adattato per tenere conto di queste anomalie comportamentali. In questo senso, per il momento, l'economia comportamentale integra ed estende l'approccio economico tradizionale.

L'economia comportamentale è solitamente vista come lo studio di casi eccezionali in cui il comportamento umano si discosta empiricamente dalle previsioni della TSR (anomalie comportamentali) e, poi, come lo studio dell'errore umano[442] in contrapposizione al comportamento considerato razionale. Tuttavia, ci sono tentativi di incorporare queste cosiddette anomalie comportamentali nella teoria, e quindi nel modello comportamentale generale, in modo che questi comportamenti non siano più considerati deviazioni in sé, ma piuttosto parte di un modello generale[443].

Tuttavia, il fatto è che, finora, l'economia comportamentale non ha presentato una teoria completa e esauriente per sostituire la TSR, ma solo un elenco di deviazioni comportamentali chiamate euristiche e bias o limitazioni cognitive, che si manifestano principalmente quando l'agente sta decidendo in condizioni d'incertezza[444]. Se i progressi scientifici saranno sufficienti per sofisticare la TSR e

440. Sebbene l'economia comportamentale sia relativamente moderna, l'uso della psicologia per comprendere il sistema giudiziario e come vengono prese le decisioni giudiziarie non lo è, come dimostra l'affascinante lavoro di Jerome Frank (1949).

441. Per esempio, si veda Oliveira-Castro, Foxall e Schrezenmaier (2006). Infatti, le ricerche dimostrano che anche gli animali obbediscono alla legge della domanda, ad esempio, si veda Noë, van Hoff e Hammerstein (2001).

442. Questa visione è condivisa da entrambi gli psicologi cognitivi, come si può vedere nella raccolta organizzata da Khaneman, Slovic e Tversky (1982), come per gli economisti comportamentali come Richard Thaler (1980; 1991).

443. Cf. Rachlin (1995). L'autore ringrazia il professor Jorge Mendes de Oliveira Castro Neto per aver indicato questo riferimento.

444. Tanto che, in generale, i lavori sull'AEC di solito discutono su come i risultati empirici ottenuti in un dato esperimento si adattano o si discostano dai modelli AED tradizionali, ma raramente –se non addirittura mai– offrono qualcosa in sostituzione. Al massimo, gli studi suggeriscono una qualche strategia di come è possibile usare gli insight per mitigare l'euristica e i bias menzionati. Per esempio, vedi Sunstein (2000).

renderla ancora più precisa o ci porteranno a un completo cambiamento di paradigma, solo il futuro lo dirà.

Le **euristiche** sono i metodi o tecniche che le persone usano per risolvere in modo soddisfacente un problema, ma non in modo perfetto o ottimale; per così dire, usano una regola d'oro (*rule of thumb*)[445] per prendere le decisioni. In economia comportamentale, le euristiche sono una scorciatoia mentale o un algoritmo semplificativo (processi cognitivi) che l'uomo e gli altri animali usano per prendere decisioni in condizioni di incertezza o di fronte a questioni complesse, secondo cui una parte delle informazioni viene ignorata o viene utilizzato un riferimento per rendere la scelta più rapida e facile, quindi fattibile o soddisfacente.

Nelle parole di Simon[446], che ha introdotto il concetto di euristica e di razionalità limitata nella psicologia cognitiva: "La soluzione dei problemi attraverso il riconoscimento, la ricerca euristica, il riconoscimento di pattern e l'estrapolazione sono esempi di adattamenti razionali ad ambienti operativi complessi che tengono conto dei limiti computazionali –di razionalità limitata. Non sono tecniche di ottimizzazione, ma metodi per arrivare a soluzioni soddisfacenti con modeste quantità di calcolo". In breve, l'idea alla base del concetto di euristica è la riduzione degli sforzi nel processo decisionale in un contesto complesso.

Tuttavia, come ci insegnano Tversky e Kahneman[447], "le persone si basano su un numero limitato di principi euristici, che riducono la complessità del compito di stimare le probabilità e di prevedere i valori per semplici operazioni di giudizio. In generale, tali euristiche sono abbastanza utili, ma a volte portano a gravi e sistematici errori." Proprio perché queste decisioni sono prese in modo imperfetto (solo soddisfacente), l'euristica può portare a un comportamento caratterizzato da **bias cognitivi**, cioè, da deviazioni sistematiche e prevedibili della TSR nel pattern decisionale.

Questa conclusione non è diversa in Brasile, come si può vedere nelle opere di Costa (2016), Goulart (2019), Wolkart (2019) e Abreu (2020).

445. L'euristica può applicarsi a tre fasi del processo decisionale: (i) *ricerca* (la quantità di informazioni da cercare o da processare per la scelta); (ii) *limite alla ricerca* (quali alternative saranno prese in considerazione); e (iii) *decisione* (quale delle alternative sarà scelta). Come molte altre cose meravigliose, l'idea dell'euristica per la soluzione dei problemi è stata ispirata dal suo uso in matematica, si veda Polya (2015 [1957]).

446. Cf. Simon (1990, p. 11). Nell'originale: "*Problem solving by recognition, by heuristic search, and by pattern recognition and extrapolation are examples of rational adaptation to complex task environments that take appropriate account of computational limitations–of bounded rationality. They are not optimizing techniques, but methods for arriving at satisfactory solutions with modest amounts of computation*". Sui suoi primi studi sulla razionalità limitata, si veda Simon (1997 [1945]; 1955; 1979).

447. Cf. Tversky e Kahneman (1974, p. 1.124), nell'originale: "*This article shows that people rely on a limited number of heuristic principles which reduce the complex tasks of assessing probabilities and predicting values to simpler judgmental operations. In general, these heuristics are quite useful, but sometimes they lead to severe and systematic errors.*"

Come ho detto[448], la "cattiva notizia è che questi ricercatori e i loro seguaci hanno dimostrato che il comportamento umano si differenzia dal modello economico tradizionale in varie circostanze. La buona notizia è che questa divergenza è sistematica, cioè non è aleatoria. Poiché questa divergenza ha un pattern, il comportamento umano è ancora prevedibile, è sufficiente adattare i modelli per incorporare le limitazioni cognitive". In questo senso, presenterò alcuni bias cognitivi già identificati dalla letteratura a titolo di esempio, che possono essere rilevanti quando si discute il processo decisionale delle parti nel contesto di un processo[449], ma senza alcuna pretesa di sistematicità o di esaurimento dell'argomento. Dopo il già tradizionale articolo di Tversky e Kahneman per la rivista *Science*[450], iniziamo con l'euristica della rappresentatività.

(a) **Rappresentatività:** nella vita in generale, e nel giudizio di una controversia quasi sempre, è comune trovarsi di fronte a domande del seguente tipo: qual è la probabilità che l'oggetto A appartenga alla categoria B (ad es., qual è la probabilità che questo convenuto appartenga al gruppo dei trasgressori); qual è la probabilità che l'evento A abbia origine dal processo B (ad es., qual è la probabilità che la specifica malattia di un lavoratore derivi dalla sua attività lavorativa); e qual è la probabilità che il processo B generi l'evento A (ad es., qual è la probabilità che l'uso di sigarette elettroniche provochi il cancro). Per rispondere a queste domande, si ricorre spesso all'euristica della rappresentatività, in cui le probabilità sono stimate in base al grado in cui A è rappresentativo di B, cioè, il grado in cui A assomiglia a B.

L'euristica della rappresentatività è la tendenza dell'individuo, nel considerare una probabilità o in condizioni di incertezza, a stimare la probabilità di accadimento di un evento, o di un campione, in base al grado di somiglianza dell'oggetto stimato con le caratteristiche essenziali di un archetipo preesistente disponibile nella sua mente. Questo archetipo è quello che per noi è l'insieme più rilevante o tipico degli elementi di un dato evento o oggetto[451].

Così, quando A è molto rappresentativo di B, l'agente ritiene che la probabilità che A provenga da B sia molto alta. D'altra parte, quando A non assomiglia a B, la probabilità che A provenga da B è considerata bassa. Per esempio, sup-

448. Cf. Gico Jr. (2019, p. 26).

449. In Brasile, per esempio, abbiamo un esperimento empirico specifico per il processo che è il Progetto Dolce, in cui il succo d'uva è stato servito ai partecipanti alla procedura di conciliazione in tribunali speciali di Anápolis - GO, al fine di studiare come il tasso di glucosio influenzerebbe il tasso di conciliazione. Si veda Tomás (2019). Se i risultati vengono replicati con successo, potremmo aver imparato un modo più efficace per aumentare il tasso di conciliazione rispetto all'udienza obbligatoria di conciliazione. Per un tentativo più generale di integrare l'economia comportamentale e il diritto attraverso un intervento intelligente (*nudge* o spinta), si veda Thaler e Sunstein (2009).

450. Cf. Tversky e Kahneman (1974, p. 1.124).

451. Cf. Kahneman e Tversky (1972).

poniamo che qualcuno descriva il suo vicino, Giuseppe, come molto timido e distante, sempre molto disponibile, ma non molto interessato alle altre persone o al mondo reale. Gli piace tutto organizzato e ha bisogno di ordine e struttura. Come valutereste la probabilità che Giuseppe abbia una certa professione, come agricoltore, venditore, pilota di linea, bibliotecario o fisico? Come ordinereste le professioni più probabili per Giuseppe? Pensateci prima di andare avanti e scrivete la vostra risposta.

Ora che siete pronti, secondo l'euristica della rappresentatività, si tende a stimare la probabilità che Giuseppe sia un bibliotecario per il grado in cui è rappresentativo o simile allo stereotipo di bibliotecario. Tuttavia, la professione di bibliotecario è molto più rara di quella di venditore o addirittura di agricoltore. Ma molti scopriranno che –dalla descrizione– assomiglia più a un bibliotecario che a un venditore, cioè, che la descrizione si adatta meglio al suo archetipo di bibliotecario che a quello di venditore. Così facendo, le persone possono commettere errori di stima perché la somiglianza o la rappresentatività di qualcosa non è influenzata da diversi fattori rilevanti che influenzano le probabilità.

Un esempio giuridico può rendere questa tendenza ancora più chiara[452]. Supponiamo che il pubblico ministero dica, davanti alla giuria, che il convenuto accusato di omicidio ha già commesso altri reati minori, come il furto e il possesso di droga, il che è vero. Tuttavia, questo fatto (furto) non ha alcuna relazione logica con l'accusa di omicidio e, perciò, non dovrebbe influenzare il giudizio della giuria; ma poiché si pensa che i criminali siano solitamente recidivi o che coloro che commettono un reato meno grave possano commettere un reato più grave (archetipo), ciò può influenzare il giudizio della giuria sulla probabilità che il convenuto sia colpevole in quel particolare caso. In questo senso, la probabilità del fatto cercato (attore dell'omicidio) è stimata per similitudine, per la rappresentatività dell'archetipo (sembra un criminale) e non per fattori realmente rilevanti per la probabilità di accadimento (era presente, aveva i mezzi, aveva il motivo).

Questo è uno dei motivi per cui tutte le richieste di audizione di testimoni dovrebbero essere accompagnate da un elenco dei rispettivi fatti controversi sui quali tali testimoni testimonieranno. Se non testimoniano su fatti controversi, ma solo sul carattere del convenuto, la richiesta di audizione di tali testimoni dovrebbe essere negata, perché il carattere di una persona in un altro contesto (ad es., essere un buon genitore, andare in chiesa, avere figli, essere un professore d'AED) non determina o implica necessariamente una correlazione con la probabilità che abbia commesso o meno un certo atto illecito.

452. Per un esperimento con i giudici sull'euristica della rappresentatività, si veda Guthrie, Rachlinski e Wistrich (2001, pp. 805 e ss.).

b) **Disponibilità:** L'euristica della disponibilità è la tendenza dell'individuo ad assegnare probabilità più elevate ad eventi che sono molto sorprendenti (salienti) o memorabili, ma statisticamente insignificanti[453]. L'euristica della disponibilità è una scorciatoia mentale per cui la valutazione di un determinato argomento, concetto, metodo o decisione è influenzata dalla facilità con cui il valutatore può richiamarne esempi.

Ovviamente, per il modo in cui funziona la nostra memoria, i fatti più recenti sono più facili da ricordare rispetto ai fatti più remoti. Perciò, più sono gli esempi, più l'evento è memorabile, e più è probabile, anche se non lo è. Se qualcosa può essere ricordata, allora deve essere importante o almeno più importante delle alternative non ricordate. Questa euristica distorce le opinioni verso le nuove informazioni e, pertanto, le ultime notizie.

L'euristica della disponibilità è una strategia utile per stimare la frequenza o la probabilità di un evento o di un nesso causale[454], poi, di regola, se qualcosa è più facilmente ricordato è perché, normalmente, l'evento è più comune, quindi si verifica più frequentemente o appartiene alle classi più grandi di eventi. Maggiore è il numero di eventi, maggiore è la probabilità che si verifichi. Tuttavia, la facilità di memorizzazione, e quindi la disponibilità, è influenzata da fattori diversi dalla frequenza dell'evento e dalla sua probabilità.

Per esempio, dopo aver ricevuto per una settimana notizie sull'arresto per corruzione di un senatore della Repubblica, le persone tendono a pensare che anche la probabilità che altri senatori siano corrotti sia alta, solo perché un incidente memorabile era prontamente disponibile nella loro mente. Per la stessa ragione, il comportamento dei funzionari (o degli studenti) migliora in prossimità dei periodi di valutazione, perché intuitivamente sanno che le persone, compreso il valutatore, tendono a concentrarsi troppo sugli eventi recenti e troppo poco su eventi remoti difficili da ricordare[455]. Pertanto, essere molto bravi in prossimità della valutazione può mitigare un ampio periodo di prestazioni mediocri ma lontane nel tempo.

Un altro esempio interessante è l'opinione, non così rara tra i giuristi, che le persone violino ripetutamente i contratti, dato l'enorme numero di casi nel settore giudiziario che comportano controversie contrattuali. Poiché sia il giudice che l'avvocato trascorrono una parte sostanziale del loro tempo nel foro che si occupa di controversie, è naturale che siano principalmente esposti a casi in cui c'è stata una controversia contrattuale. Dopotutto, la gente di solito non va in tribunale se non

453. Cf. Kahneman e Tversky (1973).

454. Ricordate la differenza tra probabilità soggettiva e probabilità oggettiva. Si veda nota 285 sopra.

455. Suggerimento: utilizzare un criterio oggettivo per valutare gli studenti come presenza, consegna dei file e continuare ad annotare le buone azioni; e, alla fine, valutare la persona in base agli appunti presi e non in base alla propria –parziale e limitata– memoria.

c'è un litigio. Tuttavia, proprio per questo motivo, chi è regolarmente coinvolto in un litigio può ritenere che la controversia è un evento molto frequente nell'universo delle interazioni sociali, quando, in realtà, il numero di casi in cui non c'è controversia o in cui le parti risolvono i loro problemi spontaneamente (autocomposizione) è molto maggiore. Ma poiché tali casi non compaiono in tribunale, le controversie sono più disponibili degli accordi e della cooperazione e quindi sembrano più frequenti (maggiore probabilità) di quanto non siano realmente.

Come è stato dimostrato, l'essere umano ha sviluppato questa euristica della disponibilità, che è una procedura per stimare il numero di una classe, la probabilità di un evento o la frequenza degli eventi comuni per la facilità con cui possiamo recuperare, costruire o associare mentalmente tali eventi e, a volte, questa euristica può portarci ad errori sistematici[456]. Tuttavia, non si deve commettere l'errore comune di concludere che, se ci sono errori sistematici in un determinato contesto, ogni decisione sarà sbagliata. Non ci sono prove a sostegno di questa conclusione. Pertanto, non ci sono motivi scientifici per una revisione o un'interferenza nelle decisioni politiche collettive (leggi), né nelle decisioni private (contratti), solo perché esistono bias ed euristiche. Interventi appropriati richiedono più del semplice disaccordo personale e idiosincratico del giudice: richiedono studi empirici per sostanziarli. La semplice affermazione che la razionalità umana è limitata non è ovviamente sufficiente[457].

(c) **Ancoraggio o aggiustamento:** in molti contesti, le persone fanno stime a partire da un valore iniziale, che viene aggiustato in seguito per generare un valore finale. Questo valore iniziale, o punto di partenza, può essere il risultato della formulazione del problema o il risultato di un calcolo iniziale, una stima preliminare. Il problema è che spesso gli aggiustamenti effettuati da questo punto di partenza non sono sufficienti per adeguare le aspettative alle nuove informazioni, quindi, il punto di partenza influisce sostanzialmente sulla stima finale. In questo modo, punti di partenza diversi genereranno stime diverse, influenzate dal punto di partenza. È questa vicinanza della stima finale al punto di partenza che viene chiamata ancoraggio.

L'effetto di ancoraggio è un bias cognitivo che descrive la tendenza umana ad affidarsi eccessivamente alle informazioni iniziali ("ancorare") per la stima della probabilità di un evento e ad apportare aggiustamenti a tali probabilità da quell'ancoraggio[458]. Il problema sorge quando l'aggiustamento non viene eseguito a

456. Cf. Kahneman e Tversky (1974, p. 1.128).

457. Dopotutto, come possiamo garantire che non sia il giudice a soffrire di bias o euristiche? Come direbbe Giovenale nella sua Satira, *quis custodiet ipsos custodes*?

458. Cf. Sceriffo, Taub e Hovland (1958).

 sufficienza e, quindi, questa distorsione può essere interpretata come un problema di insufficiente adeguamento previsto alle nuove informazioni[459].

Ad esempio, in un esperimento[460], ai partecipanti è stato chiesto quanti paesi africani appartengono alle Nazioni Unite. Ma prima che potessero rispondere, una ruota della roulette è stata girata con un numero da 0 a 100 davanti a loro. Dopo il risultato della roulette, è stato chiesto loro se il numero estratto era superiore o inferiore al numero di paesi africani nelle Nazioni Unite e poi hanno stimato questo numero dal numero estratto, aggiustandolo. Il problema è che le stime medie sono state influenzate dal numero estratto, cioè, il numero aleatorio iniziale ha influenzato in modo sostanziale le stime successive. Chi ha ricevuto numeri più alti, ha fatto stime più alte, e chi ha ricevuto numeri più bassi, ha fatto stime più basse, anche se il numero estratto non ha una connessione logica con il numero di paesi africani che compongono le Nazioni Unite.

Immaginate l'impatto dell'euristica dell'ancoraggio sulle dinamiche degli accordi in un contesto di litigio. Nell'ambito della negoziazione degli accordi, la stima che l'avvocato passa alla parte all'inizio del processo può creare un'ancora, dalla quale la parte misurerà ogni successiva proposta. Pertanto, se l'avvocato dell'attore o del convenuto è stato eccessivamente ottimista nella sua stima del caso, sia per il suo stesso bias d'ottimismo, sia per il problema dell'agente-principale per essere assunto, la tendenza è che queste prime informazioni ancorano le aspettative delle parti nella valutazione delle successive proposte.

Questo ancoraggio può portare sia a un eccesso di negoziazione (si veda la Sezione 5.1.1) sia a un aumento del divario di aspettative (si veda la Sezione 4.3.1). Tuttavia, se ciò è vero nella fase introduttiva del processo, le informazioni fornite dal giudice nella prima udienza di comparizione e sulla trattazione della causa possono ancorare nuovamente le aspettative delle parti, costringendo ad un aggiornamento delle aspettative [461], purché il risultato dell'udienza sia sufficientemente chiaro.

Inoltre, coloro che hanno avuto l'opportunità di partecipare alle udienze di conciliazione nella giustizia del lavoro possono aver notato la tecnica che molti giudici del lavoro utilizzano quando iniziano indicando i punti deboli e i punti forti di ogni parte e, ovviamente, sottolineando i punti deboli di ogni parte per ogni parte. Così facendo, il giudice del lavoro non solo riduce l'asimmetria informativa segnalando in quale direzione andrà la sua decisione, ma anche –psicologicamente– induce le parti ad un aggiornamento più appropriato delle loro aspettative, che può ridurre l'ottimismo e quindi aumentare lo spazio di accordo, con conseguente aumento del

459. Cf. Korobkin e Guthrie (1994).

460. Cf. Kahneman e Tversky (1974, p. 1.128).

461. Cf. Gico Jr. e Arake (2018).

tasso di accordo. Si noti che in questo caso, l'idea di mediazione[462] dovrebbe essere modificata o spostata verso un'idea di riduzione dell'asimmetria informativa e di aggiornamento forzato delle convinzioni, in modo che le parti possano decidere correttamente se ci sia o meno spazio di accordo.

d) **Eccesso di fiducia:** in base a questo bias, le persone tendono a sopravvalutare la probabilità che un evento si verifichi nella loro vita, se l'evento è positivo, e a sottovalutare tale probabilità, se l'evento è negativo. Così, anche dopo essere stati informati che la probabilità di un divorzio in Brasile è del 50%, gli studenti sposati in classe continuano a stimare la probabilità che il proprio matrimonio finisca solo allo 0-10%. Comprendono e accettano la probabilità generale, ma credono di essere delle eccezioni alla regola. Questo bias può anche indurre un litigante soccombente ad insistere su un appello, anche dopo essere stato avvisato dall'avvocato della bassa probabilità di successo, perché convinto che il suo caso è speciale.

Inoltre, in linea con quanto discusso nella Sezione 5.3 sull'asimmetria informativa e sulla segnalazione nel contesto del problema agente-principale tra l'avvocato e cliente, l'avvocato sarà poco incentivato ad insistere con il cliente sul fatto che la sua azione ha una bassa probabilità di successo e che si dovrebbe prendere in considerazione un accordo. Piuttosto che ricevere queste informazioni come un aggiornamento bayesiano da un esperto, il cliente può interpretare queste informazioni come un segno che l'avvocato non vuole più lavorare sul caso, o che non "crede" più nella causa. Un esempio reale di questo fenomeno per chiarire meglio.

Qualche anno fa un avvocato è stato assunto da un grande gruppo aziendale per difenderlo da un'accusa di cartello in violazione del diritto della concorrenza, davanti al Consiglio amministrativo per la difesa economica – CADE, l'equivalente brasiliano dell'Autorità garante della concorrenza e del mercato – AGCM italiana. Dopo mesi di studio del caso, ha delineato e implementato la strategia di difesa, così come esaminata e approvata dal cliente e dal suo direttore giuridico. Tuttavia, dopo anni di litigio, con l'emissione di pareri contrari agli interessi del cliente da parte di tutti gli organi consultivi, è giunto il momento di rivalutare la strategia e le opzioni disponibili. Sulla base delle prove contenute nel fascicolo del caso e della giurisprudenza consolidata del CADE, è stato tracciato un albero decisionale ed è stata stimata la probabilità di ogni risultato atteso, così come i rispettivi *payoff*. La conclusione era ovvia: la strategia migliore era quella di tentare di fare un accordo. Nonostante le argomentazioni tecniche presentate a sostegno di tale orientamento, la prima reazione del cliente è stata quella di concludere che l'avvocato non credeva più nella causa e quindi doveva essere cambiato. Sebbene l'avvocato sia stato mantenuto, il cliente ha rifiutato di proporre un accordo ed è stato infine condannato a

462. La mediazione qui intesa come una tecnica di risoluzione dei conflitti in cui il mediatore non decide né si schiera, ma cerca solo di mediare le parti per raggiungere un accordo.

 pagare dieci volte quello che era possibile ottenere nell'accordo. Tutto ciò che era previsto nel rapporto di revisione della strategia è avvenuto, ma il cliente non ha voluto crederci, perché convinto che, con lui, sarebbe stato diverso. Non lo è stato.

Come si può vedere, l'eccesso di fiducia è ciò che permette alle persone, in generale, di assumersi dei rischi e agire, intraprendendo attività rischiose. Tuttavia, questa stessa eccessiva fiducia, che può indurci ad agire, può indurci a giudicare erroneamente la probabilità che ci accadano eventi dannosi; e questo, nel contesto del rapporto avvocato-cliente, può impedire al cliente di seguire le indicazioni tecniche del suo avvocato. L'eccesso di fiducia, unito all'asimmetria informativa, può favorire il litigio a spese della transazione. La volatilità giurisprudenziale non aiuta in questo contesto.

(e) **Conferma:** Il bias di conferma è il processo cognitivo o percettivo che viene distorto per mantenere o aumentare l'autostima di una persona o la tendenza che le persone hanno a ricordare, confermare o ricercare informazioni che riaffermino le proprie convinzioni o ipotesi iniziali. In questo contesto, le persone tendono a ricordare solo ciò che favorisce loro o il loro punto di vista e a dimenticare o a disprezzare tutto ciò che le svantaggi. Quanto maggiore è il la carica emotiva o la convinzione radicata nell'ipotesi, più forte è la tendenza all'auto-conferma.

Alcune persone, per esempio, tendono ad attribuire il successo di un progetto alle proprie capacità e ai propri sforzi, ma il fallimento viene attribuito a fattori esterni o al resto del team. Nella stessa ottica, i candidati a master e dottorati preparano tesi e dissertazioni in cui tutti coloro che sono favorevoli alla loro ipotesi sono brillanti e rispettati, mentre quelli contrari alle loro idee sono ignoranti, tendenziosi o parziali[463]. La tendenza all'auto-conferma fa sì che l'individuo rifiuti qualsiasi *feedback* negativo su qualcosa e, quindi, perpetui illusioni ed errori, pur di proteggere la propria autostima o le proprie convinzioni radicate.

In tutto questo capitolo abbiamo discusso dell'importanza di aggiornare le credenze e di come questo possa influire sul divario di aspettative tra le parti e quindi sulla decisione di stipulare o meno un accordo. La tendenza all'auto-conferma può influire su questo aggiornamento delle convinzioni nella misura in cui ciascuna parte può considerare solo i nuovi elementi del processo che rafforzano la loro argomentazione e non tengono conto o danno un peso eccessivo alle informazioni che indeboliscono la loro causa. Ci sono prove empiriche che questo può accadere[464].

463. L'autore non dimentica una tesi di laurea magistrale in cui tutti coloro che hanno difeso l'opinione del candidato sono stati qualificati come illustri o professori, e tutti coloro che si sono opposti alla sua ipotesi sono stati chiamati solo per nome o sono stati qualificati come avvocato, anche quando erano anche professori.

464. Cf. Loeweinstein *et alii* (1993; 1995) e Hipel e Höppner (2019).

Si noti che non si tratta di un'asimmetria informativa, ma di un'interpretazione distorta delle informazioni disponibili e quindi c'è poco che si possa fare *ex ante.*

Tuttavia, più chiara e specifica è la giurisprudenza, i precedenti e le sentenze –quindi più chiaro è il diritto– meno è probabile che il bias dell'auto-conferma sia rilevante. In un caso specifico, più la prima udienza di trattazione stabilisce chiaramente il *thema decidendum* ed il *thema probandum*, più limitato sarà lo spazio per le interpretazioni auto-confermanti, attenuando così l'effetto del bias di conferma.

È importante notare che il bias di conferma è rilevante non solo per il lavoro della dottrina giuridica e per le parti in causa, ma anche per il giudice che, avendo firmato una prima convinzione, può ignorare completamente qualsiasi elemento di fatto o di diritto che si opponga o ostacoli la sua convinzione al momento della decisione. Un giudice ideologico o uno che ha formato opinioni su determinate categorie di litiganti (ad es., consumatori, lavoratori o imprese) molto probabilmente deciderà in modo parziale i casi che coinvolgono questo tipo di agenti, anche in situazioni in cui altri giudici meno prevenuti credono di essere chiari.

Questo è uno dei motivi per cui è così pericoloso che i magistrati non si esprimano su tutti gli argomenti presentati dalle parti. L'obbligo di affrontare tutte le argomentazioni contrarie potrebbe indebolire il bias di auto-confermazione e imporre al magistrato un giudizio più equo ed equilibrato. Questo è quanto espressamente comanda il inc. IV del §1° dell'art. 489, c.p.c.b., quando dice: "§1°. Non si considera fondata nessuna decisione giudiziale, sia essa interlocutoria, sentenza o decisione, che: [...] IV – non affronti tutti gli argomenti dedotti nel processo capaci, in teoria, di infirmare la conclusione adottata dal giudice".

Dal punto di vista cognitivo, potremmo interpretare questo dispositivo come una strategia legislativa per evitare che il giudice sia vittima del bias di conferma e sia costretto a non disprezzare fatti e argomenti contrari alla sua posizione iniziale. Così, la vecchia concezione giurisprudenziale del TSG secondo cui i giudici non sono obbligati a rispondere a tutte le domande e le tesi dedotte in corte –essendo sufficiente che espongano i motivi su cui si basa la decisione– non è più sostenuta. Non è né compatibile con la legge, né socialmente desiderabile alla luce dell'analisi comportamentale del processo decisionale. D'altra parte, l'imposizione di obiettivi di produttività e il sovraccarico di lavoro creano una struttura di incentivi per il giudice a ignorare il comando giuridico e sacrificare l'accuratezza in nome della produttività, come discusso nella Sezione 3.3. Anche in questo caso, c'è sempre un *trade-off.*

(f) **Retrospettivo:** Il bias retrospettivo o del senno di poi è la tendenza comune delle persone a percepire gli eventi già accaduti (*ex post*) come aventi una maggiore probabilità di accadimento rispetto a quello che pensavano prima che accadessero (*ex ante*)[465]. È la tendenza delle persone a credere, erroneamente, di aver saputo prevedere un evento correttamente, una volta che l'evento è ormai noto. Proprio per questo motivo, le persone spesso credono (ovviamente dopo che l'evento si è verificato) che avrebbero previsto o conosciuto con un alto grado di certezza quale sarebbe stato il risultato atteso, anche prima che si verificasse. Il bias retrospettivo o il senno di poi può distorcere i nostri ricordi su ciò che sapevamo o credevamo prima che l'evento si verificasse e può generare un eccesso di fiducia nella nostra capacità di prevedere eventi futuri simili.

Il bias retrospettivo è particolarmente problematico per i giudici[466] che devono determinare l'adeguatezza del grado di diligenza di una persona prima che il danno si verificasse, ma dopo che esso si è verificato. Questo perché, con la certezza del fatto, il giudice può credere che, *ex ante*, una persona avrebbe previsto o avrebbe dovuto prevedere il risultato dannoso che si è verificato e avrebbe dovuto prendere maggiori precauzioni quando, in realtà, *ex ante*, la probabilità del verificarsi di tale evento era bassa e quindi il livello di cura adottato era adeguato (non negligente). Questa tendenza può influenzare le decisioni giudiziarie contro i convenuti, anche se questi hanno adottato l'adeguato grado di cautela. Come dice il proverbio "del senno di poi son piene le fosse".

(g) **Inquadratura:** Il bias d'inquadratura è la tendenza delle persone a scegliere tra le opzioni a seconda di come ogni opzione viene presentata, cioè, l'inquadratura (*framing*). Quindi, se la stessa opzione viene presentata con una connotazione positiva, è più probabile che venga scelta rispetto al caso in cui venga presentata con una connotazione negativa[467]. In questo senso, la scelta di un agente in condizioni d'incertezza dipende non solo dall'utilità attesa di ogni alternativa, ma anche dalla percezione della direzione che ogni opzione sembra avere rispetto ad un referente. Quando l'opzione è percepita come un guadagno in relazione al referente adottato, il comportamento dell'individuo è avverso al rischio (preferisce un'alternativa certa a un'alternativa rischiosa, ma che ha lo stesso valore atteso), quando l'opzione è percepita come una perdita, il comportamento dell'individuo è propenso al rischio (preferisce un'alternativa rischiosa, che ha lo stesso valore atteso, a un'alternativa certa). Un esempio può aiutare a comprendere questa tendenza.

Supponiamo che voi siate un dirigente pubblico del Ministero della Salute e che dobbiate decidere quale trattamento sarà offerto dal Servizio sanitario nazionale

465. Cf. Fischhoff (1975).

466. Cf. Guthrie, Rachlinski e Wistrich (2001, pp. 799 e ss.).

467. Cf. Khaneman e Tversky (1981).

– SSN per il trattamento di una malattia mortale e rara che colpisce 600 persone[468]. I costi di acquisizione e di gestione del trattamento sono equivalenti. La scelta tra i due programmi di trattamento può essere riassunta come segue:

DECISIONE DI POLITICA SANITARIA – SCENARIO 1

Figura 5-12

Se viene adottato il **trattamento A**, saranno salvate 200 persone.	Se viene adottato il **trattamento B**, c'è una possibilità di 1/3 che vengano salvate tutte le 600 persone, e una possibilità di 2/3 che non venga salvato nessuno.

In questo contesto, come decidereste? Quale politica pubblica scegliereste? Quale politica aumenterebbe di più il benessere sociale? Riflettete un po' su questa domanda prima di passare a un altro esempio.

Cambiamo ora le condizioni del problema e vediamo come le mutate circostanze influirebbero o meno sulla vostra scelta. Ipotizziamo lo stesso dilemma riportato sopra. C'è una malattia rara che ha infettato 600 persone e ci sono due programmi di trattamento disponibili, con costi di acquisizione e di gestione equivalenti, il trattamento C e D; ma ora le alternative sono le seguenti:

DECISIONE DI POLITICA SANITARIA – SCENARIO 2

Figura 5-13

Se viene adottato il **trattamento C**, moriranno 400 persone.	Se viene adottato il **trattamento D**, c'è una probabilità di 1/3 che nessuno muoia, e 2/3 che muoiano 600 persone.

Ora, di fronte a questa situazione, come scegliereste? Quale politica pubblica dovrebbe essere scelta? Quale sarebbe l'opzione che aumenterebbe il benessere sociale? Confrontate la vostra risposta a questo dilemma con il precedente e riflettete.

Nel primo dilemma, uno studio empirico ha mostrato che la maggior parte delle persone si comportava in modo avverso al rischio, cioè, la prospettiva di salvare con certezza 200 vite (trattamento A) è stata considerata più attraente (72%) rispetto a quella di una possibilità su tre di salvare 600 vite (trattamento B) (28%). Si noti che il trattamento B ha lo stesso rendimento atteso $(1/3 \cdot 600 + 2/3 \cdot 0 = 200)$ rispetto al trattamento A (200). Nel secondo scenario, invece, i risultati sono stati invertiti, con solo il 22% delle persone che scelgono il trattamento C, dove 400 persone moriranno di sicuro, e il 78% delle persone che preferiscono la prospettiva di

468. L'esempio originale è quello di una malattia asiatica che ha colpito gli Stati Uniti. Si veda Khaneman e Tversky (1981, p. 453).

una possibilità su tre di salvare 600 vite, ma due possibilità su tre di veder morire tutti. Si noti che anche il trattamento C ha lo stesso rendimento atteso di 200 vite salvate come il trattamento D (1/3 • 600 + 2/3 • 0 = 200) e, allo stesso modo, anche i trattamenti A e B. Pertanto, dal punto di vista dell'utilità attesa, non c'è una reale differenza tra i quattro trattamenti, ma il modo in cui ogni scenario viene presentato influenza la scelta delle persone.

Nello scenario 2, il comportamento delle persone è propenso al rischio perché la morte certa di 400 persone è meno accettabile (o meno preferibile) della probabilità del 66,66% che tutti i 600 muoiano, cioè, le persone preferiscono la scommessa per evitare una perdita percepita. Nello scenario 1, quando la scelta è percepita come una vittoria, la maggior parte delle persone preferisce salvare 200 persone di sicuro piuttosto che correre il rischio di perderle tutti i 600, quindi il loro comportamento è avverso al rischio. Ovviamente i problemi negli scenari 1 e 2 sono identici, cambia solo la forma, l'inquadratura, della questione e non il suo contenuto, ma questo è sufficiente a cambiare sostanzialmente la percezione di parte delle persone e quindi il loro comportamento.

Possiamo immaginare che il modo in cui le parti percepiscono un accordo o il contenuto di una decisione, o il modo in cui le informazioni vengono loro trasmesse dall'avvocato, possa influenzare la loro reazione e i passi successivi. Pertanto, se ricevendo una proposta dal convenuto, l'avvocato la presenta in modo che appaia vantaggiosa rispetto alla richiesta originaria, come un guadagno, l'attore può comportarsi in modo avverso al rischio e accettare il valore proposto, certo, ma minore. Se la proposta è presentata in un modo che sembra essere una perdita, l'attore può comportarsi in modo propenso al rischio e decidere di continuare il litigio rifiutando una transazione con lo stesso rendimento atteso. Tutto dipende da come viene presentato il problema e dalla percezione che ne deriva.

Ma questo tipo di divergenza di comportamento può anche influire sul comportamento delle parti a seconda che queste agiscano in giudizio per ottenere qualcosa o siano chiamate in causa per pagare. Pertanto, nelle azioni penali, fiscali o di riscossione, in cui la parte viene citata o punita, può percepire questo risultato come una perdita e comportarsi in modo propenso al rischio. Nei casi in cui la parte sta chiedendo qualcosa, può comportarsi come se stesse guadagnando qualcosa e, quindi, agire in modo avverso al rischio. Questo tipo di percezione può spiegare, ad esempio, la reticenza di alcuni clienti ad accettare contratti di compenso con clausola di successo nei casi in cui vengono chiamati in giudizio, ma non resistere nei casi in cui pretendono qualcosa. L'essere chiamati in giudizio è percepito come una perdita, pretendere è percepito come un guadagno.

Infine, per chiudere questa sezione e questo capitolo, richiamo l'attenzione sul fatto che, sebbene l'economia comportamentale sia estremamente interessante e capace di cambiare il modo in cui modelliamo il comportamento umano, per il momento non è né coesa né sistematica abbastanza per darci una teoria sul comportamento umano che sostituisca la TSR. In pratica, non abbiamo modo di sapere *ex ante* se sarà presente o meno un certo bias, se l'effetto dell'uno si combinerà o annullerà quello dell'altro. Non esiste ancora una teoria per questo, abbiamo bisogno di esperimenti controllati e di ricerche empiriche specifiche, ma –di norma– i contesti sono troppo variabili per poter fare un esperimento per ogni possibile situazione. I vari esempi e situazioni discussi sopra sono possibilità, non affermazioni che tali cose accadono nella pratica o che si verificheranno in un caso concreto.

Pertanto, per il momento, comprendo che è importante avere la conoscenza dell'esistenza dell'euristica e dei bias e tenerne conto nella nostra analisi. Tuttavia, la TSR è ancora la base più proficua per la nostra analisi teorica. Qualsiasi divergenza della TSR richiede, piuttosto, un esperimento empirico per dimostrare che in quel caso particolare, questo o quel bias si manifesta e quanto sia rilevante. Non è possibile, in teoria, farlo. Senza una base empirica, le affermazioni comportamentali possono essere casuali come il mero acume o il buon senso.

Detto questo, una volta presentati i contributi dell'Analisi economica comportamentale del diritto, per chiudere questo libro non potevo non presentare i recenti contributi dell'AED sulla nostra comprensione della natura economica del diritto e dei tribunali e l'impatto di queste conclusioni su una delle questioni più importanti per la comunità dei processualisti: l'accesso alla giustizia. Finora ci siamo concentrati sullo studio del processo, sulla Teoria generale del processo – TGP e sui vantaggi derivanti dalla sua integrazione con l'Analisi economica del diritto. Ora, come conclusione, inizieremo la nostra indagine non sul processo in sé, ma sul diritto stesso e sul giudiziario come organizzazione e sull'impatto di questi risultati sul processo.

6

La natura economica del diritto, dei tribunali e la Tragedia del giudiziario

Il giudiziario è una tecnologia istituzionale sviluppata in migliaia di anni di sperimentazione umana con un unico obiettivo: risolvere le controversie imponendo le regole giuridiche[469]. Come discusso nel Capitolo 2, un sistema giudiziario ben funzionante è essenziale per lo sviluppo di qualsiasi nazione. Dal punto di vista pubblico, un meccanismo imparziale di risoluzione delle controversie permette ai gruppi politici di raggiungere soluzioni di compromesso *ex ante* (cioè, leggi) che, se violate, saranno debitamente imposte *ex post* da questo meccanismo esterno (coercizione)[470]. Da un punto di vista privato, il giudiziario non solo protegge i diritti dei cittadini da possibili violazioni da parte del governo stesso (freni e contrappesi) e di altri, ma permette anche ai singoli di cooperare tra loro per raggiungere i loro obiettivi attraverso la generazione di impegni credibili (cioè, i contratti). Tuttavia, la funzione istituzionale del giudiziario richiede che ogni violazione del diritto venga tempestivamente corretta. In questo contesto, la congestione dei tribunali è un problema socio-economico che riduce l'efficacia del sistema giudiziario come meccanismo di promozione della cooperazione e dello sviluppo e, a lungo termine, il valore del coordinamento del diritto stesso. 231

Così come l'importanza di un sistema aggiudicatorio per la costruzione e il mantenimento di società complesse è antica, l'idea che il ritardo nella fornitura dei servizi aggiudicatori sia equivalente al suo negativo è millenaria. Secoli prima dell'Era Comune, la letteratura ebraica nel *Pirkei Avot*, che fa parte della *Mishnah*, già nel capitolo 5, paragrafo 8, diceva: "La spada è venuta al mondo per il ritardo della giustizia, per la perversione della giustizia e per coloro che insegnano la Torah in disaccordo con le leggi accettate". Nel secolo XIII, la parte finale della clausola 40 della Magna Carta diceva: "A nessuno venderemo, a nessuno negheremo o ritarderemo il diritto o la giustizia". E, come si vede nella Sezione 3.4, tanto la Costituzione italiana (art. 111), quanto quella brasiliana (art. 5, inc. LXXVIII), stabiliscono che ogni individuo ha il diritto fondamentale alla ragionevole durata del processo.

Nondimeno, quasi ovunque nel mondo, è comune dire che il giudiziario è in crisi. In molti paesi il sistema giudiziario è considerato lento, inefficiente e costoso. Sono state attuate diverse riforme per cercare di accelerare i tribunali e molte altre sono in corso, ma i risultati finora non sono stati soddisfacenti ed è ragionevole dire che il numero di casi e la congestione dei tribunali è in aumento o si è mantenuta relativamente costante in molte giurisdizioni, tra cui Italia e Brasile[471].

Molte ragioni sono state offerte per spiegare la congestione dei tribunali: mancanza di risorse, procedure complesse, incentivi da parte degli avvocati, incentivi

469. Per una discussione su altre possibili funzioni della magistratura, si veda Shapiro (1981).

470. Rivisitare la discussione seguendo la Figura 3-1: La funzione sociale del giudiziario.

471. "La magistratura ha chiuso l'anno 2018 con 78,7 milioni di cause in corso, in attesa di una soluzione definitiva". Cf. CNG (2019, p. 79).

 da parte dei giudici, cattiva gestione, cultura del litigio, bassa qualità delle leggi, numero eccessivo di leggi, bassi investimenti nella sicurezza giuridica, tra gli altri. Sono stati fatti sforzi per cercare di identificare la rilevanza di ciascuna di queste possibili spiegazioni e poi risolverle. Tuttavia, l'idea che la natura stessa del diritto e del sistema aggiudicatorio possa contribuire al problema della congestione non è solitamente esplorata. In questo capitolo esplorerò proprio questa idea.

6.1 Teoria economica dei beni e dei servizi

Poiché i giuristi e gli economisti usano spesso le stesse parole con significati diversi, è utile avere una certa uniformità concettuale. Per molto tempo, la discussione base sui beni pubblici e privati nell'economia è stata un tentativo di distinguere tra il tipo di bene che dovrebbe essere fornito dai mercati e quello che dovrebbe essere fornito dallo Stato[472]. Se una cosa è stata classificata come bene privato, dovrebbe essere fornita dal mercato; se è un bene pubblico, dallo Stato. Questa distinzione si basava solo ed esclusivamente sull'attributo della "rivalità" del bene come originariamente identificato da Samuelson[473]. Tuttavia, la nostra comprensione si è evoluta per comprendere più di un semplice attributo di rivalità e anche per includere un secondo attributo chiamato "escludibilità", come spiegato da Buchanan[474] e Ostrom e Ostrom[475].

In un approccio così moderno, l'**escludibilità di accesso** si riferisce alla possibilità per il possessore di un bene o fornitore di un servizio di escludere, a basso costo, altre persone dal godimento del bene o del servizio fornito. Un computer è un bene esclusivo perché il suo proprietario può impedire, a basso costo, ad altri di usarlo. D'altra parte, la sicurezza nazionale è un bene non esclusivo perché, una volta fornita in un determinato territorio, non è possibile impedire a basso costo che anche altre persone all'interno dello stesso territorio ne usufruiscano. È ampiamente accettato che la possibilità di esclusione è un requisito per la fornitura di qualsiasi bene o servizio da parte del mercato, poiché è l'escludibilità che permette al fornitore di impedire al potenziale cliente di avere accesso al bene o al servizio senza un compenso. Come discusso nella Sezione 4.1.2, è l'escludibilità che impone ad una parte la necessità di presentare qualcosa di interesse all'altra parte; in

472. Nell'ordinamento italiano, la Costituzione menziona soltanto che la proprietà è pubblica o privata (art. 42, primo comma) e il codice civile specifica il contenuto del diritto di proprietà (art. 832). Guarda come l'approccio giuridico è completamente diverso dall'approccio economico, perché anche il problema a cui rispondere è diverso.

473. Cf. Samuelson (1954).

474. Cf. Buchanan (1965).

475. Cf. Ostrom e Ostrom (1999 [1977]).

altre parole, è la caratteristica di escludibilità che permette l'esistenza di scambi volontari e l'emergere di un mercato.

D'altra parte, la **rivalità** si verifica quando il consumo di un bene o servizio da parte di una persona impedisce sostanzialmente il consumo dello stesso bene o servizio da parte di un'altra persona, cioè, il consumo da parte di un agente diminuisce significativamente l'utilità dello stesso bene per gli altri. Una mela e un bicchiere d'acqua sono beni rivali, poiché il loro consumo da parte di un individuo impedisce agli altri di goderne. Quando un bene non è suscettibile di essere consumato contemporaneamente da più di una persona, è considerato rivale. Quando può essere goduto da una persona senza ridurne sostanzialmente l'utilità per un'altra, è considerato non rivale. La sicurezza nazionale e le previsioni meteorologiche sono esempi di beni non rivali perché il consumo di questi servizi da parte di un individuo non impedisce ad altri di godere degli stessi benefici, che rimangono disponibili per l'uso e il godimento da parte di altri in quantità e qualità sostanzialmente invariate.

Anche se di solito si parla di queste due caratteristiche in termini binari per facilitare la discussione, infatti, esse variano notevolmente da un estremo all'altro, a seconda del bene e del suo contesto. In ogni caso, l'escludibilità e la rivalità sono due caratteristiche indipendenti che possono essere combinate per creare quattro diversi tipi di beni: (i) i **beni pubblici** sono non rivali e non esclusivi; (ii) i **beni privati** si oppongono ai beni pubblici perché sono rivali ed esclusivi; (iii) i **beni o risorse comuni** condividono la non escludibilità dei beni pubblici, ma il loro consumo da parte di qualcuno diminuisce sostanzialmente l'utilità del bene per gli altri utenti, rendendoli rivali nell'uso così come i beni privati; e (iv) i **beni di club** o tariffabili sono esclusivi come i beni privati, ma non rivali come i beni pubblici. Per chiarezza, possiamo riassumere questa classificazione come segue:

TIPI ECONOMICI DI BENI

Figura 6-1

		Rivalità nel consumo	
		Bassa	**Alta**
Escludibilità di accesso	**Difficile**	**Beni pubblici** Illuminazione stradale Difesa nazionale	**Risorse comuni** Pesci nell'oceano Acqua di un bacino fluviale
	Facile	**Beni di club** Scuole *Streaming* video	**Beni privati** Scarpe Computer

Considerando la difficile escludibilità, l'esclusione a basso costo non è un'opzione in uno scenario di risorse comuni, e un numero considerevole di utenti avrà accesso illimitato al bene, se offerto. Tuttavia, a differenza dei beni pubblici, le risorse comuni sono rivali; pertanto, l'uso da parte di qualsiasi utente impedirà ad un'altra persona di godere dello stesso bene o servizio nella sua interezza. Ciò significa che un gran numero di utenti avrà accesso illimitato alla risorsa stessa, ma il godimento da parte di ogni utente può impedire ad altri di godere delle stesse risorse.

In questo scenario, la competizione tra gli utenti può creare una sorta di corsa al ribasso, in cui ogni utente ha l'incentivo a sfruttare la risorsa il più rapidamente possibile a causa del giustificato timore che anche altri la sfruttino eccessivamente e che non ce ne sia abbastanza per se stessi in futuro. A causa di questa struttura di incentivi, anche se gli agenti si comportano razionalmente, la risorsa sarà sovrautilizzata e, alla fine, sarà distrutta o la sua utilità sarà sostanzialmente ridotta per tutti. Questo problema di azione collettiva è diventato noto come la **Tragedia dei beni comuni**[476].

In generale, la tragedia dei beni comuni si verifica quando è difficile o costoso escludere i potenziali utenti da una risorsa (bassa escludibilità), il che produce un flusso finito di benefici (rivalità). In questo scenario, gli agenti razionali possono sfruttare eccessivamente la risorsa piuttosto che conservarla. In questo senso, la tragedia dei beni comuni può essere modellata come un dilemma del prigioniero non cooperativo (veda Sezione 5.1.1), in cui ogni giocatore riceve un ritorno maggiore se diserta piuttosto che se coopera, anche se la cooperazione si traduce in un risultato positivo per entrambi i giocatori. Poiché l'altro giocatore ha una matrice di *payoff* simmetrica –la sua strategia dominante comporta anche la non cooperazione– quando entrambi i giocatori giocano le loro strategie dominanti, convergono verso un terzo risultato che è peggiore per entrambi rispetto alle strategie di cooperazione. Se generalizziamo il gioco a *n* persone, abbiamo un modello generale di tragedia. In questo gioco non cooperativo con informazioni perfette, la strategia dominante comporta anche la diserzione, che porterà allo sfruttamento eccessivo e alla distruzione totale della risorsa –da qui la tragedia[477].

Ora che i termini e i concetti sono stati chiariti, posso spiegare come l'applicazione della Teoria economica dei beni e gli argomenti discussi sopra possono illuminare la nostra ricerca della natura economica del diritto e dei tribunali e, quindi, aiutare a comprendere i fenomeni giuridici processuali di accesso e di congestione.

476. Cf. Hardin (1968) e Gico Jr. (2012; 2014). Per una discussione approfondita sulla tragedia dei beni comuni per il diritto, in particolare sul diritto di proprietà, si veda Araújo (2008).

477. In una tragedia greca, nessuno degli attori vuole il tragico risultato, ma sembra inesorabile data la condotta e la razionalità degli attori.

6.2 La natura economica del diritto

La questione di cosa sia il diritto, o meglio la definizione di diritto, è un tema ricorrente nella filosofia giuridica che ha stimolato e stimola vari tipi di risposta[478]. Non è mia intenzione affrontare la questione da un punto di vista filosofico, ma piuttosto utilizzare la Teoria economica dei beni discussa sopra per comprendere meglio la natura economica di ciò che, normalmente, chiamiamo diritto e sistemi aggiudicatori, al fine di avanzare verso una Teoria positiva del diritto e, più specificamente per questo libro, una Teoria positiva del processo.

Come detto in un'altra occasione[479], il diritto può, infatti, comportarsi sia come un bene pubblico che come un bene di club. Nella sua concezione più semplice, il diritto non è altro che un'informazione su come è probabile che i sistemi aggiudicatori si comportino di fronte a una controversia (coercizione – *enforcement*) e su come è probabile che le persone si comportino in generale (conformità – *compliance*). Così come la luce può comportarsi come una particella o come un'onda (la dualità onda-particella), anche il diritto può comportarsi come un bene di club quando si parla di coercizione, o come un bene pubblico quando si tratta di conformità spontanea. Questa è la **dualità del diritto.**

Nella prospettiva più tradizionale, quella del diritto come coercizione, e nello stesso senso di cui abbiamo parlato nel Capitolo 2, quando qualcuno si rivolge a un avvocato e lo consulta in merito al suo diritto, quella persona si chiede in realtà come si comporteranno i tribunali in caso di una particolare controversia, come lo Stato si aspetta che lui o la sua organizzazione si comporti, o, altrimenti, come lo Stato può utilizzare il suo potente apparato per imporgli un comportamento – quindi, facendo rispettare il diritto (coercizione). Per questo motivo, si può dire che la prima natura del diritto è quella di informare in quale direzione la coercitività andrà, e l'utilità che il diritto fornisce è proprio la conoscenza di tale direzione (così come il modo di dirigerla o di evitarla).

Da questo punto di vista, è facile capire che, quando i giuseconomisti dicono che il diritto è un bene pubblico, di solito danno per scontato che lo sia allo stesso modo in cui qualsiasi informazione è un bene pubblico. Il fatto che qualcuno sappia come si comporteranno i tribunali e utilizzi tali conoscenze per condurre le pro-

---

478. Si veda, per esempio, Austin (1995 [1832]), Holmes Jr. (1897), Kelsen (2005 [1967]), Hart (2012 [1961]), Dworkin (1977), MacCormick (1978), Alexy (2011 [2005]), Raz (1997 [1980]) e Schauer (2015). In ogni caso, è ragionevole affermare che l'indagine sulla natura del diritto è stata essenzialmente un'indagine sulle tre domande proposte da Hart (2012 [1961]): (i) come il diritto si differenzia da, e come si rapporta con, gli ordini basati sulle minacce? (ii) come gli obblighi giuridici si differiscono dagli, e come si rapportano con, obblighi morali? e (iii) cosa sono le regole e in che misura il diritto è una questione di regole? Non intendo rispondere a nessuna di queste domande qui.

479. Cf. Gico Jr. (2019, pp. 20 e ss.; 2020).

prie attività quotidiane non impedisce agli altri di possedere le stesse conoscenze e di condurre i propri interessi di conseguenza. Tuttavia, questo tipo di analisi si limita a discutere la non rivalità del diritto, lasciando completamente da parte la sua natura. Quando dico che il consumo del diritto da parte di una persona non esclude il suo consumo da parte di un terzo, dico solo che questa conoscenza può essere goduta da entrambi. Non dico nulla sulla sua escludibilità e il diritto, come coercizione, è di fatto altamente escludente[480].

I teorici giuridici sono costantemente coinvolti nella questione della giurisdizione, facendo riferimento al potere generale dello Stato di esercitare l'autorità su tutte le persone e le cose sul suo territorio; o al potere di un tribunale di decidere un caso o di emettere un valido ordine giudiziario[481]. La parola chiave qui è *potere*. Il semplice fatto che l'applicazione delle regole giuridiche richieda la competenza giurisdizionale significa che, a volte, uno Stato o un tribunale è giuridicamente incapace di far rispettare le proprie regole. In tal caso, anche se le parti possono sapere quale regola giuridica sarebbe teoricamente applicata *de jure*, la mancanza di giurisdizione significa che la regola in questione non sarà applicata; di conseguenza, il diritto è inapplicabile *de facto*.

Consideriamo un lodo arbitrale internazionale da eseguire in un altro paese che, a sua volta, non riconosce parte del diritto materiale utilizzato come motivo per la risoluzione della controversia. In realtà, sebbene entrambe le parti dell'arbitrato conoscano la regola applicabile al loro caso, la sua applicazione è di fatto negata. Questa ipotetica situazione è solo un esempio di come il diritto possa essere escluso dal consumo da parte di un individuo ed è, perciò, escludente. Un altro esempio storico può rendere il punto ancora più chiaro.

In origine, quando Roma era solo una città-stato, i romani chiamavano il diritto applicato a se stessi *ius civilis* (diritto civile), e questo diritto si applicava esclusivamente ai cittadini di Roma. Così, anche se la maggior parte degli abitanti del territorio romano conosceva lo *ius civilis* (erano a conoscenza delle regole), coloro che non erano romani erano effettivamente esclusi dalla sua applicazione e dalla sua protezione (non potevano godere delle regole). Queste persone sono state escluse dal consumo del *ius civilis* (lo conosco, ma non possono usarlo). Con la crescita dell'Impero romano, i romani introdussero gradualmente regole giuridiche applicabili anche a coloro che non erano cittadini romani. Tali regole divennero note come *ius gentium*: l'insieme delle istituzioni e dei principi giuridici comuni a tutti i soggetti romani, indipendentemente dalla loro origine[482]. In questo senso,

480. Cf. Gico Jr. (2019, pp. 21 e ss.).

481. Si vedano le discussioni nella Sezione 1.1 e nel Capitolo 2.

482. Cf. Martins (1906, pp. 114 e ss.), Moncada (1924, pp. 32 e ss.), Riggsby (2010, pp. 215 e ss.) e Mousourakis (2015, pp. 27 e ss.).

sebbene sia lo ius *civilis* che lo *ius gentium* non siano rivali per natura e, pertanto, sono considerati beni pubblici dagli autori tradizionali, il primo è stato di fatto escluso dal consumo da parte dei non romani, mentre il secondo è stato da questi liberamente consumato. Pertanto, il diritto può essere escluso dal consumo ed è, quindi, esclusivo, anche se non rivale.

Anche se siamo tutti d'accordo sul fatto che il diritto è non rivale, così come l'informazione in generale, è abbastanza chiaro che il diritto come coercizione è altamente escludente; *ergo*, il diritto non è un bene pubblico per natura, ma un bene di club. Ci si potrebbe chiedere: quali sono le implicazioni del riconoscere che il diritto è un bene di club, se questo significa dire che non è rivale in alcun modo? La risposta più semplice è che, poiché la coercizione è escludente, la nostra discussione nella sezione precedente dimostra che il diritto potrebbe essere fornito dai mercati, perché il sistema aggiudicatorio potrebbe negare l'accesso a tutti i clienti che si rifiutano di pagare i costi della fornitura del servizio. In conseguenza dell'escludibilità del diritto come coercizione, può esistere un mercato per il diritto anche in assenza di uno Stato[483].

Ora, quando dico che l'utilità del diritto è l'informazione su come si comporteranno gli organi statali (coercizione), è importante separare due aspetti di tale affermazione, uno per il consumatore di tale informazione (le persone) e l'altro per l'applicatore di tale informazione (il giudice). Da un lato, le persone sanno come comportarsi e possono prevedere il comportamento di altre persone semplicemente conoscendo il diritto (regole applicabili). Questa conoscenza permetterà alle persone di fare delle scelte e di coordinare il loro comportamento. D'altra parte, i giudici sapranno come risolvere una controversia semplicemente conoscendo il diritto (regole applicabili) e applicando tali regole ai fatti che li riguardano (sussunzione). In entrambi i casi, il diritto consiste in informazioni su quale regola è più probabile che venga applicata in un determinato caso[484].

Questo sistema crea un ciclo di ritorno (*feedback loop*), in base al quale più una regola giuridica viene applicata allo stesso insieme di casi, tanto maggiore è il valore di tale regola giuridica per la società, e tanto più il comportamento spontaneo o imposto si adatterà alla condotta attesa (ritorno positivo). Questa è l'economia di scala sul lato della domanda dello Stato di diritto, o il suo effetto di rete (*network effect*)[485]. Più le persone sanno quale regola è applicabile ad un determinato caso,

483. Uno dei migliori esempi di diritto senza Stato è la *lex mercatoria*, il *corpus* di diritto commerciale costruito e impiegato dai mercanti nell'Europa medievale, che è stato assegnato dai tribunali commerciali lungo le principali rotte del commercio. Per una discussione sulla produzione decentrata del diritto, si veda Cooter (1994).

484. Il sistema giuridico non ha bisogno di essere perfetto, può essere probabilistico, ma sarà tanto più efficace quanto più sarà prevedibile. In questo senso, veda Gico Jr. (2013).

485. Si noti che, nello Stato di diritto, il giudice di primo grado è un consumatore del diritto, tanto quanto le parti in una controversia, mentre i giudici d'appello saranno sia consumatori che fornitori (integrazione,

 e più possono mantenere una razionale aspettativa che queste saranno le regole applicate in caso di controversia, più le persone tenderanno a seguire tali regole spontaneamente (conformità) –quindi più utile e importante sarà il diritto.[486]

Il focus sul diritto come conoscenza di come si comporterà il sistema aggiudicatorio di fronte a una controversia spiega il suo valore in contesti sociali in cui la coercizione gioca un ruolo importante. Questa spiegazione, tuttavia, non rivela il motivo per cui osserviamo tanta aderenza alle regole giuridiche, anche in contesti in cui la coercizione è improbabile. Per comprendere questo fenomeno sociale, è necessario riconoscere che il diritto serve anche un secondo scopo, come punto focale di come le persone probabilmente si comporteranno e, nel farlo, induce il comportamento collettivo verso determinate condotte che generano equilibri autosostenibili, creando *conformità senza coercizione.*

In questa seconda prospettiva meno tradizionale del diritto[487], mi riferisco al fatto che le persone a volte seguono le regole giuridiche anche in assenza di una minaccia credibile di coercizione (nell'improbabilità di *enforcement*). Gli scienziati sociali hanno cercato di spiegare perché questo accade, e alcuni sostengono che quando gli individui si renderanno conto che l'ordine giuridico è legittimo, seguiranno naturalmente le regole, o che il loro comportamento sarà limitato dalle credenze sociali[488]. Alcuni autori più moderni cercano di spiegare lo stesso fenomeno utilizzando la Teoria dei giochi per dimostrare come il comportamento sociale possa emergere naturalmente dall'interazione umana, e l'esistenza stessa del diritto può fornire punti focali[489], che attireranno il comportamento collettivo e genereranno equilibri comportamentali[490].

ermeneutica delle scelte e precedenti). Nel sistema di *common law*, la funzione legislativa dei tribunali è evidente, mentre nel sistema romano-germanico questa funzione è in qualche modo mitigata, ma ancora esistente. Si veda Gico Jr. (2018) e la discussione nella Sezione 3.1.5.

486. Si veda la discussione sul ciclo della litigiosità nelle Sezioni 3.5 e 5.2.2.

487. Cf. Gico Jr. (2019, pp. 24 e ss.).

488. Max Weber (1999 [1920]) ha cercato di spiegare come la legittimità possa portare all'osservanza nella misura in cui gli agenti percepiscono la regola (consuetudinaria o giuridica) "come la cosa giusta da fare", mentre Durkheim (1982 [1895]) ha cercato di spiegare come la comunità potesse creare delle convinzioni e come tali convinzioni potessero strutturare e limitare il comportamento.

489. Nel linguaggio della Teoria dei giochi, un **punto focale** o punto di Schelling è un equilibrio saliente in un gioco con multipli equilibri, che attrae i giocatori proprio perché è saliente, il che significa che questo punto focale diventa un equilibrio più comune degli altri equilibri come soluzione pratica al gioco, anche se non è una strategia dominante. In questo senso, si veda Schelling (1981 [1960]).

490. Impiegando la Teoria del gioco, Grief (2006) ha dimostrato che invece di assumere che gli individui seguano determinati comportamenti, i comportamenti sociali possono essere generati in modo endogeno, purché si limitino a comportamenti che sono equilibri autosostenìbili. In un senso simile, McAdams (2017) spiega come il diritto può produrre comportamenti coordinati anche in assenza di una minaccia credibile di coercizione semplicemente presentando un punto focale saliente che attiri il comportamento.

Secondo questo approccio più moderno, è ragionevole affermare che la seconda natura del diritto (dualità del diritto) è l'informazione su come le persone si comportano normalmente, e poiché è probabile che la maggior parte delle persone si comporti in questo modo, non c'è in definitiva alcun vantaggio nel comportarsi in modo diverso. In questo modo, la conformità diventa un equilibrio autosostenibile, senza necessità di coazione. In questo caso, l'utilità del diritto sarebbe quella di fornire la conoscenza di questa direzione sociale (e di come comportarsi di conseguenza)[491].

È importante sottolineare che l'equilibrio di Nash[492] è definito come uno stato stabile di un sistema che comporta l'interazione di diversi agenti in cui nessun partecipante può aumentare il suo rendimento (*payoff*) attraverso un cambiamento unilaterale del comportamento –se le strategie degli altri rimangono invariate. In altre parole, uno stato sociale è considerato un equilibrio di Nash quando nessun individuo aumenterebbe il suo ritorno cambiando, isolatamente, il proprio comportamento, a meno che anche un'altra persona cambi il proprio comportamento, e lo stato sociale (equilibrio) diventa stabile proprio perché non c'è guadagno individuale nel cambiamento unilaterale del comportamento. Si può osservare come l'effetto di rete del diritto sia ancora più rilevante quando si tratta del diritto come conformità –perché, quanto maggiore è il numero di persone che si comportano in un certo modo, maggiore è la probabilità che altri adeguino il loro comportamento di conseguenza. Così, il ruolo del comportamento saliente come punto focale è più forte e quel particolare equilibrio ha più possibilità di essere raggiunto.

Tuttavia, se il diritto come coercizione è chiaramente un bene di club (non rivale ed escludente), non si può dire lo stesso del diritto come conformità. Il diritto come conformità è anche non rivale, perché la conoscenza di un individuo di come la maggior parte delle persone si comporta all'interno di una data società non impedisce ad un altro individuo di possedere le stesse conoscenze e di godere dei benefici derivanti da tali conoscenze. Comunque, poiché il diritto come conformità non richiede coercizione, si tratta di pura informazione e, una volta disponibile, non può essere tolto dal pubblico dominio, abbiamo che la sua natura è non escludente. Di conseguenza, possiamo concludere che *il diritto come conformità è un bene pubblico per natura*, perché è non rivale e non escludente.

È curioso notare che il diritto sarebbe un bene pubblico solo ed esclusivamente quando non c'è bisogno di coercizione (diritto come conformità), ma la letteratura in generale considera il diritto come un bene pubblico proprio nel contesto aggiudicatorio, perciò, quando il diritto è, in realtà, un bene di club. Questa sottigliezza non osservata è una delle ragioni per cui i fenomeni di congestione del giudiziario

491. Cf. Gico Jr. (2019, p. 24).

492. Si veda nota 365 sopra.

 dovuti alle politiche di libero accesso e la loro interrelazione sono rimasti nascosti alla dottrina in generale per così tanto tempo.

In ogni caso, considerando che in questo libro siamo veramente interessati al rapporto tra il diritto e i tribunali –e il diritto come conformità non richiede coercizione, cioè, il diritto come conformità non richiede un sistema aggiudicatorio per funzionare (anche se questo è discutibile)– d'ora in poi, discuteremo le implicazioni della natura economica del diritto come coercizione. Nell'analizzare la natura economica dei sistemi aggiudicatori e il loro rapporto con il diritto come coercizione, riveleremo aspetti interessanti dei sistemi giuridici in generale.

6.3 La complementarità del diritto e dei tribunali

Nella sezione precedente è stato dimostrato che il diritto come coercizione è non rivale, anche se è escludente del consumo a basso costo (escludibilità) e quindi il diritto è un bene di club. Ora posso spiegare come questo *insight* rivela qualcosa di molto importante sul rapporto tra diritto e sistemi aggiudicatori –cioè, che *il diritto e i tribunali sono beni complementari*. Un bene è considerato complementare quando il suo consumo richiede il consumo di un altro bene. Ne consegue che quando aumenta il consumo di un bene complementare, aumenta anche il consumo del suo complemento. Quindi, se il diritto e il sistema aggiudicatorio sono beni complementari, allora più si consuma il diritto, più si utilizza il sistema aggiudicatorio e più si utilizza il sistema, più si consuma il diritto. Esploriamo questa idea.

Quando mi riferisco al diritto come coercizione, dovrebbe essere chiaro che mi riferisco al diritto come l'insieme delle regole[493] applicate (anche se potenzialmente) da un sistema aggiudicatorio per risolvere le controversie all'interno di una data giurisdizione e, di conseguenza, per dare forma a comportamenti collettivi. In questo senso, l'utilità informativa del diritto risiede proprio nell'indicazione di come si comporterà il sistema aggiudicatorio qualora una determinata controversia gli venga proposta.

Questa funzione informativa può, infatti, essere utilizzata solo se esiste un efficace meccanismo di coercizione e se questo meccanismo è in grado di imporre la sua decisione. In altre parole, il diritto è utile in questo senso solo se c'è un sistema giudiziario efficace per sostenerlo, così come un farmaco per via endovenosa è utile solo se accompagnato da una siringa o da un altro meccanismo di iniezione. Da un punto di vista economico, queste affermazioni equivalgono a dire che il diritto e i sistemi aggiudicatori sono complementari. Infatti, il diritto come coercizione

493. Qui la discussione se i principi integrino o meno l'ordinamento giuridico come norma è irrilevante, in quanto saranno convertiti in regole se applicati, come dimostrato in Gico Jr. (2018); oppure non saranno in grado di guidare il comportamento, con conseguente anarchia giudiziaria, come discusso in Gico Jr. (2015).

e il sistema aggiudicatorio sono complementi perfetti, il che significa che devono essere consumati insieme per essere considerati utili[494].

Da un lato, un sistema aggiudicatorio che non segue alcuna regola (giudiziario senza diritto) non sarebbe diverso da un sistema stocastico ergodico[495]. Indipendentemente dal caso presentato, ci sarebbe una probabilità aleatoria di successo per l'attore e, in qualsiasi controversia, la possibilità di prevalere sarebbe indipendente dallo stato iniziale del sistema.

In questo scenario, non ci sarebbe bisogno di un giudice o di un meccanismo decisionale alternativo che non sia un computer con un seme aleatorio per risolvere la controversia. Il servizio di risoluzione delle controversie verrebbe fornito quasi istantaneamente, ma il risultato sarebbe un completo spreco sociale, in quanto gli agenti non sarebbero in grado di coordinare il comportamento *ex ante* (non c'è modo di sapere quale regola si applicherà) e il risultato sarebbe inutile nel coordinare il comportamento *ex post* (come questo caso sia stato deciso è irrilevante per i casi futuri). In altre parole, l'obiettivo di avere un sistema giuridico è quello di coordinare il comportamento stabilendo un'aspettativa razionale del comportamento degli altri, compreso lo Stato[496]. Ma se il meccanismo di risoluzione delle controversie è aleatorio, questa funzione fondamentale del diritto viene negata, e si può affermare tanto che non esiste diritto alcuno, quanto che il giudiziario è inutile. Per questo ho affermato che il giudiziario è una tecnologia istituzionale sviluppata in migliaia di anni di sperimentazione umana con un unico obiettivo: risolvere le controversie **imponendo le regole**. Se le regole non vengono applicate, questo scopo del diritto e dei tribunali viene negato[497].

D'altra parte, un sistema giuridico senza un meccanismo di coercizione (diritto senza giudiziario) sarebbe inefficace nel coordinare i comportamenti quando le persone non sono d'accordo sul diritto o il rispetto del diritto non è un equilibrio autosostenibile. In primo luogo, se due agenti *ex ante* concordano sul fatto che la loro linea d'azione è la migliore opzione per i loro interessi, non sarà necessario che il diritto stabilisca la condotta da seguire. Non c'è alcuna controversia. Il comportamento concordato è una strategia dominante e si tradurrà quindi in una cooperazione. Ciò è vero anche se gli agenti sono già in un equilibrio di Nash, sebbene, *ex post*, potrebbero non essere d'accordo sul fatto che questa situazione sia l'opzione

494. Cf. Gico Jr. (2019, p. 26).

495. Per esempio, anche nel sistema legale di Busoga, in Uganda, che presumibilmente non ha una teoria di precedente, quando si discute di casi e di controversie, i membri della comunità si aspettano che casi simili vengano trattati in modo simile, e quindi che anche il diritto consuetudinario di Busoga mantenga un certo grado di coerenza interna. Cf. Fallers (1969, p. 19).

496. Si veda Capitolo 2.

497. Cf. Gico Jr. (2019, p. 26).

migliore per uno di loro. Poiché nessun agente può migliorare il suo ritorno cambiando unilateralmente il proprio comportamento, l'equilibrio è autosostenibile e non è necessaria un'ulteriore coercizione.

Il diritto è utile quando c'è più di una condotta interessante possibile prima o dopo l'interazione per almeno una delle parti. Se il diritto impedisce a una delle parti di assumere *ex post* un comportamento divergente, l'altra parte può fidarsi *ex ante* che l'accordo farà il suo corso e sarà resa possibile la cooperazione. Tuttavia, per poterlo fare, il diritto deve essere in grado di impedire coercitivamente tali comportamenti divergenti; pertanto, la coercizione –anche se potenziale– è necessaria. Si può sostenere che più spesso queste regole di condotta sono interiorizzate, meno coercizione sarà necessaria; ma, a meno che si possa costruire una società di esseri umani perfetti, un certo livello di coercizione, per quanto lieve, sarà necessario.

In secondo luogo, dal punto di vista sociale, il diritto è rilevante anche quando –sebbene le parti interessate concordino tra loro sul comportamento in questione– la loro cooperazione genera effetti negativi su terzi (esternalità). In un tale scenario, supponendo che i costi di transazione siano elevati, è nell'interesse pubblico che il diritto sia in grado di prevenire, limitare o richiedere un'adeguata compensazione per tale comportamento. Una volta che gli agenti coinvolti potrebbero non essere disposti ad adottare comportamenti convergenti con l'interesse sociale, di nuovo, la coercizione sarà necessaria.

In terzo luogo, le persone possono talvolta essere in disaccordo tra loro su ciò che è stato effettivamente concordato, su quale regola giuridica si applica o anche sul se esiste una regola giuridica per il caso specifico. In questi casi è necessario un meccanismo di risoluzione di controversie –che normalmente è l'altra funzione del sistema aggiudicatorio– per risolvere le ambiguità e colmare le lacune. Tuttavia, anche se normalmente consideriamo queste funzioni di ridurre l'ambiguità e di colmare le lacune assegnate ai tribunali nella maggior parte (se non in tutti) i sistemi giuridici, questi ruoli non sono in realtà una funzione necessaria dei sistemi aggiudicatori.

Ad esempio, nel 1603, le ordinanze filippine di Portogallo consentivano ai tribunali portoghesi di risolvere le ambiguità giuridiche e di colmare le lacune utilizzando molte tecniche, tra cui l'applicazione sussidiaria del *Corpus Iuris Civilis* o del diritto canonico[498]. Tuttavia, a causa dell'eccessiva "libertà" di interpretazione, la Legge della Buona Ragione del 1769 ha eliminato la maggior parte di queste funzioni dai tribunali e le ha restituite alla Corona portoghese[499]. Un altro esempio simile è la Costituzione imperiale brasiliana del 1824, che separava il ruolo di ac-

498. Cf. Gico Jr. (2018, p. 60).

499. Cf. Gico Jr. (2018, p. 61).

certamento dei fatti dalla giuria popolare, il ruolo di aggiudicazione delle leggi dai tribunali e limitava i ruoli di elaborazione di regole e d'interpretazione giuridica per l'Assemblea Generale[500]. In ogni caso, anche se il ruolo di colmare le lacune è attribuito ai tribunali, sarà necessario un certo grado di coercizione (esercizio della forza) per rendere efficaci tali regole create dai magistrati, e anche se il compito di risolvere le ambiguità è attribuito ai tribunali, la coercizione rimarrà necessaria per far rispettare l'interpretazione scelta. In questo senso, anche l'ermeneutica delle scelte richiede la coercizione.

In breve, qualunque sia la strategia adottata dai tribunali per risolvere una controversia (mera aggiudicazione, ermeneutica delle scelte o integrazione), il fatto è che il risultato probabilmente diventerà diritto e un'applicazione coercitiva sarà necessaria, qualora non si verifichi un adempimento spontaneo. In ogni caso, il diritto sarà utile per gli agenti sociali solo se è disponibile un meccanismo aggiudicatorio praticabile (coercizione), perciò, il diritto e i tribunali sono beni complementari.

6.4 La natura economica dei tribunali

Una volta stabilito che il diritto è un bene di club e che la sua escludibilità è profondamente legata alla sua complementarità con la giurisdizione ed i tribunali, l'indagine sulla natura economica del sistema aggiudicatorio dovrebbe aiutarci a comprendere alcuni aspetti della dinamica del sistema giuridico, il che porterà alla sorprendente conclusione che, invece di rendere possibile l'accesso ai diritti, le politiche di accesso illimitato alla giustizia possono comportare il suo diniego.

Similmente al diritto come coercizione, *qualsiasi sistema aggiudicatorio è di natura escludente*. Consideriamo l'istituzione di un tribunale arbitrale e la condizione che, prima dell'inizio del procedimento arbitrale, l'attore o entrambe le parti paghino le spese processuali e/o gli onorari dell'arbitro. Senza pagamento, l'arbitrato non ha inizio. Pertanto, fino a quando gli utenti non pagano il servizio, il fornitore dei servizi aggiudicatori privati non fornirà il servizio desiderato. Lo stesso si può dire dei tribunali pubblici. In molte giurisdizioni è necessario il pagamento dei costi iniziali per ogni causa intentata, altrimenti il processo non avanzerà. I costi iniziali possono coprire, integralmente o meno, i costi della fornitura del servizio, ma in entrambi i casi, senza il pagamento degli importi richiesti, il servizio aggiudicatorio pubblico non sarà fornito. L'idea non è quella di discutere se le spese processuali esistano realmente nel caso specifico, o se il servizio sia sovvenzionato o meno, ma di chiarire che un tale tariffa potrebbe essere facilmente

500. Cf. Gico Jr. (2018, p. 62).

implementata per regolare l'accesso al servizio, *ergo*, i servizi aggiudicatori sono escludente a costi molto bassi.

Per rendere ancora più chiaro il punto, l'esclusione dal servizio aggiudicatorio non deve avvenire sotto forma di spese processuali, né necessariamente ad un prezzo espresso in valuta. L'accesso ai servizi può essere razionato utilizzando altri meccanismi, come le quote o le analisi costi-benefici. Ad esempio, l'art. 348-bis c.p.c.i. stabilisce che solo i ricorsi con una ragionevole probabilità di successo saranno ammissibili, il che significa che non verranno analizzate cause con poche probabilità di successo, anche se alcune di esse potrebbero essere meritorie. Perciò, il servizio pubblico aggiudicatorio della corte d'appello è stato appena negato.

In un altro esempio, in Brasile, a partire dalla l. cost. n. 45 del 2004, il STF giudica i casi costituzionali diffusi attraverso un ricorso straordinario solo se il tribunale ritiene che la questione in discussione abbia una ripercussione generale (art. 1.035, §1°, c.p.c.b.). Anche se un caso comporta davvero una violazione costituzionale, se la questione è limitata alle parti litiganti, il STF può rifiutarsi di conoscerlo. Si può osservare che il requisito giuridico di ripercussione generale è, di fatto, un'indagine sulla presenza o meno di esternalità positive associate alla questione costituzionale in discussione. Se il giudizio della questione genera un'esternalità positiva, cioè, è utile ad altre persone, reali o potenziali, oltre alle parti in causa, allora le scarse risorse del STF possono essere destinate a risolverlo. In caso contrario, il caso non sarà affrontato e, a tutti gli effetti, alle parti in causa sarà negato l'accesso ai servizi della Corte Suprema. In questo caso, il servizio aggiudicatorio viene razionato senza l'utilizzo di un meccanismo di prezzo, ma con l'utilizzo di un'implicita analisi costi-benefici chiamata ripercussione generale.

Lo stesso tipo di potere discrezionale di negare l'accesso al servizio aggiudicatorio è stato concesso alla Corte Suprema degli Stati Uniti dal *Judiciary Act* del 1925 e dal *Supreme Court Case Selections Act* del 1988. In base a tali leggi, alla maggior parte dei potenziali consumatori del diritto costituzionale viene negato l'accesso ai servizi aggiudicatori della Corte Suprema degli Stati Uniti e, pertanto, non hanno diritto a tali servizi. Come nel caso della ripercussione generale in Brasile, una parte che desidera che la Corte Suprema riesamini una decisione di un tribunale federale o statale deve depositare un *writ of certiorari*, e la Corte avrà la facoltà di decidere se concedere o meno il *certiorari*. Nella stragrande maggioranza dei casi, il *certiorari* è negato. Anche in questo caso, l'accesso al servizio aggiudicatorio è razionato a basso costo, senza l'utilizzo di un meccanismo di tariffazione. In ogni caso, tali esempi dimostrano che l'accesso ai tribunali a basso costo può essere escluso –perciò, sono escludenti.

Dato che i servizi aggiudicatori sono escludenti, la prossima domanda è se sono o meno rivali. Nel discutere sul diritto, notiamo che, poiché il diritto è informazione,

non è rivale. La conoscenza del diritto da parte di una persona non impedisce ad 245
un'altra di godere degli stessi benefici e di condurre i propri affari in base ad esso. Lo stesso si può dire dei magistrati. Il fatto che un magistrato applichi una legge o un precedente ad un caso non impedisce ad un altro magistrato di applicare la stessa regola giuridica ad un altro caso. Infatti, in entrambi i casi, l'applicazione del diritto da parte di un agente non fa che rafforzare l'utilità del diritto per gli altri (effetto di rete). Il caso dei sistemi aggiudicatori è diverso in quanto sono rivali per natura, anche se la discussione può essere più sottile.

Se comprendiamo che il giudiziario ha un'alta rivalità, allora dobbiamo concludere che si tratta di un bene privato (rivalità + escludibilità). Se comprendiamo che non è rivale, allora, come il diritto come coercizione, sarà un bene di club (non rivalità + escludibilità). In senso stretto, il giudiziario può essere entrambe le cose, a seconda del contesto. Considerate un unico magistrato chiamato a risolvere una singola controversia. A seconda della complessità del caso, il magistrato potrebbe analizzare un altro caso contemporaneamente senza ridurre sostanzialmente il tempo di analisi del primo. Si ricorda che una causa è una serie di procedimenti, non tutti simultanei o eseguiti in via esclusiva dal magistrato; vi sono, quindi, diverse opportunità per il magistrato di compiere altri atti paralleli mentre si aspetta che le altre parti compiano i rispettivi atti. In questo scenario, almeno in un primo momento, i giudici non sarebbero rivali e, quindi, il giudiziario sarebbe un bene di club, così come il diritto.

Al contrario, se l'analisi simultanea di due o più casi risulta eccessivamente complessa o se il numero di casi è superiore alla capacità installata, allora i servizi aggiudicatori diventano rivali in uso e il giudiziario comincia a comportarsi in modo simile a un bene privato. In questo senso, è ragionevole dire che, in un primo momento, il giudiziario è un bene di club se la capacità installata è superiore alla domanda percepita e, con l'aumentare della domanda, comincia a comportarsi più come un bene privato, diventando rivale e soggetto a congestione, a meno che il suo utilizzo sia razionato in qualche modo. In altre parole, il giudiziario è un bene altamente congestionabile.

IL GIUDIZIARIO COME BENE PRIVATO
Figura 6-2

		Rivalità nel consumo	
		Bassa	**Alta**
Escludibilità di accesso	**Difficile**	Beni pubblici	Risorse comuni
	Facile	Beni di club ------------>	Beni privati

A questo punto, dovrebbe essere chiaro che, anche in una fase precedente, quando l'offerta è superiore alla domanda percepita, il giudiziario è un bene di club, mai un bene pubblico. Tuttavia, quando un disallineamento tra domanda e offerta inizia a generare rivalità, il giudiziario comincerà gradualmente a comportarsi come un bene privato, in quanto ogni nuova causa intentata si aggiungerà allo stock delle cause in corso e ritarderà mediamente l'erogazione del servizio pubblico aggiudicatorio. Da quel momento in poi, ogni ulteriore causa intentata diminuirà l'utilità del sistema giudiziario per tutti gli altri utenti effettivi o potenziali.

In questo senso, come ho spiegato[501], sebbene il consumo non sia totalmente rivale, ogni caso aggiuntivo inizialmente impone un'esternalità negativa agli altri utenti del sistema. Se non viene installato un altro meccanismo di razionamento, questa esternalità negativa si concretizzerà sotto forma di fila –il che, unito al minor tempo a disposizione dei magistrati per valutare ogni caso, comporterà un crescente degrado della quantità e della qualità dei servizi forniti. Questo effetto di riduzione dell'utilità significa che il giudiziario comincerà a comportarsi come un servizio rivale. Il fatto che il giudiziario sia congestionato in così tanti posti nel mondo non fa che confermare l'idea che i tribunali siano, in realtà, una risorsa rivale.

6.5 La Tragedia del giudiziario

Una volta dimostrato che i tribunali si comportano come beni privati mentre il diritto è un bene di club, è relativamente facile capire che l'accesso illimitato ai servizi aggiudicatori porterà alla naturale formazione di fila per razionare la fornitura del servizio. Qualsiasi uso aggiuntivo del servizio aggiudicatorio da parte di un agente impedirà o diminuirà sostanzialmente l'utilità del servizio per gli altri utenti, così come l'inclusione di un'auto aggiuntiva diminuisce l'utilità delle strade congestionate per gli altri automobilisti.

Poiché i tribunali sono beni privati, la soluzione più semplice al problema della congestione sarebbe quella di escludere alcuni utenti dal servizio. Ciò avviene già, ad esempio, attraverso vari strumenti processuali, come i giudici di pace (che decidono secondo equità), l'appello filtrato (che esclude alcuni casi dall'analisi della corte), la ripercussione generale o il *writ of certiorari*. In alternativa, si potrebbe far funzionare il libero mercato, e il meccanismo dei prezzi regolerebbe la domanda, proprio come si fa con i tribunali arbitrali. La concorrenza tra gli utenti aumenterebbe i prezzi dei servizi aggiudicatori e il conseguente aumento dei prezzi razionerebbe naturalmente le scarse risorse, escludendo gli utenti che attribuiscono un valore inferiore al servizio. In questo modo si otterrebbe un equilibrio tra domanda

501. Cf. Gico Jr. (2019, p. 30).

e offerta e non ci sarebbe congestione. Di conseguenza, ci sarebbero meno cause intentate e i litiganti che attribuiscono meno valore alle loro azioni, in base alla loro disponibilità a pagare, non otterrebbero un giudizio sulle loro azioni o dovrebbero scontare un tempo di attesa più lungo[502].

Naturalmente, poiché il mercato cattura solo le preferenze di coloro che sono in grado e disposti ad esprimerle attraverso il pagamento (preferenze rivelate), il meccanismo di prezzo risolverebbe il problema della congestione a scapito dell'anello più vulnerabile della società, cioè, i poveri, che sarebbero esclusi dall'uso e dal godimento del servizio, anche se soggettivamente valutano la tutela giudiziaria più del suo costo. Inoltre, poiché il diritto e i tribunali sono beni complementari, l'esclusione di alcuni utenti dall'accesso ai servizi aggiudicatori implica necessariamente che essi saranno esclusi anche dal godimento dei benefici del diritto stesso. In altre parole, escludendo alcuni cittadini dall'accesso ai tribunali, li escluderemmo anche dall'accesso ai loro diritti, il che è inaccettabile.

In questo senso, da un punto di vista giuseconomico, i servizi pubblici aggiudicatori possono essere considerati **beni meritori**, cioè, sono così importanti per lo sviluppo umano che ogni individuo dovrebbe avere accesso ad essi sulla base di qualche criterio di necessità, piuttosto che di capacità o disponibilità a pagare.

L'idea che il giudiziario sia un bene meritorio riscuote un consenso praticamente unanime, poiché la maggior parte dei paesi ha deciso che l'accesso al servizio pubblico aggiudicatorio è un diritto fondamentale e, pertanto, il libero accesso a tutti a parità di condizioni deve essere garantito. Secondo le Nazioni Unite[503]: "L'accesso alla giustizia è un principio fondamentale dello Stato di diritto. In assenza di accesso alla giustizia, le persone non sono in grado di far sentire la propria voce, esercitare i propri diritti, contestare la discriminazione o ritenere responsabili i decisori. La Dichiarazione della Riunione di Alto Livello sullo Stato di Diritto sottolinea il diritto all'uguaglianza di accesso alla giustizia per tutti, compresi i membri dei gruppi vulnerabili, e ha riaffermato l'impegno degli Stati membri ad adottare tutte le misure necessarie per fornire equità, trasparenza ed efficacia, servizi non

502. A titolo di esempio, la Camera di Commercio Internazionale – ICC ha un Calcolatore dei Costi e Arbitrato sul suo sito, dove è possibile stimare quanto costerà un arbitrato attraverso un sistema aggiudicatorio privato, e si può scegliere di pagare di più se si vogliono più arbitri (meno probabilità di errore) o se si vuole una decisione più celere (procedura espressa).

503. Nell'originale: "*Access to justice is a basic principle of the rule of law. In the absence of access to justice, people are unable to have their voice heard, exercise their rights, challenge discrimination or hold decision-makers accountable. The Declaration of the High-level Meeting on the Rule of Law emphasizes the right of equal access to justice for all, including members of vulnerable groups, and reaffirmed the commitment of Member States to taking all necessary steps to provide fair, transparent, effective, non-discriminatory and accountable services that promote access to justice for all [para. 14 and 15]. United Nations activities in support of Member States' efforts to ensure access to justice are a core component of the work in the area of rule of law.*" Si veda The United Nations and the Rule of Law (n/d).

 discriminatori e responsabili che promuovono l'accesso alla giustizia per tutti [par. 14 e 15]. Le attività delle Nazioni Unite a sostegno degli sforzi degli Stati membri per garantire l'accesso alla giustizia sono una componente fondamentale del lavoro nel settore dello Stato di Diritto."

In realtà, l'idea del libero accesso alla giustizia esiste già da tempo. Il secolo XX è stato testimone di una crescente preoccupazione per la questione dell'accesso alla giustizia. La prima ondata si è occupata dell'assistenza giuridica ai poveri ed ha avuto inizio in Occidente negli anni Venti in Germania e nel Regno Unito[504]. La seconda ondata si è occupata della rappresentanza di interessi diffusi e degli sforzi per affrontare il problema della rappresentanza di gruppi e collettività diverse dai poveri, iniziato alla fine degli anni Sessanta negli Stati Uniti[505]. La terza ondata è andata oltre il patrocinio, concentrandosi non solo sull'assistenza giuridica e sulla difesa di interessi diffusi, ma anche su tutti i tipi di barriere istituzionali per un accesso più efficace alla giustizia[506]. Queste ondate di riforme, volte ad aumentare l'accesso alla giustizia, continuano ad apparire di tanto in tanto[507].

Negli anni Settanta, Mauro Cappelletti ha condotto un progetto di ricerca finanziato dalla Fondazione Ford e dal Consiglio Nazionale delle Ricerche – CNR, denominato "Progetto Firenze Accesso alla Giustizia"[508]. Secondo Cappelletti e Garth: "il diritto all'accesso effettivo è sempre più riconosciuto come di fondamentale importanza tra i nuovi diritti individuali e sociali, poiché la titolarità dei diritti non ha senso senza meccanismi per la loro effettiva rivendicazione. L'accesso effettivo alla giustizia può quindi essere visto come il requisito più fondamentale –il 'diritto umano' più elementare– di un sistema giuridico moderno ed egualitario che cerca di garantire, e non solo di proclamare, i diritti di tutti."[509]. Come si può vedere, in altre parole, Cappelletti ha riconosciuto che il diritto e i servizi pubblici aggiudicatori sono beni perfettamente complementari, come proposto nella precedente Sezione 6.3. Io ho solo usato la teoria economica per dimostrare i fondamenti della mia conclusione nello stesso senso.

504. Cf. Cappelletti e Garth (1988, pp. 197 e ss.).

505. Cf. Cappelletti e Garth (1988, pp. 209 e ss.). Per una precedente discussione sulla non razionalizzazione dell'accesso alla giustizia, si veda Hazard Jr. (1965).

506. Cf. Cappelletti e Garth (1988, pp. 222 e ss.).

507. Per un rapporto relativamente più recente e completo sull'accesso alla giustizia, si veda Parker (1999).

508. Cf. Cappelletti e Garth (1988).

509. Nell'originale: "*The right of effective access is increasingly recognized as being of paramount importance among the new individual and social rights since the possession of rights is meaningless without mechanisms for their effective vindication. Effective access to justice can thus be seen as the most basic requirement– the most basic 'human right'– of a modern, egalitarian legal system which purports to guarantee, and not merely proclaim, the legal rights of all.*" Si veda Cappelletti e Garth (1988, pp. 184-185).

Nessuna persona ragionevole negherebbe che l'accesso alla giustizia sia un requisito fondamentale sia per lo sviluppo umano che per l'attuazione dello Stato di diritto. Tuttavia, come ho detto[510], ciò che questo tipo di approccio non comprende è che se la politica pubblica sovvenziona l'accesso ai servizi aggiudicatori e/o crea un diritto di accesso illimitato al giudiziario, che è un bene privato per natura, in pratica, questa politica pubblica cambierà la natura economica dei tribunali rendendo giuridicamente difficile l'esclusione degli utenti. Tuttavia, poiché l'attributo della rivalità del giudiziario è ineludibile, se il giudiziario viene trasformato in un sistema di libero accesso (non escludente), il risultato sarà la trasformazione del giudiziario in una risorsa comune.

Il giudiziario come risorsa comune
Figura 6-3

		Rivalità nel consumo	
		Bassa	**Alta**
Escludibilità di accesso	**Difficile**	Beni pubblici	Risorse comuni ↑
	Facile	Beni di club	Beni privati

Come risultato delle politiche di libero accesso senza restrizioni, il giudiziario diventa una risorsa comune vulnerabile alla sovrautilizzazione e soggetta a congestione. Più i governi di tutto il mondo attuano politiche che incoraggiano le persone ad utilizzare il sistema giudiziario, più i tribunali diventeranno congestionati[511], così come accadrebbe con qualsiasi altra risorsa comune sovrautilizzata.

La conseguente congestione giudiziaria aumenta, notevolmente, sia il tempo necessario per risolvere una controversia, sia la probabilità di risultati di bassa qualità o semplicemente errati, poiché i magistrati vengono sopraffatti dal numero crescente di casi e, allo stesso tempo, sono tenuti a rispondere sempre più rapidamente. Nel caotico mondo della sovrautilizzazione del sistema giudiziario, non è irragionevole aspettarsi che i magistrati si concentrino il più possibile sulla

510. Cf. Gico Jr. (2019, p. 32).

511. Considerando, naturalmente, che le scarse risorse impediscono l'espansione illimitata del sistema giudiziario, soprattutto nei paesi meno ricchi. Questa linea di ragionamento è applicabile quando l'offerta di servizi aggiudicatori è inferiore alla domanda totale percepita, rendendo i tribunali beni rivali. Se una società è in grado e decide di investire risorse sufficienti in modo che l'offerta sia sempre maggiore della domanda di servizi giudiziari, allora la magistratura non diventerà rivale e non ci sarà congestione, sebbene ci sia sempre una congestione dell'equilibrio dato un certo livello di servizi forniti, come discusso nella Sezione 6.6.

risoluzione delle controversie per ridurre lo stock di casi nel loro ufficio e investano il meno possibile nella sicurezza giuridica[512], dato che si tratta di un'esternalità positiva che riduce solo marginalmente l'arretrato di cause per un determinato tribunale.

In breve, una volta che le politiche di accesso illimitato alla giustizia sono in vigore, è triviale riconoscere che il giudiziario diventerà un bene non escludente e che un numero maggiore di utenti accederà al sistema. Tuttavia, poiché i sistemi aggiudicatori sono per natura rivali, il risultato atteso sarà il sovrasfruttamento del sistema, che porterà ad un sostanziale degrado dei servizi forniti. Tutti noi vogliamo che tutti abbiano accesso ai servizi aggiudicatori, perché la possibilità di rivendicare i propri diritti è un requisito essenziale per poterli esercitare. Però, una volta concesso l'accesso illimitato ai tribunali, il sistema stesso sarà sovraccarico di cause e, anche se l'accesso al sistema sarà garantito, il servizio giurisdizionale non sarà fornito in modo tempestivo, o sarà fornito ad una qualità molto inferiore; questo risultato è esattamente la **Tragedia del giudiziario**[513].

Quante più persone utilizzano il giudiziario, più questo diventerà congestionato e meno utile per gli utenti in generale, poiché la sua capacità di fornire servizi pubblici aggiudicatori sarà compromessa. Il problema è che ci si concentra sull'accesso al sistema (giudiziario) quando l'attenzione dovrebbe focalizzarsi sulla capacità di usare e godere dei suoi frutti (diritti), che sono –in larga misura– ciò che la gente vuole veramente.

Concentrandosi solo sulla consapevolezza dei diritti e incoraggiando un uso illimitato del giudiziario senza riconoscere che questo è sovraccarico di casi, la politica pubblica di libero accesso sta accelerando e incoraggiando il sovrasfruttamento del sistema giudiziario, che è già disfunzionale in molte giurisdizioni. Nel riconoscere la natura di risorsa comune del giudiziario, possiamo comprendere meglio ciò che accade nei tribunali di tutto il mondo, dove le politiche di accesso illimitato aumentano *pari passu* con la congestione dei tribunali.

Potrebbe non essere un caso che alcuni autori abbiano individuato una crescita senza precedenti nel volume delle cause, con conseguente congestione dei tribunali, durante gli anni Sessanta –lo stesso periodo in cui si è verificata la più

512. Supponendo che, in generale, vi siano costi associati alla scoperta e all'applicazione del diritto, così come nell'acquisizione ed elaborazione di qualsiasi tipo di informazione, altrimenti potrebbe non accadere. Sul costo del coordinamento dei giudici all'interno del giudiziario quando i giudici hanno un obiettivo comune (cioè, la stessa funzione di utilità), si veda Gico Jr. (2013). Per una discussione sui costi di coordinamento quando possono avere obiettivi diversi (cioè, funzioni di utilità diverse), si veda Gico Jr. (2015).

513. La dimostrazione di come il giudiziario si comporti come risorsa comune e, quindi, che sia vulnerabile al problema della tragedia dei beni comuni è stata effettuata da Gico Jr. (2012; 2014). Già la dimostrazione che questo risultato è una conseguenza della natura del diritto e dei tribunali e del loro rapporto di complementarità è stata esplorata e ampliata in Gico Jr. (2019; 2020).

grande ondata di politiche di libero accesso alla giustizia. Posner[514] ha dimostrato che, mentre il carico di casi è aumentato costantemente nei tribunali federali degli Stati Uniti, questa crescita è stata modesta e facilmente affrontata dal sistema a tre livelli creato nel 1891 fino agli anni Sessanta –quando il numero di casi è esploso. Il Gruppo di Lavoro sull'Amministrazione della Giustizia[515] è giunto alle stesse conclusioni, e Landes[516] ha rafforzato l'argomentazione, affermando che "è ampiamente riconosciuto che i tribunali sono sovraccaricati da un volume di casi superiore a quello che possono gestire in modo efficiente." Nello stesso senso, Clemenz e Gugler[517] affermarono sull'Austria che "[i]l numero annuo di cause civili intentate dinanzi ai tribunali austriaci è passato da 544.000 nel 1960 a 951.000 nel 1995. Allo stesso tempo, la popolazione è rimasta pressoché costante. Tendenze simili possono essere osservate anche in altri paesi."

Si può notare l'ironia e la chiara contraddizione nella difesa incondizionata di Cappelletti e altri[518] del libero accesso alla giustizia, in quanto sostengono al tempo stesso che la congestione di un tribunale è in realtà una giustizia inaccessibile[519]. Come i moderni difensori dell'accesso illimitato alla giustizia, Cappelletti semplicemente non vedeva che questi due obiettivi sono chiaramente contraddittori. Gli obiettivi di un maggiore accesso e di una maggiore celerità sono in gran parte incompatibili. Se il numero di cause supera in modo sostanziale la capacità di analisi e trattazione del giudiziario, ogni causa richiederà sempre più tempo per essere risolta, e l'analisi di ogni causa sarà sempre più superficiale, in quanto i magistrati non avranno tempo sufficiente per esaminare ogni causa con attenzione. Questa condizione diminuisce la qualità delle decisioni e, nel limite, indebolisce la ragione per avere un giudiziario.

Inoltre, un'altra questione che sembra sfuggire alla percezione di alcuni scienziati sociali è che, mentre la produzione del diritto da parte dei tribunali crea un'esternalità positiva e un effetto di rete positivo, il giudiziario è una risorsa rivale

514. Cf. Posner (1999, pp. 53 e ss.).

515. Cf. NCJRS (1967).

516. Nell'originale: "*It is widely recognized that the courts are burdened with a larger volume of cases than they can efficiently handle.*" Si veda Landes (1971, p. 74).

517. Nell'originale: "*The annual number of civil litigation cases taken to Austrian courts rose from 544,000 in 1960 to 951,000 in 1995. At the same time the population remained almost constant. Similar trends can be observed in other countries as well.*" Si veda Clemenz e Gugler (2000, p. 215).

518. Per una moderna difesa dell'accesso illimitato alla giustizia, si veda Beier (1990).

519. "*The effect of this delay, especially given the prevailing rates of inflation, can be devastating; it increases the parties' costs and puts great pressure on the economically weak to abandon their claims or settle for much less than that to which they are entitled. As the European Convention for the Protection of Human Rights and Fundamental Freedoms, in Article 6, paragraph 1, explicitly recognizes, justice that is not available within a 'reasonable time' is, for many people, inaccessible justice.*" Si veda Cappelletti e Garth (1988, p. 190).

e il suo eccessivo sfruttamento crea congestione, che, a sua volta, è un'esternalità negativa. In altre parole, possiamo considerare i precedenti prodotti dai tribunali –come sottoprodotto della loro attività di risoluzione delle controversie– un'esternalità positiva, perché altri possono godere dei benefici del precedente creato senza aver contribuito al costo della sua produzione[520]. Tuttavia, il semplice fatto di intentare una causa rallenterà in media l'erogazione dei servizi aggiudicatori per tutti gli altri utenti, generando una **esternalità negativa compensatoria.**

Poiché la maggior parte dei casi non produce un precedente (mentre tutti i casi presentati contribuiscono alla congestione dei tribunali), ritengo che l'esternalità negativa derivante dalla congestione giudiziaria più che compensi qualsiasi valore derivante dall'esternalità positiva della produzione di un possibile precedente o *jurisprudence constante* o *ständige Rechtsprechung.* Questa conclusione rende irrilevanti le argomentazioni economiche a favore della concessione di sussidi per il litigio al fine di aumentare la produzione di precedenti.

La Tragedia del giudiziario ci porta a un intrigante enigma: le persone devono poter rivendicare i loro diritti senza barriere sostanziali, ma l'accesso illimitato al sistema pubblico aggiudicatorio per ogni persona pregiudica l'accesso alla giustizia per tutti gli altri. Dovrebbe essere possibile creare alcuni meccanismi di governance che impediscano un sovrasfruttamento del potere giudiziario, anche se il riconoscimento della natura economica dei tribunali porta a concludere che potrebbe essere necessaria anche una qualche forma di razionamento. Ciò richiede una riflessione strategica su come strutturare meglio i tribunali e il sistema giudiziario in futuro, in una visione che non implichi passioni o discussioni ideologiche. In ogni caso, la comprensione della connessione tra l'onnipresente fenomeno della congestione giudiziaria nel mondo e la natura economica del diritto e dei tribunali può essere un elemento importante per risolvere questo enigma, o almeno per mitigarlo.

L'importanza della sicurezza giuridica per ridurre il divario di aspettative (Sezione 4.2) e per il buon funzionamento del ciclo della litigiosità (Sezione 3.5), che riducono entrambi il livello del litigio, è già stata adeguatamente esplorata. A mio parere, la sicurezza giuridica è la strategia principale per mitigare la Tragedia del giudiziario e la sovrautilizzazione del sistema giudiziario. Tuttavia, come conclusione di questo capitolo e di questo libro in generale, vorrei esplorare un'ultima questione che nasce anche dalla tragedia: il problema della selezione avversa dei litiganti.

520. Per semplificare, qui, ignoriamo il fatto che la magistratura è, di fatto, finanziata con risorse pubbliche provenienti dai tributi pagati da tutti i membri della società e non solo dalle spese processuali pagate dalle parti in causa. Pertanto, tutti i contribuenti pagano per la produzione di precedenti e della giurisprudenza.

6.6 Il problema della selezione avversa: l'altro lato della Tragedia del giudiziario

Il ritardo nella fornitura del servizio pubblico aggiudicatorio è solo l'aspetto più evidente della Tragedia del giudiziario. C'è un altro aspetto, che può essere ancora più grave e pernicioso, dal punto di vista della giustizia sociale, oltre alla funzione del giudiziario come garante delle trattative politiche (leggi) e delle trattative private (contratti): il problema della **selezione avversa** derivante dalla morosità giudiziaria. Nei capitoli precedenti abbiamo più volte parlato dell'importanza del giudiziario e dell'applicazione della volontà popolare incarnata nelle leggi e nei contrati.

Tuttavia, non abbiamo incluso l'elemento temporale nei modelli. Una volta introdotto l'elemento temporale nell'analisi, come dimostrerò, quanto maggiore è la morosità giudiziaria, minore è il valore presente del diritto per il suo titolare, il potenziale attore, e minore è il valore presente dell'obbligazione per il debitore, il potenziale convenuto. In questo senso, il valore decrescente del diritto dovuto alla congestione giudiziaria scoraggerà i potenziali demandanti dall'utilizzare il sistema aggiudicatorio, o impedirà loro di godere effettivamente dei propri diritti, incoraggiando, al tempo stesso, alcuni soggetti di obblighi giuridici ad utilizzare il sistema e a litigare solo per beneficiarsi del rinvio dei loro obblighi.

Come spiegato nella Sezione 4.2, secondo la Teoria dell'affare, affinché vi sia un eccedente cooperativo e sia possibile uno scambio volontario, il valore dell'azione per il convenuto deve essere superiore al valore dell'azione per l'attore, e le parti devono concordare un certo valore A tra il valore di riserva di entrambi, $V_C \geq A \geq V_A$. È importante ricordare che i valori di riserva dell'attore e del convenuto sono i seguenti:

Equazione 4.2-2

$$V_A = p_A \cdot B - C_A + N_A$$

Equazione 4.2-3

$$V_C = p_C \cdot B + C_C - N_C$$

Detto questo, avremo un accordo quando il minimo che l'attore è disposto ad accettare, V_A, è inferiore o uguale al massimo che il convenuto è disposto a pagare, V_C, cioè, quando $V_A \leq V_C$ e, perciò, c'è un'eccedente cooperativo da distribuire. *A contrario sensu*, non si raggiungerà un accordo e la causa sarà intentata quando la condizione di litigio, cioè, $V_A > V_C$, sia soddisfatta. Come già dimostrato, se sostituiamo il valore di riserva dell'attore (Equazione 4.2-2) e il valore di riserva del convenuto (Equazione 4.2-3) nella condizione di litigio, abbiamo che:

Disequazione 6.6-1

$$V_A > V_C$$
$$p_A \cdot B - C_A + N_A > p_C \cdot B + C_C - N_C$$
$$(p_A - p_C) \cdot B > (C_A + C_C) - (N_A + N_C)$$

In questo senso, oltre al divario di aspettative $(p_A - p_C)$, relative al tema della sicurezza giuridica e della prevedibilità del giudiziario, ai costi di lite $(C_A + C_C)$, relativi alle politiche di sussidi al litigio e all'accesso gratuito, e ai costi di negoziazione $(N_A + N_C)$, inerenti a qualsiasi processo di negoziazione, abbiamo il valore del bene della vita B come uno dei fattori che influenzeranno il soddisfacimento della condizione di litigio e, quindi, la razionalità o meno del litigio.

Tuttavia, questo modello non tiene conto del fatto che l'intervallo di tempo tra l'inizio e la fine di una domanda da solo potrebbe ridurre il valore presente di una possibile azione giudiziale e, pertanto, il rendimento atteso del litigio. In altre parole, le parti non sono indifferenti ai ritardi giurisdizionali nel decidere se intentare o meno una causa o concludere un accordo. Quanto più lungo è il tempo necessario per giudicare un caso, minore è il suo valore presente per coloro che rivendicano i loro diritti. L'effetto devastante della morosità giudiziaria è stato percepito da Posner[521], Cappelletti e Garth[522], e successivamente è stato sviluppato da Priest[523], di cui seguiremo qui il modello giuseconomico.

Per tener conto del valore del bene della vita nel tempo, possiamo modificare il modello sopra discusso per includere un tasso di sconto per B, per far sì che il valore presente dell'azione dipenda dalla misura del ritardo nel processo e dal valore del bene della vita nel tempo[524], che può essere rappresentato da un tasso di interesse o tasso di sconto. Adattando, quindi, la Disequazione 6.6-1, abbiamo:

Disequazione 6.6-2

$$(p_A - p_C) \cdot \frac{B}{(1 + r)^t} > (C_A + C_C) - (N_A + N_C)$$

521. Cf. Posner (2007, p. 448).

522. Cf. Cappelletti e Garth (1988, p. 190).

523. Cf. Priest (1989, p. 533).

524. Qualsiasi libro di matematica finanziaria vi insegnerà come calcolare il valore temporale del denaro e cosa significa il pagamento degli interessi. Io uso lo stesso approccio in questo caso.

dove r è il tasso di sconto dell'attore e t è il numero di periodi che intercorrono tra la presentazione della domanda e la decisione. Il lasso di tempo che intercorre tra la violazione del diritto o del danno e la presentazione della domanda viene ignorato per motivi di semplicità.

La Disequazione 6.6-2 dimostra che il **periodo di risoluzione**, ossia, il tempo necessario al sistema aggiudicatorio per risolvere una controversia, è di per sé in grado di ridurre il valore presente di una causa e, così facendo, di influenzare anche la probabilità che si verifichi una controversia. Si noti che quanto più alto è il tasso di sconto del ricorrente (r), cioè, l'ansia o la sua impazienza, minore sarà il valore presente del bene della vita che riceverà solo in futuro. E quanto maggiore è il valore di t, in altre parole, quanto più tempo il giudiziario impiega a risolvere la controversia, minore è il valore presente del bene della vita. Pertanto, sia l'impazienza dell'attore che il ritardo del giudiziario riducono il valore presente del bene della vita, della tutela giurisdizionale, e, quindi, il valore del diritto di cui l'attore dovrebbe godere dopo la prestazione del servizio aggiudicatorio.

In questo senso, *ceteris paribus*, c'è un rapporto inverso tra il periodo di risoluzione e la probabilità di un litigio. La congestione giudiziaria –o la morosità giudiziaria– aumenta la probabilità di accordo dal punto di vista dell'attore, mentre la velocità giudiziaria aumenta la probabilità di litigio. Questa relazione inversa non intuitiva suggerisce l'esistenza di un'interrelazione dinamica tra morosità e tasso di litigio.

Quanto più veloce è il giudiziario (minore t), maggiore è il valore presente di un potenziale litigio e, perciò, maggiore è la probabilità che venga intentata una causa. Ma più le cause vengono intentate, maggiore è il sovraccarico per il giudiziario, che dovrebbe diventare più lento (maggiore t) –quello che riduce il valore presente delle azioni giudiziali e ridurrà la domanda futura di servizi aggiudicatori. Pertanto, ci si aspetta che i cambiamenti nella morosità giudiziaria genereranno effetti compensatori sul volume dei casi avviati e viceversa. Questa relazione suggerisce che, data una certa capacità aggiudicatoria installata, dovrebbe esserci un livello di equilibrio tra litigiosità e morosità in ogni giurisdizione, una **congestione di equilibrio.**

Così come l'insicurezza giuridica porta al litigio, che a sua volta porta ad un aumento delle cause e alla produzione di giurisprudenza che, se adeguatamente standardizzata, ripristina la sicurezza giuridica, con conseguente ritrattazione della litigiosità (ciclo della litigiosità), il livello di litigiosità dovrebbe oscillare al di sopra o al di sotto del livello di congestione di equilibrio al variare della morosità. La diminuzione della morosità (celerità processuale) fa sì che i litiganti marginali inizino a litigare, poiché il valore presente delle domande $\frac{B}{(1+r)^t}$ aumenta, causando il ritorno all'equilibrio di congestione. D'altra parte, se il giudiziario diventa troppo lento, il valore presente delle cause diminuisce e i litiganti marginali fanno accordi o smettono di litigare, riducendo la congestione giudiziaria al livello di equilibrio.

L'incorporazione dell'elemento temporale nella condizione di litigio illustra in modo semplice come la morosità giudiziaria riduca l'utilità sociale del giudiziario. Qualsiasi gruppo interessato all'espansione dei diritti e alla loro efficacia dovrebbe avere nella morosità giudiziaria uno dei suoi peggiori nemici. Non importa se un determinato gruppo è nominalmente titolare di un diritto o meno, se il giudiziario è eccessivamente moroso (t è molto grande), il valore presente di quel diritto tende a zero, cioè, simile alla situazione in cui lo stesso gruppo non sia titolare del diritto. Più tempo è necessario per ottenere la prestazione giurisdizionale, minore è il valore presente del diritto. Nel limite, un giudiziario arbitrariamente lento distrugge il proprio diritto rivendicato.

Questa interrelazione tra la congestione giudiziaria e il volume di litigio può spiegare, ad esempio, il mistero dei tribunali speciali brasiliani e il loro rapido sovraccarico. I tribunali speciali, simili ai giudici di pace italiani, sono stati creati per alleggerire la morosa magistratura brasiliana. La dottrina tradizionale, incentrata solo sulla riduzione dei costi di accesso e di procedura, può essere esemplificata dalla posizione di Figueira Jr. e Lopes[525], quando affermano che "La crisi giuridica e giurisdizionale che stiamo vivendo negli ultimi tempi, nella ricerca di risultati diversificati che si concretizzino nell'efficacia e nell'efficienza del processo civile attraverso la soluzione rapida ed efficiente di conflitti intersoggettivi, collettivi o diffusi delle giurisdizioni [è un problema.] Il nuovo sistema dà luogo al rilascio di quella che viene convenzionalmente definita litigiosità contenuta, perché ha ampliato non solo la via di accesso ai tribunali, ma anche lo smaltimento molto più fluente delle cause intentate, grazie alla procedura sommaria ancorata a una procedura più snella, che soddisfa sostanzialmente i criteri di oralità, semplicità, informalità, economia processuale e velocità".

Tuttavia, l'esperienza dimostra che la riduzione dei costi amministrativi del processo, con la semplificazione procedimentale nel tribunale speciale, non ha quasi compensato il flusso aggiuntivo derivante dalla creazione di una nuova "via di accesso" a costo zero e, almeno inizialmente, più rapida rispetto al tradizionale servizio pubblico aggiudicatorio. In altre parole, come la teoria qui presentata prevede chiaramente, la riduzione dei costi di lite, combinata con l'accorciamento dei periodi di risoluzione, ha portato a un sostanziale aumento di litigiosità presso i tribunali speciali.

525. Cf. Figueira Junior e Lopes (1997, pp. 31 e 35).

I tribunali speciali sono gratuiti (nessuna spesa processuale), non c'è bisogno di avvocati (fino a un certo importo), non ci sono spese legali o onorari di difesa in caso di soccombenza, e la loro procedura è semplificata, il tutto al fine di aumentare l'accesso e ridurre l'onere per il giudiziario. Oltre a alleggerire il giudiziario, l'obiettivo chiaro era quello di soddisfare una domanda repressa per servizi pubblici aggiudicatori. Tuttavia, gli studi del Consiglio federale di giustizia e del Centro di studi giudiziari[526] e del Segretariato per la riforma giudiziaria del Ministero della giustizia[527] evidenziano già la congestione dei tribunali allo stesso modo della giustizia comune. Il problema persiste da anni, come riconosciuto dal CNG[528]: "Creati nel 1995 per risolvere rapidamente le richieste dei tribunali, i Tribunali speciali civili -mantenuti dai Tribunali statuali- soffrono della stessa malattia che da tempo infastidisce il giudiziario, l'accumulo di casi irrisolti e il conseguente aumento del tasso di congestione".

Ora, un servizio pubblico il cui prezzo di utilizzo è stabilito a *priori* come pari a zero e strutturato per essere più veloce del suo concorrente -la giustizia comune- ha ovviamente attirato un gran numero di litiganti marginali che hanno gradualmente aumentato il tasso di congestione dei tribunali speciali, fino a raggiungere il nuovo punto di equilibrio tra morosità e litigiosità. Così come la creazione di una strada sussidiaria decongestiona inizialmente la strada principale, la riduzione dei costi di guida porta i conducenti marginali a utilizzare sempre di più la nuova strada, fino a quando entrambe diventano nuovamente congestionate.

La proposizione che ogni giurisdizione si trovi ad affrontare una congestione di equilibrio non significa che sia impossibile modificare tale equilibrio, ma solo che la valutazione dell'impatto di qualsiasi riforma indirizzata al problema della congestione giudiziaria dovrebbe tener conto anche dell'effetto compensatorio derivante dalle stesse modifiche attuate, in un aumento della litigiosità dovuto alla nuova celerità processuale raggiunta. C'è sempre un effetto compensatorio.

Inoltre, l'effetto di qualsiasi riforma considerata individualmente dipenderà, in larga misura, dal contesto istituzionale della giurisdizione in cui è attuata. Il risultato finale dipenderà dal grado di dispersione dell'esito del processo B, dalla divergenza delle stime di successo ($p_A - p_C$), dal tasso di sconto r, dal tempo per la decisione t, nonché dai costi di lite ($C_A + C_C$) e dai costi per concludere un accordo ($N_A + N_C$). La Disequazione 6.6-2 illustra come si possano stimare gli effetti di ciascuna di queste dimensioni rilevanti della condizione di litigio.

526. Cf. CFG (2003).

527. Cf. MG (2005).

528. Cf. Euzebius (2012).

Ad esempio, qual è l'impatto dell'assunzione di un maggior numero di giudici sul numero di controversie? Mantenendo costanti tutte le altre caratteristiche, l'aumento del numero di magistrati riduce il tempo di decisione di ciascuna causa, cioè, *t*. Tuttavia, la riduzione di *t* significa che il rendimento atteso del litigio aumenta, quindi il valore presente del litigio $\frac{B}{(1+r)^t}$ aumenta. Ciò significa che, in un primo momento, il volume delle decisioni aumenterà e lo stock di cause potrà addirittura diminuire, ma un effetto compensatorio nei nuovi casi tende a diminuire questi guadagni, fino a raggiungere nuovamente un equilibrio di congestione, come è successo con i tribunali speciali brasiliani. D'altro canto, questo effetto può essere completamente diverso in una determinata giurisdizione se, ad esempio, il tasso di interesse *r* si cambia da un anno all'altro. La misura dell'interazione di ciascuna di queste dimensioni dipende dalle caratteristiche di ciascuna giurisdizione ed è, in definitiva, una questione empirica.

I risultati ottenuti da Bielen, Peeters, Marneffe e Vereeck, nello studio di trentasei paesi europei nel periodo dal 2006 al 2012, corroborano l'ipotesi di un equilibrio di congestione per i paesi altamente litigiosi e con un'indipendenza giudiziaria da moderata a elevata[529]. Per questi paesi, i risultati forniscono evidenze convincenti di una relazione inversa tra i tassi di litigiosità e gli accumuli nei tribunali. Ciò suggerisce che la riduzione della congestione dei tribunali induce gli altri agenti (litiganti marginali o "*fringe* litiganti") ad accedere al servizio pubblico aggiudicatorio. Di conseguenza, è probabile che un aumento dell'offerta di servizi aggiudicatori sia parzialmente inefficace nel ridurre la morosità dei tribunali, poiché si creerà un'ulteriore domanda compensatoria aggiuntiva. Di conseguenza, i livelli delle scorte di processo dovrebbero tornare al livello di equilibrio.

La cosa più interessante, tuttavia, è che questi autori non hanno trovato alcuna evidenza di un rapporto inverso tra i tassi di litigiosità e lo stock di casi in tribunale per i paesi leggermente litigiosi. Usando la teoria presentata in questo capitolo, una possibile spiegazione per il risultato discrepante è che in paesi leggermente litigiosi, il giudiziario si comporta ancora come un bene di club piuttosto che come una risorsa comune –e questi paesi hanno probabilmente un alto livello di sicurezza giuridica e un ciclo di litigiosità che funziona correttamente, il che induce un più alto livello di conformità spontanea (senza coercizione). Poiché la minaccia di coercizione (*enforcement*) è altamente credibile (poiché il giudiziario non è congestionato ed esiste sicurezza giuridica), il livello di cooperazione spontanea è più elevato; pertanto, l'uso del sistema giudiziario è inferiore. In un certo senso, questi paesi sembrano essere riusciti in qualche modo a mantenere l'offerta di servizi aggiudicatori a un livello superiore alla quantità richiesta.

529. Cf. Bielen, Peeters, Marneffe e Vereeck (2018).

In questo senso, come ho sostenuto in precedenza, qualsiasi politica volta a combattere la Tragedia del giudiziario deve tener conto del contesto specifico del paese di destinazione. È improbabile che l'assunzione di un maggior numero di giudici da impiegare in tribunali di paesi altamente litigiosi possa funzionare, come nel caso del Brasile e, chissà, in Italia, in quanto è probabile che si instauri l'effetto compensatorio e che l'equilibrio di congestione venga ripristinato, come è successo con i tribunali speciali. Rafforzando questa conclusione, Bielen, Peeters, Marneffe e Vereeck concordano sul fatto che "è necessario un approccio politico personalizzato per affrontare il problema dei ritardi dei tribunali in base al grado di litigiosità e al livello di indipendenza giudiziaria di un paese"[530].

La Disequazione 6.6-2 mostra come le recenti politiche pubbliche volte solo ed esclusivamente ad aumentare l'accesso al sistema giudiziario, cioè, le riforme il cui obiettivo dichiarato è solo quello di ridurre il costo di litigare ($C_A + C_C$), senza modificare le altre variabili della condizione di litigio, aumentano il numero di controversie. Tuttavia, in un giudiziario già sovraccarico, se da un lato l'aumento del numero di controversie costituisce un legittimo esercizio della cittadinanza, dall'altro contribuisce alla morosità giudiziaria e quindi all'aumento del tempo necessario per risolvere qualsiasi controversia (t), che a sua volta riduce il valore presente dell'azione per il titolare del diritto. In altre parole, l'incentivo isolato alla litigiosità riducendo i costi di lite (accesso al il giudiziario), *ceteris paribus*, induce alla morosità giudiziaria che, a sua volta, riduce la reale utilità dei diritti. Inoltre, un gruppo marginale di potenziali utenti del giudiziario smetterà di utilizzarla per far valere i propri diritti, perché non compenserà.

Questi legittimi titolari di interessi giuridicamente protetti non potranno, in pratica, esercitare i loro diritti, il che è un risultato opposto a quello inizialmente previsto con la politica di accesso al giudiziario. Anche in questo caso, abbiamo una Tragedia del giudiziario in cui il libero accesso al principale (*resource system*), incoraggiato dai sussidi pubblici, porta a un sovrasfruttamento che, a sua volta, porta all'esclusione degli utenti per rivalità, e che non dovrebbero essere esclusi.

Quindi, la sovrautilizzazione del giudiziario può avere un aspetto ancora più pernicioso della semplice grande distanza tra il chiedere e il ricevere; la morosità può costituire un meccanismo di selezione avverso in cui i legittimi titolari dei diritti vengono allontanati dal giudiziario, mentre gli agenti che non hanno diritti sono attratti proprio a causa della morosità giudiziaria nel rimandare l'adempimento. In una sorta di legge di Gresham[531] giuridica, i buoni litiganti sono esclusi dal mercato del litigio e i cattivi litiganti ne sono attratti. Le politiche pubbliche di accesso

530. Cf. Bielen, Peeters, Marneffe e Vereeck (2018, p. 20).

531. La legge Gresham è un principio economico secondo il quale la sopravvalutazione artificiale di una moneta e la svalutazione artificiale di un'altra, da parte del governo, fa sì che la moneta sopravvalutata invada il

indiscriminato al giudiziario, se considerate isolatamente, escludono gli utenti marginali a causa della loro morosità e, alla fine, riducono l'utilità del giudiziario a causa della sua sovrautilizzazione, un risultato tragico.

Per attenuare il problema della morosità giudiziaria, le richieste di azioni giudiziarie devono essere pagate con gli interessi. L'applicazione di interessi di mora adeguati può ridurre gli effetti di esclusione della morosità giudiziaria[532] e può essere inclusa nel modello. In questo senso, basta cambiare la Disequazione 6.6-2 in modo che gli interessi legali siano pagati sull'ammontare di una possibile condanna (r_l), ma non necessariamente al tasso di mercato (r_m):

Disequazione 6.6-3

$$(p_A - p_C) \cdot \frac{B}{(1 + r_m - r_l)^t} > (C_A + C_C) - (N_A + N_C)$$

In questa ipotesi, la morosità giudiziaria continua a ridurre la probabilità di litigio, ma in misura minore, assumendo che il tasso di interesse legale (r_l) sia inferiore al tasso di interesse di mercato (r_m), cioè, $r_l < r_m$. Già se $r_l = r_m$, l'importo della controversia sarà corretto al tasso di mercato (supponendo che questo sia il costo opportunità della parte), il che significa che non ci saranno costi associati alla morosità giudiziaria, che non sono più rilevanti nel determinare la probabilità del verificarsi di un litigio. D'altra parte, se $r_l > r_m$, il valore atteso dell'azione aumenta e, più moroso è il giudiziario, maggiore è la probabilità di litigio, in quanto litigare è diventato un investimento interessante per l'attore.

In questo senso, come suggerimento di politica processuale, l'interesse legale dovrebbe essere il più vicino possibile ai tassi di mercato per evitare il problema della selezione avversa derivante dall'esclusione dei legittimi titolari dei diritti e l'attrazione di coloro che desiderano solo rinviare l'adempimento dei propri obbli-

mercato, mentre la moneta sottovalutata abbia una circolazione drasticamente ridotta, poiché viene trattenuta. Normalmente si usa l'espressione "la moneta cattiva scaccia quella buona".

532. L'interesse di mora è un tasso percentuale sul ritardo nell'adempimento di un'obbligazione pecuniaria in un determinato periodo ed è disciplinato dall'art. 1224, c.c.i., mentre gli interessi compensativi sono disciplinati nell'art. 1499, c.c.i., e gli interessi corrispettivi dagli artt. 820 e 1282, c. 1, c.c.i. Questa discussione considera solo una parte del processo, ma Acciarri, Castellano e Barbero (2007) discutono l'impatto del tasso di interesse giudiziario sul comportamento di entrambe le parti contemporaneamente, anche quando ci sono costi d'opportunità diversi. Tale discussione è stata ampliata in Acciarri e Garoupa (2013) per mostrare che, in alcuni casi, non esiste un tasso di interesse in grado di eliminare per entrambe le parti l'incentivo a prolungare il contenzioso.

ghi a causa della morosità giudiziaria[533]. Inutile dire che, quanto più velocemente andranno i tribunali, meno importante sarà il tasso di interesse legale.

Tuttavia, per dimostrare che l'applicazione dell'interesse non è sufficiente a risolvere il problema della selezione avversa, ricordiamo il caso degli avvocati dell'Istituto nazionale di sicurezza sociale – INSS, che ottengono, nell'ambito dei procedimenti giudiziari, accordi che garantiscono uno sconto fino al 30% sulle prestazioni sociali a cui l'assicurato ha diritto, solo per non aspettare l'intero passaggio procedurale e i molti anni per ottenere ciò che gli è dovuto. E, se ciò non bastasse, anche chi aspetta la fine del processo deve affrontare la fila dei *precatórios*[534], una delle più grandi vergogne nazionali e una pratica odiosa senza alcuna giustificazione giuridica o morale, che ritarda ulteriormente l'accesso delle persone ai loro diritti. Proprio come un altro tragico esempio: il governo del Distretto federale acquista *precatórios* in cui è debitore con sconti fino al 40% sul valore nominale e c'è una fila di persone intenzionate a vendere. Questa è la misura della selezione avversa risultante dalla Tragedia del giudiziario e una dimostrazione di come le persone possano avere accesso al sistema giudiziario, ma essere comunque escluse dal loro diritto, se il sistema è sovraccarico.

Da quanto sopra, si può concludere che la migliore strategia per aumentare il numero di accordi extragiudiziali e ridurre l'uso del sistema giudiziario, senza escludere gli utenti per il costo di utilizzo del sistema, ovvero garantire il libero accesso, è investire in sicurezza giuridica e la conseguente convergenza di p_A e p_C, cioè, ridurre il divario di aspettative. Tale investimento è ancora più rilevante quando è stata presa la decisione politica di eliminare o almeno ridurre sostanzialmente i costi privati del litigare ($C_A + C_C$), come è stato fatto in Italia e Brasile. L'adozione di tassi di interesse legali compatibili con i tassi di interesse di mercato attenua e può anche eliminare il problema della selezione avversa derivante della morosità giudiziaria, ma –in un mondo in cui si desidera il libero accesso al giudiziario– l'investimento nella sicurezza giuridica sembra essere l'unica misura senza effetti collaterali.

533. Per ragioni misteriose, il tasso di interesse applicato dalla magistratura brasiliana è semplice, mentre nel resto dell'economia si applica l'interesse composto. Come pensate che questo influisca sul comportamento delle parti in causa? E sul problema della selezione avversa? Ritenete che questa politica di interesse incoraggi le parti in causa a ricorrere alla magistratura?

534. Si veda nota 37 sopra.

Note finali

Dopo aver presentato come l'analisi economica del diritto possa essere integrata nella Teoria generale del processo e come quella –dalle categorie e concetti tradizionali di questa– possa aiutarci a comprendere e strutturare gli incentivi degli agenti nel gioco processuale, è opportuno fare alcuni commenti come note finali. In primo luogo, devo richiamare l'attenzione sulla flessibilità dell'approccio proposto. A questo punto dovrebbe essere chiaro che i modelli e le discussioni presentate, in larga misura, possono essere utilizzati per spiegare e comprendere con poco o nessun adattamento sia il diritto processuale italiano o brasiliano oggi (*lege lata*), sia qualsiasi modifica che possa essere inserita nel sistema (*lege ferenda*). Le analisi che fanno riferimento al diritto positivo sono solo esempi e non elementi della teoria stessa. Pertanto, possono essere facilmente adattate e modificate in caso di modifiche legislative. L'approccio proposto può e deve essere utilizzato anche nella valutazione degli standard attuali e nell'elaborazione di standard futuri. Dopo tutto, l'AED processuale può essere utilizzata sia per la diagnosi che per la prognosi.

La focalizzazione di questo lavoro sulla teoria generale e non sull'analisi di questa o quella regola giuridica ha proprio lo scopo quello di dimostrare come l'approccio non sia specifico o limitato ad un particolare quadro giuridico. Ad esempio, nel Capitolo 4 si dimostra come gli agenti si comportano in un contesto in cui l'impugnazione alla sentenza non è possibile, mentre nel Capitolo 5 si dimostrano gli effetti derivanti dall'inserimento della possibilità di revisione (doppio grado) sulla struttura di incentivi degli agenti. Questo quadro teorico è stato utilizzato nel contesto delle sentenze e degli appelli, ma avrebbe potuto essere utilizzato per analizzare le dinamiche tra le decisioni dei Tribunali che non possono essere impugnate con ricorso in Cassazione contro i casi in cui tale ricorso è possibile.

In questa direzione, per una presentazione esaustiva della Teoria positiva del processo e una piena dimostrazione della sua ampiezza e utilità, forse sarebbe stato utile qualche capitolo in più dedicato all'applicazione della metodologia presentata al diritto positivo, cioè, al Codice di procedura civile, dalla fase della cognizione alle istanze straordinarie. Tuttavia, per riuscire davvero in questo intento, sarebbe stato necessario raddoppiare le dimensioni dell'opera, che ritengo già abbastanza grande e densa per una prima presentazione. Pertanto, ho preferito lasciare questa parte dell'odissea processualista giuseconomica per un secondo momento. L'intenzione non era quella di offrire un approccio esaustivo sull'argomento, ma di mostrare come l'AED processuale possa essere utilizzata in modo integrato con l'approccio giuridico tradizionale.

In secondo luogo, dovrebbe anche essere chiaro che l'AED processuale si applica a qualsiasi sistema giuridico, sia esso inserito in una tradizione romano-germanica o in una tradizione di *common law*, vale a dire che il metodo giuseconomico presentato ha la generalità e l'universalità necessarie per la costruzione di una teoria generale del processo. È sempre importante sottolineare che l'analisi economica del diritto è un metodo e non una dottrina. Il fatto che gran parte della letteratura sia incentrata sul sistema processuale nordamericano ha più a che fare con l'origine e la formazione della maggior parte dei giuseconomisti che con qualsiasi elemento intrinseco dell'approccio giuseconomico. In nessun momento dell'esposizione è stato necessario fare riferimento o adattare istituti processuali stranieri, come ad esempio la *discovery*, il *trial* o il *summary judgement*. Quando si è parlato di tali istituti, come dello *writ of certiorari* nel Capitolo 6, è stato più per dimostrare come la logica del razionamento dell'accesso al servizio pubblico aggiudicatorio si applica anche in quel caso che per effettuare qualsiasi tipo di importazione o trapianto di un istituto giuridico. D'altra parte, questa affermazione ci porta ad un'altra importante questione, che è il terzo punto degno di nota, ovvero l'utilità dell'analisi economica del diritto per l'esercizio del diritto comparato.

Lo studio del diritto comparato è interessante in sé e per sé, così come è interessante lo studio di una grande opera letteraria o di una maestosa sinfonia. Per un amante del diritto, l'accesso a un sistema giuridico straniero è un'opportunità per immergersi in una cultura e in una storia diversa dalla propria. Inoltre, lo studio del diritto comparato può permettere al ricercatore –quando è costretto a pensare in modo diverso su un problema simile– di avere una maggiore comprensione del proprio sistema. Infine, e questa è l'utilità più evidente per chi è abituato al lavoro accademico, lo studio del diritto comparato permette l'importazione di tecnologie giuridiche straniere –sia pure con adattamenti– per risolvere problemi locali. Per un motivo o per l'altro, il diritto comparato, se eseguito correttamente, può essere un esercizio molto fruttuoso.

Poiché l'AED è un metodo di analisi, la sua attenzione alla razionalità e alle strutture di incentivi degli agenti permette al ricercatore di comprendere la logica e le implicazioni della regola giuridica analizzata, facilitando l'identificazione di somiglianze e differenze nelle strutture di incentivi create nell'uno o nell'altro sistema e, quindi, le probabili conseguenze di ciascuna regola. In questo senso, l'AED, in generale, e l'AED processuale, in particolare, possono funzionare come una vera e propria Stele di Rosetta per assistere nell'interpretazione e nella compressione della logica e del funzionamento delle diverse strutture giuridiche e, poi, nel loro proficuo confronto. Una volta padroneggiato il metodo dell'analisi giuseconomica, la sua applicazione alla legislazione passata, presente e futura o anche ai sistemi stranieri è solo una questione di interesse e di pratica.

Il quarto punto che non potevo mancare di menzionare è la questione dell'uso della matematica in diritto. Non è raro trovare giuristi che si sentono a disagio nel suo utilizzo per la costruzione di modelli e teorie nelle scienze sociali. In parte, credo che questa resistenza sia associata alla cultura e alla mancanza di tradizione nel suo uso. Consapevole di questa resistenza, ho scelto di usare la matematica in modelli con grande parsimonia. E quando l'ho fatto, il suo livello di sofisticazione non ha superato l'algebra delle scuole superiori. D'altra parte, per i ricercatori che continueranno il viaggio, è necessario fare un'autocritica alla letteratura giuseconomica che spesso impiega nei suoi modelli un livello di sofisticazione matematica che li rende incomprensibili anche a giuseconomisti esperti. Non di rado, l'aumento della complessità analitica non è accompagnato da un aumento proporzionale della precisione o della chiarezza del modello, per cui il *trade-off* non paga. In questo senso, una tale raffinatezza non è solo inutile, ma anche indesiderabile. Resta comunque aperta la questione se sia stato raggiunto il giusto equilibrio.

Con queste note finali chiudo la presentazione di quella che normalmente viene definita un'applicazione positiva dell'analisi economica del diritto o, semplicemente, AED positiva. Ciò che è stato discusso in questo lavoro era, in gran parte, incentrato su una teoria sul mondo come è, e non come dovrebbe essere. Con la Teoria positiva del processo è possibile comprendere ed effettuare un'analisi dettagliata di ogni regola processuale, oltre che valutarne la convenienza e l'opportunità, ma lì saremmo già nell'ambito della AED normativa, dove l'efficienza sarebbe la metrica che ci aiuterebbe a valutare le regole giuridiche proposte o cogitate. Questo è l'universo che si apre a coloro che padroneggiano gli strumenti presentati.

In ogni caso, spero che, come promesso, questo libro abbia fornito al lettore una diversa e più ampia comprensione del fenomeno processuale, oltre a convincerlo dell'utilità teorica e pratica dello strumento dell'Analisi economica del diritto e della sua complementarità con la Teoria generale del processo. Anche se il lettore non è d'accordo con tutte le posizioni qui presentate, o non è del tutto convinto, si spera che almeno questo dibattito sia stato interessante e abbia generato una proficua riflessione. Ma questo lo dirà solo il futuro.

Bibliografia

Abreu, J. Capistrano de. *Capítulos de História Colonial: 1500-1800.* Brasília: Conselho Editorial do Senado Federal, 1998.

Abreu, Rafael Sirangelo de. *Incentivos Processuais: economia comportamental e nudges no Processo Civil.* São Paulo: Thompson Reuters, 2020.

Acciarri, Hugo A. *Elementos de Análisis Económico del Derecho de Daños.* Berkeley: ALACDE-George Mason University, Law & Economics Center, 2009.

Acciarri, Hugo A., Andrea Castellano, e Andrea Barbero. "Delay in Lawsuits and Interest Rate." *10th Annual Conference of the Latin American and the Caribbean Law & Economics Association*, May 2007: 1-21.

—, e Nuno Garoupa. "On the Judicial Interest Rate: Towards a Law and Economic Theory." *Journal of European Tort Law* (De Gruyter) 4, nº 1 (Apr. 2013).

Acemoglu, Daron, e James A. Robinson. *Economic Origins of Dictatorships and Democracy.* New York, New York: Cambridge University, 2006.

Alexy, Robert. *Conceito e Validade do Direito.* Tradução: Gercélia Batista de Oliveira Mendes. São Paulo: wmfmartins fontes, 2011 [2005].

Almeida, Candido Mendes de. *Codigo Philippino ou Ordenações e Leis do Reino de Portugal Recopiladas por Mandado Del-Rey D. Philippe I.* 14ª. Edição: Typographia do Instituto Philomathico. Vol. 3. 5 vols. Rio de Janeiro, Rio de Janeiro, 1870.

Andrade, Manuel Correia de Oliveira. *As raízes do separatismo no Brasil.* São Paulo: Unesp, 1999.

Arake, Henrique Haruki. *O Princípio da Eficiência no Processo Civil.* Edição: Orientador: Prof. Dr. Ivo T. Gico Jr. Brasília: Centro Universitário de Brasília - UniCeuB, 2019.

Araújo, Fernando. *A Tragédia dos Baldios e dos Anti-Baldios: o problema económico do nível óptimo de apropriação.* Coimbra: Almedina, 2008.

Armor, David A., e Shelley E. Taylor. "Situated Optimism: specific outcome expectancies and self-regulation." *Advances in Experimental Social Psychology*, 1998: 309-379.

Arrow, Kenneth J. *Social Choice and Individual Values.* 2nd. New Haven: Yale University Press, 1963.

Assis, Araken de. *Processo Civil Brasileiro.* 2ª ed., rev. e at. Vol. I. São Paulo: Revista dos Tribunais, 2016.

Austin, John. *The province of jurisprudence determined.* Edição: Wilfrid E. Rumble. Cambridge: Cambridge University Press, 1995 [1832].

Ávila, Humberto. "Moralidade, Razoabilidade e Eficiência na Atividade Administrativa." *Revista Eletrônica de Direito do Estado - REDE* 4 (out./dez. 2005): 1-25.

Azevedo, Fernando de. *Canaviais e Engenhos na Vida Política do Brasil: ensaio sociológico sôbre o elemento político na civilização do açúcar.* 2ª. São Paulo: Melhoramentos, N/D.

Baird, Doulgas G., Robert H. Gertner, e Randal C. Picker. *Game Theory and the Law.* Harvard University Press, 1994.

Balena, Giampiero. "Le Novità Relative all' Appello nel D.L. n. 83/2012." *Il Giusto Processo Civile* 2, nº 13 (2013): 335-386.

Barroso, Luis Roberto. "A Razão sem Voto: a função representativa e majoritária das cortes constitucionais." *Revista de Esstudos Institucionais* 2 (2) (2016): 518-546.

—. "Contramajoritário, Representativo e Iluminista: Os papeis dos tribunais constitucionais." *Direito & Práxis* 9 (4) (2018): 2171-2228.

Bebchuck, Lucian Arye. "Litigation and Settlement Under Imperfect Information." *The RAND Journal of Economics* 15, nº 3 (Autumn 1984): 404-415.

Beier, Martin D. "Economics Awry: Using Access Fees for Caseload Diversion." *University of Pennsylvania Law Review*, Apr. de 1990: 1175-1207.

Benson, Bruce L. *The Enterprise of Law: justice without the state.* Oakland, California: The Independent Institute, 2011 [1990].

Bentham, Jeremy. *An Introduction to the Principles of Morals and Legislation.* Oxford: Clarendon Press, 1907 [1823].

Beviláqua, Clovis. *Theoria Geral do Direito Civil.* 2ª. Rio de Janeiro, RJ: Livraria Francisco Alves, 1929.

Bielen, Samantha, Ludo Peeters, Wim Marneffe, e Lode Vereeck. "Backlogs and Litigation Rates: Testing Congestion Equilibrium Across European Judiciaries." *International Review of Law & Economics*, September de 2018: 9-22.

Blaug, Mark. *The Methodology of Economics – or how economists explain.* 2nd. Vol. Cambridge Surveys of Economic Literature. Cambridge: Cambridge University, 1992.

Bodart, Bruno. *The Social Value of The Doctrine of Res Judicata: An Economic Analysis (Dissertação).* Massachusetts: Harvard Law School, LL.M. Program, 2018.

Bodnar, Z., e Márcio Ricardo Staffen. "A Ética Neoliberal e o Princípio Constitucional da Eficiência Administrativa: (im)possibilidade de flexibilização do direito fundamental ao meio ambiente." *Revista Eletrônica Investidura* XI (2010): 15-30.

Bone, Robert G. *Civil Procedure: the economics of civil procedure.* New York, NY: Foundation Press, 2003.

Bouckaert, Boudewijn, e Gerrit De Geest, . *Encyclopedia of Law and Economics.* Vols. V - The Economics of Crime and Litigation. Cheltenham: Edward Elgar, 2000.

Boulding, William, e Amna Kirmani. "A Consumer-Side Experimental Examination of Signaling Theory: Do Consumers Perceive Warranties as Signals of Quality?" *Journal of Consumer Research* 20 (1) (June 1993): 111-123.

Buchanan, James M. "An Economic Theory of Clubs." *Economica, New Series*, Feb. de 1965: 1-14.

—, e Gordon Tullock. *The calculus of consent: logical foundations of constitucional democracy.* Indianapolis: Liberty FUnd, 1999 [1962].

Buchanan, James McGill. *The Limits of Liberty: Between Anarchy and Leviathan.* Vol. VII. Indianápolis: Liberty Fund, 2000[1975].

Bülow, Oskar von. *La teoria de las excepciones procesales y los presupuestos procesales.* Buenos Aires: EJEA, 1964.

Burger, J. M., e L. Burns. "The illusion of unique invulnerability and the use of effective contraception." *Personality and Social Psychology Bulletin*, 1988: 264-270.

Buzaid, Alfredo. *Estudos de Direito.* São Paulo, SP: Saraiva, 1972.

Calabresi, Guido. "An exchange about law and economics: a letter to Ronald Dworkin." *Hofstra Law Review*, 1980: 553-62.

—. *The Costs of Accidents: a legal and economic analysis.* New Haven: Yale University Press, 1970.

Calamandrei, Piero. *Direito Processual Civil.* Tradução: Luiz Abezia e Sandra Drina Fernandez Barbery. Vol. I. Campinas: Bookseller, 1999 [1940].

Câmara dos Deputados. *Legislação Informatizada - EMENDA CONSTITUCIONAL Nº 45, DE 2004 - Exposição de Motivos.* 31 de dezembro de 2004. http://www2.camara.leg.br/legin/fed/emecon/2004/emendaconstitucional-45-8-dezembro-2004-535274-exposicaodemotivos-149264-pl.html (acesso em 2 de outubro de 2018).

Câmara, Alexandre Freitas. *O novo processo civil brasileiro.* 4ª. São Paulo: Atlas, 2018.

Camargo, José A. *Administração Pública: princípios constitucionais.* Belo Horizonte: Del Rey, 2014.

Camera dei deputati. *Giustiza.* 2018. https://temi.camera.it/leg17/temi/misure_per_l_efficienza_del_processo_civile (acesso em 26 de Luglio de 2020).

Campos, Eduardo Luiz Cavalcanti. *O Princípio da Eficiência no Processo Civil Brasileiro.* Rio de janeiro: Forense, 2018.

Capelletti, Mauro, e Bryant Garth. *Acesso à Justiça (Access to Justice: The Worldwide Movement to Make Rights Effective.* Tradução: Ellen Gracie Northfleet. Porto Alegre: Sérgio Antônio Fabris, 1988.

Carnelutti, Francesco. *Instituições do Processo Civil.* Tradução: Adrián Sotero de Witt Batista. Vol. I. III vols. São Paulo: Classic Book, 2000 [1953].

Castelvecchi, Davide, e Alexandra Witze. "Einstein's gravitational waves found at last." *Nature News*, February 2016.

Chiovenda, Giuseppe. *Instituições de direito processual civil.* Tradução: Paolo Capitanio. Campinas: Bookseller, 2009 [1933].

Cintra, Antônio Carlos de Araújo, Ada Pelegrini Grinover, e Cândido Rangel Dinamarco. *Teoria Geral do Processo.* 29. São Paulo: Malheiros, 2013.

CJF; Centro de Estudos Judiciários. *Diagnóstico da estrutura e funcionamento dos Juizados Especiais.* Edição: Secretaria de Pesquisa e Informação Jurídicas. Vol. 12. Brasília, DF: Conselho da Justiça Federal, 2003.

Clemenz, Gerhard, e Klaus Gugler. "Macroeconomic Development and Civil Litigation." *European Journal of Law and Economics*, 2000: 215-230.

CNJ, Conselho Nacional de Justiça. "Justiça em Números 2019." Secretaria Especial de Programas, PEsquisa e Gestão Estratégica, Conselho Nacional de Justiça, Brasília, 2019, 236.

Coase, Ronald H. "The Problem of Social Cost." *Journal of Law and Economics*, October de 1960: 1-44.

Coase, Ronald H. "The Nature of the Firm." *Economica (New Series)* (Wiley) 4 (16) (Nov. 1937): 386-405.

Coleman, J. "Efficiency, Utility and Wealth Maximization." *Hofstra Law Review*, 1980: 509-51.

Comte, Isidore Auguste Marie François Xavier. *Discurso sobre o Espírito Positivo.* Tradução: Antônio Geraldo da Silva. São Paulo, SP: Escala, n/d.

Cooter, Robert D. "Structural Adjudication and the New Law Merchant: a model of decentralized law." *International Review of Law and Economics*, 1994: 215-231.

—, e Daniel L. Rubinfeld. "Economic Analysis of Legal Disputes." *Journal of Economic Literature* XXVII (September 1989): 1.067-1.097.

—, Stephen Gary Marks, e Robert Mnookin. "Bargaining in the Shadow of the Law: A Testable Model of Strategic Behavior." *The Journal of Legal Studies* XI, nº 2 (June 1982): 225-251.

Costa, Eduardo José da Fonseca. *Levando a Imparcialidade a Sério: Levando a imparcialidade a sério: proposta de um modelo interseccional entre direito processual, economia e psicologia.* Tese de Doutorado em Direito Processual Civil. Edição: Nelson Nery Jr. São Paulo: PUC-SP, 2016.

Costa, Frederico Lustosa da. "Brasil: 200 anos de Estado; 200 anos de Administração Pública; 200 anos de reformas." *Revista de Administração Pública*, 2008: 829-874.

Courts, Administrative Office of the U.S. "U.S. District Courts-Civil Cases Terminetes, by Nature of Suit and Action Taken, During the 12-MOnth Period Endening September 30, 2018." Administrative Office of the U.S. Courts, 2018.

Coutinho, Jacinto Nelson de Miranda. "O Papel da Jurisdição Constitucional na Realização do Estado Social." *Revista de Estudos Criminais* n. 10 (2003).

Couture, Eduardo J. *Fundamentos do Direito Processual Civil.* Tradução: Henrique de Carvalho. Florianópolis: Conceito Editorial, 2008 [1942].

Cowen, Tyler. "Law as a Public Good: The Economics of Anarchy." *Economics & Philosophy*, Oct. de 1992: 249-267.

D'Alessandro, Leonardo Pompeo. *Giustizia fascista: Storia del Tribunale speciale (1926-1943).* Bologna: Il Mulino, 2020.

Dari-Mattiacci, Giuseppe, e Bruno Deffains. "Uncertainty of Law and the Legal Process." *Journal of Institutional and Theoretical Economics*, 24 de December de 2007: 627-656.

Daughety, Andrew, e Jennifer Reinganum. "Appealing Judgments." *Rand Journal of Economics*, 2000: 502–525.

De Scitovzsky, Tibor. "A Note on Welfare Propositions in Economics." *The Review of Economic Studies*, 1st de Nov. de 1941: 77-88.

Diamond, Jared. *Guns, Gems, and Steel: the fates of human societies.* New York, NY: W.W. Norton Company, 1999.

Dias, Jean Carlos. *Análise econcômica do processo civil brasileiro.* São Paulo: Método, 2009.

Didier Jr., Fredie. *Apontamentos para a Concretização do Princípio da Eficiência do Processo.* 2013. http://www.lex.com.br/doutrina_24598622_APONTAMENTOS_PARA_A_CONCRETIZACAO_DO_PRINCIPIO_DA_EFICIENCIA_DO_PROCESSO.aspx (acesso em 28 de outubro de 2018).

—. *Curso de Direito Processual Civil.* 19. Vol. I. V vols. Salvador: JusPODIVM, 2017.

Dixit, Avinash K. *Lawlessness and Economics: Alternative Modes of Governance.* 1ª. Princeton: Princeton University Press, 2007.

Donohue III, John J. "The Effects of Fee Shifting on the Settlement Rate: Theoretical Observations on Costs, Conflicts, and Contingency Fees." *Law and Contemporary Problems* 54, nº 3 (Summer 1991): 195-222.

Dunbar, Robin I. M. "Neocortex size as a constraint on group size in primates." *Journal of Human Evolution*, 1992: 469-493.

Durkheim, Emile. *As Regras do Método Sociológico.* 10ª. Tradução: Maria Isaura Pereira de Queiroz. São Paulo: Companhia Editora Nacional, 1982 [1895].

Dworkin, Ronald. "Why efficiency?" *Hofstra Law Review*, 1980: 563-6.

—. "Is wealth a Value?" *Journal of Legal Studies*, 1980: 191-226.

—. *Taking Rights Seriously.* 5th. Massachusetss: Harvard University Press, 1977.

—. *Uma questão de princípio.* Tradução: Luís Carlos Borges. São Paulo: Martins Fontes, 2001.

Edgeworth, Francis Y. *Mathematical Psychics: an essay on the application of mathematics to moral sciences.* London: C. Kegan Paul & Co., 1 Paternoster Squark, 1881.

Einstein, Albert. "Über Gravitationswellen." *Königlich Preußische Akademie der Wissenschaften* Sitzungsberichte (1918): 154-167.

Ellickson, Robert C. *Order without Law: How Neighbors Settle Disputes.* Cambridge: Harvard University Press, 1991.

Euzébio, Gilson Luiz. *DPJ traçará diagnóstico dos Juizados Especiais.* Edição: Agência CNJ de Notícias. 20 de 3 de 2012. http://www.cnj.jus.br/noticias/cnj/18646:dpj-tracara-diagnostico-dos-juizados-especiais (acesso em 12 de 8 de 2012).

Fallers, Lloyd A. *Law Without Precedent: legal ideias in action in the courts of colonial Busoga.* Chicago: The University of Chicago Press, 1969.

Fauvrelle, Thiago A., e Alessio Tony C. Almeida. "Determinants of Judicial Efficiency Change: Evidence from Brazil." *Review of Law & Economics* 14, nº 1 (2018).

Ferrara, Francesco. *Como Aplicar e Interpretar as Leis.* Tradução: Joaquim Campos de Miranda. Belo Horizonte, MG: Livraria Líder e Editora, 2005 [1921].

Figueira Junior, Joel Dias, e Mauricio Antonio Ribeiro Lopes. *Comentários à Lei dos Juizados Especiais Cíveis e Criminais.* 2ª ed. rev. São Paulo, SP: Revista dos Tribunais, 1997.

Fischhoff, Baruch. "Hindsight is not equal to foresight: The effect of outcome knowledge on judgment under uncertainty." *Journal of Experimental Psychology: Human Perception and Performance* 1, nº 3 (1975): 288-299.

Fisher-Achoura, Eva. "La conformité à la Constitution d'une réforme de l'appel civil." *Cahiers du Conseil Constitutionnel,* Juin de 2004: N/D.

Foster, Benjamin R. *Social Reform in Ancient Mesopotamia.* Vol. 354, cáp. 13 em *Social Justice in the Ancient World,* edição: K.D. Irani e Morris Silver, 165-177. Westport: Greenwood Press, 1995.

França, Rubens Limongi. *Hermenêutica Jurídica.* 2ª ed. rev. e ampl. São Paulo, SP: Saraiva, 1988.

Frank, Jerome. *Court on Trial.* Princeton: Princeton University Press, 1949.

Friedman, Alan E. "An Analysis of Settlement." *Stanford Law Review* 22, nº 1 (Nov. 1969): 67-100.

Friedman, David, Peter T. Leeson, e David Skarbek. *Legal Systems Very Different from Ours.* Independente, 2019.

Friedman, Milton. *Essays in Positive Economics.* Chicago: The University of Chicago Press, 1953.

Friedmann, David. "Private Creation and Enforcement of Law: a Historical Case." *The Journal of Legal Studies,* Mar. de 1979: 399-415.

Fux, Luiz, e Bruno Bodart. *Processo Civil & Análise Econômica.* Rio de Janeiro, RJ: Forense, 2019.

Gabardo, Emerson. *Princípio Constitucional da Eficiência Administrativa.* São Paulo: Dialética, 2002.

Gico Jr., Ivo Teixeira. *A Tragédia do Judiciário: subinvestimento em capital jurídico e sobreutilização do Judiciário.* Tese de Doutorado. Edição: Departamento de Economia. Tradução: Orientador: Bernardo Pinheiro Machado Mueller. Brasília, DF: Universidade de Brasília - UnB, 2012.

—. *Análise Econômica do Processo Civil.* Indaiatuba: Foco, 2020.

—. "Anarquismo Judicial e Teoria dos Times." Edição: ABDE e UCB. *Economic Analysis of Law Review* (Universa) 4, nº 2 (Jul-Dez 2013): 269-294.

—. *Cartel - Teoria Unificada da Colusão.* São Paulo: Lex, 2007.

—. "Direito & Desenvolvimento: o papel do direito no desenvolvimento econômico." *Direito e Desenvolvimento,* Dec. de 2017: 110-127.

—. "Anarquismo Judicial e Teoria dos Times." *Economic Analysis of Law Review,* 2013: 269-294.

—. "Metodologia e Epistemologia da Análise Econômica do Direito." *Economic Analysis of Law Review,* Jan.-Jun. de 2010: 7-33.

—. "The Tragedy of the Judiciary: an inquiry into the economic nature of law and courts." *German Law Journal,* May de 2020: 1-48.

—. "A Função Social do Judiciário." *Mimeo,* 2017: 1-32.

—. "A Tragédia do Judiciário." *RDA - Revista de Direito Administrativo,* set/dez de 2014: 163-198.

—. "Responsabilidade Civil Extracontratual." Em *Direito e Economia: diálogos,* edição: Armando Castelar Pinheiro, Antônio J. Maristrello Porto e Patrícia Regina Pinheiro Sampaio, 307-338. Rio de Janeiro: FGV, 2019.

—. "Metodología y epistemología del Análisis Económico del Derecho." *Revista Argentina de Teoría Jurídica (RATJ),* Diciembre de 2019, 1 ed.: 37-73.

—. "Bem-estar Social e o Conceito de Eficiência." *Revista Brasileira de Direito*, Maio-Agosto de 2020: 1-43.

—. "A Natureza Econômica do Direito e dos Tribunais." *Revista Brasileira de Políticas Públicas*, Dez. de 2019: 13-39.

—. "Anarquismo Judicial e Segurança Jurídica." *Revista Brasileira de Políticas Públicas*, 2015, Número Especial ed.: 479-499.

—. "Hermenêutica das Escolhas e a Função Legislativa do Judiciário." *Revista de Direito Empresarial - RDemp*, maio/ago. de 2018: 55-84.

—. "O Capital Jurídico e o Ciclo da Litigância." *Revista Direito GV*, jul.-dez. de 2013: 50-62.

—. "Estado e Mercado." *Working Paper do UniCeuB*, 2018: 1-46.

—. "Juízo de Admissibilidade A Quo Para Que?" *Working Paper do UniCeuB*, 2016: 1-23.

—. "Preço e Valor no Direito." *Working Paper UniCeuB*, 13 de Agosto de 2019: 1-23.

—, e Henrique Haruki Arake. "De Graça, até Injeção na Testa: análise juseconômica da gratuidade de Justiça." *Economic Analysis of Law Review*, 2014: 166-178.

—. "Desistência Estratégica nos Juizados Especiais." Cáp. 6 em *O Jurista que Calculava*, por Gustavo Ferreira Ribeiro e Ivo Teixeira Gico Jr., 111-122. Curitiba: CRV, 2013.

—. "Despacho Saneador e Assimetria da Informação." *3* 9 (Set.-Dez. 2018): 191-207.

—. "Taxa de Recorribilidade, Taxa de Reversibildade e Eficiência Judicial." *Revista Eletrônica do Curso de Direito da UFSM*, jan./abr. de 2019: 1-23.

Gomes, Luiz Flávio. *A Dimensão da Magistratura no Estado Constitucional e Democrático de Direito: independência judicial, controle judiciário, legitimação da jurisdição, politização e responsabilidade do juiz.* São Paulo: Revista dos Tribunais, 1997.

Gonçalves Filho, João Gilberto. *O Princípio Constitucional da Eficiência no Processo Civil (Tese).* São Paulo: Faculdade de Direito da Universidade de São Paulo, 2010.

Goulart, Bianca Bez. *Análise Econômica do Litígio: entre acordos e ações judiciais.* Coleção Eduardo Espínola. Salvador: JusPUDIVM, 2019.

Gould, J. P. "The economics of legal conflicts." *The Journal of Legal Studies*, jun. de 1973: 279-300.

Greif, Avner. *Institutions and the Path to the Modern Economy: lessons from medieval trade.* Cambridge: Cambridge University Press, 2006.

Gulliver, Philip Hugh. *Social Control in an African Society: a study of the Arusha.* Boston University Press, 1963.

Guthrie, Chris, Jeffrey J. Rachlinski, e Andrew J. Wistrich. "Inside the Judicial Mind." *Cornell Law Review* 86, nº 4 (May 2001): 778-830.

Hardin, Garrett. "The Tragedy of the Commons." *Science*, 13 de Dez. de 1968: 1.243-1.248.

Harle, Vilho. *Ideas of Social Order in the Ancient World.* Vols. Contributions in Political Science, Number 383. Westport: Greenwood, 1998.

Hart, Herbert Lionel Adolphus. *The Concept of Law.* 3rd. Oxford: Oxford University Press, 2012 [1961].

Hazard, Jr, Geoffrey C. "Rationing Justice." *The Journal of Law & Economics*, Oct. de 1965: 1-10.

Hicks, John R. "The Foundations of Welfare Economics." *The Ecoomic Journal*, Dec. de 1939: 696-712.

Hippel, Svenja, e Sven Hoeppner. "Biased Judgments of Fairness in Bargaining: A Replication in the Laboratory." *International Review of Law and Economics* 58 (June 2019): 63-74.

Holmes Jr., Oliver Wendell. "The Path of the Law." *Harvard Law Review*, 25 de Mar. de 1897: 457-478.

Holtz, Shalom E. *Neo-Babylonian Court Procedure.* Leiden: Brill, 2009.

—. "The Career of a Neo-Babylonian Court Scribe." *Journal of Cuneiform Studies* (The University of Chicago Press) 60 (2008): 81-85.

Hume, David. *A Treatise of Human Nature.* Vol. III. Oxford, 1888 [1736].

Irani, K.D., e Morris Silver, . *Social justice in the ancient world.* Conference on Social Justice in the Ancient World . Westport: Greenwood Press, 1995.

Jehle, Geoffrey A., e Philip J. Reny. *Advanced Microeconomic Theory.* 3rd. Essex: FT Prentice Hall, 2011.

Johns, C. H. W. *Babylonian and Assyrian Laws, Contracts and Letters.* Edinburgh: T & T Clark, 1904.

Jolls, Christine, Cass R. Sunstein, e Richard Thaler. "A Behavioral Approach to Law and Economics." *Stanford Law Review* 50 (May 1998): 1471-1550.

Kahneman, Daniel, e Amos Tversky. "Prospect Theory: an Analysis of Decisions under Risk." *Econometrica,* Mar. de 1979: 263-292.

—. "Subjective probability: A judgment of representativeness." *Cognitive Psychology* 3, nº 3 (July 1972): 430-454.

—. "The framing of decisions and the psychology of choice." *Science* 211 (30 January 1981).

—, e Paul Slovic. *Judgment under uncertainty: Heuristics and biases.* New York, NY: Cambridge University Press, 1982.

Kaldor, Nicholas. "Welfare Propositions of Economics and Interpersonal Comparisons of Utility." *The Economic Journal,* Sep. de 1939: 549-552.

Kelsen, Hans. *Pure Theory of Law.* Tradução: Max Knight. Clark, New Jersey: The Lawbook Exchange, Ltd., 2005 [1967].

Keynes, John Maynard. "Introduction." Em *Supply and Demand. With Introduction by J. M. Keynes,* por Hubert D. Henderson. New York: Harcourt, Brace, 1922.

Keynes, John Neville. *The Scope and Method of Political Economy.* London: Batoche Books, 1999 [1917].

Korobkin, Rusel, e Chris Guthrie. "Opening Offers and Out-of-Court Settlement: A Little Moderation May Not Go a Long Way." *The Ohio State Journal of Dispute Resolution* 10, nº 1 (1994): 1-22.

Korobkin, Russell B., e Thomas S. Ulen. "Law and Behavioral Science: Removing the Rationality Assumption from Law and Economics ." *California Law Review* 88 (4) (Jul. 2000): 1.051-1.144.

Kronman, Anthony T. "Wealth Maximization as Normative Principle." *Journal of Legal Studies,* 1980: 227-43.

Landes, William M. "An Economic Analysis of the Courts." *Journal of Law and Economics,* Abril de 1971: 61-107.

—, e Richard A. Posner. *The Economic Structure of Tort Law.* Cambridge: Harvard University Press, 1987.

Lanius, Danielle Cristina. *O Princípio da Eficiência na Administração Pública (Dissertação de Mestrado).* Brasília: Programa de Mestrado em Direito do Centro Universitário de Brasília, 2018.

Lawson, Tony. "The Nature of Heterodox Economics." *Cambridge Journal of Economics,* 2006: 483-505.

Leibenstein, Harvey. *General X-Efficiency Theory and Economic Development.* New York, NY: Oxford University Press, 1978.

Loewenstein, George, Linda Babcock, Samuel Issacharoff, e Colin Camerer. "Biased Judgments of Fairness in Bargaining." *The American Economic Review* 85, nº 5 (Dec. 1995): 1.337-1.343.

—. "Self-Serving Assessments of Fairness and Pretrial Bargaining." *Journal of Legal Studies* 22, nº 1 (1993): 135-159.

Lunardi, Fabrício Castagna. *Curso de Direito Processual Civil.* Série IDP: Linha doutrina. São Paulo, SP: Saraiva Educação, 2019.

MacCormick, Neil. *Legal Reasoning and Legal Theory.* Oxford: Oxford University Press, 1978.

Mankiw, N. Gregory. *Princípios de Microeconomia.* 6. Tradução: Allan Vidigal Hastings, Elisete Paes e Lima e Ez2 Translate. São Paulo: Cengage Learning, 2013.

Marcellino Jr., Julio Cesar. *Princípio Constitucional da Eficiência Administrativa: (des)encontros entre economia e direito.* Florianópolis: Habitus, 2009.

Marchesi, Daniela. *Litiganti, avvocati e magistrati. Diritto ed economia del processo civile.* Studi e Ricerche. Il Mulino, 2003.

Marinoni, Luiz GuIlherme, Sérgio Cruz Arenhart, e Daniel MItidiero. *Curso de Processo CIvil.* Vols. 1 - Teoria do Processo Civil. Barra Funda: Revista dos Tribunais, 2015.

Mariotti, Alexandre. *Princípio do Devido Processo Legal (Tese de Doutorado).* Porto Alegre: FD--UFRGS, 2008.

Marshall, Alfred. *Principles of Economics.* Edição: Palgrave Classics in Economics. London: Palgrave Macmillan, 2013 [1920].

Martins, Pedro. *Historia Geral do Direito Romano, Peninsular e Português.* Coimbra: Imprensa da Universidade, 1906.

Maximiliano, Carlos Pereira dos Santos. *Hermenêutica e aplicação do direito.* 20ª. Rio de Janeiro, RJ: Forense, 2011 [1924].

McAdams, Richard H. *The Expressive Powers of Law: theories and limits.* Cambridge, Massachusetts: Harvard University Press, 2017.

McKenna, Frank P., Robert A. Stanier, e Clive Lewis. "Factors underlying illusory self-assessment of driving skill in males and females." *Accident Analysis & Prevention,* Feb. de 1991: 45-52.

Miller, Geoffrey P. "Some Agency Problems in Settlement." *The Journal of Legal Studies* (The University of Chicago Press) 16, nº 1 (Jan. 1987): 189-215.

Miller, Richard Lawrence. *Nazi Justiz: law of the Holocaust.* Westport: Praeger Publishers, 1995.

Mirabelli, Cesare, Luigi Paganetto, e Giovanni Tria. *Economia della giustizia.* Roma: Donzelli, 2005.

Moncada, Luís Cabral de. *Elementos de História do Direito Romano.* Vols. II - Parte Geral: teoria geral da relaçao jurídica. Coimbra: Coimbra Editora, 1924.

Montenegro Filho, Misael. *Curso de Direito Processual Civil: de acordo com o novo CPC.* 12ª ed. reform. e atual. São Paulo: Atlas, 2016.

Morani, Mattia. *Analisi economica della giustizia in Italia.* [Doctoral Thesis], Department of Law, PhD Program in Law and Business, Luiss Guido Carli, Roma: tutor: Roberta Tiscini, 2019, 328.

Moreira, Helena Delgado Ramos Fialho. *Poder judiciário no Brasil: crise de eficiência.* Curitiba: Juruá, 2004.

Mousourakis, George. *Roman Law and the Origins of the Civil Law Tradition.* Auckland: Springer, 2015.

Müller, Ingo. *Hitler's Justice: The Courts of the Third Reich.* Tradução: Deborah Lucas Schneider. Cambridge, Massachussets: Harvard University Press, 1991.

Nader, Laura, ed. *Law in Culture and Society.* Chicago: Aldine Publishing Company, 1969.

—, e Harry F. Todd Jr., . *The Disputing Process - Law in ten societies.* New York: Columbia University Press, 1978.

Nalebuf, Barry. "Credible Pretrial Negotiation." *The RAND Journal of Economics* 18, nº 2 (Summer 1987): 198-210.

NCJRS. *Task Force Report: The Courts.* Task Force on the Adminstration of Justice, Washington: The U.S. Pres. Comm'n on Law Enforcement and Admin. of Justice, 1967.

Nery Jr., Nelson. *Princípios do processo civil na Constituição Federal.* 10ª. São Paulo: Revista dos Tribunais, 2009.

Noë, Ronald, Jan A. R. A. M. van Hooff, e Peter Hammerstein, . *Economics in Nature: Social Dilemmas, Mate Choice and Biological Markets.* Cambridge: Cambridge University Press, 2001.

North, Douglas C., John Joseph Wallis, e Barry R. Weingast. *Violence and Social Orders: A conceptual framwork for interpreting recorded human history.* New York: Cambridge University Press, 2009.

—, e Robert Paul Thomas. *The Rise of the Western World: a new economic history.* Cambridge: Cambridge University Press, 2009 [1973].

—. *Institutions, institutional change and economic performance.* New York: Cambridge University Press, 1990.

OCDE. "Giustizia civile: come promuoverne l'efficienza?" *OECD Economics Department Policy Notes*, 18 de June de 2013.

Oliveira-Castro, Jorge M., Gordon R. Foxall, e Teresa C. Schrezenmaier. "Consumer Brand Choice: individual and group analyses of demand elasticity." *Journal of Experimental Analysis of Behavior* 85 (2) (March 2006): 147-166.

Olson, Mancur. *The Logic of Collective Action: public goods and the theory of groups.* Cambridge, Cambridge: Harvard University Press, 1971 [1965].

ONU, Organización de las Naciones Unidas. *La ONU y el Estado de Derecho.* n/d. https://www.un.org/ruleoflaw/es/thematic-areas/access-to-justice-and-rule-of-law-institutions/access-to-justice/ (acesso em 12 de Agosto de 2020).

Ostrom, Vincent, e Elinor Ostrom. *Public Goods and Public Choices.* Vol. 2, em *Polycentricity and Local Public Economies: Readings from the Workshop in Political Theory and Policy Analysis*, edição: Michael Dean McGinnis, 75-103. University of Michigan Pres, 1999 [1977].

Pareto, Vilfredo. *Cours D'Économique Politique.* Edição: F. Rouge. Vol. Tome Premier. Lausanne: Université de Lausanne, 1896.

—. *Cours D'Economique Politique.* Vol. Tome Second. Lausanne: F. Rouge, 1897.

—. *Manuale di Economia Politica con una introduzione alla scienza sociale*. Vols. Piccola Biblioteca Scientifica - 13. Milano: Società Editrice Libraria, 1919.

Parisi, Francesco, e Vernam L. Smith, . *The Law and Economics of Irrational Behavior.* Stanford, CA: Stanford University Press, 2005.

Parker, Christine. *Just Lawyers: Regulation and Access to Jusitce.* Oxford: Oxford University Press, 1999.

Pereira Junior, Jessé Torres. *Da Reforma Administrativa Constitucional.* Rio de Janeiro: Renovar, 1999.

Polinsky, A. Mitchell, e Daniel L. Rubinfeld. "A Note on Settlements under the Contingent Fee Method of Compensating Lawyers." *International Review of Law and Economics* 22, nº 2 (August 2002): 217-225.

Pólya, George. *How to Solve It: a new aspect of mathematical method.* 2nd. Princeton: Princeton University Press, 2015 [1957].

Ponte, Marcelo Dias. "Negócio Jurídico Processual e Flexibilização do Procedimento: as influências da autonomia privada no paradigma publicista do direito processual civil." *Revista Eletrônica de Direito Processual - REDP*, 2015: 305-334.

Porto, Antonio Maristrello, e Nuno Garoupa. *Curso de Análise Econômica do Direito.* São Paulo: Atlas, 2020.

Posner, Richard A. *Economic Analysis of Law.* 7th. New York, N.Y.: Aspen Publishers, 2007.

—. "Utilitarianism, Economics, and Legal Theory." *Journal of Legal Studies*, 1979: 103-140.

—. *The Economics of Justice.* Cambridge: Harvard University, 1983[1981].

—. *The Federal Courts: challenge and reform.* Cambridge, Massachusetts: Harvard University Press, 1999.

—. "An Economic Approach to Legal Procedure and Judicial Administration." *The Journal of Legal Studies*, Junho de 1973: 399-458.

—. "An Economic Approach to Legal Procedure and Judicial Administration." *The Journal of Legal Studies*, Junho de 1973: 399-458.

—. *The Problems of Jurisprudence.* Cambridge: Harvard U/niversity, 1990.

Prado Junior, C. *História Econômica do Brasil.* São Paulo: Brasiliense, 2004 [1945].

Priest, George L. "Private Litigants and the Court Congestion Problem." *Boston University Law Review*, 1989: 527-559.

—, e B. Klein. "The selection of disputes for litigation." *The journal of legal studies*, 1984: 1-55.

Queiroz, Luiz Viana. "O Direito No Brasil Colônia." *Revista Eletrônica sobre a Reforma do Estado*, 2008: 1-16.

Rachlin, Howard. "Behavioral economics without anomalies." *Journal of the Experimental Analysis of Behavior* 64, nº 3 (November 1995): 397-404.

Rawls, John. "Some reasons for the maximin criterion." *American Economic Review*, May de 1974, Papers and Proceedings of the Eighty-sixth Annual Meeting of the American Economic Association ed.: 141-146.

—. *Uma teoria da justiça.* Tradução: Almiro Pisetta e Lenita M. R. Esteves. São Paulo, SP: Martins Forense, 1997 [1971].

Raz, Joseph. *The Concept of a Legal System: an introduction to the Theory of Legal System.* New York: Oxford University Press, 1997 [1980].

Rezende, Christiane Leles, e Decio Zylbersztajn. "Quebras Contratuais e Dispresão de Sentenças." *Revista Direito GV*, Jan-Jun de 2011: 155-176.

Riggsby, Andrew M. *Roman Law and the Legal World of the Romans.* 1st. New York, NY: Cambridge University Press, 2010.

Rizzo, M. "The mirage of efficiency." *Hofstra Law Review*, 1980: 641-58.

Robbins, Lionel. *An Essay on the Nature and Significance of Economic Science.* Tradução: Foreword by William J. Baumol. London: The Macmillan Press Limited, 1984.

Robinson, Joan. *The Economics of Imperfect Competition.* London: Macmillan, 1933.

Rosa, Alexandre Morais da. "Franchising Judicial ou de como a Magistratura Perdeu a Dignidade por Seu Trabalho, Vivo?" *Anais do IX Simpósio de Direito Constitucional da ABDConst.* Curitiba: ABDConst., 2011.

Roth, Martha Tobi. *Law collections from Mesopotamia and Asia Minor.* 2ª. Edição: Piotr Michalowski. Vol. 6. Atlanta, Georgia: Society of Biblical Studies, 1997.

Rubinfeld, Daniel L., e Suzanne Scotchmer. "Contingent Fees for Attorneys: An Economic Analysis." *The RAND Journal of Economics* 24, nº 3 (Autumn 1993): 343-356.

Salgado, G. *Fiscais e Meirinhos: a administração no Brasil colonial.* 2ª. Rio de Janeiro: Nova Fronteira, 1985.

Samuelson, Paul A. "The Pure Theory of Public Expenditure." *The Review of Economics and Statistics*, Nov. de 1954: 387-389.

Sanchirico, Chris William, ed. *Procedural Law and Economics - Encyclopedia of Law and Economics.* 2nd. Vol. 8. Edward Elgar Pub, 2012.

Schauer, Frederick. *The Force of Law.* Cambridge, Massachusetts: Harvard University Press, 2015.

Schelling, Thomas C. *The Strategy of Conflict: with a new Preface by the Author.* Cambridge: Harvard University Press, 1981 [1960].

Schlebusch, Carina M., et al. "Genomic Variation in Seven Khoe-San Groups Reveals Adaptation and Complex African History." *Science* 338 (6105) (September 2012): 374-379.

Secretaria de Reforma do Judiciário. *Juizados Especiais Cíveis: estudo.* Brasília, DF: Ministério da Justiça, 2005.

Senado Federal. *Anteprojeto do Novo Código de Processo Civil.* Brasília: Subsecretaria de Edições Técnicas, 2010.

Senado Federal. *Código de Processo Civil: anteprojeto.* Comissão de Juristas Responsável pela Elaboração de Anteprojeto de Código de Processo Civil, Congresso Nacional, Brasília: Senado Federal, 2010, 381.

Service, Elman R. *Primitive Social Organization: An Evolutionury Perspective.* Vols. Random House Studies in Anthropology, AS3. New York: Random House, 1962.

Shapiro, Martin. *Courts, a comparative and political analysis.* Chicago: The University of Chicago Press, 1981.

Shavell, Steven. *Economic Analysis of Accident Law.* Cambridge: Harvard University Press, 1987.

—. "The Appeals Process as a Means of Error Correction." *The Journal of Legal Studies,* Jun. de 1995: 379-426.

—. "The Social versus the Private Incentive to Bring Suit in a Costly Legal System." *Journal of Legal Studies* 11 (2) (Jun. 1982): 333-339.

Shepherd, George B., e Morgan Cloud. "Time and Money: Discovery Leads to Hourly Billing." *University of Illinois Law Review* 1 (1999): 91-179.

Sherif, Musafer, David Taub, e Carl I. Hovland. "Assimilation and contrast effects of anchoring stimuli on judgments." *Journal of Experimental Psychology* 55, nº 2 (1958): 150-155.

Shoemaker, Pamela J., James William Tankard Jr., e Dominic L. Lasorsa. *How to Build Social Science Theories.* Thousand Oaks, CA: Sage Publication, 2004.

Silva, Ovídio A. Baptista da. *Curso de Processo Civil.* 3ª Rev. e Atu. Vol. I (Processo de Conhecimento. Porto Alegre: Sergio Antonio Fabris, 1996.

Simon, Herbert A. "Invariants of Human Behavior." *Annual Review of Psychology* 41 (Frebruary 1990): 1-20.

—. "A Behavioral Model of Rational Choice." *Quarterly Journal of Economics* 69, nº 1 (February 1955): 99-118.

—. *Administrative Behavior: a stydy of decision-making process in administrative organization.* 4th . New York: Free Press, 1997 [1945].

—. "Rational Decision Making in Business Organizations." *The American Economic Review* 69, nº 4 (September 1979): 493-513.

Smith, Adam. *A Riqueza das Nações.* 2ª Ed. Tradução: Alexandre Amaral Rodrigues e Eunice Ostrensky. Vol. 1. 2 vols. São Paulo: WMF Martins Fontes, 2013 [1776].

Sobrinho, Noeli Correia de Melo. *O Advogado e a Crise da Adminsitração da Justiça.* Rio de Janeiro, RJ: Ordem dos Advogados do Brasil, 1980.

Sordi, Paulo. "Il giusto processo civile." Servizio Studi, Corte Costituzionale, Roma, 2014, 22.

Sousa, B. J. *O Pau-Brasil na História Nacional.* 2ª. São Paulo: Nacional, 1978.

Souza, Alexandro Ferreira de. "Silvestre Pinheiro Ferreira e o pensamento político luso-brasileiro do século XIX." *Estudos Filosóficos*, 2009: 12–20.

Spitzer, Matt, e Eric Talley. "Judicial Auditing." *The Journal of Legal Studies*, June de 2000: 649-683.

Stolleis, Michael. *The Law under the Swastika: studies on legal history in Nazi Germany.* Tradução: Thomas Dunlap. Chicago: University of Chicago Press, 1998.

Sunstein, Cass, ed. *Behavioral Law and Economics.* New York, NY: USA, 2000.

Taruffo, Michelle. *Orality and writing as factors of efficiency in civil litigation.* València: Universitat de València, 2008.

—. "Le Funzioni delle Corti Supreme tra Uniformità e Giustizia." *Revista Eletrônica de Direito Processual – REDP*, 2014, 14 (1) ed.: 438-449.

Telles, José Homem Corrêa. *Commentario Critico à Lei da Boa Razão em data de 18 de agosto de 1769.* Lisboa: Typographia de Maria da Madre de Deus, 1865.

Thaler, Richard H. *Quasi rational economics.* New York: Russell Sage Foundation, 1991.

—. "Toward a Positive Theory of Choice." *Journal of Economic Behavior and Organization*, 1980: 39-60.

—, e Cass Sunstein. *Nudge: o Empurrão para a Escolha Certa.* São Paulo: Campus-Elsevier, 2009.

Theodoro Jr., Humberto. *Curso de Direito Processual Civil.* 52ª. Vol. III. Rio de Janeiro: Forense, 2019.

—. *Curso de Direito Processual Civil.* 59. Vol. I. III vols. Rio de Janeiro: Forense, 2018.

Thomason, Terry. "Are Attorneys Paid What They're worth? Contingent Fees and the Settlement Process." *The Journal of Legal Studies* 20, nº 1 (Jan. 1991): 187-223.

Tomás, Aline Vieira. "Projeto Adoce: acordos após ingestão de dextrose/glicose observados em conciliações judiciais e extrajudiciais." Departamento de Direito, UFGO, Anápolis, 2019.

Tversky, Amos, e Daniel Kahneman. "Availability: A Heuristic for Judging Frequency and Probability." *Cognitive Psychology* 5 (1973): 207-232.

—. "Judgment under Uncertainty: Heuristics and Biases." *Science* 185 (4157), nº New Series (Sept. 1974): 1.124-1.131.

Weber, Max. *Economia e sociedade: fundamentos da sociologia compreensiva*. Tradução: Regis Barbosa e Karen Elsabe Barbosa. Vol. 2. 2 vols. Brasília, DF: Universidade de Brasília, 1999 [1920].

—. *Economia e Sociedade: Fundamentos da Sociologia Compreensiva.* 5ª. Tradução: Karen Elsabe Barbosa Regis Barbosa. Vol. I. 2 vols. Universidade de Brasília, 2014 [1922].

—. *Gesammelte Politische Schriften.* München: Drei Masken Verlag, 1921.

Wehling, A., e M. J. C. M. Wehling. *Formação do Brasil Colonial.* Rio de Janeiro: Nova Fronteira, 1994.

Williamson, Oliver Eaton. *Markets and Hierarchies: Analysis and Antitrust Implications – A study in the Economics of Internal Organization.* New York: Free Press, 1983 [1975].

—. *The Economic Institutions of Capitalism – firms, markets, relational contracting.* New York: Free Press, 1985.

—. *The Mechanisms of Governance.* USA: Oxford University Press, 1999.

Wolkart, Erik Navarro. *Análise Econômica do Processo Civil.* São Paulo: Revista dos Tribunais, 2019.

Zamir, Eyal, e Doron Teichman. *Behavioral Law and Economics.* New York, NY: Oxford University Press, 2018.

—. *The Oxford Handbook of Behavioral Economics and the Law.* New York, NY: Oxford University Press, 2014.